刑法理念导读

第三版

陈兴良 著

中国检察出版社

图书在版编目（CIP）数据

刑法理念导读 / 陈兴良著. — 3 版. — 北京：中国检察出版社，2020.7
ISBN 978-7-5102-2448-5

Ⅰ.①刑⋯ Ⅱ.①陈⋯ Ⅲ.①刑法—法的理论—中国—教材 Ⅳ.① D924.01

中国版本图书馆 CIP 数据核字（2020）第 097799 号

刑法理念导读（第三版）

陈兴良 著

出版发行：	中国检察出版社
社　　址：	北京市石景山区香山南路 109 号（100144）
网　　址：	中国检察出版社（www.zgjccbs.com）
编辑电话：	（010）86423706
发行电话：	（010）86423726　86423727　86423728
	（010）86423730　68650016
经　　销：	新华书店
印　　刷：	保定市中画美凯印刷有限公司
开　　本：	710mm×960mm　16 开
印　　张：	30.5
字　　数：	388 千字
版　　次：	2020 年 9 月第三版　2020 年 9 月第三版第一次印刷
书　　号：	ISBN 978-7-5102-2448-5
定　　价：	98.00 元

检察版图书，版权所有，侵权必究
如遇图书印装质量问题本社负责调换

代序
中国刑法的发展方向

一件衣服,穿时间长了,就会褪色磨损,出现破绽。如果不想把这件衣服一弃了之,那就需要经常缝补。刑法典也是如此,它就像一件穿破了的衣服,也需要经常缝补。刑法典的修订就是缝补,《刑法修正案》就是打在刑法典这件衣服上的补丁。通过对刑法条文不断地修改,保持刑法典长久的生命力。

自从1997年《刑法》颁布以后,立法机关通过修正案的方式,对刑法进行修订。当然,这其中有小修小补,也有大修大补。《刑法修正案(九)》可以说是中等程度的修补,是对刑法典的局部修订。《刑法修正案(九)》对刑法修订所涉及的内容较为广泛,在此,笔者简要地概括为犯罪范围的扩张与刑罚结构的调整这两个维度。以此为视角,对我国刑法立法的发展方向进行描述与评论。

一、犯罪范围的扩张

犯罪范围,是指一个国家刑法所设定的刑罚处罚的规模,也称为"犯罪圈"。各个国家刑法所规定的犯罪范围各不相同,这主要取决于不同国家的历史传统和规训体制。我国刑法的犯罪范围相对来说是较小的,但近年来处于不断扩张之中。《刑法修正案（九）》延续了这一趋势，通过增设新罪与扩充旧罪，在一定程度上扩大了犯罪范围。因此，"犯罪化"是我国刑法立法的主旋律。即使有个别罪名被废除，例如，嫖宿幼女罪，也并不是将嫖宿幼女行为非犯罪化，而是将其并入强奸罪，意在使其受到更为严厉的刑罚处罚。

（一）增设新罪

《刑法修正案（九）》增设罪名共计20个，分别是：(1)准备实施恐怖活动罪，(2)宣扬恐怖主义、极端主义、煽动实施恐怖活动罪，(3)利用极端主义破坏法律实施罪，(4)强制穿戴宣扬恐怖主义、极端主义服饰、标志罪，(5)非法持有宣扬恐怖主义、极端主义物品罪，(6)虐待被监护、看护人罪，(7)使用虚假身份证件、盗用身份证件罪，(8)组织考试作弊罪，(9)非法出售、提供试题、答案罪，(10)代替考试罪，(11)拒不履行信息网络安全管理义务罪，(12)非法利用信息网络罪，(13)帮助信息网络犯罪活动罪，(14)扰乱国家机关工作秩序罪，(15)组织、资助非法聚集罪，(16)编造、故意传播虚假信息罪，(17)虚假诉讼罪，(18)泄露不应公开的案件信息罪，(19)披露、报道不应公开的案件信息罪，(20)对有影响力的人行贿罪。以上20个新增的罪名，可以分为以下三个主要罪名集群：

第一个集群是恐怖主义犯罪。恐怖主义是一个较为模糊的概念，即使在国际范围内也没有完全达成共识。我国《反恐怖主义法》第3条第1款明确规定："本法所称恐怖主义，是指通过暴力、破坏、恐吓等手段，制造社会恐慌、危害公共安全、侵犯人身财产，或者胁迫国家机关、国际组织，以实现其政治、意识形态等目的的主张和行为。"该条第2款还列举了以下5种恐怖活动："（一）组织、策划、准备实施、实施造成或者意图造成人员伤亡、重大财产损失、公共设施损坏、社会秩序混乱等严重社会危害的活动的;(二)宣扬恐怖主义,煽动实施恐怖活动,或者非法持有宣扬恐怖主义的物品,强制他人在公共场所穿戴宣扬恐怖主义的服饰、标志的;(三)组织、领导、参加恐怖活动组织的;(四)为恐怖活动组织、恐怖活动人员、实施恐怖活动或者恐怖活动培训提供信息、资金、物资、劳务、技术、场所等支持、协助、便利的;(五)其他恐怖活动。"除了上述第5种恐怖活动以外,其他4种恐怖活动都已经被《刑法修正案(九)》规定为犯罪。恐怖主义犯罪具有暴力性和组织性。这里的暴力性表现为恐怖主义分子所实施的具体犯罪,即杀人放火等。对于恐怖分子所实施的这些常规性的犯罪,当然应该直接以常规性的罪名定罪处罚,而不可能在刑法中另行设立恐怖主义杀人罪和恐怖主义放火罪。而恐怖主义犯罪的组织性就表现为恐怖主义犯罪的共犯行为和预备行为,即组织、资助、指使、鼓励、宣扬、煽动恐怖主义犯罪的各种行为。恐怖主义犯罪的共犯行为和预备行为本来应当按照刑法总则关于共犯和预备犯的规定进行处罚,但为了有效惩治恐怖主义犯罪,立法机关对此作了共犯行为正犯化和预备行为实行化的规定。刑法典所规定的恐怖主义犯罪,主要就是指恐怖主义犯罪的共犯行为和预备行为。1997年《刑法》第120条规定了组织、领导、参加恐怖组织罪。及至《刑法修正案(三)》又增设了资助恐怖活动罪,将恐怖主义犯罪的帮助行为进一步正犯化。《刑法修正案(九)》集中规定了5个恐怖主义犯罪的罪名,将具有预备性质的策划行为犯罪化,并规定了恐怖主义的煽动型犯罪、宣示型犯罪以及持有型犯罪。通过这些罪名的设置,将恐怖主义的共犯行为和预备行为全部犯罪化。针对某一种犯罪,设立如此周全的罪名,设置如此严密的法网,独恐怖主义犯罪一种而已。由此可见,恐怖主义犯罪已经成为刑法惩治的重中之重。

第二个集群是考试作弊犯罪。考试是我国选拔人才的一种有效途径,对于具有上千年科举历史的中国来说,这是一种古老制度在当今重新焕发青春。相对于任人唯亲的做法，考试制度具有其合理性。然而，凡有考试，必有作弊。在中国古代，对于考试作弊实行严刑苛法，即使如此，科场弊案仍然层出不穷。随着我国国家考试在人才选拔中重要性的凸显，考试作弊沉渣泛起，并且日趋专业化、电子化和集团化。在这种情况下，惩治考试作弊犯罪也就十分必要。《刑法修正案（九）》新增了3个考试作弊犯罪的罪名，将国家考试中作弊的组织行为、帮助行为和替考行为规定为犯罪。

　　第三个集群是网络犯罪。网络犯罪是在计算机犯罪的基础上发展起来的，我国刑法规定了破坏计算机信息系统的犯罪，主要是针对计算机信息系统的犯罪。如果是利用计算机实施犯罪，《刑法》第287条对此作了提示性规定，指出："利用计算机实施金融诈骗、盗窃、贪污、挪用公款、窃取国家秘密或者其他犯罪的，依照本法有关规定定罪处罚。"因此，对于这种以计算机为工具的犯罪，刑法没有必要另行规定罪名，而可以以刑法分则已经规定的相关罪名处罚。但随着网络的普及，网络犯罪随之出现。为了有效地惩治网络犯罪，《刑法修正案（九）》新增了3个网络犯罪的罪名。网络犯罪与计算机犯罪这两个概念既相互关联，又存在些微区分。网络犯罪，是指在网络空间实施的犯罪，这个意义上的网络犯罪与计算机犯罪的含义基本重合。例如，网络诽谤，是指发生在网络空间的诽谤犯罪，也就是利用计算机实施的诽谤犯罪。对于这种网络犯罪，其实刑法没有必要单独设立罪名，而是应当按照刑法现有罪名处罚。例如，利用网络实施诈骗以及其他犯罪的，完全可以按照诈骗罪或者其他犯罪进行处罚。但在网络犯罪实施传统犯罪的时候，出现了一些特殊情况。我国学者称为传统犯罪的网络异化，这里的网络异化，是指由于网络因素的介入，传统犯罪内部的构成要件要素、犯罪形态等产生了不同于过去的、新的表现形式，并使传统的刑法理论、刑事立法和司法规则处于难以适用的尴尬境地。①这种异化表现在网络空间中共同犯罪的异化以及预备犯罪的异化等。就以网络诈骗（也称为电信诈骗）而言，犯罪分子的主要手段是发布诈骗短信，然后坐等他人上当受骗。这种诈骗信息范围极为广泛，受骗人群分布极为分散。在这种情况下，仍然像传统诈骗罪那样，以骗取的数额作为定罪量刑的根据，显然不利于惩治网络诈骗犯罪。为此，《刑法修正案（九）》设立了非法利用信息网络罪，将设立实施传统犯罪的网站，发布违法犯罪信息等网络犯罪的预备行为单独设置为犯罪。并且，《刑法修正案（九）》还把网络犯罪的帮助行为正犯化，设立了帮助信息网络犯罪活动罪。除了以上网络犯罪以外，为了维护网络安全秩序，《刑法修正案（九）》还规定了专门针对网络服务商的义务犯，即拒不履行信息网络安全管理义务罪，这是一种中立帮助行为的犯罪化。

（二）扩充旧罪

除了通过新设罪名扩大刑法处罚范围以外，《刑法修正案（九）》还通过对原有罪名的修改而扩充内容，同样达到了扩大刑法处罚范围的效果。如果说，通过新设罪名而扩大刑法处罚范围，是一种对旧衣服放大尺寸的做法；那么，通过扩充旧罪而扩大刑法处罚范围，就是一种对旧衣服打补丁的做法。在具体立法方法上，扩充旧罪存在以下三种形式：

第一种方法是增加行为方式。例如，《刑法》第133条之一的危险驾驶罪，原先只有追逐竞驶和醉酒驾驶机动车这两种行为方式，《刑法修正案（九）》增加了"从事校车业务或者旅客运输，严重超过额定乘员载客，或者严重超过规定时速行驶的"和"违反危险化学品安全管理规定运输危险化学品，危及公共安全"这两种行为方式，从而扩大了危

---

① 参见于志刚：《传统犯罪的网络异化研究》，中国检察出版社2010年版，第1页。

险驾驶罪的罪体范围。

第二种方法是增加行为对象。例如，《刑法》第237条规定的强制猥亵罪原是指"强制猥亵妇女"，《刑法修正案（九）》修改为"强制猥亵他人"，将强制猥亵对象从妇女扩及男子，从而扩大了强制猥亵罪的罪体范围。

第三种方法是降低入罪门槛。例如，《刑法修正案（九）》删去了《刑法》第288条规定的扰乱无线电通讯管理秩序罪中的"经责令停止使用后拒不停止使用"的条件，并将"造成严重后果"修改为"情节严重"，由此降低了扰乱无线电通讯管理秩序罪的入罪门槛，从而扩大了扰乱无线电通讯管理秩序罪的罪体范围。

通过以上分析，我们可以看到，《刑法修正案（九）》主要是通过增设罪名和扩充旧罪这两种立法方式，扩张了我国刑法的犯罪范围。我国学者提出了刑法扩张的概念，认为自1997年《刑法》实施以来，立法机关先后通过的决定、刑法修正案、立法解释的绝大多数内容是犯罪化，使得刑法在经济社会中的规制领域不断拓展，法网日趋严密。尤其是《刑法修正案（九）》彰显了刑法扩张属性。[1]笔者赞同以刑法扩张来概括《刑法修正案（九）》所彰显的立法倾向。关键问题在于：如何正确对待刑法扩张这一现象。

面对这样一种犯罪范围扩张的趋势，有人表现出极大的忧虑，发出了"刑法抬头是因为民法不张"的哀叹，指出："曾几何时我们宣扬刑法是调整和保护社会关系的最后一道屏障，我们也一直把刑法谦抑性挂在嘴边，但当我们的理想被一年一个《刑法修正案》唤醒后才发现，刑法不再是后置的保障性手段，而成了很多人优先选择的手段。"[2]这段话当然

---

[1] 参见喻海松：《刑法的扩张——〈刑法修正案（九）〉及新近刑法立法解释司法适用解读》，人民法院出版社2015年版，引言第1-2页。

[2] 蔡正华：《刑法抬头是因为民法不张》，载http://www.zgxbdlsw.com/html/Hot/dongtai/773.html，2015年12月17日访问。

是有一些情绪在的。现在需要理性思考的是：刑法抬头与民法不张之间存在因果关系吗？当然，这段话语还是提出了一个令人深思的问题：究竟如何看待所谓刑法抬头，也就是犯罪范围的扩张这一现象？这一问题的背后，涉及我国刑法立法的走向，即在相当长的一个时期内，我国刑法立法的选择是犯罪化还是非犯罪化，这种选择背后的决定性因素又是什么。这些问题，是我国刑法学者需要直面并且回答的。

刑法抬头是因为民法不张这一提法，将刑法与民法界定为一种消长关系，它是以这样一个假设为前提的：如果民法对社会关系的调整作用充分发挥，就没有刑法介入的必要。但这个前置性的命题本身就是值得商榷的。其实，刑法与民法的交错并没有那么深入。因为民法的主要规范是任意性法律规范，只有极少数是强制性的法律规范。而刑法作为公法，都是强制性的法律规范。只有民法的强制性法律规范和刑法规范才有交错，而民法绝大多数任意性的法律规范与刑法规范并没有交错。因此，刑法与民法之间并没有那么直接的消长关系，民法不张与刑法抬头之间的因果关系并不存在。这里值得关注的反而是行政法与刑法的关系，并且涉及整个国家公权力的配置问题。

对于犯罪范围的扩张，首先要从司法权与行政权的消长出发进行反思。行政权和司法权的强弱关系表现在法律处罚上，就是较小的刑事处罚范围和极大的行政处罚范围，两者之间形成了鲜明的对比。我国刑法中的犯罪范围较小，主要表现在罪名较少，而且犯罪概念中存在数量因素，即入罪门槛较高。与之相反，长期以来我国行政处罚权范围较广，不仅公安机关行使劳动教养决定权和治安处罚权，而且其他行政机关都依法行使行政处罚权。行政处罚的范围所及，大大超过刑法规定的犯罪范围。更为重要的是，行政处罚涉及对公民个人财产权和人身权的限制，甚至剥夺。随着法治建设的发展，这种司法权弱而行政权强的国家权力配置模式显然不利于对公民合法权利的保护。因此，改变司法权与行政权的关系就成为法治建设的应有之义。

在司法权弱而行政权强这样一种公权力的框架中，我国采取的是三级制裁体制，这就是治安处罚、劳动教养和刑罚处罚。其中，治安处罚和劳动教养都属于行政处罚权的范畴，而且其行为种类繁多，处罚内容涉及对公民自由的限制与剥夺。尤其是劳动教养，由公安机关独家决定，在程序上缺乏应有的制约，容易被滥用而侵犯公民的合法权益，最受公众所诟病。劳动教养因为与法治标准不符合，因而于2013年被废除。但劳动教养并不能一废了之，那些原先导致被劳动教养的行为都是一些较为严重的违法行为。这些违法行为仍然需要在法律上予以处理，如何对此加以承接，是一个需要加以解决的问题。

早先的立法设想是制定一部《违法行为矫治法》，将被劳动教养的违法行为纳入其中，予以单独的处理，由此取代劳动教养制度。例如，我国学者对制定《违法行为矫治法》的过程作了以下描述：2008年12月，第十一届全国人大常委会第六次会议通过全国人民代表大会法律委员会《关于第十一届全国人民代表大会第一次会议主席团交付审议的代表提出的议案审议结果的报告》，其中说明："关于制定劳动教养法的议案1件。按照将劳动教养制度改革为违法行为教育矫治制度的要求，拟制定《违法行为矫治法》。法制工作委员会已与中央政法委、最高人民法院、最高人民检察院、公安部、监察部等有关部门多次交换意见，还在进一步研究。"2009年3月，部分第十一届全国人大代表再提关于制定《违法行为矫治法》的议案。全国人民代表大会法律委员会《关于第十一届全国人民代表大会第二次会议主席团交付审议的代表提出的议案审议结果的报告》指出："关于制定《违法行为矫治法》的议案3件。议案提出关于改革劳动教养制度，制定《违法行为矫治法》，对社区矫治作出法律规定等建议。中央部署进行的司法体制和工作机制改革已明确提出'将劳动教养制度改革为违法行为教育矫治制度'。制定《违法行为矫治法》已经列入本届全国人大常委会立法规划。法制工作委员会将继续会同中央政法委、最高人民法院、最高人民检察院、公安部、司法部等有关方面调查研究，听取各方面的意见，做好法律草案的起草工作。"2010年的全国人大报告继续提出，要将"研究制定《违法行为教育矫治法》"列入今后一年的工作任务。是年3月10日，全国人大常委会法工委副主任李飞也表态，《违法行为矫治法》是对原来中国实行的劳动教养制度进行的改革和规范，已列入当年立法计划，立法速度会加快。由上可见，针对改革劳动教养制度的《违法行为矫治法》已先后被第十届、第十一届全国人大常委会列入立法规划，有关部门也给予了应有的重视。① 及至2013年12月28日，全国人大常委会通过《关于废止有关劳动教养法律规定的决定》，劳动教养制度被正式废止，但《违法行为矫治法》最终没有完成立法程序而中途夭折。

在这种情况下，立法的设想改变为通过降低入罪门槛，将原先因为没有达到犯罪的数额标准或者情节标准而按照劳动教养处罚的违法行为予以犯罪化。此外，把其他一些较为严重的违法行为转化为轻微犯罪，纳入刑法典。由此，我国开启了一个犯罪化的立法进程，逐渐形成我国刑法中的轻罪体系。正如我国学者指出："劳动教养制度废除前，我国刑法采用的是刑罚、治安管理处罚和劳动教养的三级制裁体制。刑罚和治安管理处罚主要是针对客观行为及行为的客观危害性；而劳动教养主要是针对行为人的人身危险性。劳动教养就是介于刑罚与治安管理处罚的中间地带，形成轻重有序的有机制裁体制。劳教废除后，刑法结构应由定罪量刑的单轨制模式向双轨制转变，由现有的三级制裁体制向二级制裁体制转换。具体而言，针对部分实施了轻微刑事犯罪行为的人员，可以考虑作为犯罪处理；而对于轻微违法行为，可纳入治安管理处罚范

---

① 参见刘仁文：《劳教改革与违法行为矫治法的制定》，载刘仁文：《法律的灯绳》，中国民主法制出版社2012年版，第285-286页。

畴。"① 由此可见，我国目前刑法立法的犯罪化进程与劳动教养制度的废除之间具有一定的承接关系。《刑法修正案（九）》对于犯罪范围的扩大，在很大程度上与劳动教养制度的废除之间具有关联性。正如我国学者指出："劳教制度废除后，对于严重危害社会治安但尚不构罪的行为，只能给予治安管理处罚，难以适应打击和震慑这类行为的现实需要。为填补治安管理处罚与刑罚处罚之间'断档'，适当扩张刑罚的治理范围，对过去应予劳教的行为适度分流入罪，已是必然。《刑罚修正案（九）》将多次抢夺增加规定为犯罪，增加扰乱国家机关工作秩序罪，修改组织、利用会道门、邪教组织、利用迷信破坏法律实施罪等，无疑都是劳教制度后时代刑法适度扩张的体现。"② 以上对《刑法修正案（九）》扩张犯罪范围这一立法倾向的解读当然是合理的，对于我们理解《刑法修正案（九）》具有一定的参考价值。

对于这种犯罪门槛下降的立法趋势，我国学者存在不同观点。对此持谨慎态度的观点认为，应当慎用入罪无门槛限制的立法模式。因为区分行政违法与刑事犯罪是我国法律的一贯传统，犯罪成立通常应当有一定门槛。而刑法扩张对不少犯罪未设入罪门槛，实际上是刑法的过度介入，会使行政处罚虚置。③ 而另外一种观点则对犯罪门槛下降持积极的肯定态度，并且提出了我国从"小刑法"到"大刑法"的演变趋势，认为这符合法治的发展方向，指出："犯罪门槛下降会导致犯罪圈扩大，这也就意味着刑事司法权干预范围的扩大，由此蚕食行政刑法（治安管理处

---

① 陈超：《劳教制度废除后的刑法结构调整及程序建构》，载《人民法院报》2014年4月17日。

② 喻海松：《刑法的扩张——〈刑法修正案（九）〉及新近刑法立法解释司法适用解读》，人民法院出版社2015年版，引言第12-13页。

③ 参见喻海松：《刑法的扩张——〈刑法修正案（九）〉及新近刑法立法解释司法适用解读》，人民法院出版社2015年版，引言第16页。

罚法、行政处罚法）的适用范围，挤压检察权的适用空间。"[①] 笔者赞同对于犯罪门槛下降的肯定态度，它反映了司法权的扩张、行政权（警察权）的限缩，对于我国刑法未来的发展具有不可估量的意义。

从我国刑法修正案新增的罪名来看，主要是轻罪，而增设重罪的情形则极为少见。笔者以为，这一进程还会进一步发展，因为从法治标准衡量，行政机关不应当享有对公民的财产权利和人身权利进行限制和剥夺的权力，这些权力都应当交由司法机关通过一定的司法程序来行使。而我国目前公安机关所具有的治安处罚权，可以剥夺公民自由，这种制度设计是与法治原则相悖离的。因此，将来这些治安违法行为也应当纳入刑法典，通过司法程序进行处罚，由此限制行政机关的处罚权。当然，是否应当制定一部《轻罪法》，以及与之配套设立简易程序，并且专门设立治安法庭审理这些轻罪，这些问题都是值得研究的。

无论如何，从长远发展来看，我国犯罪范围的扩张将是一个持续的立法过程。对于这种刑法的扩张不能简单地说刑法过度侵入社会治理，必然不利于人权保障。事实上，对轻罪采取刑事化处理以后，被告人的合法诉讼权利得到法律的有效保护。相对于劳动教养制度下公安机关一家决定对公民劳动教养，剥夺人身自由达到1年至3年，这明显是一种法治的进步。

如上所述，我国实行的是三级制裁体制，即治安处罚、劳动教养和刑罚。而作为刑罚处罚对象的犯罪，其范围是较小的。但在其他国家，行政机关，包括警察是不具有处罚权的，更不能享有剥夺公民财产权利和人身权利的处罚权。这些处罚权是司法机关所独享的权力，并且必须通过司法程序才能对公民进行处罚。因此，许多国家的制裁体制都是司法的一元制，所有行为都必须在刑法典中规定为犯罪，才能加以处罚。

---

① 卢建平：《犯罪门槛下降及其对刑法体系的挑战》，载《法学评论》2014年第6期。

在这种情况下，许多国家刑法典所规定的犯罪范围是极为宽泛的，一般分为重罪、轻罪和违警罪。相比较之下，我国刑法中的犯罪只相当于那些国家刑法典中的重罪和一部分轻罪，因而犯罪范围是极其狭窄的。不同国家犯罪范围或宽或窄，当然是与这些国家的历史传统相关的，不能断然地说孰优孰劣。但通过对我国的三级制裁体制的反思，可以得出结论：我国目前刑法中的犯罪范围过于狭窄这种现象，在很大程度上是司法管辖范围过小这一国家权力配置所决定的。

而随着法治水平的提升，这种现状会得到改变。对此，我国学者指出："从长远看，实现刑法结构的统一化应是我国刑法未来发展的一个方向。也就是说，将治安处罚、劳动教养连同其他保安处罚措施一并纳入刑法，分别组成违警罪、轻罪、重罪和保安处分等几块内容，都由法院来判处，这样就能理顺各块内容之间的关系，防止一行为受多个机关的不同方式的处理。"[①] 因此，随着限制和剥夺公民人身权利的行政性处罚刑事化，犯罪范围必将逐渐扩张，这是法治发展的必然后果。

犯罪范围扩张虽然有其必然性，但这并不是说，可以任意地将那些没有处罚必要性的行为也规定为犯罪。在此，存在一个入罪的根据与标准问题。从《刑法修正案（九）》所增设的这些罪名来看，恐怖主义犯罪作为一种严重破坏公共安全的犯罪，刑法设置严密的法网予以打击，这是完全必要的。而考试作弊犯罪和网络犯罪都是随着社会生活的犯罪化而出现的新型犯罪，刑法对其加以规定，是对这些新型犯罪的一种立法回应，同样也具有立法的必要性。尤其是我国社会当前正处在一个转型时期，也是一个高科技不断进入人们日常生活的时期，因而会出现各种新型的犯罪形态，即使是一些传统犯罪也会发生变异。在这种情况下，刑法应当及时跟进，以应对犯罪情势的嬗变。就此而言，犯罪范围的逐

---

① 刘仁文：《剥夺人身自由的处罚都应纳入刑法》，载刘仁文：《法律的灯绳》，中国民主法制出版社2012年版，第113页。

渐扩张将是我国刑法立法在将来相当长的一个时期不可避免的趋势。对此，我们应当冷静面对，没有必要感到紧张。当然，过度犯罪化也是应当警惕的。在此，刑法立法的民主化和公开化，充分听取社会公众的意见，对于保障刑法立法的合理性具有十分重要的意义。

二、刑罚结构的调整

刑罚结构，是指一个国家的刑罚方法的组合形式。任何一个国家的刑罚方法都不是单独发挥作用的，而只能在一定的体系中发挥作用。因此，刑罚体系是一个国家的刑罚结构的基础。刑罚体系是各种刑罚方法的有机组合，表现为各种刑罚方法的一定排列顺序和比例分配。这些刑罚方法按照一定的内在逻辑合理地结合，就形成一定的刑罚结构。

我国现有的刑罚体系中包含5种主刑和3种附加刑，这些刑罚方法的轻重搭配形成了我国的刑罚结构。笔者曾经指出，从我国刑罚实际运作的状况来看，我国刑罚体系存在结构性缺陷，这就是死刑过重，生刑过轻：一死一生，轻重悬殊，极大地妨碍了刑罚功能的发挥。[①]

这种刑罚结构的缺陷，其根本表现在于死刑与生刑之间的轻重失衡。这里的死刑是指死刑立即执行，而生刑是指管制、拘役、有期徒刑和无期徒刑，同时还包括死刑缓期执行。死刑缓期执行，简称为死缓，本来应该属于死刑的范畴，因为缓期执行只是死刑的一种执行方法。但被判处死缓的犯罪分子，基本上不会实际执行死刑。从这个意义上说，死缓与其说是死刑，不如说是生刑。而这里所说的轻与重，是指刑罚在立法设置上的轻重，而不是指司法机关对具体案件在量刑上的轻与重。

这里所说的死刑过重，是指刑法规定的死刑罪名过多。在1997年

[①] 参见陈兴良主编：《宽严相济刑事政策研究》，中国人民大学出版社2007年版，第14页。

《刑法》修订以后，我国刑法设立了 68 个死刑罪名。这一死刑罪名的数量，在国际范围内也属于较多的。尤其是在废除死刑的世界性潮流中，我国刑法保留较多的死刑罪名，有损于我国的大国形象。因此，逐渐减少，乃至最终废除死刑已经成为我国刑法的必然选择。

这里所说的生刑过轻，是指死缓和无期徒刑的实际执行期限过短。根据我国刑罚执行的状态，死缓的最长执行时间是 24 年左右，无期徒刑的最长执行时间是 22 年左右。而实际执行的时间则更短，死缓的实际执行时间是 20 年左右，无期徒刑的实际执行时间是 18 年左右。与之形成鲜明对比的是死刑立即执行，在最高人民法院核准以后，7 日内应当执行。对于所犯罪行相差不大，都是罪该处死，但因为一个犯罪不是必须立即执行，另一个犯罪则必须立即执行，因而分别被判处死刑立即执行和死刑缓期执行。这两种情形涉及受到的处罚效果却大为不同：死刑立即执行是生命被剥夺，而死刑缓期执行则只要关押 20 年左右就能回到社会。一生一死之间，差距过大。正如立法机关指出："司法实践中对判处无期徒刑、死刑缓期执行的罪犯，绝大部分都适用了减刑，个别还适用了假释，很少有终身关押的情况。但是，在执行中也出现一些问题，如一些司法机关对减刑条件把握过宽，减刑频率过快、次数过多，假释条件掌握过于宽松，致使一些因严重犯罪被判处死缓或者无期徒刑的罪犯实际执行刑期过短，与被判处死刑立即执行的犯罪分子相比，法律后果相差太大的情况。"[1]

在这种情况下，因为死缓和无期徒刑的实际执行期限过短，被害人强烈要求判处死刑立即执行，由此形成对死刑立即执行的巨大压力，导致我国大量适用死刑。这也是我国当前死刑立即执行案件数量居高难下的一个内在因素。在这种情况下，我们需要对刑罚结构进行适当的调整，

---

[1] 全国人大常委会法制工作委员会刑法室编著：《〈中华人民共和国刑法修正案（九）〉解释与适用》，人民法院出版社 2015 年版，第 217 页。

调整的基本方向是：减少死刑、加重生刑。这里的减少死刑，是指减少死刑罪名；而这里的加重生刑是指延长死缓和无期徒刑的实际执行期限。

我国从《刑法修正案（八）》就开始了减少死刑、加重生刑的立法进程。《刑法修正案（八）》减少了13个死刑罪名，首次开启了立法减少死刑之路。从1979年《刑法》到1997年《刑法》，在短短的18年时间中，我国死刑罪名从28个增加到68个，每年平均增加2个死刑罪名，这是一个死刑罪名不断增加的立法过程。从1997年《刑法》到2011年《刑法修正案（八）》颁布，又过去了14年。在此期间，我国刑法中的死刑罪名处于一种维持不变的状态。《刑法修正案（八）》减少13个死刑罪名，这是我国死刑立法史上的一个转折点，标志着我国刑法中的死刑罪名从以往的增加开始转变方向，向着死刑罪名减少的趋势发展，这是具有十分重大意义的一个立法事件。

在《刑法修正案（八）》减少死刑的同时，也在加重生刑方面作出了努力。加重生刑的立法举措有三：

一是延长死缓的实际执行期限。之前刑法规定，死缓2年期满以后，如果没有故意犯罪的，减为无期徒刑；如果确有立功表现的，减为15年以上20年以下有期徒刑。《刑法修正案（八）》修改为：如果确有立功表现的，减为25年有期徒刑。经过修改以后，死缓考验期间，确有立功表现的，减为有期徒刑的刑期，从最低15年提高到25年。此外，对于普通的无期徒刑适用减刑的，之前刑法规定，经过减刑以后，无期徒刑实际执行的刑期不能少于10年。《刑法修正案（八）》修改为：不能少于13年。

二是延长有期徒刑数罪并罚的最高限额。之前刑法规定，有期徒刑数罪并罚的，决定执行的刑期最高不能超过20年。《刑法修正案（八）》修改为：有期徒刑总和刑期不满35年的，决定执行的刑期最高不能超过20年；总和刑期在35年以上的，最高不能超过25年。

三是规定了限制减刑制度。《刑法修正案（八）》规定：对被判处死刑缓期执行的累犯以及因故意杀人、强奸、抢劫、绑架、放火、爆炸、投放危险物质或者有组织的暴力性犯罪被判处死刑缓期执行的犯罪分子，人民法院根据犯罪情节等情况可以同时决定对其限制减刑。限制减刑的具体做法是：死刑缓期执行期满后依法减为无期徒刑的，减刑以后实际执行的刑期不能少于25年，死刑缓期执行期满以后依法减为25年有期徒刑的，实际执行的刑期不能少于20年。

通过以上修改，《刑法修正案（八）》在减少死罪罪名的同时，加重了生刑。《刑法修正案（九）》延续了上述减少死刑、加重生刑的立法进程。

（一）减少死刑

继《刑法修正案（八）》减少13个死刑罪名以后，《刑法修正案（九）》又减少了9个死刑罪名。这9个死刑罪名是：（1）走私武器、弹药罪，（2）走私核材料罪，（3）走私假币罪，（4）伪造货币罪，（5）集资诈骗罪，（6）组织卖淫罪，（7）强迫卖淫罪，（8）阻碍执行军事职务罪，（9）战时造谣惑众罪。虽然相比《刑法修正案（八）》减少13个死刑罪名，《刑法修正案（九）》减少9个死刑罪名，在减少死刑罪名的数量上有所下降，但减少的死刑罪名对司法活动具有实质性影响，因而更具有价值。在我国刑法中，死刑罪名可以分为三类：备而不用的死刑罪名；偶尔适用的死刑罪名；经常适用的死刑罪名。《刑法修正案（八）》减少的13个死罪罪名，基本上属于备而不用的死刑罪名，对于司法活动中减少死刑的实际适用并无实质性的影响。但《刑法修正案（九）》减少的9个死刑罪名，除了少数是备而不用的死刑罪名以外，诸如集资诈骗罪、组织卖淫罪、强迫卖淫罪等都属于偶尔适用的死刑罪名，其废除对于司法活动中减少死刑适用具有实质性的影响。

（二）加重生刑

《刑法修正案（九）》中加重生刑的最为重要的立法举措就是对贪污罪和受贿罪设置了终身监禁。《刑法修正案（九）》规定：对犯贪污、受贿罪，判处死刑缓期执行的，人民法院根据犯罪情节等具体情况可以同时决定在其死刑缓期执行2年期满依法减为无期徒刑后，终身监禁，不得减刑、假释。同时，根据我国《刑事诉讼法》第254条的规定，可以暂予监外执行的对象是被判处有期徒刑或者拘役的罪犯。因此，终身监禁的罪犯，也不得暂予监外执行。这就真正实现了关押终身，从而使无期徒刑在一定范围内名副其实化，由此加重了对贪污罪和受贿罪的处罚力度。

对减少死刑、加重生刑的立法举措同样也存在不同见解。其中，既有对减少死刑罪名的不同意见，也有对加重生刑的不同观点。

就减少死刑而言，在《刑法修正案（九）》草案的审议过程中，对于死刑罪名的减少并不是一片赞同，而是存在较为强大的反对声音。例如，全国人大常委会在审议《刑法修正案（九）》草案的时候，对某些死刑罪名的取消提出了不同意见，论及不应该废除死刑的罪名包括：(1)组织卖淫罪和强迫卖淫罪，认为该罪不应取消死刑，因为其主观恶意性、再犯可能等要素均具备。特别是在现实中，存在强迫幼女卖淫的现象，民愤极大，建议对组织卖淫罪和强迫卖淫的死刑取消持慎重态度。(2)走私武器、弹药罪，认为对走私武器弹药这种行为，我们放松管理，起不到震慑作用，将给国家安全造成极大的安全隐患。(3)走私核材料，认为虽然在实践中较少适用，但如果发生，后果不堪设想，将造成巨大的社会危害。(4)走私伪造货币罪，认为该罪的行为和后果都很严重，对社会的损害更大。(5)战时造谣惑众罪，认为虽然现在是和平时期，但并不排除今后发生战争的可能，如果不保留战时造谣惑众罪的死刑，不利于战时的执行。(6) 集资诈骗罪，认为该罪不应该免除死刑，它最容易引起社会动荡、引发群体性事件，会干扰和危害国家的经济、金融安全。(7) 伪造货币罪，认为该罪不应该免除死刑，其理由与集资诈骗罪相同。因此，在《刑法修正案（九）》草案拟减少的9个死刑罪名中，除了个别以外，基本上都提出了不同意废除死刑的意见。① 这些意见都是从9个死刑罪名废除以后，可能会对社会带来的消极影响的角度提出质疑的，其出发点当然是好的。但这些意见本身缺乏事实的根据与逻辑的支撑。因为这些意见所论及的废除死刑罪名以后可能具有的对社会的消极影响本身是假设性的，并没有实证资料支持。

事实上，某些犯罪不要说死刑案件没有发生过，即使是普通案件也没有发生过。例如，对走私核材料罪死刑废除的反对意见的逻辑思路是："如果发生，后果不堪设想。"显然，这里是以假设为前提的，如果这种假设不可能转化为现实，则结论就不具有真实性。再如，走私武器、弹药罪死刑的废除，反对意见的论证方法是："对走私武器、弹药这种行为，我们放松管理，起不到震慑作用，将给国家安全造成极大的安全隐患。"事实上，走私枪支行为在现实生活中虽然存在，但所见案件基本上都是走私仿真枪。而且，即使对走私武器、弹药罪废除了死刑，最高仍然可以判处无期徒刑。从逻辑上来说，不能把废除走私武器、弹药罪的死刑理解为是对走私武器弹药行为放松管理。如果这一逻辑能够成立，岂不是所有未设死刑的罪名，都是对这种犯罪行为放松管理的表现？这种意见几乎把废除某罪的死刑误解为取消该罪名，在此基础上的结论显然难以成立。从这种意见的背后，我们可以明显地发现在社会治理中对死刑依赖的心理。事实上，因为刑法对走私武器、弹药罪规定了较重的法定刑，因此某些军事爱好者走私仿真枪案件的量刑结果往往引起社会

---

① 参见陈丽平:《一些常委委员建议认真研究减少死刑罪名原则 走私核材料罪等不应取消死刑》，载《法制日报》2014年12月17日。

公众的非议。例如，四川19岁青年刘某通过网络向我国台湾地区卖家购买20支仿真枪，被鉴定为具有杀伤力。福建省泉州市中级人民法院经审理认为：被告人刘某违反海关法规，逃避海关监管，走私枪支20支入境，行为已构成走私武器罪，属情节特别严重。根据相关法律法规，判处无期徒刑，剥夺政治权利终身，并没收个人全部财产。该案上诉以后，福建省高级人民法院驳回上诉，维持了一审判决。类似这种所谓走私枪支案件，按照现有的司法解释判处如此重刑，已经极大地超出了社会公众所能接受的程度。因此，如果没有实际案例和资料支撑，所谓给国家安全造成极大的安全隐患，只存在于某些人的主观臆想之中。由此可见，对于是否废除死刑，我们不能抽象地谈论，而是要以具体案件或者实证资料为根据展开讨论。

值得注意的是，2015年6月24日全国人民代表大会法律委员会《关于〈中华人民共和国刑法修正案（九）（草案）〉修改情况的汇报》对前述针对废除死刑罪名的反对意见作了以下回应："法律委员会经研究认为，'逐步减少死刑罪名'是党的十八届三中全会提出的改革任务，取消9个罪名的死刑，是与中央各政法机关反复研究、论证，并在广泛听取了人大代表、专家和各有关方面意见的基础上提出的，同时，为防止可能产生的负面影响，事先作了慎重评估，对其中一些严重犯罪，取消死刑后，在法律上还留有从严处罚的余地，如取消了走私武器、弹药罪，走私核材料罪的死刑，仍保留了制造、买卖、运输、储存枪支、弹药、爆炸物罪和非法制造、买卖、运输、储存放射性物质犯罪的死刑；取消了以暴力方法阻碍执行军事职务并造成人身伤亡犯罪的死刑，仍保留了故意杀人罪、故意伤害罪的死刑。司法实践中如有走私武器、弹药、核材料、暴力阻碍执行军事职务的犯罪，情节特别恶劣，确需判处极刑的，还可以根据案件情况，依照刑法现有规定判处。其他取消死刑罪名也都有相应的范例安排，不会出现轻纵犯罪的情形。"在这段话中，立法机关在论证死刑罪名废除的时候，还是尽量防止负面影响，避免轻纵犯罪。其实，死刑罪名的废除，肯定会产生一定的影响。对于那些备而不用的死刑罪名的废除，其所谓影响仅限于一般威慑。而对于那些偶尔适用的死刑罪名的废除，则会发生减少死刑适用的实质性影响。现在的问题在于：我们到底如何看待这种影响？死刑的存在当然能够起到一定的威慑作用，这也就是我们所追求的所谓死刑的正面作用。但是，这种正面作用的取得也是要付出一定代价的。死刑本身具有不可忽视的消极影响，例如，可能产生的死刑冤案对于社会公众的正义感具有严重的伤害。又如，对于死刑的过度依赖，会使社会治理产生惰性，社会治理能力难以提高，如此等等。至于从人的理性角度对死刑的思考，更是因为其抽象而不容易为社会公众所接受。但对于立法机关来说，死刑罪名的废除虽然应该考虑功利性的得失因素，但还是要回归公正性的理性思维。

就加重生刑而言，同样存在不同意见。如果是一般性的加重生刑，当然是与刑罚轻缓化的潮流相背离的。但我们是在作为减少死刑罪名的替代性措施这个意义上提出加重生刑的，因而不同于一般性的加重生刑。这里的加重生刑，也并不是对所有的生刑都加重，而是加重无期徒刑和长期徒刑。对于那些较轻犯罪的刑罚不是应该加重，而是应该予以适当的降低。

这里存在一个刑罚资源的配置问题。从总的情况来看，我国目前刑法中的刑罚资源的配置既不合理，也不均衡。这种不合理性主要体现在生刑过轻与死刑过重的矛盾，不均衡性则主要体现在生刑的轻重分布上的轻罪过重与重罪过轻的矛盾。

这里所谓轻罪过重，是指较轻之罪所受到的刑罚处罚太重，动辄10年以上。轻罪过重的问题，是应当引起我们重视的一个问题。例如，曾经引起社会公众关注的"掏鸟案"，河南某地大一学生闫某被指控非法猎捕国家二级保护动物燕隼16只，卖给他人燕隼10只。另外向他人购买国家二级保护动物凤头鹰1只。新乡市辉县市法院一审判决，以非法收购、猎捕珍贵、濒危野生动物罪判处闫某有期徒刑10年6个月。一审判决以后，被告人不服提起上诉，新乡市中院对此案作出裁决，维持了新乡市辉县市法院一审判决。该案的定罪与量刑，从现有的法律规定和司法解释来看，当然是没有问题的。但从立法上看，猎捕16只属于国家二级保护动物的鸟类而判处10年6个月有期徒刑，从刑罚设置上说，是过重的。对于珍贵、濒危野生动物的保护主要还是依靠相关行政措施而不是刑罚，对于这种犯罪虽然应当处罚，但也不应该予以如此严厉的处罚。尤其是考虑到被告人毕竟不是专门从事珍贵、濒危野生动物的非法猎捕和贩卖的犯罪分子。而且也没有证据表明，这些珍贵、濒危野生动物均已死亡。在这种情况下，简单地根据珍贵、濒危野生动物收购、猎捕的数量，判处10年6个月有期徒刑，反映了我国刑法对于此类犯罪设置了过重的刑罚。因此，适当降低某些较轻犯罪的法定刑，使刑罚分布更加合理，确有其必要。

为了解决轻罪过重的问题，有必要设立轻刑。尤其是随着轻罪体系的形成，我国应当形成与之配套的轻刑体系。因此，应当考虑在我国刑法中设置适用于轻罪的轻刑。唯有如此，才能使犯罪与刑罚做到轻重相配，实现罪刑之间的均衡。应该说，我国目前重刑较为完整，而轻刑则有所缺失。在这种情况下，设立某些较轻的财产刑和资格刑是十分必要的。至于自由刑，也要扩大非监禁刑的适用范围。《刑法修正案（九）》规定了从业禁止制度，这一制度本来是作为资格刑设置的，但在审议过程中，出于各种因素的考虑，最后被定位为预防性措施。而这种所谓预防性措施，就是某些学者所说的保安处分，认为随着从业禁止制度在我国刑法中的设立，表明我国刑法中的保安处分体系已初步构筑起来。① 保安处罚制度对于预防犯罪当然能够发挥积极作用，但我国的当务之急还是建立轻刑体系。而《刑法修正案（九）》规定的从业禁止本来可以作为轻刑确立的，可惜丧失了一次极好的立法机会。

这里所谓重罪过轻，是指严重之罪所受到的刑罚处罚，除了死刑立即执行以外，如果判处死缓或者无期徒刑，因其实际执行期限较短而显得太轻。加重生刑主要就是要解决重罪过轻的问题，以便与减少死刑的立法举措相衔接。

对于严重犯罪的刑罚应当适当加重，这种加重主要通过提高有期徒刑的上限和增加无期徒刑与死缓的实际执行期限来达到目的。因此，我国应当设置长期徒刑，甚至对于某些严重犯罪在尽量少判死刑的前提下，设立终身监禁的刑罚。对于这样一种立法构想，我国学者提出了不同意见。例如张明楷教授提出"死刑的废止不需要终身刑替代"这一命题，这里所说的终身刑，就是指终身监禁。张明楷教授指出："我国不存在终身刑，死刑的削减与废止，不需要也不应当由终身刑替代。15年左右的关押，已经属于相当严厉的惩罚，并且足以预防犯罪；更长时间的关押基本上属于残酷的、不人道的刑罚，而且不是保护法益与预防犯罪所必需的刑罚。我国刑法规定了死缓制度与无期徒刑，对于已经执行15年左右的犯人，如果其再犯罪可能性已经丧失或者明显减少，就应当依法对之实行减刑或者假释。如果已经执行15年左右的犯人，其再犯罪可能性并未丧失和明显减少，那么，继续合理地执行所判处或者裁定的无期徒刑即可。所以，我国在限制与废止死刑的过程中，不必设

---

① 参见邓楚开：《刑修九透露出来的刑法发展大趋势》，载 http://j.news.163.com/docs/99/2015100813/B5DHTTNO0514861D.html，2015年12月22日访问。

置终身刑，也不必提高有期徒刑的最高期限。"① 在废除死刑而又不需要替代措施的情况下，当然无须考虑终身刑。但在我国当前这种对待死刑还较为"迷恋"的氛围下，死刑替代措施的设计就成为不得不面对的一个问题。

我国学者对死刑替代措施作了探讨，提出了各种设想。例如高铭暄教授提出了三种死刑替代措施：一是作严厉化调整后的死刑缓期执行制度，对死缓犯考验期满之后的无期徒刑，设置相对普通无期徒刑更为严格的假释、减刑期限。具体来说，普通的无期徒刑执行10年以上即可假释，但对死缓考验期满之后的无期徒刑，则可规定必须实际执行20年以上才可假释。而普通的无期徒刑，减刑后实际执行不能少于10年，但对死缓考验期满之后的无期徒刑，则可规定减刑后，实际执行的期限不能少于20年。这样，通过对被判死缓的犯罪分子设置相对于普通无期徒刑更为严格的假释、减刑期限，死缓犯关押的期限，上限将达到30年左右，通常应实际执行时间为25年左右，即使有立功等特殊情形，最少也需要执行20年才可重获自由。二是严格的无期徒刑，改革无期徒刑，区分出严格的无期徒刑与一般无期徒刑，将严格的无期徒刑作为中止适用死刑的某些犯罪的切实可行的替代措施。作为死刑替代措施的严格无期徒刑的关押期限，上限将达到25年左右，通常应实际执行时间为20年左右，即使有立功等特殊情形，最少也需要执行15年才可重获自由。三是附赔偿的长期自由刑，就死刑替代措施而言，某些犯罪中，在充分尊重被害方意愿的前提下，可以以附赔偿的长期自由刑（例如15年以上20年以下有期徒刑）替代死刑立即执行。② 对于这种死刑替代措施的设

---

① 张明楷：《死刑的废止不需要终身刑替代》，载《法学研究》2008年第2期。类似观点参见王志祥：《死刑替代措施：一个值得警惕的刑法概念》，载《中国法学》2015年第1期。

② 参见高铭暄：《略论中国刑法中的死刑替代措施》，载《河北法学》2008年第2期。类似观点，参见赵秉志：《中国死刑替代措施要论》，载《学术交流》2008年第9期。

想，笔者认为是极为务实的减少死刑的立法举措。因为，对于中国这样一个具有上千年死刑历史传统，并且目前社会心理还在相当程度上支持死刑的国度来说，死刑的废除注定是一个漫长的过程。在目前所有支持死刑适用的因素中，法院面对的主要是来自被害方的要求判处死刑的巨大压力。而通过死刑替代措施，在一定程度上换取被害方对不适用死刑的理解，减轻被害方对法院适用死刑的压力，无疑是具有重要意义的。因此，在减少死刑罪名的前提下，适当地加重生刑，主要是对死缓和无期徒刑进行改造，使之处罚的严厉性得以强化，笔者认为是可行之举。

刑罚结构的调整并不是一蹴而就的，而是需要通过立法活动逐步地向前推进。从《刑法修正案（九）》的规定来看，并没有设立针对所有严重犯罪的终身监禁，而只是对贪污受贿数额特别巨大、情节特别严重的犯罪分子，特别是其中本应当判处死刑的，根据慎用死刑的刑事政策，结合案件的具体情况，对其判处死刑缓期二年执行依法减为无期徒刑后，采取终身监禁的措施，不得减刑、假释。所以，《刑法修正案（九）》关于终身监禁的规定是具有针对性的，也是有节制的立法措施。

一个国家的刑罚体系正常发挥作用的前提是，其内部保持均衡。只有在此基础上，才谈得上对刑罚价值的合理追求。也只有捋顺各种刑罚方法之间的关系，在均衡地配置刑罚资源的基础上，才谈得上刑罚的轻缓化问题。现在，我国刑罚改革的主要矛盾还是死刑过重，因此在立法上减少死刑罪名，在司法上减少死刑适用是当务之急。刑罚结构的调整应当围绕这一问题展开，以此观察《刑法修正案（九）》的减少9个死刑罪名和设置终身监禁，以及延长死缓依法减为无期徒刑以后的执行期限，可以看到我国刑法的发展方向。

通过刑法修正案的方式对刑法进行修订，虽然类似于给衣服打补丁。但打补丁只能是补漏式的消极应对，对于修补衣服合适，但刑法修订就不能采取这种头痛治头、足痛治足的做法。刑法修订应当受到一定的刑事政策的指导，并且具有全局性和前瞻性。储槐植教授曾经批评厉而不严的立法倾向，倡导严而不厉的立法政策。储槐植教授所说的"厉"是指刑罚严苛，处刑过重；而"严"则是指起刑点低，法网严密。因此，厉而不严是指刑罚严厉但法网疏漏；反之，严而不厉是指法网严密但刑罚轻缓。储槐植教授在论述严而不厉的立法政策时指出："刑法对这些危害甚大的犯罪应当两面夹击，而不是攻一面放一面。一方面适当提高法定刑在一定时期内是必要的，更重要的另一方面是防微杜渐，降低起刑线，扩大刑事法网，不放过小罪，从而减少发展为大罪的概率。"[①] 这些政策思想虽然是二十多年前提出的，但对于刑法的修订仍有具有指导意义。

从1980年1月1日我国第一部《刑法》实施以后，我国就进入了改革开放的时代，犯罪现状发生了极大的变化。我国由此而进入一个"严打"的刑事周期，在立法上通过对刑法的修改补充，增设死刑和提高法定刑，使我国刑法演化为一部重刑刑法。直到我国提出宽严相济的刑事政策，这种立法政策思想在《刑法修正案（八）》开始发生效果，通过减少死刑罪名和适当地加重死缓和无期徒刑的实际执行期限，对我国轻重失衡的重刑结构进行调整，这是完全正确的。目前只是走出了调整的第一步，笔者相信，这种调整的努力还会持续下去。我们有理由期待，通过刑法修订将会使我国刑法朝着更为科学合理的方向发展。

[①] 储槐植：《严而不厉：为刑法修订设计政策思想》，载《北京大学学报》1989年第6期。

第3版前言

《刑法理念导读》一书于2003年在法律出版社出版了第一版,2008年在中国检察出版社出版了第二版。转眼之间,十多年过去了,本书在图书市场早已难见踪影。为此,中国检察出版社约笔者对本书进行修订,以便重新出版以飨读者。

在笔者的著作中,《刑法理念导读》一书是较为特殊的:它不是专著,而是一部选集。这部书的出版主要是为了满足检察机关业务培训的需要,因而以刑法理念为主题,选编相关论文,形成本书的基本内容。

刑法理念具有一定的应然性,因而收入本书的作品不同于刑法教义学,是对刑法的形而上的思考。理念一词,在英文中是 idea,也就是思想或者观念。如果说,刑法教义学是根据刑法的思考;那么,刑法理念就是关于刑法的思考。刑法教义学对于刑法采用的是内在视角,是在刑法之中研究刑法。而刑法理念对于刑法采用的是外在视角,是在刑法之外研究刑法。例如,英国学者丹尼斯·罗伊德曾经写过一本书,书名就是《法律的理念》。在该书中,罗伊德揭示了法律理念的重要性,指出:"法律观念在人类文明因素中的重要性仅仅显示那些职司法律概念的解释以及实际适用的人责任艰巨,他们要不断努力刷新那种形象,使它明朗,一再接受分析以便配合当时社会的实际情况。这并不是说法理学者唯一需要关心的,只是注视未来,因为不论如何,法律的基本任务之一是替社会提供坚实的基础,这一点必须充分考虑社会在过去历史中呈现的传统与价值——至少在它们与目前需要有关的范围内——才能办到。"① 因此,对于一个职业法律人来说,不仅要掌握法教义学的方法论,而且应当对法的理念进行深入的思考。唯此才能真正理解法,达成职业法律人的使命。

本书是《刑法理念导读》的第三版,对将近三分之一的内容进行了替换,也可以说是进行了更新。因而,本书可以说是《刑法理念导读》的最新修订版。

《刑法理念导读》第二版的代序是关于刑法理念的一篇讲演稿,将其作为代序当然是十分适宜的。这次修订,笔者代之以《中国刑法的发展方向》一文,提供对中国刑法的方向性视角。该文以《刑法修正案(九)》为根据,对中国刑法走向进行了宏观考察。自从1997年《刑法》修订以后,我国立法机关采用刑法修正案的方式对刑法进行及时修改补充,至今已经颁布十个《刑法修正案》。其中,《刑法修正案(八)》和《刑法修正案(九)》对刑法修订的规模较大。在这种情况下,对于中国刑法的未来走向出现了各种不同的声音。其中,对刑法的扩张表示担忧,这是值得关注的一种声音。从新罪增设的角度来看,刑法确实随着修正案的颁布而不断扩张,对刑法现状的这一实然描述并无争议。关键在于如何看待这种刑法扩张的趋势。对此存在不同的理解。笔者的解读是:新罪增设的原因十分复杂,既是对现实犯罪的应对举措,如恐怖主义犯罪和网络犯罪就是典型例子;同时又是司法权与行政权之间消长关系的反映,通过降低入罪门槛,越来越多的违法行为犯罪化,逐渐建立刑法中的轻罪体系,具有限缩行政处罚范围,扩张司法管辖范围的性质。因此,对中国刑法的未来走向应当进行客观理性的考

---

① [英]丹尼斯·罗伊德:《法律的理念》,张茂柏译,新星出版社2005年版,第269页。

察。该文只是表达了笔者的一种见解，未必完全正确，可以对这个问题进行进一步的思考。

刑事法治是刑法理念题中应有之义，也是法治国刑法的底色。因此，对于刑事法治的概念、特征、原则等内容进行深度解读是十分重要的。收入本书的这部分内容主要选自笔者早年出版的《刑法的价值构造》（中国人民大学出版社1998年版）一书，例如对罪刑法定原则和罪刑均衡原则的论述，是在1997年《刑法》修订背景下的思考。现在更需要关注的是罪刑法定原则和罪刑均衡原则的司法化，这是在阅读本书的时候应当注意的。

刑事政策在我国刑法中具有独特的功能，可以说，刑事政策在很大程度上对刑法具有形塑功能。无论是刑法立法还是刑法司法，刑事政策都是须臾不可分离的要素。对于理解中国刑法来说，刑事政策是一把入门的钥匙。因而，刑事政策的概念、功能和演进的界定和阐述，对于理解我国刑法是十分重要的。我国的刑事政策存在一个从严打到宽严相济的转变过程，这种刑事政策的变化对我国刑法的立法和司法都具有重大影响。同时，我国刑法学界对于刑事政策和刑法教义学的关系也作了深入研究，由此推进了我国刑事政策从政治研究到学术研究的转变，这是值得关注的发展迹象。对于刑事政策的理论思考，贯穿笔者的刑法学术生涯。尽管没有出版刑事政策的专著，笔者还是主编了《宽严相济刑事政策研究》（中国人民大学出版社2007年版）一书，对于刑事政策进行了专门研究。本书关于刑事政策的论述，可以说是我对刑事政策探讨所取得的学术成果。

理念属于观念层面的东西，它虽然是对社会现实的镜像，但它又具有其独立性。相对于流动的和流逝的现实而言，理念是凝固的和沉淀的。刑法理念也是如此。随着刑法的不断修订，刑法规范是变动不居的。而刑法理念则超越刑法规范，并且支配着刑法规范。因此，我们不仅需要熟知刑法规范，更要掌握刑法理念。唯有如此，才能深刻理解刑事法治的真实蕴涵。

是为前言。

陈兴良

谨识于北京海淀锦秋知春寓所

2019 年 7 月 18 日

第2版前言

《刑法理念导读》作为高级检察官培训教材，是在2003年由法律出版社出版的，迄今已经将近5个年头过去了。此次丛书编委会又邀请笔者对本书进行适当增订，以高级检察官培训教程的名义在中国检察出版社出版。对此，笔者表示欣慰。

理念，英文为idea，是我所喜欢使用的一个概念。刑法理念，也是笔者首次在《当代中国刑法新理念》（中国政法大学出版社1998年版）一书采用的。随着法治理念教育的推行，"理念"这个词也越来越耳熟能详。那么，到底什么是理念呢？对此，笔者也没有深入探究过。我们一般都把理念看作观念、思想的同义语。其实，理念是一个十分形而上学的哲学概念，它来自古希腊哲学家柏拉图的理念论。英国学者戴维·梅林在论及柏拉图的理念论时指出：理念论是要让回忆说建立在坚定的形而上学和认识论基础之上。存在一个永恒的仅凭理智可以理解的实在的世界，灵魂在肉体化之前不具形体的状态中就直接了解到了它。我们在现在的肉体化生活中凭感觉经验获知的世界包含了永恒实体的感觉影像，这些感觉影像可以促使我们回复到对理念的回忆，理念是它们永恒的仅凭理智可以理解的原型。真正的哲学家力求不断摆脱由感觉经验引起的身体快乐与痛苦的感知的扭曲性影响而净化自己，增长他进行纯粹理智思考的能力，唯有这能获得关于理念的知识。①因此，理念具有超越经验的特征，正如灵魂存在于肉体之外。十分凑巧的是，黑格尔在论及法的理念的时候，也采用了灵魂与肉体的比喻。黑格尔认为，法哲学这一门科学以法的理念，即法的概念及其现实化为对象。那么，如何理解这里的理念呢？

黑格尔指出：概念和它的实存是两个方面，像灵魂和肉体那样，有区别而又合一的。如果肉体不符合灵魂，它就是一种可怜的东西。定在与概念、肉体与灵魂的统一便是理念。理念不仅仅是和谐，而且是它们彻底的相互渗透。如果不是某种式样的理念，任何东西都不能生存。法的理念是自由，为了得到真正的理解，必须在法的概念及其定在中来认识法。②

黑格尔当然是基于其客观唯心主义的哲学立场讨论理念的。在唯物辩证法看来，理念并不是先于或者高于物质实体的先验存在物，而恰恰是从具体事物中抽象出来的某种观念形态。因此，我们在理解客观事物的时候，仅有物质的实体形态的把握还是远远不够的，还应当透过物质之表象，深刻把握物质的观念形象。对于法的认识也是如此。法当然是以规范形式而存在的，并且表现为各种具体的实在法。但只是对表象的法律实体的认识还不足以把握法的精神，还应当在观念形态上理解法。这种观念形态意义上的法，就是法的理念。因此，作为理念的法与作为规范的法是对立的：前者是应然之法，后者是实然之法。

刑法理念并非刑法之实然，也不是对现行刑法的诠释，而是指刑法之应然，属于刑法的价值层面。对刑法理念的探讨，意味着立足于刑法的现实而面对刑法的未来，是对刑法生长与发展之逻辑与规律的揭示。

---

① 参见［英］戴维·梅林：《理解柏拉图》，喻阳译，辽宁教育出版社、牛津大学出版社2000年版，第114—115页。

② 参见［德］黑格尔：《法哲学原理》，范扬、张企泰译，商务印书馆1961年版，第1—2页。

因此，在某种意义上说，对刑法理念的研究就是对刑法的哲学研究。它以一种反思的、批判的精神与姿态呈现，具有超越实在刑法的意蕴。在此，刑法理念所具有的应然性与刑法规范所具有的实然性之间凸显出一种冲突。刑法理论首先是关于规范刑法的知识，它具有对现行刑法条文的诠释功能，以满足司法实践的客观需求。但这种规范刑法的知识需要一种超越于现行刑法规范的刑法理念之引导。因为刑法本身不是凝固不变的，尤其是当前中国处于社会转型时期，我国的法律，包括刑法也处在剧烈的变动之中。如果我们不能从理念上把握刑法的精神实质，我们就只能囿限于刑法规范之表象与具象，对于刑法的内在价值无所归依，对于刑法的发展前景不甚了然，因而难以适应刑事法治建设的现实要求。

笔者以为，一个国家的刑事法治是由以下三个层面的内容构成的：刑法理念、刑法制度与刑法规范。在这三者之中，刑法规范处于表层，对社会生活直接发生作用，也是我们在其现实性上所能接触到的刑法表象。在现实生活中，公民主要是与刑法规范打交道。刑法规范所具有的对公民的约束功能，是可以切实地感知的。当然，在民族心理结构中，也还存在某些历经长久而积沉下来的刑法规范被社会所普遍认同，诸如杀人者死等规则，都成为对现行刑法规范的有效性的某种检验。在司法活动中，刑法规范是定罪量刑以及行刑的法律准则，对司法官员也具有直接的约束作用。当然，刑法规范不能独自地发生作用，在其背后必然存在制度的支撑。这里的刑法制度，主要是指刑事立法与司法的体制。刑事立法体制是立法权的行使方式，通过立法活动供应刑法规则，以满足刑事司法对规则的需求。刑事司法体制是司法权的配置方式，通过各种司法权的行使实现刑法规范的价值。相对于刑法规范来说，刑法制度更为直接地体现了权力的作用，因而其生命也是更为持久的。刑法法规变动可能更加频繁，而刑法制度则相对稳定。当然，我国目前正在进行司法体制改革，对刑法制度也有加以结构性调整之必要。在这样一个历史背景之下，透过刑法规范而关注刑法制度是十分重要的。在刑法制度之上就是刑法理念，它对刑法起到某种指导作用，对刑法制度的改革与刑法规范的适用都是不可或缺的。在我们这样一个社会转型与体制改革时期，刑法理念的转变是十分重要的，它是刑法制度调整与刑法规范变动的先声与前驱。因此，我们有充分的理由将刑法理念纳入我们的视野。

《刑法理念导读》一书编纂于2003年初，反映的是当时笔者对刑法理念的认识。这次再版作了个别增补：首先，增加了一篇代序——当代中国刑法理念。这是笔者的一篇讲演稿，论述了人权保障、形式理性和刑罚谦抑三个刑法理念。由于该文是以讲演稿的形式呈现出来的，具有可读性，也可以理解为全书的核心观点。此外，还增加了第十四章与第十五章：第十四章是"刑事法治视野中的刑事政策"，该章以刑事法治为视野，对我国的刑事政策进行了法理探讨；第十五章是"宽严相济刑事政策研究"，该章对我国当前正在贯彻的宽严相济的刑事政策的精神及其适用作了系统的阐述。经过增补以后，全书正文共分为十五章，基本上可以分为三个部分：第一部分是第一章到第八章，属于刑法理念的价值基础，是本书的基本理论，对于正确地掌握刑法理念具有重要意义。第二部分是第九章到第十二章，属于刑法理念的规范内容，其中罪刑法定原则和罪刑均衡原则都是刑法理念的具体体现。第三部分是第十三章到第十五章，属于刑事政策内容。刑事政策与刑法理念之间具有密切联系，刑法理念往往通过一定的刑事政策对刑事立法与刑事司法发生作用。因此，刑法理念转变会导致刑事政策的调整。在刑法理念的学习中，掌握刑事政策的基本精神是十分重要的。尤其是近年来，随着建构和谐社会的政治理念的确立，必然影响到刑事政策。因此，宽严相济刑事政策在某种程度上可以说是刑事法对建构和谐社会的政治理念的回应。

本书第一版是由法律出版社出版的，第二版改由中国检察出版社出版。有关编辑在本书出版过程中付出了辛勤的劳动，对此笔者要深表谢意。此外，本书是在最高人民检察院高级检察官培训教程编委会的组织下编写的，对此笔者也要表示谢意。

是为前言。

陈兴良
谨识于北京海淀锦秋知春寓所
2007 年 11 月 24 日

目 录

代序　中国刑法的发展方向 …………………………………… 001
第 3 版前言 …………………………………………………… 001
第 2 版前言 …………………………………………………… 001

第一章　法治国的刑法文化 ………………………………… 001
　一、法治国刑法文化的性质 ………………………………… 001
　二、法治国刑法文化的内容 ………………………………… 004
　三、法治国刑法文化的品格 ………………………………… 009

第二章　刑事法治的理念建构 ……………………………… 017
　一、形式理性与实质理性 …………………………………… 018
　二、法律真实与客观真实 …………………………………… 029
　三、程序正义与实体正义 …………………………………… 043

第三章　从政治刑法到市民刑法 …………………………… 051
　一、社会形态的演进 ………………………………………… 051
　二、社会形态的特征 ………………………………………… 062
　三、市民社会与政治国家的二元分立 ……………………… 069
　四、社会转型中的中国刑法走向 …………………………… 080

第四章　刑法机能二元论 091
- 一、人权保障的刑法意义 091
- 二、社会保护的刑法意义 095
- 三、人权保障与社会保护的对立统一 104

第五章　罪刑法定原则 116
- 一、罪刑法定的价值蕴涵 116
- 二、罪刑法定的制度构造 131
- 三、罪刑法定的立法机理 146
- 四、罪刑法定的司法运作 160

第六章　罪刑均衡原则 189
- 一、罪刑均衡的价值蕴涵 189
- 二、罪刑均衡的观念嬗变 207
- 三、罪刑均衡的立法确认 220
- 四、罪刑均衡的司法体认 234
- 五、罪刑均衡的中国命运 249

第七章　从威吓到忠诚：一般预防的话语转换 263
- 一、以威吓为特征的消极的一般预防主义 263
- 二、以忠诚为内容的积极的一般预防主义 278
- 三、积极的一般预防主义的意义 284

第八章　刑法教义学与刑事政策的关系 288
- 一、李斯特鸿沟 288
- 二、罗克辛贯通 303

三、中国意识 ………………………………………… 322

第九章　刑事政策视野中的刑罚结构调整 ………………… 342
　　一、刑罚结构调整的刑事政策根据 ………………… 342
　　二、刑罚结构调整的发展规律 ……………………… 352
　　三、刑罚结构调整的理论评价 ……………………… 361

第十章　宽严相济刑事政策研究 …………………………… 370
　　一、宽严相济刑事政策：反思与调整 ……………… 370
　　二、宽严相济刑事政策：界定与阐述 ……………… 377
　　三、宽严相济刑事政策：理念与实现 ……………… 389

第十一章　刑事法治视野中的刑事政策 …………………… 404
　　一、刑事政策的历史演变 …………………………… 404
　　二、刑事政策的主要特征 …………………………… 411
　　三、刑事政策的基本内容 …………………………… 418
　　四、刑事政策的必要限制 …………………………… 429

第 1 版后记 …………………………………………………… 442

第一章　法治国的刑法文化

我国的刑法学研究面临着一个重大课题，这就是如何建构法治国的刑法文化。这个课题的提出，是与我国刑法正在发生的价值上的转换，以及我国社会正在发生的结构上的转型密切相关的。建构一种奠基于刑事法治之上的法治国的刑法文化，是走向21世纪的我国刑法学研究的发展方向。

一、法治国刑法文化的性质

刑法是一种社会控制的手段、一种社会治理的方法，因而是随着犯罪现象的出现而产生的，具有悠久的历史。在人类历史的长河中，刑法曾经发挥过重要作用。这种作用在各种社会形态中是有所不同的，归根结底是由一定的社会性质和社会结构所决定的。我国刑法学者李海东根据国家与公民在刑法中的地位把历史上的刑法划分为两种类型：国权主义刑法与民权主义刑法。以国家为出发点、而以国民为对象的刑法，称之为国权主义刑法，国权主义刑法的基本特点是，刑法所要限制的是国民的行为，而保护国家的利益；以保护国民的利益为出发点、而限制国家行为的刑法，称之为民权主义刑法。① 国权主义刑法与民权主义刑法

---

① 参见李海东:《刑法原理入门（犯罪论基础）》，法律出版社1998年版，第4-5页。

的分野，对于我们正确地认识刑法的性质与机能具有十分重要的意义，笔者曾经提出从政治刑法到市民刑法的命题，[①]这里的政治刑法与市民刑法在一定程度上可以与国权主义刑法与民权主义刑法相对应。民权主义刑法与市民刑法，从本质上来说，就是法治国的刑法，由此区别于人治国或者专制国的刑法。

随着建设法治国家的治国方略的确立，法治国越来越成为我们所追求并希望实现的理想国。那么，法治国的基本精神是什么呢？笔者认为，法治国的基本精神在于：一个受法约束的国家。换言之，国家在法律框架内生存，以此区别于不受法律约束的、具有无限权力的国家。法国学者狄骥在论述国家的法律框架时指出：执掌国家权力的人应服从于"法"并受"法"的束缚。国家是服从于"法"的；像德语中所说的，它是一种"法治国家"，一个 Rechtsstaat（法治国）。[②]在法治国中，国家的权力应当受到限制。其中，国家的刑罚权尤其应当受到严格的限制。因此，从法治这个概念中，我们可以合乎逻辑地引申出刑事法治的概念。笔者认为，刑事法治是法治的根本标志之一。因为，国家刑罚权的行使，关系到对公民的生杀予夺。如果对国家刑罚权不加限制，法治国的实现是不可想象的。因此，刑事法治意味着以刑法限制国家刑罚权，包括对立法权与司法权的限制，保障公民的自由与权利。从这个意义上来说，罪刑法定原则是刑事法治的应有之义。

刑法的存在是一个基本事实。然而，在不同社会里，刑法存在的理由与根据又是各不相同的。人类为什么要有刑法？李海东指出：一个国家对付犯罪并不需要刑事法律，没有刑法也并不妨碍国家对犯罪的有效

---

① 参见陈兴良：《从政治刑法到市民刑法——二元社会建构中的刑法修改》，载陈兴良主编：《刑事法评论》（第1卷），中国政法大学出版社1997年版，第1页。

② 参见[法]狄骥：《宪法学教程》，王文利等译，辽海出版社、春风文艺出版社1999年版，第24页。

镇压与打击，而且，没有立法的犯罪打击可能是更加及时、有效、灵活与便利的。如果从这个角度讲，刑法本身是多余和伪善的，它除了在宣传与标榜上有美化国家权力的作用外，起的主要是束缚国家机器面对犯罪的反应速度与灵敏度。① 实际上，刑法存在一个从不成文法（习惯法）到成文法（法典法）的演变过程。中国古代春秋时期就曾经对这个问题展开过讨论。为不成文刑法辩护的主要理由是："刑不可知则威不可测。"而批评成文刑法的主要理由是："铸刑鼎，民在鼎矣，何以尊贵？"换言之，不成文法使民处于极端的恐惧之中，从而有利于国家独断专行。而成文法使民知其罪刑，有损于国家权威。尽管如此，刑法从不成文到成文的发展是人类社会发展的必然趋势。成文刑法的出现，虽然在一定程度上限制了国家刑罚权，但还远远谈不上刑事法治。因为成文刑法的出现，只是刑事法治的必要前提，而不是刑事法治的充分条件。在一个社会里，刑事法治是否真正实现，关键在于把刑法当作镇压犯罪的工具还是保障人权的手段。

在专制社会里，刑法受到统治者的高度重视，往往将刑法作为镇压犯罪、维护统治的有效手段。在这种情况下，对刑法的推崇也绝不能成为刑事法治的表征。例如，中国古代的法家主张"法治"，这里的法主要是指刑法，要求一断于法。但这种"法治"是与封建专制相联系的，因而具有明显的刑法工具主义色彩。从这个意义上说，刑事法治的思想是近代西方启蒙运动的产物。启蒙学家猛烈地抨击了专制主义，为刑事法治的确立奠定了基础。孟德斯鸠指出：在专制的国家，绝无所谓调节、限制、和解、条件、等值、商谈、谏诤这些东西；完全没有相等的或更好的东西可以向人建议；人就是一个生物服从另一个发生意志的生物罢

---

① 参见李海东：《刑法原理入门（犯罪论基础）》，法律出版社1998年版，第3-4页。

了。① 因此，专制的特征就是使人不成其为人。而专制制度下的刑法就是使人服从、屈从的工具，是刀把子、赤裸裸的暴力。随着启蒙思想的传播，罪刑法定、限制国家刑罚权的刑事法治观念得以确立。只有在这种情况下，刑事法治的实现才有可能。

我国是一个具有漫长的封建专制传统的国家，刑法工具主义思想根深蒂固。这种以镇压犯罪为内容的刑法工具主义思想之所以流行，主要还是与我国曾经一元的社会结构相关。在这种一元的社会结构中，政治国家占据着垄断地位，对社会进行全面的控制，公民个人的自由与权利长期受到压抑与压制。1949年新中国成立以后，我国的社会制度发生了根本性的变化。随着经济体制改革的开展，引入了市场机制，我国的社会面貌发生了重大变化。在这种情况下，出现了从政治国家的一元社会向政治国家与市民社会二元分立的社会的转型。因此，刑法不再仅仅是国家镇压犯罪的法律工具，同时也是保障人权的法律武器。只有在这种二元的社会结构中，单纯的刑事镇压才有可能向刑事法治转变。从我国1979年《刑法》到1997年修订后的《刑法》，已经显现出这种变化的趋势。笔者相信，在21世纪，刑事法治建设的呼声将越来越高。

二、法治国刑法文化的内容

刑事法治向我们提出了建设法治国的刑法文化这样一个重大的历史使命。刑法学是以一定的刑法为研究对象的，刑法在价值上的这种转变首先应当反映在刑法理论上。作为一个刑法学人，我们应当敏锐地去感受这种刑法价值上的变化，并作出理论上的呼应。唯有如此，才能够担

---

① 参见［法］孟德斯鸠：《论法的精神》（上册），张雁深译，商务印书馆1961年版，第27页。

当得起刑法学家的使命。

在法制史上，存在这样一个参照系：警察国、法治国、文化国。一般认为，前启蒙时代是警察国，以专制与人治为特征；启蒙时代是法治国，以民主与法治为特征；后启蒙时代是文化国，以科学与实证为特征。那么，中国处于上述什么阶段，又需要一种什么样的刑法文化呢？是一种警察国的刑法文化还是一种法治国的刑法文化，抑或是一种文化国的刑法文化？笔者认为，我们目前需要的是一种法治国的刑法文化，警察国的刑法文化是应当摒弃与否定的，而文化国的刑法文化则是遥不可及的。只有法治国的刑法文化，才是我们需要建构的。

在中国传统刑法文化中，国家主义的色彩极为浓厚，这是中国传统社会国家权力观念发达的必然产物，由此使得传统的刑法文化以国家利益和社会秩序的稳定为最高价值，并且形成重刑主义的刑法思想。例如，韩非曾经指出："殷之法，刑弃灰于街者。子贡以为重，问之仲尼。仲尼曰：'知治之道也。夫弃灰于街必掩人，掩人，人必怒，怒则斗，斗必三族相残也；此残三族之道也，虽刑之可也。且夫重刑者，人之所恶也；而无弃灰，人之所易也。使人行其所易而无离其所恶，此治之道。'……重罪者人之所难犯也，而小过者人之所易去也。使人去其所易，无离其所难，此治之道。夫小过不生，大罪不至，是人无罪而乱不生也。"在此，韩非讨论的是所谓治之道，即统治社会的方法。在韩非看来，刑法，尤其是重刑，才是治之道。虽然文中引用了孔子的言论，但似乎更是在表达韩非本人的思想。从对"殷之法，刑弃灰于街者"是刑重还是刑轻这个问题展开，根据韩非所引述仲尼言，从"弃灰于街"，引申出"三族相残"这样一个严重的后果。在笔者看来，这颇有些从一个鸡蛋联想到蛋生鸡、鸡生蛋的痴迷，其逻辑是荒谬的。从"刑弃灰于街"的殷法中，我们可以看到，在这种法律制度下，一个人不仅要对本人行为的直接后果负责，还要把这种行为与社会的稳定和国家的安危联系在一起，一并对之负责，因而承受一切法律制裁，尤其是刑法的制裁。在这种生存状态下的个人，是何等的沉重，又是何等的渺小。在这种情况下，泛刑主义的存在也就具有了合理性："弃灰于街"虽然事小，但引发的"三族相残"则事大，"刑弃灰于街"的理由就显得十分充足。不仅如此，韩非还从中演绎出重刑主义的结论。在韩非看来，小过易犯亦易改，大罪难犯亦难改。因此，对小过处以重刑，使人不敢犯，则大罪也就不会去犯。韩非指出："夫以重止者，未必以轻止也；以轻止者，必以重止矣。"这就是韩非之所谓用刑之道，其重刑思想昭然若揭。在某种意义上可以说，泛刑主义与重刑主义是中国传统刑法文化的核心。不可否认，这种刑法文化在当前还有市场，因而对中国封建专制的刑法文化的批判，仍然是我们的重要任务。

　　法治国的刑法文化与封建专制的刑法文化是截然不同的。在价值取向上，法治国的刑法文化是以个人的自由与权利为基础的，并且以限制国家的刑罚权为使命。在这种情况下，对于犯罪与刑罚具有完全不同于封建专制的刑法文化的观念。也就是说，犯罪观与刑罚观面临着重大的转变。犯罪在任何社会都是存在的，对于犯罪的不同理解反映了一个社会的法治程度与文明程度。黑格尔指出："由于文化的进步，对犯罪的看法已比较缓和了，今天刑罚早已不像百年以前那样严峻。犯罪或刑罚并没有变化，而是两者的关系发生了变化。"[①] 显然，罪刑关系的这种变化，是由于对犯罪与刑罚的理解上的变化而导致的。在封建专制社会里，犯罪被认为是一种敌对性行为，是对统治关系的破坏，这是完全站在国家立场上来界定犯罪，因而对犯罪的处罚也是极为严厉的。随着社会文明的发展，在法治社会里，犯罪被认为是国家与个人之间的一种纠纷与冲突，犯罪人本身也是一个社会成员。因而，对于犯罪人

---

① ［德］黑格尔：《法哲学原理》，范扬、张企泰译，商务印书馆1961年版，第99页。

的合法权益应当加以保护。同样，对于犯罪的惩罚也是有限度的，这种限度就是为制止犯罪、保护社会秩序所必要，除此以外就是专制的。在这种情况下，刑法文化更应当具备理性的特征，这也正是刑事法治的重要标志。

  法治国的刑法文化还受到来自以后现代为特征的文化国的刑法文化的冲击。法治国的刑法文化以罪刑法定为基石，反对专制主义的刑法，不允许任何专横擅断。文化国则是最高形态的国家，对包括制服犯罪在内的一切措施采取积极的态度，旨在创造文化，从根源上解决犯罪问题。应该说，文化国是在法治国基础上发展起来的，又具有不同于法治国的特征。其中特征之一是从形式合理性走向实质合理性，表现为罪刑法定主义的形式理性弱化，实质价值强化。以至于有些学者指出：在所谓文化国，法治国的宠儿罪刑法定主义所坚持的阵地一步一步地退让出来。例如，根据罪刑法定主义的原则，排斥刑法的类推适用。但在许多国家的刑法中容许类推适用或容许有条件的类推适用；罪刑法定主义反对保安处分，但现在许多国家不仅容许适用保安处分，而且将保安处分法典化、一元化；罪刑法定主义反对绝对不定期刑，但现在不少国家适用绝对不定期刑。如此等等，充分说明罪刑法定主义所坚持的阵地均已逐渐地一一让给了所谓文化国的教育刑论。[①] 我国也有学者以此为理由，否定我国刑法应当实行罪刑法定，认为从 19 世纪末 20 世纪初起，罪刑法定已度过它的隆盛期而开始走向衰亡。所谓"法无明文规定不为罪"已不复存在，罪刑法定在事实上正在走向衰亡。[②]

  在西方法治发达国家，确实存在一个从法治国向文化国的演进问题，因而法治国以形式合理性为特征的一些原则在文化国根据实质合理性进

[①] 参见甘雨沛、何鹏：《外国刑法学》（上册），北京大学出版社 1984 年版，第 233 页。
[②] 参见侯国云：《市场经济下罪刑法定与刑事类推的价值走向》，载《法学研究》1995 年第 3 期。

行了某种程度的修正。例如，罪刑法定原则进行某些软化处理，允许有利于被告的类推存在，使之更有利于保障被告人的合法权益。这种软化处理与罪刑法定原则的人权保障的基本精神是一致的，因而并不是对罪刑法定原则的否定，而是罪刑法定原则的进一步发展。而我国当前需要的是法治的启蒙精神，需要的是法治国的刑法文化，因而应当实行严格的罪刑法定，这是由我国法治发展的历史进程和我国社会现实所决定的。如果以文化国的刑法文化否定法治国的刑法文化，对于我国的法治建设只能是一场灾难。当然，我们也不能简单地照搬或照抄西方法治国的刑法文化，对于那些不符合我国国情的东西完全应当排斥，但法治国的刑法文化的基本价值取向是应当肯定并且借鉴的。

值得注意的是，应当防止西方文化国的法文化与中国封建专制的法文化的合流，即以文化国法观念论证中国传统法文化的真理性，以此成为抵制法治国的文化壁垒。我国古代法文化，包括刑法文化存在可继承与可借鉴的内容，但由于这是一种封建专制的法文化，从其基本价值取向上是应予否定的。我国封建专制的刑法文化与以罪刑法定为核心的法治国的刑法文化之间具有天然的对立性，因而与文化国的刑法文化之间存在某种暗合，实际上是神异而形同。正因为这种形同，往往给人以误解，甚至造成对中国封建专制刑法文化的误读。例如，对中国古代刑法中长期存在的类推制度的赞美，并以此抵制罪刑法定主义。更有论者认为，中国古代法家的重刑思想有其明显的合理性。韩非云："所谓重刑者，奸之所犯者细，而上之所加焉者大也；所谓轻刑者，奸之所利者大，上之所加焉者小也。"据此，法家的所谓重刑其实并不重，反而是与罪相适应的，因而具有科学性。[①] 从以上所引韩非关于重刑与轻刑的界定来看，重刑并不重。但我们再引一句韩非的话："刑盗，非治所刑

---

① 参见艾永明：《法家的重刑思想值得借鉴》，载《法学》1996年第11期。

也。治所刑也，是治胥靡也。故重一奸之罪而止境内之邪，此所以为治也。重罚者，盗贼也；而悼惧者，良民也；欲治者奚疑于重刑。"这里的重刑似乎再不能解释为与其所犯之罪相称之刑，而是一种使良民悼惧的威吓之刑。这种重刑并非为罪人所设，而是为止境内之邪而设。因此，轻重标准就不可能是所犯罪行轻重，而是威吓之所需。如达到威吓之需要，实现所谓"以刑去刑"，商鞅甚至公然宣称"行刑重其轻者，轻者不生，则重者无以至矣"，反对"轻轻而重重"，即"轻罪轻刑，重罪重刑"。对此，韩非也作了进一步说明："夫以重止者，未必以轻止也；以轻止者，必以重止矣。"这里的重刑，当然不再可能是与其所犯罪行相称的刑罚。由此可见，对于中国封建专制刑法文化的复活，甚至是在引入文化国刑法文化的名义下的复活，我们应当保持足够的警惕。

我国当前的刑法理论，虽然存在中国传统刑法文化的影响，但主要还是从西方引入的，从原则到概念，从内容到体系，都是如此。但在这种中国传统的刑法文化与西方引入的刑法文化的交汇中，我们始终应当立足于我国法治建设的现实。唯有如此，才能使刑法理论在我国刑事法治的建设中发挥应有的作用。我国正处于一个法治国演进的关键时刻，因而应当大力弘扬法治国的刑法文化，进行刑事法治的启蒙，这是刑法学者不可推卸的历史使命。

三、法治国刑法文化的品格

法治国的刑法文化并非理论上的杜撰，而是现实社会的必然要求。那么，法治国的刑法文化的品格是什么呢？笔者认为，法治国的刑法文化具有以下品格：

(一) 人文关怀

法是调整社会关系的，而社会关系的主体是人。因此，法必须以人为本，注重人权保障，这是法的人文关怀的实质蕴涵。刑法虽然是以惩治犯罪为内容的，但犯罪是一种人的行为。可以说，刑法是以特定的人——犯罪人为调整对象的，更何况刑法涉及一个人的生杀予夺，因而对其人文关怀尤为重要。刑法是一种公法，公法主要涉及国家与私人之间的关系，实际上就是国家权力与个人权利之间的关系。在刑法构造中，如何处理国家与个人的关系始终是决定刑法性质的一个重要问题。

在专制国的刑法文化中，国家本位与社会本位是一再受到强化的，因而刑法及其刑法文化是以此为基础的；而个人权利则被放在一个微不足道的位置上，缺乏应有的人文关怀。而在法治国的刑法文化中，应当是以个人为本位的，注重与强调个人的权利与自由。因此，刑法在更大程度上是限制国家权力的公法。在国家面前，作为个体的公民具有独立的人格，它与国家在法律上是完全平等的，刑法以保障人权为归宿。在法治建构中的国家，绝不是一种无所不在的利维坦，而是被严格限制在一定范围内活动的政治实体，国家存在的根本目的就在于使公民享有最大限度的个人自由与权利。因此，人权是法治国的内在精神，法治永远都是人权实现的不可或缺的支点。[①] 在刑事法治中，人权同样具有重要意义。可以说，人权保障是刑法最基本的价值之一，法治国的刑法文化，就是要以人为本，具有人文关怀。在封建专制的刑法文化中，犯罪人完全成为消极的司法客体，不具有任何权利。而法治国的刑法文化，将人的理性与尊严置于重要的地位，刑罚人道性是其重要特征。

尽管在近代刑法史上，存在功利主义与报应主义的学派之争，但刑事古典学派都强调人的价值，并以此为刑法理论的归宿。例如，贝卡里

---

① 参见程燎原：《从法制到法治》，法律出版社1999年版，第202页。

亚猛烈地抨击了封建专制刑法的残酷性，认为刑罚的恶果大于犯罪所带来的好处，刑罚就可以收到它的效果。除此之外的一切都是多余的，因而也就是蛮横的。① 在贝卡里亚的这种功利主义刑法思想中，虽然主张追求刑罚的威慑性，但这种威慑性是受人道性制约的，并且为刑罚设立的理性限度，因而根本不同于中国古代法家为达到以刑去刑的目的不惜动用重刑的功利主义。同样，康德的道义报应主义也是建立在人性基础之上的。康德认为人是现实上创造的最终目的。从尊重人作为目的的价值出发，对人的行为的反应便只能以其行为的性质为根据，而不能另立根据或另有所求，否则便是否定了人作为目的的价值。因而康德指出：惩罚在任何情况下，必须只是由于一个人已经犯了一种罪行才加刑于他。因为一个人绝对不应该仅仅作为一种手段去达到他人的目的，也不能与物权的对象混淆。一个人生来就有人格权，它保护自己反对这种对待，哪怕他可能被判决失去他的公民的人格。② 贝卡里亚和康德之间虽然在刑罚目的上观点是对应的，但在使刑法人道化与理性化这一点上，却是殊途同归。在这个意义上，我们可以说，人文关怀是法治国刑法文化的基本蕴涵。

（二）形式理性

人治与法治的区别并不在于是否有法律，在人治社会里也可能存在十分完备的法律。例如，在中国古代社会，法律不可谓不完备，但并不能由此得出结论认为中国古代存在法治。人治与法治的区分仅仅在于：当实质合理性与形式合理性发生冲突的情况下，是选择实质合理性还是

---

① 参见［意］贝卡里亚：《论犯罪与刑罚》，黄风译，中国大百科全书出版社1993年版，第42-43页。

② 参见［德］康德：《法的形而上学原理——权利的科学》，沈叔平译，商务印书馆1991年版，第164页。

形式合理性。法治是以形式理性为载体的，刑事法治必然要求罪刑法定，而罪刑法定不能离开一个相对封闭的规范体系。法治意味着法的统治，因此，法的至上性是其应有之义。在封建专制社会，虽然存在刑法，但由于君权至上，因而刑法的权威性往往让位于君主的权威，刑法在实际上不能得到严格的遵守。君主可以任意地践踏刑法，使之成为一纸空文。中国古代社会，在儒家法的主导下，以礼入法，出礼入刑，在礼和法之间存在表里关系。因此，法官的使命不是实现法的价值，或者说，法没有自身的独立价值。只有礼所内含着的伦理内容才是法官所追求的价值，为实现这种伦理价值，往往牺牲法律的形式。

德国著名学者韦伯在论述中国古代的法律制度时，将中国古代法律描述为一种世袭结构，这是与世袭制的国家形态相联系的。在这种世袭制的国家中，缺乏理性的立法与理性的审判，因而存在这样一个命题："专横破坏着国法。"法官对任何大逆不道的生活变迁都严惩不贷，不管有无明文规定。最重要的则是法律适用的内在性质：有伦理倾向的世袭制追求的并非形式的法律，而是实质的公正。[①]因此，这是一种韦伯所说的卡迪司法（Kadi-Justiz，Kadi 系伊斯兰教国家的审判官）。在这种卡迪司法中，法官承担的不是护法使命，而是沉重的伦理使命。因此，法官往往无视法律教义，径直根据伦理道德观念，尤其是儒家教义，对案件作出判决。在这种法律制度中，法的形式理性是得不到遵守的，更强调的是伦理意义上的实质合理性。

刑事法治是建立在形式理性基础之上的，通过形式合理性而追求与实现实质合理性，由此而保障公民个人的权利与自由，限制法官的恣行擅断。可以说，罪刑法定主义就是建立在形式理性之上的、以承认形式合理性为前提。这种形式合理性是一种相对可期待的合理性。在形式合

[①] 参见［德］马克斯·韦伯：《儒教与道教》，王容芬译，商务印书馆1997年版，第154-155页。

理性与实质合理性发生冲突的情况下,选择形式合理性而非实质合理性,就意味着在坚守形式合理性的同时,必须承受一定程度上的实质合理性的丧失。例如,贝卡里亚为防止法官擅断,甚至主张取消法官的法律解释权,认为严格遵守刑法文字所招致的麻烦,不能与解释法律所造成的混乱相提并论。这种暂时的麻烦促使立法者对引起疑惑的词句作必要的修改,力求准确,并且阻止人们进行致命的自由解释,而这正是擅断和徇私的源泉。[①]尽管贝卡里亚的这一观点不无偏颇,但其对法的严格遵守的形式理性精神还是给我们留下深刻的印象。中国古代是允许法官根据其对儒家教义的理解适用法律的,其中一个理由就是"法有限,情无穷"。因此,法官追求的是对一切情(即犯罪情形)的规范,当法不敷适用时,"入罪,举轻以明重;出罪,举重以明轻"的法律解释方法,以至于比附援引的类推适用方法就开始大行其道。在这种情况下,法的权威失落了,法官的擅断恣行了。可以说,中国古代轻形式理性重实质理性的刑法文化传统至今还深深地影响着我们,只不过实质理性的内容发生了置换,不再是儒家的伦理价值,而是所谓社会危害性。

社会危害性具有浓厚的实质理性的痕迹,从而与刑事法治的形式理性形成一种对立关系,成为破坏刑事法治的理论根据。我国刑法学者李海东指出:对于犯罪本质作社会危害性说的认识,无论它受到怎样言辞至极的赞扬与称颂,社会危害性并不具有基本的规范质量,更不具有规范性。它只是对于犯罪的政治的或者社会道义的否定评价。这一评价当然不能说是错误的,问题在于它不具有实体的刑法意义。当然没有人会宣称所有危害社会的行为都是犯罪和都应处罚。但是,如果要处罚一个行为,社会危害性说可以在任何时候为此提供超越法律规范的根据,因为,它是犯罪的本质,在需要的情况下是可以决定规范形式的。社会危

[①] 参见[意]贝卡里亚:《论犯罪与刑罚》,黄风译,中国大百科全书出版社1993年版,第13页。

害性说不仅通过其"犯罪本质"的外衣为突破罪刑法定原则的刑罚处罚提供一种貌似具有刑法色彩的理论根据，而且也在实践中对于国家法治起着反作用。[①] 笔者认为，对于社会危害性理论的这一否定性评价是极为精辟的。在我国刑法确立了罪刑法定原则以后，罪刑法定原则所倡导的形式的价值观念与社会危害性理论所显现的实质的价值理念之间，存在的基本立场上的冲突更为凸显，在这种情况下，我们需要理性地审视社会危害性理论，进行反思性检讨。刑事法治应当坚守形式理性，这也是法治国刑法文化的应有之义。

（三）实体正义

法是以维持一种正义的秩序为使命的，这种正义的程序可以视为法所追求的实体正义。刑法在维护社会秩序中发挥着重要的作用，因而实体正义更是法治国刑法文化的归依。在刑法中，实体正义表现在立法与司法两个方面。立法上的实体正义是指犯罪与刑罚设置的正当性。立法机关具有创制罪名与设立刑种的权力，但这种权力的行使必须是受到限制的，即不得超越维护正常的社会秩序的限度，并且应当以保障公民个人的权利与自由为宗旨。在专制社会里，刑事立法具有恣意性，所谓"言出法随"就表明了这种立法是不确定的，由统治者的个人好恶所决定。在这种情况下，公民个人缺乏应有的安全感，因而恐怖总是笼罩着人们的心灵。而在法治社会里，基于罪刑法定的原则，刑事立法不是任意恣行的冲动，而是处于限制与被限制的复杂关系中。

法治国家为何受到限制，即遵守其自身制定的法律，根据法国学者狄骥的论述，存在两种逻辑推论。天赋个人权利理论认为，法律之所以为法律，并不是因为它是由国家制定的，而是因为，作为国家制定的法

---

① 参见李海东：《刑法原理入门（犯罪论基础）》，法律出版社1998年版，第8页。

律,它是为了保障个人权利,个人与国家都要尊重这些个人权利。国家之所以要遵守法律是因为国家应该尊重个人权利。所有对法律的侵犯都应被看作对个人权利的侵犯,应当明确禁止这些侵犯行为。立法者有义务组建国家机关,以使违法的危险减小到最低限度,并严格禁止当局的任何违法行为。只要该法律存在,国家的任何机关都不能违反法律,即使是立法机关也不例外。社会相互依存性理论认为,法律的强制力量并不来源于统治者的意志,而是来源于法律与社会相互依存性的一致性。由此,法律对统治者的约束同其对庶民的约束一样严格,因为统治者与庶民一样,也受建立在社会相互关联性基础上的法律规则的约束。当某一个国家机构,或更确切地说,当一个持有某种政治权力的个人——统治者或为统治者工作的人——违法时,他就被认为是违反了建立在社会相互依存性基础上的客观法,因为他所违反的法律只有作为客观法精神的表述才具有约束力。[①] 尽管天赋个人权利与社会相互依存性理论的逻辑推演方式存在差别,但在立法者应当受到限制,包括受到其自身制定的法律的限制这一点上,是共同的,这也正是法治的基础。因此,罪刑法定主义所蕴含的实体正义,包括对刑事立法权的限制。

司法上的实体正义是指司法机关通过刑事司法活动所实现的正义,表现为犯罪认定与刑罚适用的正当性。这里主要涉及了一个司法裁量权问题。在专制社会里,不仅立法权不受限制,司法权更加不受限制,因而罪刑擅断便不可避免。而在法治社会,由于实行罪刑法定主义,司法权受到严格限制,定罪量刑都不得超越法律规定。罪刑法定意味着在国家刑罚权与公民个人的权利之间画出了一条明确的界线,从而有利于限制司法权,保障公民个人的权利与自由不受侵犯,进而实现实体正义。实体正义是法治国刑法文化的重要内容,它使刑法不仅具有工具价值,

---

① 参见[法]莱昂·狄骥:《宪法学教程》,王文利等译,辽海出版社、春风文艺出版社1999年版,第29-30页。

而且具有目的价值。当然,实体正义只有通过程序正义才能得以实现。因为法律运作本身也同样要求具有某种程序,这就是表现为法律程序的程序。在这种程序中,国家的司法权力与公民个人的诉讼权利得以协调、妥善地安排,并在两者的互动过程中使实体正义得以实现。因此,程序正义是实现实体正义的前提。如果没有程序正义,实体正义终不可得。尽管如此,实体正义作为法治国刑法文化的独立品格是不可否认的。

第二章 刑事法治的理念建构

法治成为治国方略,对于我国社会发展来说具有里程碑的意义。对于法治的价值追求,成为我们这一代法律理论工作者责无旁贷的使命。法治不是一个空洞的与抽象的理念,而是具有实体内容的命题。我国学者刘军宁认为,法治与法治国应当有所区分,法治思想起源于古典自由主义的法律学说,并为法国的《人权宣言》、英国的《权利法案》以及美国的《独立宣言》和美国宪法提供了理论基础。随着现代自由民主政治思想的形成,法治可以被恰当地理解为是专制与无政府的对应物。而法治国纯粹是个德国的概念,其法律不是来自"法治"中的自然化,而是来自人民的联合意志(或者说公意)。法律是作为主权者的立法者的产物,而不是自然正义的产物。换言之,法律服从于立法者的权力意志,而非自然正义。① 以上关于法治与法治国之间学理上的分析对于我们理解法治的精神具有一定的意义。从法治这个命题中,可以合乎逻辑地引申出刑事法治的概念。刑事法治是刑事领域的法治状态,是刑事法的价值内容。在此,笔者拟对刑事法治的内在精神加以阐述,从而为刑事法治的建构提供价值导向。

---

① 参见刘军宁:《共和·民主·宪政——自由主义思想研究》,上海三联书店1998年版,第140—141页。

一、形式理性与实质理性

刑事法治首先意味着在刑事领域具有一套体现正义的规范体系的存在,这种刑事法规范不仅在于约束公民,更重要的是在于约束国家,从而防止司法权的滥用。因此,刑事法治的首要之义就在于实质理性的建构与形式理性的坚守。

意大利著名学者维柯通过对古罗马社会的历史考察,指出理性有三种:神的理性、国家政权的理性和自然理性。[①] 神的理性实际上是神意,存在于宗教神学之中,随着政教分离,世俗权力在社会统治中地位的确立,神的理性已经不复存在。国家政权的理性,根据维柯的论述,是指罗马社会的 Clvilis aequitas(民政的公道),即贵族所主导的理性,是一种精英理性。这种理性存在于贵族与平民相对立、平民服从于贵族的社会之中。自然理性是以利益平等(aequnm borum)为内容的,建立在民主制之上的理性,是瓦解所产生的自然必有的原因。因此,自然理性不仅是一种世俗的理性,而且是一种平民的理性。维柯在历史叙述中,论述了三种法学、三种权威、三种理性与三种裁判。三种法学指神的法学、英雄的法学和人道的法学。三种权威指神的权威、英雄的权威和人的权威。三种裁判指神的裁判、常规裁判和人道的裁判。上述这些范畴之间具有明显的对应关系。尽管维柯三种理性之说源自对古罗马社会的考察,但自然理性是超越神的理性与国家政权的理性的一种具有普适性的理性,这一点是毋庸置疑的。自然理性正是古典自然法所倡导与追求的,被认为是合理社会的基础。

对于自然与理性的这种同一性,德国学者曾经作过以下评论:从自然法的观点看,"自然"和"理性"是合法的实体性标准。两者是同一

---

① 参见〔意〕维柯:《新科学》(下册),朱光潜译,商务印书馆1989年版,第506页。

的，由此产生的规则也是同一的，因此，有关调整实际关系的一般命题和普遍的行为规则均被认为是一致的。① 因此，正如同宇宙万物的存在是一种自然，具有天然的合理性，社会的存在同样具有其内在的规律，这就是理性。从这个意义上说，理性是指社会的合理性。由此可见，自然法中的理性不是一个哲学的概念，哲学上的理性，是指进行逻辑推理的能力和过程。确切地说，理性是指与感性、知觉、情感和欲望相对的能力，凭借这种能力，基本的表现被直觉地加以把握。因此，韦伯的理性，即合理性（rationality）是一个社会学范畴，与哲学的理性（reason）既有区别又有联系，② 是一个政治学、社会学与法学的概念，其实质在于合理性，正义、平等、自由、人道这类体现人类对社会美好的价值追求的内容都可以在理性的概念中得以栖居。

　　从理性中可以自然地得出合理性的概念。韦伯将合理性（rationality）作为分析社会结构的一个基本范畴。韦伯在对形式法律具体特征的解释中阐明了"合理性"的以下四种含义：（1）在一般情况下，"合理性"一词表示由法律或法规所支配的事物，在这个意义中，事物的内容和程序状态是合理的。（2）合理性的第二种含义是指法律关系的体系化特征。这种法律体系的概念是一种特殊的法律思想模式，它特指受到罗马法的形式法律原则影响而发展出的现代西方的法律体系。（3）合理性的第三种含义是用来说明基于抽象阐释意义的法律分析方法。（4）合理性的第四种含义是在分析原始的法律制度时，以对比的方式描述由理智控制的清除分歧的手段是合理性的。③

---

① 参见［德］马克斯·韦伯：《论经济与社会中的法律》，张乃根译，中国大百科全书出版社1998年版，第290页。

② 参见苏国勋：《理性化及其限制——韦伯思想引论》，上海人民出版社1988年版，第218页。

③ 参见苏国勋：《理性化及其限度——韦伯思想引论》，上海人民出版社1988年版，第220页。

韦伯把合理性的概念应用于社会结构分析时，作出了形式合理性和实质合理性的区分。形式合理性具有事实的性质，它是关于不同事实之间的因果关系判断；实质合理性具有价值的性质，它是关于不同价值之间的逻辑关系判断。形式合理性主要被归结为手段和程序的可计算性，是一种客观合理性；实质合理性则基本属于目的和后果的价值，是一种主观的合理性。从纯粹形式的、客观的行动最大可计算的角度上看，韦伯认为，科学、技术、资本主义、现代法律体系和行政管理（官僚制）是有高度合理性的。但是这种合理性是纯粹形式的，它与实质合理性即从某种特殊的实质目的上看的意义合理性、信仰或价值承诺之间处于一种永远无法消解的紧张对立关系之中。在对待法的态度上，也存在韦伯所说的"法逻辑的抽象的形式主义和通过法来满足实质要求的需要之间无法避免的矛盾"①。韦伯所说的形式合理性就是指形式理性，而韦伯所说的实质合理性就是指实质理性。在此，韦伯凸显出形式理性与实质理性的冲突。正是对这种形式理性与实质理性的冲突及其选择中，体现出法治的价值。

古希腊哲学家亚里士多德对于法治的蕴涵曾经有过一个经典性的论述，指出："法治应包含两重意义：已成立的法律获得普遍的服从，而大家所服从的法律又应该本身是制定得良好的法律。"②亚里士多德所揭示的法治的这两重含义在逻辑关系上应加以调整：首先是制定良好的法律，然后是这一良好的法律获得普遍的服从。就制定良好的法律而言，是一个立法的问题，即在立法中如何体现实质理性；就良好的法律获得普遍的服从而言，是一个守法，尤其是司法的问题，司法实际上是司法机关守法的问题。因此，对于法治来说，司法机关的守法比普通公民的守法更为重要，即在司法活动中如何实现形式理性。实质理性是一种先在于、

---

① 参见［德］马克斯·韦伯：《经济与社会》（下卷），林荣远译，商务印书馆1997年版，第401页。
② 参见［古希腊］亚里士多德：《政治学》，吴寿彭译，商务印书馆1965年版，第199页。

自在于法律的价值内容，立法应当在法律规范中贯彻这种实质理性。当法律规范确认了这种实质理性的时候，它就转化为形式理性。因此，司法所实现的是一种形式理性。

对于价值理性的追求，是人作为一种理性动物的永恒冲动。尽管在人类历史上，对于这种价值理性的认识是不断变化的，从神的理性到自然理性就展示了这种变化的轨迹。在一个社会中，对于这种价值理性以何种方式实现，这其实也是一个社会如何加以治理的问题。在这个问题上，曾经存在过人治与法治的争论。

人治论者是以人性善为正面立论根据，并且以法律规则的局限性为反面立论根据而展开其逻辑的。例如，柏拉图首先设想一种理性地、无私地行使权力的人——哲学王的存在，他能够恪守本分、各司其职地实现正义。在柏拉图看来，最好的状况不是法律当权，而是以一个明智而赋有国王本性的人作为统治者。因为法律从来不能用来确切地判定什么对所有的人来说是最高尚和最公正的，从而施与他们最好的东西；由于人与人的差异，人的行为的差异，还由于可以说人类生活中的一切都不是静止不变的，所以任何专门的技艺都拒斥针对所有时间和所有事物所颁布的简单规则。① 因此，在柏拉图那里，正义的实现不能通过法律，而是通过人的有效治理。

法治论者则以人性恶为正面立论根据，并且以人的统治的局限性为反面立论根据而展开其逻辑的。例如，亚里士多德认为人性中有恶的成分，这就是兽性。让一个人来统治，这就在政治中混入了兽性的因素，因为人的欲望中就有这样的特性。只有法律的统治，方如同神祇和理性的统治。由此得出结论：法治优于一人之治。② 同时，亚里士多德也看到

---

① 参见［古希腊］柏拉图：《政治家》，黄克剑译，北京广播学院出版社1994年版，第92-93页。
② 参见［古希腊］亚里士多德：《政治学》，吴寿彭译，商务印书馆1965年版，第167-168页。

了法律规则的抽象性与普遍性而带来的不周延性和僵硬性，但其认为这可以通过一定的司法技术加以弥补。例如，亚里士多德指出：对若干事例，法律可能规定得并不周详，无法作判，但遇到这些事例，个人的智慧是否一定能够作出判断，也是未能肯定的。法律训练（教导）执法者根据法意解释并应用一切条例，对于法律所没有周详的地方，让他们遵从法律的原来精神，公正地加以处理和裁决。法律也允许人们根据积累的经验，修订或补充现行各种规章，以求日臻完备。①

上述柏拉图与亚里士多德关于人治与法治的争论具有经典意义，至今为止的讨论都是在此基础上发展起来的。笔者在这里不可能全面地评价这一争论，仅从形式理性与实质理性的视角来说，毫无疑问：柏拉图与亚里士多德都是要追求一种社会正义，这种社会正义其实是一种实质理性。人治与法治的分歧在于：通过何种手段实现这种社会正义。人治论者主张通过人的治理，即政治家的专门技艺实现社会正义。柏拉图十分重视人的这种专门技艺，指出：正如一艘船的船长在任何时候都为船和水手们的利益而操心，不是通过判定书面规则，而是依靠专门技艺保护他的航海伙伴，那些依同样的序列进行统治的人，把专门技艺的权威置于法律之上，这样，一个正确的政府不就可以建立起来了吗？就其可能而论，无论睿智的统治者们做什么，他们都不能不犯错误——只要他们坚持一个大的原则，并总是尽可能凭借才智和技艺施与公民以绝对的公正，从而保护他们而使他们境况更好。②而法治论者主张通过法律实现社会正义，因为只有法律才能使实质价值规范化，具有可遵循性。笔者想，如果仅从规则的意义上讨论人治与法治的分歧当然是肤浅的。更为重要的是，一个社会的人们如何形成对于社会正义的共识？问题在于存在相互冲突着的正义概念和合理性标准。因此，正如美国学者麦金太尔

---

① 参见［古希腊］亚里士多德：《政治学》，吴寿彭译，商务印书馆1965年版，第168页。
② 参见［古希腊］柏拉图：《政治家》，黄克剑译，北京广播学院出版社1994年版，第97—98页。

所追问的那样：谁之正义？何种合理性？①这种正义价值的共识，需要通过法律加以确认。因此，法治是以民主为基础的。如果个人凌驾于法律之上，或者以个人所信奉的正义强加给社会、强加给人类，都不是真正的法治。法治的意义也就在于：确认一种民主的价值。在这个意义上说，法治确实优于一人之治。

法律的特点在于规范性，美国学者指出：把规则看作关于法律允许或要求什么行为的一般性陈述，强调的是规则的规范性。也就是说，规则通过规定在一般情况下人们应该或不应该做什么来指导人们的行为。规则可能包含一个描述性部分，这种情况出现在当该规则规定在什么状况下要履行某种义务时。②没有规范就无所谓法律。法的这种规范性使实质价值物化为一种制度，可以为社会正义的实现提供更为稳定的制度保障。因此，法治的第一个环节就是立法，立法是要把一种社会公认的实质价值予以规范的确认。这种实质价值就是存在于这个社会的基本结构之中的社会正义。罗尔斯指出：对我们来说，正义的主要问题是社会的基本结构，或更准确地说，是社会主要制度分配基本权利和义务，决定由社会合作产生的利益之划分的方式。③因此，法律只不过是对这种根植于社会结构之中的社会正义的一种确认而已。从刑法上来说，它不涉及对权利与义务的分配，而是规定犯罪与刑罚，尤其是在法律上确认什么行为是犯罪。这种行为的犯罪性当然是由立法者所规定的，但立法者并不能发明犯罪，更不能制造犯罪。犯罪本身是由一定的社会生活条件所决定的，立法只不过是对此的确认而已。

当然，刑法对于犯罪的规定并不是一种镜式的消极反映，而是要把

---

① 参见［美］麦金太尔：《谁之正义？何种合理性？》，万俊人等译，当代中国出版社1996年版，第1页。
② 参见［美］伯顿：《法律和法律推理导论》，张志铭、解兴权译，中国政法大学出版社1998年版，第17页。
③ 参见［美］罗尔斯：《正义论》，何怀宏等译，中国社会科学出版社1998年版，第5页。

社会上的犯罪现象经过分析归纳，纳入刑法的逻辑体系之中。在此，存在一个在立法上如何反映的问题。如果说，如何反映尚属一个立法技术问题，那么，对于犯罪与刑罚如果在刑法中不是加以明文确认，而是任由法官根据实质理性确定，这就潜存着侵犯人权的危险。显然，这里存在一个中国古人所说的"法有限，情无穷"的矛盾。所谓"法有限"，是指法律条文有限、立法的理性认识能力有限，不可能在一部刑法典中将社会中存在的各种犯罪行为都在刑法条文中加以规定。更何况，社会生活是向前发展的，犯罪现象是不断更新的，这就是所谓"情无穷"。因此，有限的"法"难以规范无穷的"情"，这就是韦伯所说的"法逻辑"与"通过法来满足实质需求的需要"之间的矛盾。

韦伯指出了逻辑合理与实体合理之间的紧张关系。逻辑合理是指通过逻辑分析来披露各种事实的法律意义，从而形成和适用高度抽象的法律概念。这一逻辑合理过程削弱了外部要素的意义，并缓冲了具体的形式主义的僵硬性，但是，与"实体合理性"的对应突出了，因为实体合理性意味着法律问题是在规范的影响下解决的，而不是通过将抽象的意义解释加以逻辑上的一般化来解决。实体合理化所依据的规范包括道德命令、功利的和其他实用的规则以及政治信条。所有这些都不同于外部性的形式主义及其所利用的逻辑抽象。[①] 面对这种矛盾，还要不要选择法？法的形式主义本身意味着对满足实质理性的手段的限制与约束。笔者认为，法治的选择是必要的，而且也是唯一的正确选择。因此，尽管在实质理性通过法律的确认转化为形式理性的时候，由于形式主义的法逻辑的特性所决定，实质理性必然有所丧失。但这种丧失是应当付出的，是实行法治的代价。

实质理性一旦转化为形式理性，就应当坚守这种形式理性，这是一

[①] 参见[德]马克斯·韦伯：《论经济与社会中的法律》，张乃根译，中国大百科全书出版社1998年版，第62页。

个司法的问题。实质理性在立法中加以确认，这仅仅是法律规范的形成。如果这种法律规范不在现实生活中发挥作用。那么，它只能是一纸空文。司法是法律适用的过程。这里存在一个司法的逻辑。显然，司法逻辑与立法逻辑是不同的。在司法过程中，将抽象的法律规范适用于具体的案件事实，存在一个从一般向个别的演绎过程。这也是从法律所确认的一般正义向个案处理的个别正义的转化过程，因而是正义的实现过程。这个过程，韦伯称为法律决疑论。韦伯指出：最基本的法律思维过程，即普遍化的思维过程。在此，这是指如何将一项或多项"原则"适用于具体案件的理性演绎。这一演绎过程一般地依赖于先前或同时进行的对直接维系判决的事实所作的分析。相反，"法律命题"的进一步阐述，将影响到对潜在的相关事实所作的限定。这一过程既依赖于又促进了法律决疑论。然而，并非任何决疑论的良好方法都会产生"高度逻辑的理想化法律命题"，或者与其发展并论。在各种外部要素的并列组合基础上，已经产生了非常全面的法律决疑义。①

在司法活动中，是否坚守形式理性，是法治与人治的分水岭。如前所述，在人治社会里也有法，甚至存在相当完备的法律体系。因此，有法与无法不能区分法治与人治。中国古代社会，只有礼所蕴含着的伦理内容才是法官所追求的价值。我国学者指出，儒家伦理法的内容包括以下三个层面：第一，儒家伦理法是把宗法家族伦理作为大经大法的法文化体系。第二，在这个体系中，宗法家族伦理被视为法的渊源、法的最高价值，伦理凌驾于法律之上，伦理价值代替法律价值，伦理评价统率法律评价，立法、司法悉以伦理为转移，由伦理决定其弃取。第三，在现实的社会生活和政治生活中，以伦理代替法律，伦理与法律之间没有明确的界限，宗法伦理道德被直接赋予法的性质，具有法的效力，从而

---

① 参见〔德〕马克斯·韦伯：《论经济与社会中的法律》，张乃根译，中国大百科全书出版社1998年版，第60页。

形成法律伦理化和伦理法律化的双向强化运动。①

韦伯在论述中国古代的法律制度时,将中国古代法律描述为一种世袭结构,这是与世袭制的国家形态相联系的。在这种世袭制的国家中,缺乏理性的立法与理性的审判,因而存在这样一个命题:"专横破坏着国法。"最重要的则是法律适用的内在性质:有伦理倾向的世袭制追求的并非形式的法律,而是实质的公正。②因此,这是一种韦伯所说的卡迪司法(Kadi-Justiz, Kadi 系伊斯兰教国家的审判官)。在这种卡迪司法中,法官承担的不是护法使命,而是沉重的伦理使命。因此,在中国古代法官往往无视法律条文,径直根据伦理道德观念,尤其是儒家教义,对案件作出判决。著名学者冯友兰描述了作为清末县官的父亲的判案情形:在一件案子结束的时候,父亲就用朱笔写了"堂谕"。"堂谕"就等于判决书,但是其中并不引用法律条文,只是按照情理就判决了。有一件案子,情节是三角恋爱或多角恋爱的事,父亲于审讯之后,写了一个堂谕,这个堂谕是一篇四文骈体文章。文章叙述了事情的经过,然后作出判决说:"呜呼!玷白璧以多瑕,厉实阶离魂倩女;芬朱丝而不治,罪应坐月下老人。所有两造不合之处,俱各免议。此谕。"这样的判决书,现在我们看起来,甚不规范。可是当时,据说是一县传诵。③

上述情形绝非个例。我国学者贺卫方对宋代的司法判决作了研究,指出:这类撇开法律而径直依据情理或其他非成文法渊源判决案件的情况不仅仅存在于宋一代,实际上,它的历史至少可以追溯至汉代的春秋决狱,晚至清代仍然如此。不独如此,那些受到称道、传至后世以为楷模者往往正是这种参酌情理而非仅仅依据法律条文的司法判决。④在这种

---

① 参见俞荣根:《道统与法统》,法律出版社 1999 年版,第 200 页。
② 参见[德]马克斯·韦伯:《儒教与道教》,王容芬译,商务印书馆 1997 年版,第 154-155 页。
③ 参见冯友兰:《三松堂自序》,人民出版社 1998 年版,第 20 页。
④ 参见贺卫方:《司法的理念与制度》,中国政法大学出版社 1998 年版,第 193 页。

法律制度中，法的形式理性是得不到遵守的，更强调的是伦理意义上的实质合理性。因此，法治强调的是法的独立价值，这种价值的内容虽然是由社会正义、伦理道德甚至风俗习惯和人情世故所决定的，但法一旦成为法，就具有法的规范品性，按照其自身的法逻辑演绎，并规范社会生活。

作为刑事法治的首要之义的形式理性与实质理性，在刑法中表现得极为明显。显然，刑法需要强调实质理性，这就是坚持犯罪的社会危害性命题，对于没有社会危害性的行为不应在刑法中被规定为犯罪。但刑法更需要关注形式理性，这就是坚守罪刑法定主义原则，法无明文规定不为罪，法无明文规定不处罚。罪刑法定原则是刑法法治的基本蕴涵，也是法治刑法与专制刑法的根本区分。美国学者罗尔斯在论述法治时，明确地将罪刑法定视为法治的重要原则之一，指出：法无明文不为罪（nullnm crimen sine lege）的准则及其暗含的种种要求也产生于一个法律体系的观念中。这个准则要求法律为人所知并被公平地宣传，而且它们的含义得到清楚的规定；法令在陈述和意向两方面都是普遍的，不能被当成损害某些可能被明确点名的个人（褫夺公民权利法案）的一种手段；至少对较严重的犯法行为应有严格的解释；在量刑时不追溯被治罪者的既往过错。上述要求暗含在由公开规则调节行为的概念中。[①] 罪刑法定虽然是形式理性的体现，表明了刑法法治所要求的形式主义特征。但在罪刑法定原则中包含着重大的实质内容，这就是对立法权和司法权的限制，在国家刑罚权与个人的自由之间划出一条明确的界线。因此，罪刑法定原则具有自由的价值取向。对此，罗尔斯指出：如果法无明文规定不为罪的准则，比方说，由于模糊的、不精确的法规而受到侵犯的话，那么我们能够自由地去做的事情就同样是模糊的、不精确的。我们的自由的

---

① 参见［美］罗尔斯：《正义论》，何怀宏等译，中国社会科学出版社1988年版，第228页。

界限便是不确定的。在这种情况下,人们对行使自由就会产生一种合理的担心,从而导致对自由的限制。①

在我国刑法理论中,由于长期以来受到社会危害性理论的影响,实质合理性的冲动十分强烈,形式合理性的理念十分脆弱。根据社会危害性理论,一切行为凡是具有社会危害性或者社会危害性达到严重程度的,就应当作为犯罪处罚,社会危害性是犯罪的本质特征,它决定着刑事违法性。这样,社会危害性就被视为犯罪的第一性的特征,而刑事违法性则是犯罪的第二性特征。社会危害性理论可能导致超越规范的解释,其潜藏着破坏罪刑法定原则的危险性。正如我国学者所批评的那样:社会危害性并不具有基本的规范质量,更不具有规范性。它只是对犯罪的政治的或者社会道义的否定评价,不具有实体的刑法意义。如果要处罚一个行为,社会危害性说就可以在任何时候为此提供超越法律规范的根据。因为,它是犯罪的本质,在需要的情况下是可以决定规范形式的。社会危害性说不仅通过其"犯罪本质"的外衣为突破罪刑法定原则的刑罚处罚提供一种貌似具有刑法色彩的理论根据,而且也在实践中对于国家法治起着反作用。②

由此可见,在实行罪刑法定原则的刑法制度中,我们应当通过完善的立法,将具有社会危害性的行为确认为犯罪。在司法活动中,只能以是否符合刑法规定,即行为是否具有刑事违法性作为区分罪与非罪的唯一标准。因此,在司法活动中,当实质合理性与形式合理性发生冲突的时候,笔者认为应当选择形式合理性而放弃实质合理性。唯此,才能坚守法的独立价值,才能通过法律实现社会正义。在这种情况下,虽然牺牲了个案公正,使个别犯罪人逍遥法外;但法律本身的独立价值得以确

---

① 参见[美]罗尔斯:《正义论》,何怀宏等译,中国社会科学出版社1988年版,第229-230页。

② 李海东:《刑法原理入门(犯罪论基础)》,法律出版社1998年版,第8页。

认，法治的原则得以坚持，这就有可能实现更大程度的社会正义。

二、法律真实与客观真实

法律是处理纠纷的，因而具有决疑论的性质。那么，法律的这种决疑又是以什么为根据以及达到何种目的的呢？这里涉及法律真实与客观真实的问题。这个问题的解决，对于刑事法治的实现具有重要意义。

真实是指人的主观认识与客观情况相一致，即主观与客观的统一。在哲学上，主观和客观的统一是真。主观与客观的统一过程，就是求真的过程。[①] 查明案件真相是法律判决的前提与基础。对于"真"的追求，是人的一种永恒冲动。因此，"真"是最古老的哲学范畴之一，大多数哲学家和哲学派别都把"真"看作主体认识的最高理想和哲学追求的最高境界。在法律中也求真，求的是案件事实之真实。可以说，整个法律裁判就是围绕着发现案件真相而展开的。就此而言，从古至今的诉讼活动所追求的目标是共同的。在法律中，真实表现为案件事实的真实。因此，真实是事实的属性。

实事求是从哲学上说，这里的"实"指"事实"，"事"既可理解为"事情"，也可理解为"事实"。我国学者认为，事情和事实是有区别的：事情既可以就（事情的）发生、演变、结束来指一件事情，也可以就事情已经完成来指一件事情。事实都只能就（事情）的确发生了、现成摆在那里来指一件事情。[②] 这里的"是"指"真实"。因此，实事求是就是一个从事实出发求得真实的过程。

---

① 参见齐振海、袁贵仁主编：《哲学中的主体和客体问题》，中国人民大学出版社1992年版，第276页。

② 参见陈嘉映：《事物，事实，论证》，载赵汀阳主编：《论证》（1999年卷），辽海出版社1999年版，第6页。

如果说，在哲学上可以作出如上解说。那么，在法律中，是否有所不同呢？回答是肯定的。法律中的案件事实是一种规范性事实。例如，刑法中设定了每一种犯罪的构成要件，因此，刑事案件中的事实是构成事实。对此，日本学者小野清一郎指出：刑事追诉的直接目的，在于确认被告人是否犯有一定的犯罪事实。这里所说的犯罪事实，是符合犯罪构成要件的事实。刑事程序一开始就以某种构成要件为指导形象去辨明案件，并且就其实体逐步形成心证，最终以对某种符合构成要件的事实达到确实的认识为目标。这就是刑事诉讼中的实体形成过程。如果从证据法的观点来讲，刑事诉讼中的主要证明事项就是构成案件事实。① 由此可见，这里的构成事实，即案件事实是证明对象，有待证据证明的客体。因此，案件事实不等于客观真实，客观真实是须经过证明而达到的结论。

案件事实不仅是实体法上有待证据证明的事实，而且也是程序法上可以用作证据使用的事实，这同样是一种法律事实。例如日本学者谷口安平指出：辩论原则里所讲的"事实"其实已经不是现实生活中本来形态的事实，而是经过了法的加工的所谓"法的事实"。当然，事实本身是一种存在于法律之上现实生活之内的现象。把这种现象和法联系起来的则是称为"演绎"的法律技术性操作。经过这样的操作，事实才具有了法的含义，但是，这时的"事实"就不再是本来形态的事实，而是作为一种失去了许多细节并经过点染润色的思维产物存在于法的世界里。辩论原则中的所谓"事实"必然是这样的"法的事实"。因为起诉时所请求的救济必须立足于一定的法律规范，只是在能够对这个救济请求提供根据或进行反驳的限度内，才有必要进行有关"事实"的主张。如果与在这里起作用的法律框架没有内在的关联，提出或主张的事实对于该案件

---

① 参见［日］小野清一郎：《犯罪构成要件理论》，王泰译，中国人民公安大学出版社1991年版，第137页。

的处理来说也就失去了意义。①因此，我们不能笼统地理解案件事实。而是应当区分两种事实，一种是作为证明对象的事实，另一种是作为证明手段的事实。前者为案件事实，即实体法上的事实；后者为证据事实，即证据法上的事实。

我国学者指出：事实是为论证服务的。事实是就能够作证、能够以推论来说的，我们根据事实得出结论，推论出曾发生另一件事情，等等。事实是从推理的证据方面来说的，至于这些证据如何应用以及这些证据之间的关系，则不称作"事实"。某人两次受贿，一次67万元，另一次58万元，法庭要确定的是这两次受贿的事实。②上述论述似有把案件事实与证据事实混同起来之嫌。受贿这是案件事实，这一事实没有证据证明。因此证据事实才有论证性或曰证明性。

在英美法系中，构成证据的事实称为证据性事实（evidential fact），作为证据对象的事实称为主要事实（principal, main fact）。③那么，作为我国法律原则之一的"以事实为根据，以法律为准绳"中的事实，究竟是案件事实呢还是证据事实？对此，一般理解为是案件事实，即主要是从实体法的角度来理解这里的事实的。当然，作出法律的实体处置，例如刑法中定罪量刑所依据的是这种案件事实。但这种案件事实又是以有证据证明为前提的。没有证据证明，这种案件事实在法律上就不能成立。案件事实可以分为有证据证明的与无证据证明的两种情形。例如，一个人被杀，这是一个事实，这一事实的存在当然也须证据证明，如有尸体、有凶器，并且排除自杀等。但在对一个嫌疑人犯杀人罪的指控中，关键在于有无证明其为凶手。若无证明，则该嫌疑人为凶手这一事实在法律

---

① 参见[日]谷口安平：《程序的正义与诉讼》，王亚新、刘荣军译，中国政法大学出版社1996年版，第82页。

② 参见陈嘉映：《事物，事实，论证》，载赵汀阳主编：《论证》（1999年卷），辽海出版社1999年版，第7、9、10页。

③ 参见沈达明：《英美证据法》，中信出版社1996年版，第23页。

上不能成立，但这不否定被害人死亡这一事实的存在。在这个意义上说，证据事实是证明案件事实的事实，即所谓事实之根据。①因此，"以事实为根据"，同样应当从证据法的角度加以理解，它是实体法上的事实与证据法上的事实的统一。

在诉讼发展史上，对于案件真实的认识，经历了一个漫长的演变过程。意大利著名学者维柯区分了三种裁判：②第一种是神的裁判，祈求神们为自己的案件的公道作见证。第二种是常规裁判。这种裁判遵行极端拘泥于文字程式。第三种是人道的裁判，这种裁判主要考虑的是事实的真相，根据良心的指使，法律在需要时对每件事给予帮助，只要它是各方事业的利益平等所要求的。

与上述三种裁判相适应，大体上存在以下三种证据制度：③第一种是神示证据制度，通过神灵宣誓的方式证明其所提供的事实或者提出的主张是真实的。第二种是法定证据制度，法律预先规定了各种证据的证明力及判断和运用证据的规则，法官据此作出裁判。第三种是自由心证证据制度，证据的取舍及其证明力，由法官或陪审团根据自己的理性和良心自由判断，形成确信并依此认定案情。我国学者认为，自由心证制度经历了一个从传统自由心证到现代自由心证的演变过程。传统自由心证主张，判断证据属于法官职责范围的事，他人无权干涉。法官有权用自己的方式和逻辑来决定证据的取舍。现代自由心证则包含两方面的内容：一方面法官具有自由判断证据的职权和职责，其他人无权随意干涉；另一方面法官自由裁量证据的行为受到法律规则尤其是证据规则的制约，其行为必须符合基本的证据法则。④这种现代自由心证由于受一定的证据

---

① 参见陈兴良主编：《法治的使命》，法律出版社2001年版，第70页。
② 参见[意]维柯：《新科学》（下册），朱光潜译，商务印书馆1989年版，第512页。
③ 参见江伟主编：《证据法学》，法律出版社1999年版，第10页。
④ 参见叶自强：《从传统自由心证到现代自由心证》，载陈光中、江伟主编：《诉讼法论丛》（第3卷），法律出版社1999年版，第383-384页。

规则限制，因而也被称为"半自由心证制度"。①

在以上三种证据中，神示证据制度实际上尚未将案件事实与证据事实加以区分，由神灵直接决定案件真实。其中水审、火审、决斗以及卜卦、抽签等神示形式都反映了在案件审理中宗教迷信的色彩。当然，由于当时的神灵崇拜，经过神示也可能迫使当事人道出真情。因此，神示证据是获取证据以证明案件事实的一种原始形态。法定证据制度中，案件事实与证据事实已经加以明确区分，并对证据的证明力及其收集与判断规则由法律加以确立，具有明显的形式主义特征。由于法定证据制度是与刑讯相联系的，刑讯成为获取证据的合法形式。因此，贝卡里亚将刑讯称为"合法的暴行"。其结果是使强壮的罪犯获得释放，并使软弱的无辜者被定罪处罚。贝卡里亚提出：两个同样的无辜者或罪犯，强壮勇敢的将获得释放，软弱怯懦的将被定罪处罚。其根据就是这样一种明确的推理："我，法官，责任是找出这一犯罪的罪犯。你，强壮者，能抵御住痛苦，我释放你。你，软弱者，屈服了我就给你定罪。"②自由心证证据制度，是在否定法定证据制度基础上发展起来的，因此也是在明确区分案件事实与证据事实基础上，按照理性对证据事实加以判断，从而形成内心确信。自由心证在很大程度上是建立在科学证据理论之上的。德国学者拉德布鲁赫指出，科学证据理论的现状是：一方面从心理学上对各式各样轻信误解进行深入分析，从而降低了人证的证明价值；另一方面对例如指纹、血迹等勘查对象用改进技术进行分析，相应地提高了物证的证明价值。③

---

① 参见樊崇义主编：《刑事诉讼法学研究综述与评价》，中国政法大学出版社1987年版，第201页。

② 参见[意]贝卡里亚：《论犯罪与刑罚》，黄风译，中国大百科全书出版社1993年版，第33页。

③ 参见[德]拉德布鲁赫：《法学导论》，米健等译，中国大百科全书出版社1997年版，第124页。

上述裁判制度与证据制度尽管在外在形态上有所差别，但都是为了追求案件真实，这是毫无疑问的。当然，由各种证据制度的特点所决定，其所达到的证明程度是有所不同的。即便是在当今世界，大陆法系与英美法系同样存在证明程度上的不同要求。

大陆法系国家由其职权主义的诉讼模式所决定，职权机关在诉讼证明活动中起主导作用。因此，在诉讼目的上实行实体真实主义，在诉讼活动中追求实体真实，即法官认定的案件事实必须与实际上发生的案件事实一致。为此，法官为查明案件事实直接行使职权调查。英美法系国家由其当事人主义的诉讼模式所决定，当事人在诉讼证明活动中起主导作用，法官是一个消极的裁判者。因此，英美法系国家在诉讼目的上实行形式真实主义，在诉讼活动中追求法律真实，即当事人主张并符合证明标准的程序上的真实。[1] 显然，大陆法系国家对证明程度的实体真实标准与英美法系国家对证明程度的法律真实标准是存在理念上的差别的。我国学者对职权主义和当事人主义诉讼模式与实体真实和形式真实的关系及其利弊进行了法理分析，[2] 由此而决定了两大法系在诉讼制度上的各自特色。

我国诉讼活动历来追求的是客观真实。之所以如此，主要是由以下三个原因决定的：(1) 诉讼模式。我国实行大陆法系国家的职权主义，司法机关在诉讼活动中占绝对的主导地位。尤其是在刑事诉讼中，公、检、法三机关的设置建构了一条司法流水线，因此，对于案件真实的证明活动主要通过司法机关的职权活动得以完成。(2) 司法理念。我国长期以来认同的是专政的司法理念，在这种司法理念的指导下，注重实体真实，轻视程序正义。因此，对于客观真实的追求就成为司法机关的主要职责。(3) 哲学基础。我国诉讼活动坚持实事求是的思想路线，这种

---

[1] 参见江伟主编：《证据法学》，法律出版社1999年版，第34页。
[2] 参见左卫民：《刑事程序问题研究》，中国政法大学出版社1999年版，第1页。

第二章 刑事法治的理念建构

思想路线是建立在对于客观事物的可知论的基础之上的，因而强调案件事实的客观性以及主观认识的能动性，反映了一种认识论的乐观主义。我国学者指出，认识论的乐观主义认为，由确实充分的证据所达到的案件真实应当是一种完全排除盖然性因素的绝对确定的客观事实。应当说，这种认识论上的乐观主义，不免带有理想化的色彩。[①] 随着我国诉讼制度的改革，在庭审活动中引入了当事人主义的因素，对职权主义加以适当限制，形成庭审活动一定程度上的对抗性。因而，对于我国诉讼活动所追求的客观真实这一要求提出了越来越多的质疑，法律真实的理念日益为学者所认同。

就法律真实与客观真实的关系而言，在论及客观真实与法律真实的关系时，我国学者指出：从理想状态而言，判决所依据的事实，必须是客观真实的事实即事实真相。然而，受认识能力、认识手段等主客观条件的限制，司法裁判绝对地以客观真实的事实作为根据有时是根本不可能的。法院裁制，依据的事实是通过法庭调查、法庭辩论等环节而被法院认定的事实——有证据支持的事实即"法律事实"。这种"法律事实"是以客观事实为基础的，经过严格的法定程序所确定，就本质而言，它是客观事实的模拟。[②]

客观真实是诉讼活动所追求的终极目标，是一种司法理想，这一点大致是不会错的。但是，能否将客观真实当作司法操作的具体标准，对此不无疑问。司法机关处理案件，尤其是刑事案件，其特殊性在于：案件事实发生在前，司法审理在后，通过诉讼中的证明活动力图再现或者复原案件事实，这是一种案件事实的重构。在一般情况下，参与诉讼活动的专业法律人士包括法官、检察官和律师都没有亲眼目睹案件事实发

[①] 参见龙宗智：《相对合理主义》，中国政法大学出版社1999年版，第427页。
[②] 参见公丕祥、刘敏：《论司法公正的价值内涵及制度保障》，载信春鹰、李林主编：《依法治国与司法改革》，中国法制出版社1999年版，第203-204页。

生的经过，因此，只有通过一定的证据事实（已知）才能推断出案件事实（未知），从而产生对案件事实确已发生的内心确信。由客观原因与主观原因所决定，这种对案件事实的重构不可能完全再现案件的原貌，只是接近于案件真相。这里的客观原因是指案件事实对于司法者来说呈现出一种"过去时"，具有已然性，随着时间的消逝，大量的证据材料会湮灭，从而为案件真相的证明带来困难。这里的主观原因是指人的思维能力的非至上性，会产生认识上的偏差。即使是亲眼目睹案件发生经过的直接证人，由认识水平、客观环境、复述能力以及利害关系所决定，其证言也具有一定的或然性，不能完全地确信。因此，我国学者对客观真实的观点提出了质疑，认为客观真实只是一个理想的目标，而由于刑事诉讼证明的特殊性，即案件一旦发生就无法再现，对刑事案件事实的查明是根据已知证据进行逆向推理的过程，这种推理并不可能与客观事实完全相符，只能是对发生过的事实进行一种近似于确定的证明，但绝不是查明了客观真实。[1]因此，作为司法操作的证明标准，客观真实是脱离实际的，而法律真实才是可知的。

　　法律真实是建立在认识的相对性的基础之上的，否定认识论上的绝对主义。根据法律真实的理念，案件事实的发生是一种客观情况，不依人的主观意志为转移。但在对该案件事实是否为某一行为人所实施进行判断的时候，这种判断是建立在有关证据之上的，是一种从已知到未知的司法认知活动，因而不能认为这种主观认识与客观事实能够完全一致，不能否认这种主观判断具有一定的盖然性。正因为如此，才要求法官将判断更大限度地建立在证据之上，并且需要建立证据规则。

　　通过证据确定案件事实，这是法律真实的应有之义。法律真实不同于客观真实之处在于：客观真实是一种绝对的、自在的真实，而法律真

---

[1] 参见关旭：《刑事诉讼中的证明标准》，载樊崇义主编：《刑事诉讼法专论》，中国方正出版社1998年版，第219页。

实是一种相对的、自为的真实。法律真实是建立在证据事实基础之上的，因而是可以通过证据事实推知与获得的真实。在法律真实模式中，证据具有举足轻重的地位；法官的内心确信来自证据，没有证据就无从确定案件事实。在这种情况下，实体法上的案件事实的查明当然具有重要意义，但在以证明过程为核心的诉讼活动中，案件事实是有待证明的客体，证明活动主要围绕证据而展开。正如我国学者指出："事实"并不能自动成为审判的依据，而只有当事实依法作为"证据"进入审判程序时方能成为审判的依据。①这当然是对以对抗制为基础的美国审判程序的描述，但它所昭示的证据中心论的理念是应当肯定的。因此，法律真实是建立在证据之上的，在现有证据情况下最大限度的真实，是一种可证明的真实。法官判决的既判力是建立在这种法律真实基础之上的，从根本上来说是一种法律拟制或者推定的真实。这种真实虽然可能接近于客观真实，但永远也不可能等同于客观事实。在这种情况下，法官只对证据负责，从证据中求真实。对于超出证据的客观真实，法官是不可能负责的。因此，有错必纠与错案追究的制度，也只能建立在法律真实的理念之上。换言之，这里的错与对不能以客观真实为标准而只能以法律真实为标准。

我国学者认为，在对抗制的情况下，由于举证责任是由当事人承担的，因此，某些错误是诉讼当事人自身造成的。这样，从逻辑上说，当事人应当对自己行为的后果承担责任。但是，有错必纠的原则也势必受到根本性的动摇，同时演化出司法机关反对由于自身错误造成的错案承担责任的原则。②笔者认为，错案追究制应对司法机关自身错误承担责任，这是正确的，因为法官只对法律真实负责。而有错必纠原则则应有一定的限制，例如一事不再理、二审终审等，应当维护司法判决的稳定性，不得随意以客观真实否定既判力。当然，在法律规定范围内，仍然存在

---

① 参见李文冠:《美国刑事审判制度》，法律出版社1999年版，第29页。
② 参见贺卫方:《司法的理念与制度》，中国政法大学出版社1998年版，第157页。

有错应纠的问题。也就是说，在现有证据情况下作出的判决，即使不符合客观真实，也不能认为是错案。例如，我国刑事诉讼法确认了"证据不足、指控的犯罪不能成立的无罪判决"，这是疑罪从无的表现，也是无罪推定原则的体现。

在司法活动中，疑罪有刑事诉讼法上的疑罪与刑法上的疑罪之分：前者是证据不足的疑罪，后者是法律适用的疑罪。《唐律》将疑罪之疑分为事之疑与理之疑，亦即上述区分。[①]我们这里讨论的疑罪是指证据不足的疑罪。疑罪的存在本身就是对客观真实论的一种否定，表明并非每一个案件事实都能够获得这种客观真实。对于疑罪的态度充分反映出一个国家的刑事诉讼制度的法治程度。我国封建社会长期实行的是疑罪从轻的原则，这实际上是有罪推定的逻辑结论。而在实行无罪推定原则的情况下，疑罪从无是必然结论。证据不足的疑罪从无表明：在客观真实不能通过证据获得的情况下，只能在法律上推定为无罪。这种无罪是根据现有证据作出的判断，尽管可能与客观真实不相符合，但这种判决具有既判力。

通过证据规则确定证据的合法有效性，这也是法律真实的应有之义。对案件事实的认识，当然具有认识的一般特征。但毕竟是一种特殊的司法认知活动。这种特殊性表现在证明的相对性，这种相对性表现为：诉讼审判乃以多元化的价值为其内在希求，对事件事实的真理性认识只是价值之一，而非全部，尚需顾及其他诉讼价值。而且，诉讼中的证明所指向的对象或客体不是自在的事实，而是自为的事实。这种作为认识客体的主体意识在其发展历程上是转瞬即逝，而且一去不复返的。那么，对案件事实的证明注定便是残缺不全的。诉讼审判要得以进行，必须正视并依赖这种残缺不全的证明。其结果，证明的相对性原理被赋予了合理性和现实性。[②]

在长期的司法活动中，总结出一些证据规则，反映了司法认知活动

---

① 参见陈兴良主编：《刑事疑案研究》，中国检察出版社 1992 年版，第 2 页。
② 参见江伟主编：《证据法学》，法律出版社 1999 年版，第 50–51 页。

的规律性,因而是应当遵循的。在中世纪的法定证据制度中,对证据的审查判断规定了大量的规则,由此限制与约束法官的自由裁量权,使法官像演算数学公式一样被动而机械地根据证据规则计算证据的证明力,并据此认定案情。虽然法定证据制度具有僵硬性与机械性,限制了法官在证据审查中的主观能动性,因而导致形式真实与实质真实的脱离。但对证据的审查判断活动予以规范,这一点仍然是值得肯定的。传统的自由心证制度完全否定证据规则,直接诉诸法官的理性与良心,由此形成内心确信,在很大程度上使法官从烦琐的证据规则中解脱出来,有助于查明案件真相。但这种没有任何证据规则的绝对的自由心证是难以实现的。为此,在立法上许多国家设定了规范法官或事实审理者随意判断的规则,如自由排除规则、非法取得证据的排除规则、证据释明规则、证人拒绝权规则等,[①]因此,证据规则在诉讼活动中起着重要作用。它不仅规范当事人,而且规范司法机关,成为诉讼参与者共同的法律准则。只有在遵循这种证据规则情况下的证据才具有法律上的证明力,否则就将归于无效,而不论这种证据是否能够证明案件真相。

例如,美国联邦最高法院依据《美国宪法修正案》第4条,通过发布案例的方式,逐渐确立了一套较为完整的法律体系,规定任何通过非法逮捕、搜查、扣留所得的证据,一律不得进入司法程序,这一规定叫作"排除规定",所谓排除,指的是排除非法得来的证据。在"布鲁尔诉威廉姆斯"一案中,1986年12月24日,一个叫帕米拉的10岁小女孩随父母去艾奥瓦州的得梅因市看摔跤比赛。比赛中帕米拉一个人去厕所,之后再也没有回来,警察接到报告后立即进行调查,发现一个叫威廉姆斯的人可能是劫持者,威廉姆斯刚从一所精神病院逃走不久,有人曾见他在体育馆外将一捆东西装进一辆汽车。12月26日,得梅因市警察接到邻近达文波特市警察局的电话,说威廉姆斯已向他们自首,并让得梅

[①] 参见江伟主编:《证据法学》,法律出版社1999年版,第17页。

因市的警察前去把他押回。得梅因市派了两名警察开车前去。当时达文波特的法庭已为威廉姆斯指定了辩护律师，该律师同前来押解的两名警察商定，在押解途中不得对威廉姆斯做任何审讯。在赶回得梅因市的途中，一名警察对威廉姆斯这样说："希望你看看天气，天在下雨，气象台说还要下大雪，我想你是唯一知道小帕米拉埋在什么地方的人，如果雪一盖，你自己就找不着了。我们何不去把她找到了，她的父母也好用基督教的丧礼把她埋了。"听了这一番话，威廉姆斯果然带着警察，来到他杀死并埋葬小帕米拉的地点，并在那里挖出了孩子的尸体。在后来的审判中，警察出庭作证，将如何找到帕米拉尸体的前后过程告诉了法庭，审判结果，威廉姆斯被判有罪。但被告在上诉中提出，警察当时在车里对威廉姆斯说的一番话，实际上是审讯，而审讯前警察并没有给威廉姆斯"米兰达警告"。因此，审讯是违法的，而由此所得的证据也都是违法的，不应被允许进入审判程序。也就是说，法庭在审判时，不应允许警察就那天押解过程中所发生的事情作证，因而审判结果必须推翻。联邦最高法院同意被告这一观点，因此推翻了审判结果。①

这就是因为警察在没有给嫌疑犯发出"米兰达警告"〔"米兰达警告"内容是在审讯之前，警察必须明确告诉被捕者：（1）他有权保持沉默；（2）他如果选择回答，那么他所说的一切都可能会被用作对他不利的证据；（3）他有权在审讯时由律师在场陪同；（4）如果他没有钱请律师，法庭有义务为他指定律师②〕的情况下进行了审讯，因而犯人所作的供词，以及根据供词所发现的女孩的尸体这些事实都不得作为证据进入司法程序。在证据排除规则的情况下，就会出现法律真实与客观真实的矛盾：就非法证据能够证明案件真相而言，它具有客观真实性；就非法证据由于其获得的非法性，应当予以排除，则维持了法律真实。因为法律真实本身具有拟

---

① 参见李文冠：《美国刑事审判制度》，法律出版社1999年版，第10-11页。
② 参见李文冠：《美国刑事审判制度》，法律出版社1999年版，第52页。

制性，是遵守法律规则、建立在合法证据之上的真实。在这种情况下，为了实现法律真实就应当牺牲客观真实。尽管其结果是使个别有罪的人逍遥法外，但能够在更大程度上实现法律真实，因而是一种必要的丧失。由此可见，法律真实不仅是建立在证据之上的，而且是在遵循证据规则的情况下获得的。除此，便无法律真实可言。

通过对合法有效证据的判断形成内心确信，这同样是法律真实的应有之义。在证据证明的程度上，我国历来规定为事实清楚、证据确实充分。我国学者指出：长期以来，我国许多诉讼法学者强烈批判自由心证理论和制度，强调判断证据应当遵循客观标准，作为定案的证据要确实和充分。但是这种理论上的努力似乎并没有对司法实践造成多大的影响力。这种观点认为，我国目前实行的是秘密的自由心证，主张自由心证制度有其客观必要性，但同时有其弊端，这些弊端是需要克服的，应当建立现代自由心证制度。① 这一证明程度体现的是对客观真实的追求，是一种客观标准。而无论是大陆法系国家的自由心证还是英美法系国家的排除合理怀疑，都以主观认识作为证明程度的标准，是一种主观标准。英美法系国家的排除合理怀疑又称为超越合理怀疑（beyond reasonable doubt），这里的合理怀疑，显然是法官的一种主观认识状况，指那种能够使一个谨慎的人在做某件重要的事情之前产生迟疑的怀疑。在刑事诉讼中，检察官的证据，必须是能够证明到"超越合理怀疑"的程度。也就是说，在听完了检察官所有的证据，并把被告的反驳证据考虑在内，如果你觉得自己对被告就是罪犯这一点还有"合理的怀疑"，那么被告就不能被判有罪，就应该无罪释放。② 因此，是否存在合理怀疑，是法官的一种主观判断。自由心证制度之所谓心证，就是指内心确信。这种内心

---

① 参见叶自强：《从传统自由心证到现代自由心证》，载陈光中、江伟主编：《诉讼法论丛》（第3卷），法律出版社1999年版，第398–399页。

② 参见李文冠：《美国刑事审判制度》，法律出版社1999年版，第15页。

确信是指法官斟酌口头辩证的全部旨意及调查取证的结果。并依据理性和良心进行自由判断，在内心对案情达到确信。这种确信是一种高度盖然性，即达到排除一切怀疑，接近必然发生的程度。[1]因此，自由心证同样是诉讼主观标准。

那么，证据证明程度到底是应采客观标准还是主观标准？笔者认为，这个问题归根结底还是与证据证明所要达到的是客观真实还是法律真实有关。事实清楚、证据确实充分所达到的是一种客观真实，但这一客观真实的状态只是努力接近的目标而难以完全达到。况且，这种客观真实是通过法官的主观认识反映出来的，因此，证据证明所要达到的程度是对主观认知状态的一种要求。从这个意义上说，主观标准是可取的。主观标准所追求的是法律真实，是法官通过证据事实的审查判断形成的内心确信，排除了合理怀疑。在这种情况下所达到的是一种法律真实，是法律所认可的真实。

客观真实还是法律真实，实际上是一个刑事法治在证据法上的选择问题。刑事法治是以法律真实为其价值诉求的，要求证据的合法性，违法取证将导致证据力的消灭。因此，在查明案件事实与保障人权两者之间取得某种平衡，追求形式真实。而客观真实则体现了对实质真实的追求，为达到这种客观真实，往往可以不择手段，甚至将刑讯合法化。现在刑讯虽然已为法律所明令禁止，但追求客观真实的冲动，往往忽视证据获取的合法性，甚至不惜投入大量司法资源，牺牲诉讼经济原则。即便如此，在实际上这种超法律刑事法治的客观真实也是可望不可即的。因此，在刑事法治的制度建构中，证据证明活动应当以法律真实为核心，建构有关证据规则与证明标准。通过法官的自由心证达到内心确信，从而实现刑事法治的实体价值。

---

[1] 上海社会科学院法学研究所编译：《诉讼法》，知识出版社1981年版，第213页。

三、程序正义与实体正义

法是以维持一种正义的秩序为使命的,这种正义的秩序可以视为法所追求的实体正义。刑法在维护社会秩序中发挥着重要的作用,因而实体正义更是刑法的归依。从实体正义上来说,刑法具有社会保护与人权保障两大机能,由此而协调社会与个人的关系,最终实现刑法的实体正义。但是,实体正义的实现不能离开一定的程序。因为实体与程序是实现法的正义的两种法律制度设计:前者解决案件处理的公正标准问题,后者解决案件处理的正当程序问题,两者不可偏废。长期以来,我国司法活动存在重实体轻程序的倾向,严重地妨碍了程序法的适用。因此,程序正义的理念乃是刑事法治的重要内容。

这里引起我们思考的问题是:程序是否具有独立于实体的价值?这里涉及程序与实体的关系问题。程序是相对于实体而言的。如果说,实体法是权利的设定与义务的分配;那么,程序法就是权利实现与义务履行的过程与步骤。从终极意义上说,程序的设置是为实现实体价值。那么,程序是否具有自身的独立价值呢?

美国学者罗尔斯曾经将程序的正义分为以下三种:第一种是纯粹的程序正义(pure procedural justice),指的是关于什么才是合乎正义的结果并不存在任何标准,存在的只是一定程序规则的情况。例如不需要任何技术的赌博,只要严格遵守其程序规则,得到什么样的结果则都被视为是合乎正义的。第二种是完善的程序正义(perfect procedural justice),指的是在程序之外存在决定结果是否合乎正义的某种标准,且同时也存在使满足这个标准的结果得以实现的程序这样的情况。例如,把蛋糕完全均等地分给数人的场合,达到均分的结果才合乎正义,且存在实现均分的程序。这就是动手切蛋糕的人最后领取自己的一份。他为了使剩给自己的蛋糕尽可能多一些会尽最大努力来均切蛋糕,其结果则是均分结果的实现,所以这样的程序合乎正义。第三种是不完善的程序正义(imperfect procedural justice),指的是当然在程序之外存在衡量什么是正义的客观标准,但是百分之百地使满足这个标准的结果得以实现的程序却不存在。罗尔斯认为,刑事审判就是不完善的程序正义的适例。刑事审判期望的结果是:只要被告犯有被控告的罪行,他就应当被宣判为有罪。审判程序是为探求和确定这方面的真实情况设计的,但看来不可能把法规设计得使它们总是达到正确的结果。即使法律仔细地遵循,过程被公正恰当地引导,还是有可能达到错误的结果。一个无罪的人可能被判有罪,一个有罪的人却可能逍遥法外。在这类案件中我们看到了这样一种误判:不正义并非来自人的过错,而是因为某些情况的偶然结合挫败了法律规范的目的。不完善的程序正义的基本标志是:当有一种判断正确结果的独立标准时,却没有可能保证达到它的程序。①

从上述三种程序正义来看,前两种程序正义都可以包括实体正义。因此,只要严格地遵循正当程序,就会理所当然地实现实体正义,即使实体不正义,人们也会安分地接受。而在第三种程序正义中,存在程序正义与实体正义两个互相独立的正义标准。程序正义不见得一定能够获得实体正义,实体正义也不见得一定要通过程序正义来实现。在这种情况下,程序正义是否具有独立价值的问题实际上涉及对实体正义与程序正义这两种正义结果的比较。

实体正义与程序正义相比。前者具有相对性,后者具有绝对性。程序正义的绝对性是较易理解的,因为程序是通过一系列法律规则加以建构的,遵守这些规则谓之合法,违反这些规则谓之非法。合法为正义,违法为非正义,两者界限明确,它不取决于人的主观感受,而在很大程度上取决于法律规则之准绳作用。实体正义的相对性,似乎不易理解,

---

① 参见[美]罗尔斯:《正义论》,何怀宏等译,中国社会科学出版社1988年版,第80页。

需要专门论证。实体正义的相对性,笔者认为表现在以下几个方面:首先,绝对的实体正义是不可得的,在刑事诉讼中客观真实当然是人所苦苦追求的最高诉讼境界,但由客观与主观的限制所决定,实际上无法达到。在客观真实不可得的情况下,人们退而求其次,追求法律真实。从这个意义上来说,实体正义具有相对性。其次,实体正义没有一个绝对确定的衡量尺度。即便是罪与非罪的界限,也不像数学公式所表示的那样精确。最后,实体正义具有一定的主观感受性,即便是实体处理不那么尽如人意,但经过正当程序的审查,也能够使人接受。正如日本学者谷口安平指出:使由于程序进行蒙受了不利结果的当事者不得不接受该结果的作用。例如,进行诉讼而遭致败诉的当事者经常对判决感到不满,但因为自己已经被给予了充分的机会表达自己的观点和提出证据,并且由相信是公正无私的法官进行了慎重的审理,所以对结果的不满也就丧失了客观的依据而只能接受。这种效果并不是来自判决内容的"正确"或"没有错误"等实体性的理由,而是从程序过程本身的公正性、合理性产生出来的。由程序本身产生的正当性还具有超越个人意思和具体案件的处理,在制度层次上得到结构化、一般化的性质。① 程序的这种功能,我国学者称为吸收不满的功能。②

因此,程序正义能够强化当事人对实体正义的认同。反之,即或实体处理是公正的,由于违反了正当程序,当事人同样难以对实体正义认同。因为在这种情况下,他受到了一种不公正的待遇,因而销蚀其实体上的正义的满足感。因此,程序正义的独立价值应当得到充分强调。美国学者萨默斯首次提出了法律程序的独立价值标准问题,并对这种与程序的工具性相对的价值标准——所谓的"程序价值",在理念、标准及其

---

① 参见[日]谷口安平:《程序的正义与诉讼》,王亚新、刘荣军译,中国政法大学出版社1996年版,第11页。

② 参见陈兴良主编:《法治的使命》,法律出版社2001年版,第71页。

对法律程序的作用等方面的独立性问题进行了较为系统的分析和论证。①程序的独立价值观念的确立,使我们突破了程序工具主义的思想桎梏,以一种全新的观念来认识程序的意义。在刑事审判,其实包括所有的诉讼活动中,尽管是一种所谓不完善的程序正义,但这种程序正义的不完善性,是可以通过规则设置与制度建构加以弥补的。正如我国学者指出:为了弥补不完善的程序公正的场合有能确保正当结果的问题,需要借助于程序公正的正当化作用。普遍的做法是采取法律机制,即通过追加一种所谓半纯粹的程序公正使结果正当化,常见的有陪审制度、当事人主义的参与保障等措施。具体说来,当事人自认的事实,法院可直接予以认定;当事人诉讼上和解,可以直接产生诉讼法上的效果,以及刑事诉讼中无罪推定原则和民事诉讼中的宣告失踪、宣告死亡程序。在这里,理论上是不完善的程序公正,在制度上却作为完善的或纯粹的程序公正而发挥了作用。②

尽管采取了上述补救措施,仍然不能保证通过程序正义一定能够实现实体正义。再者,也可能违反程序正义而获得了实体正义,例如,通过刑讯获取案件真相。在这种情况下,程序正义与实体正义存在冲突,对此如何进行价值选择呢?换言之,实体正义为什么只能通过程序正义而获得,为什么不能通过程序违法而获得?笔者认为,这个问题实际上是在刑事法治的建构中如何限制司法权,从而保障被告人的正当权利的问题。如果说,迟到的正义是非正义,那么,违反程序获得的正义同样也是非正义。实体正义之所以必须通过正当程序获得,这是由刑事法治的性质所决定的。美国学者道格拉斯指出:正是程序决定了法治与恣意的人治之间的基本区别。③如果将上述引言中的"程序"一词加上"正当"

---

① 参见陈瑞华:《通过法律实现程序正义——萨默斯"程序价值"理论评析》,载《北大法律评论》编委会:《北大法律评论》(1998年第1辑),法律出版社1998年版,第81页。
② 参见肖建国:《程序公正的理念及其实现》,载《法学研究》1999年第3期。
③ 参见季卫东:《法治程序的建构》,中国政法大学出版社1999年版,第1页。

两字，也许更为确切。正当程序是法治，尤其是刑事法治的题中之义。可以说，没有正当程序，也就没有刑事法治。因为程序是人权保障机能的载体。

在刑事诉讼中，存在如何处理国家的司法权力与个人的诉讼权利之间的关系问题。我国学者指出：刑法属于授权性规范，刑事诉讼法则属于限权性规范。刑法设定了国家的刑罚权，刑事诉讼法则为国家刑罚权的正确、适度行使设置规则和界限。[①] 在以上论述中，刑事诉讼法属于限权性规范这是没有问题的，即或是刑法实际上同样具有限权性。罪刑法定原则所昭示的"法无明文规定不为罪、法无明文规定不处罚"的内容就具有对司法权的限制机能。因此，刑法对于司法权是一种实体性限制，刑事诉讼法对于司法权是一种程序性限制。刑事法治中的司法权，同时受到上述实体与程序的双重限制。这表明，司法权只有在刑事诉讼活动中，按照一定的司法程序才能得以行使。

刑事诉讼活动之所以要通过程序对司法权加以严格限制，是因为在诉讼活动中，司法机关代表着国家行使司法权（包括侦查权、检察权和审判权）。由于国家垄断着司法资源，因而十分强大。如果不加以程序的限制，就会变成法律的利维坦。而被指控为犯罪人的被告，作为个人在庞大的国家司法机器面前，是显得十分渺小的。正是正当的法律程序，赋予被告人以各种诉讼权利，使之得以在刑事诉讼中与作为国家公诉人的控方形成法律上的控辩平等关系。因此，重视程序的独立价值的真谛在于保障被告人的合法权益，真正使法律不仅成为自由公民的大宪章，同时也成为被告人的大宪章。因此程序并不仅仅是一种法律程式，更不能简单地视为形式主义，它包含着实体内容，是刑事法治中为保障被告人的权利而设置的一种法律制度。由此出发，我们在面对程序正义与实

---

① 参见汪建成：《刑法和刑事诉讼法关系新解》，载陈光中、江伟主编：《诉讼法论丛》（第3卷），法律出版社1999年版，第47-48页。

体正义冲突的情况下，应当选择前者而非后者。也就是说，要真正实现程序的独立价值，注重程序对于被告人合法权益的保障，我们应当重构程序与实体的关系，使程序对于实体的从属地位改变成为程序对于实体的优先地位。

在刑事法中，实体是指某一行为是否构成犯罪以及处以何种刑罚，也就是通常所说的定罪量刑。实体正义是指保证定罪准确、量刑均衡，从而实现司法公正。因此，对实体正义的追求始终是法律的强烈冲动。程序是指司法机关在追究刑事责任时所遵循的方法、手段以及其他规制。就程序法与实体法的关系而言，程序设置的目的是实现实体法所追求的公正价值。在这个意义上，程序法具有辅助性，被称为从法、助法，而实体法则是主法。

关于实体法与程序法的关系，在理论上存在主从论、同等论与阶位论等各种观点。主从论认为实体法和程序法之间的关系是主从关系。实体法是内容和目的，程序法是形式和手段，实体法决定程序法，没有实体法，程序法也就失去了存在的价值和意义，程序法依附于实体法而存在。同等论认为，实体法和程序法之间的关系为同等关系。为解决社会冲突而言，二者具有同等的重要性。阶位论认为，实体法和程序法之间的关系是一种逻辑上的阶段关系，实体法是下阶位法，程序法是上阶位的法，程序法先于、优于实体法。[①]但实体法与程序法这种逻辑上的主辅关系，丝毫也不能贬低程序法上的意义。实际上，实体权利是通过一定的程序加以确认并实现的。从这个意义上说，没有程序就没有权利。正如日本学者谷口安平指出：无法为所主张的权利举证，该权利实际上就会变得毫无意义。[②]因此，应当强调程序对于实体的优先地位。

[①] 参见李佑标：《试论实体法与程序法的关系》，载陈光中、江伟主编：《诉讼法论丛》（第2卷），法律出版社1998年版，第84页。

[②] 参见[日]谷口安平：《程序的正义与诉讼》，王亚新、刘荣军译，中国政法大学出版社1996年版，第64页。

所谓程序对于实体的优先地位，表现在以下三个方面：（1）程序先行。程序先行是指一定的实体问题的处理必须在程序框架内进行，无程序则无实体之处理。在这个意义上，程序优先体现为一种程序先行，即无程序则无实体。正如没有铁轨，就不可能有飞驰的列车，列车只能行驶在铁轨上，列车行驶止于铁轨的尽头，否则将颠覆。以往，我们往往认为实体法所构造的是一个"法的空间"。实际上，程序与法的空间的形成同样具有密切联系。诉讼过程就是一个法的空间的形成过程，程序规制同样是这一法的空间的支撑力量。我国学者论述了程序在法的空间形成过程中的重要意义，指出：作为法的空间形成过程的程序结构与诉讼、审判的终局以及司法本身在社会、政治体系中发挥的正统性再生产功能有密切的联系。或者说，具有这种特性的程序结构在每一个案件处理中得到的具体实现汇集起来，就构成了审判程序和司法本身发挥上述功能的微观基础。① 因此，立法是这个法的空间的构造，司法则只能在这一法的空间内进行。（2）程序优越。程序是法的内在生命，只有程序才能最大限度地保证实体正义，从而实现法律的公正价值。在实体正义与程序正义相抵触的情况下，应当选择程序正义，这是刑事法治的必然要求。（3）程序对实体的否定。程序先行与程序优越尽管都表达了程序优先的意蕴，但仅此还不够。程序优先于实体地位的根本内容还意味着程序对实体的否定。这里所谓程序对实体的否定，是指违反程序将导致实体（无论是否正义）无效的法律后果。例如刑讯逼供所获得的证据无效，未经庭审质证的证据无效，违反程序的判决无效，且不得再作不利于被告人的裁决，等等。唯此，才能完全彻底地实现程序的独立价值。

德国著名法学家拉德布鲁赫指出：如果将法律理解为社会生活的形式，那么作为"形式的法律"的程序法，则是这种形式的形式。我国学

---

① 参见王亚新：《民事诉讼的程序、实体和程序保障》（代译序），载［日］谷口安平：《程序的正义与诉讼》，王亚新、刘荣军译，中国政法大学出版社1996年版，第14页。

者指出：实质正义的反对概念是形式主义，而程序并不等同于形式。程序的基础是过程和互动关系，其实质是反思理性。程序是相对于实体结果而言的，但程序合成物也包含实体的内容。程序在使实体内容兼备实质正义和形式正义的层次上获得一种新的内涵。这就是新程序主义的观点。[①]它如同桅杆顶尖，对船身最轻微的运动也会作出强烈的摆动。因此，程序法对社会生活变化的反应是最敏感的。根据拉德布鲁赫的看法，程序法的发展以极其清晰的对比反衬出社会生活的逐渐变化。尤其是刑事程序的历史，清楚地反映出国家观念从封建国家经过专制国家，直到宪政国家的发展转变过程。[②]可以说，程序的重视程度，标志着一个国家的法治文明程度。刑事法，关系到公民的生杀予夺，更须加以严格的程序限制。

[①] 参见季卫东:《法治秩序的建构》，中国政法大学出版社1999年版，第76页。
[②] 参见[德]拉德布鲁赫:《法学导论》，米健等译，中国大百科全书出版社1997年版，第120页。

第三章 从政治刑法到市民刑法

一定的社会结构形态对刑法具有决定作用。换言之，社会结构形态的变迁，必然引起刑法功能、观念与文化的嬗变。从这一逻辑出发，在提供社会结构的一般形态及其演进模式的基础上，笔者将在此分析当前中国正在建构的政治国家与市民社会的二元社会结构，并在二元社会结构的视野中审视从政治刑法到市民刑法转变之中的中国当代刑法的演进。

一、社会形态的演进

社会是由人构成的，但它又不是个人的简单聚合，而有其特殊的结构与机制。因此，对社会的理解，不能只着眼于个人，而必须从社会所存在的物质生活与精神生活出发。为了科学地揭示社会的本质，现在我们对历史上存在的各种社会形态加以描述。

（一）氏族社会

社会先于国家而存在，氏族社会就是国家产生之前人类原始的生活共同体。美国著名学者摩尔根认为，政治的萌芽必须从蒙昧社会状态中的氏族组织中寻找；然后，顺着政治制度的各种演进形态，推到政治社会的建立。摩尔根提出这样一个观点，即一切政治形态都可归纳为两种基本方式，此处使用"方式"（plan）一词，系就其科学意义而言。摩尔根所说的这种方式的基础有着根本的区别。按时间顺序说，先出现的第一种方式以人身、以纯人身关系为基础，我们可以名之为社会。这种组织的基本单位是氏族；在古代，构成民族（populus）的有氏族、胞族、部落以及部落联盟，它们是顺序相承的几个阶段。后来，同一地域的部落组成一个民族，从而取代了各自独立一方的几个部落的联合。这就是古代社会自从氏族出现后长期保持的组织形式，它在古代社会中基本上是普遍流行的。第二种方式以地域和财产为基础，我们可以名之为国家。这种组织的基础或基本单位是用界碑划定范围的乡或区及其所辖之财产，政治社会即由此而产生。政治社会是按地域组织起来的，它通过地域关系来处理财产和处理个人的问题。① 在此，摩尔根以血缘关系与地域组织作为区分氏族与国家的界限，是完全正确的。但摩尔根把氏族与国家的区别称为社会与国家的区别，似乎只有在原始社会才存在社会，并且把社会定义为以人身关系为基础的组织，这又是值得商榷的。

　　氏族社会是以血缘关系为基础的一种具有特殊性质的社会组织。在氏族社会，个人完全依附于社会而存在，没有独立性。在个人与社会的关系上，呈现出一种未开化的混沌状态。氏族社会也存在秩序与控制，这种秩序是通过原始习惯表现出来的，它对社会起着控制的作用。公共事务由氏族成员共同承担，个人之间的纠纷，都由当事人自己解决。虽然氏族社会具有单纯质朴的特点，但它是生产力极不发达的产物。恩格斯指出，在氏族社会，人类差不多完全受着陌生的、对立的、不可理解的外部大自然的支配，这也反映在幼稚的宗教观念中。部落始终是人们的界限，无论是对另一部落的人来说或者是对他们自己来说都是如此；部落、氏族及其制度，都是神圣而不可侵犯的，都是自然所赋予的最高权力，个人在感情、思想和行动上始终是无条件地服从。这个时代的人

---

① 参见［美］摩尔根：《古代社会》（上册），马巨等译，商务印书馆1977年版，第3、6页。

们，不管在我们看来多么值得赞叹，他们彼此并没有什么差别，用马克思的话说，他们还没有脱掉自然发生的共同体的脐带。[①]因此，氏族社会只是人类社会的原始形态，历史发展必然会突破这种原始共同体。

（二）城邦社会

城邦（polis）是以一个城市为中心的独立主权国家。因此，城邦社会实际上就是以城邦为基础的国家。城邦国家（city state）用以指称古希腊的波里斯（polis），并由此而泛指其他相似的政治社会，如迦太基、罗马共和国以及中世纪的一些城市，特别是佛兰德斯和意大利的城市。[②]古希腊的雅典是城邦社会的典型，由此可以发现城邦社会存在的一般规律。

雅典位于希腊半岛东半部的阿提卡半岛上，面临萨罗斯湾。天然良好的海上贸易条件，对于雅典工商业的发展起到了极大的推动作用。在英雄时代，雅典还处于氏族部落社会，共有四个氏族部落。当时，实行原始的民主制度：人民大会、人民议事会和王（巴赛勒斯）。此后，由于氏族、部落内部的经济发展和进一步分工，氏族、胞族和部落成员很快杂居起来，这就扰乱了氏族制度机关的正常活动。因为原来的氏族机关只处理本氏族和本部落的事务，对别的氏族和部落的事务不予受理。而不同氏族和部落成员的杂居，引起了氏族管理上的空白和危机。在这种情况下，实行了提修斯改革。这一改革的主要内容，是在雅典设立一个中央管理机关，以前由各部落独立处理的一部分事务，被宣布为共同的事务而移交给设在雅典的总议事会管辖。这样，就产生了凌驾于各个部落和氏族的法权习惯之上的一般的雅典民族法，最后导致雅典国家的

[①] 参见《马克思恩格斯选集》（第4卷），人民出版社1972年版，第94页。
[②] 参见［英］戴维·米勒等：《布莱克维尔政治学百科全书》，邓正来等译，中国政法大学出版社1992年版，第118页。

产生。

城邦实行民主制,这种民主制被我国学者顾准称为"民主集体主义"。顾准指出:城邦既然是"轮番为治"的公民团体,它当然高于每一个个别公民,也高于它的一切统治者,这是城邦的"民主集体主义"——一种以公民最高主权为基础的民主集体主义。[①]在这种民主集体主义的制度之下,实际上并不存在个人自由。美国学者萨托利指出:为了充分揭示希腊民主的实质,可假设其定义如下:民主制度就是一种进行集体决策的(城邦)统治体系。这就意味着,根据这一古典民主公式,社会不允许给独立性留出余地,也不允许个人得到保护,它完全吞没了个人。城邦是至高无上的,因为组成城邦的每个人都要彻底服从城邦。[②]因此,在城邦社会,城邦的整体利益远远高于个人利益。

(三)宗法社会

宗法社会是指根据宗法制度建立起来的中国古代社会。所谓宗法,是指以血缘为纽带调整家族内部关系,维护家长、族长的统治地位和世袭特权的行为规范,它源于氏族社会末期父系家长制的传统习惯。[③]宗法社会的特征是实行等级制、分封制和世袭制。

等级制是由血缘上的亲疏远近所决定的,由此表明其在社会上的地位。因为宗法社会是由许多由系谱上说真正有血缘关系的宗族组成的,这些宗族经过一定的世代后分支成为大宗和小宗,各据它们距宗族远祖的系谱上的距离而具有大小不等的政治与经济上的权力。分封是指国王把土地连同居住在土地上的居民分封给诸侯,诸侯再分封给其下属,由此层层分封,形成一个宝塔式的等级。这种分封,不仅是经济上的土地

[①] 参见顾准:《希腊城邦制度》(第2版),中国社会科学出版社1986年版,第19页。
[②] 参见[美]萨托利:《民主新论》,冯克利、阎克文译,东方出版社1993年版,第291页。
[③] 参见张国华:《中国法律思想史新编》,北京大学出版社1991年版,第25-26页。

所有权的分配，而且是政治上的统治权的分配。各级受封的贵族，不仅对受封的土地享有所有权，而且对受封土地上的所有居民享有政治上的统治权。而在分封与受封的上下级贵族之间，又形成了一定的权利与义务关系，在经济上与政治上都接受国王的统治。世袭制则是为了维护这种宗法制度而设立的，不仅国王世袭，而且各级贵族也都实行世袭，从而保持宗法制的稳定性。

中国古代夏、商、周都是典型的奴隶制宗法社会。中国封建社会，仍然继承了宗法制的传统。我国学者指出：周朝是沿袭氏族关系的宗法制度和等级分封制的产物。废封建后，国家二字连用，但仍然包含着等级和宗法关系。在儒家的国家学说中，把宗法制家庭与封建国家高度地协调起来了。从社会组织原理上看，这有点悖于常理。因为宗法血缘关系是把人组织在一起的天然纽带，但它又具有强烈的自闭性。氏族、部落组织的大小有其天然界限，有着难以扩展的坚硬外壳。一旦宗法氏族关系成为人与人之间的主要组织纽带时，那就必然会对组织广大地域性国家构成巨大障碍。但是在宗法氏族与国家关系上，中国封建大国又是一个例外。中国封建社会不但承袭了宗法观念，并且在封建大国建立以后，随着一体化结构的不断完善，宗法制度不但没有减弱，反而不断强化，到宋、明以后则愈加巩固了。[①]

中国宗法社会之所以能够一脉相承，就在于它利用儒家学说协调宗法组织与国家组织之间的关系。儒家主张礼治，这里的礼，就是宗法等级制。宗法制成为封建国家与个人之间的一个强大而稳固的中间层次，由此扩充了国家对个人的控制能力。在中国封建社会里，法律往往要借助于宗法组织的力量来约束个人行为，甚至赋予家族一定的司法权，尽管这种权力此后逐渐受到限制。例如，我国著名学者瞿同祖指出：中国

---

① 参见金观涛、刘青峰：《兴盛与危机——论中国封建社会的超稳定结构》，湖南人民出版社 1984 年版，第 47 页。

的家族是父权家长制的，父祖是统治的首脑，一切权力都集中在他的手中，家族中所有人口——包括他的妻妾子孙和他们的妻妾、未婚的女儿孙女、同居的旁系卑亲属以及家族中的奴婢，都在他的权力之下，经济权、法律权、宗教权都在他的手里。① 由于宗法权力的存在，在一定程度上维持了国家权力对社会的渗透，从而使中国宗法社会具有稳定的组织结构与强大的复制再生能力，虽然屡经改朝换代然而宗法社会的性质不变。

在宗法社会，强大的国家组织通过宗法制度对个人实行思想上与行动上的有力控制，因而使个体消弭。在中国宗法社会中，个体不仅在经济、政治生活，而且在精神生活中与血缘宗族群体不可分割地联系在一起，从氏族组织到国家的蜕变过程中，古代氏族的"集体表象"，直接升华为体现宗法意识的伦理化世界观。这种宗法意识渗透到个体生活的一切方面，个体的一切价值需求，只有在国或家的整体中，才具有现实性。社会构成的基本要素，不是独立的"个人"，而是"家"，并且在家与国之间，又复现了人与家庭的整合关系，只有通过国家为主体的价值需求，才能从整体中实现部分的个体价值。因此，人的个性完全消弭在整体性之中，个人的存在以履行宗族义务和国家法律义务为前提，所有的"权利"，实质上仅仅为官府国家的"容许"，不存在法权对人权的权力极限。② 因此，在这种宗法社会里，个人是十分渺小的，而宗法制度对个人则具有强大的约束力。

（四）市民社会

市民社会，英文为 Civil society，源自拉丁文 Civils socidtys，该词约在 14 世纪开始为欧洲人采用，它不仅指单个国家，而且也指业已发达

---

① 参见瞿同祖：《中国法律与中国社会》，商务印书馆 1981 年版，第 5 页。
② 参见陈晓枫主编：《中国法律文化研究》，河南人民出版社 1993 年版，第 177 页。

到出现城市的文明政治共同体的生活状况。此后，市民社会逐渐演变成国家控制之外的社会和经济安排、规则、制度。在这个意义上，市民社会是与政治国家相对立的。在此，我们主要在与政治国家对立的意义上使用市民社会这个概念。

市民社会一词的最早含义可上溯至古希腊的亚里士多德。在亚里士多德那里，所谓 Civil society（即 Koimōnia politiké）一词，系指一种"城邦"（即 Polis）。我国学者徐国栋认为，在希腊、意大利的城邦生活中，一个自由人同时具有两种身份。首先，他是特定城市国家的市民，在这个意义上，他属于他自己，是一个私人，谋求自己的利益。其次，他是特定国家的公民，在这个意义上，他不属于自己而属于国家，是一个"公人"，必须在必要时牺牲自己的个人利益去维护公益。罗马人也对公私作了区分，把调整私人利益关系的法律称为私法，把调整公共利益关系的法律称为公法。所谓私人利益关系，就是市民社会；所谓公共利益关系，就是政治国家。由此可见，在西方的古代文明时期，就有了市民社会与政治国家的分野。[1]无疑，公私划分是市民社会与政治国家分野的前提，但距离市民社会的产生还十分遥远。更何况，在古希腊城邦社会，公共生活是个人生活的全部。美国学者萨托利指出：对于希腊政治来说，将公共生活与私生活区分开来是闻所未闻的，甚至还会感到不可思议。对希腊人来说，"人"和"公民"的意思毫无二致，正如参与城邦的生活，即参与他们城市的生活就等于"生活"一样。[2]

显然，市民社会是以独立自主的个体——市民存在为基础的，这种市民主要来源于十一二世纪兴起的城市社会。市民与城市有着密切的联系，而当时的城市主要是指城堡。公元 10 世纪上半叶，西欧遍布着设防的城堡，都是由封建诸侯所建立，作为他们臣民的安身之处。这些城堡

---

[1] 参见徐国栋:《市民社会与市民法——民法的调整对象研究》，载《法学研究》1994 年第 4 期。
[2] 参见[美]萨托利:《民主新论》，冯克利、阎克文译，东方出版社 1993 年版，第 288–289 页。

照一般的称呼就是"堡",通常是由泥土或石头筑成的堡垒,外面围以壕沟,并且开有许多城门。当时的城堡依靠土地为生,完全适合于农业文明。但是,商业复兴迅速地完全改变了它们的性质。10世纪下半叶,商人开始寻求城堡的保护,城堡分布在商人旅行所经过的河流沿岸或自然的道路上。这些城堡就成了商人和商品经过或寄寓的地方。随着商业的发展,新来的人不断增多,这些城市与城堡向他们提供的地方日益不敷。他们被迫在城外定居,在旧的城堡外面建造新的城堡,且有的还给它取名为外堡。这样,在教会城市或封建城堡的附近,就兴起了商人的居住地,这里的居民所过的生活与城市里面的居民所过的生活迥然不同。10世纪与11世纪的文件中,常用商埠一词来称呼这些居住地,十分确切地说明了它们的性质。事实上,它们并不是现代意义的商埠,它们只是商品通过的地方,是极其活跃的转运地。在英格兰与佛兰德斯,居住在这种商埠的人,就被称为"商埠人"。长久以来,商埠人一词被解释为市民或城堡居民的同义语。的确,用商埠人一词来形容居住在商埠的人比用市民一词更为恰当,因为最初的市民完全是依靠商业为生的。11世纪末期以前,商埠人也被称为市民,而市民一词本来是指居住在旧城堡的人,商埠人定居在城堡之外,为什么也被称为市民呢?这是因为商人集团筑起了城墙或栅栏来保护自己,他们居住的地方也变成了城堡。新城堡立即使旧城堡黯然失色,因此市民一词的引申是不难理解的。①

随着中世纪欧洲城市工业的发展,商业贸易也进一步扩大,甚至出现了出口贸易与海上贸易,这样就形成了一个以商人为主体的市民阶级。例如,历史学家雅克·勒戈夫在考察中世纪1200—1500年的城市时指出:中世纪早期城市曾一度衰落。由于手工业阶级和商业的发展,从11世纪初起城市有所复兴,但一般来说,在13世纪之前,城市的精神状态主要

---

① 参见[比]亨利·皮朗:《中世纪欧洲经济社会史》,乐文译,上海人民出版社1964年版,第37-39页。

还是否定和消极的。对照封建世界的不安全，城市建立起和平的环境；它欢迎外界货物，不论从农村庄园来的还是从拜占庭和穆斯林东方来的。从12世纪中期以后在某些地方和13世纪起在所有地方，上述情况完全改变了。虽然城市继续是交换中心，但现在更主要的是生产中心：它生产货物，生产思想，生产物质和文化的模式。城市居于创导地位，在城市与农村之间现在开始了赚钱者与花钱者的对话。①

中世纪城市的兴起，为市民阶级的活动提供了广阔的舞台。在城市，形成了一种不同于农村的文明模式与生活方式，并产生了特别的法权和特殊的政治地位。城市首先使市民享有自由，市民阶级最不可少的需要就是个人自由。没有自由，那就是说没有行动、营业与销售货物的权利；没有自由，交易就无法进行。他们要求自由，仅仅是由于获得自由以后的利益。在市民阶级的思想里，根本没有把自由视为天赋权利。在他们看来，自由不过是一种很方便的事情。自由成为市民阶级的合法身份，它不仅是一种个人的特权，同时也是城市土地所具有的地区特权。除了自由以外，城市还形成了自己的法律。传统的法律，程序拘泥而狭隘，使用的是神判法、司法决斗，其法官则是从农村居民中选拔出来的，这种法律只是一些逐渐形成的惯例，其作用是处理以耕种土地或以土地所有权为生的人们的关系，根本不能适应以工商业为生计的人们的需要。后者需要有一种更为灵活的法律，一种更为迅速且不依赖于偶然性的证明方法；需要熟悉审者的职业情况，能够凭借对案情的知识迅速结束争论的法官。

在较早时期，或最迟在11世纪初，由于环境的需要，产生了一种萌芽的商法。这是商业活动所形成的一些常规的汇编，是商人们在交易中所通用的一种国际惯例。市民阶级不仅提出了法律上的要求，而且还提出了政治上的要求，这就是行政自治。由于城市集团没有传统的统治者，

---

① 参见［意］奇波拉主编：《欧洲经济史·第一卷·中世纪时期》，徐璇译，商务印书馆1988年版，第64页。

而且传统的统治者既缺乏手段，又没有帮助他们的意图，于是城市集团不得不为自己提供一系列的防御措施。市民阶级凭着自己的努力，在11世纪时期，已经使市政组织初具规模。12世纪时，他们已经掌握了一切主要的市政机构。①中世纪的市民阶级以及其所赖以存在的市民社会，在历史发展进程中曾经起到过主要作用。市民阶级在工场手工业时期，是等级制君主国或专制君主国中同贵族抗衡的势力，甚至是大君主国的主要基础。正如我国学者顾准指出的：十四五世纪，欧洲在彻底的分裂中兴起民族国家的时候，民族国家大半经过一段专制主义或开明专制主义的时期。可是，这种专制主义国家的王权，是依靠了城市来同分散主义的封建贵族做斗争，才做到了国家统一的。②由此可见，市民社会是先于并独立于国家的。在市民社会基础上建立起来的国家，也不得不保障市民个人的权利，不能随便对之加以侵犯。

（五）政治社会

这里的政治社会主要是指国家，尤其是指近代国家。例如洛克指出：真正的和唯一的政治社会是，在这个社会中，每一成员都放弃了这一自然权利，把所有不排斥他可以向社会所建立的法律请求保护的事项都交由社会处理。③洛克这里所说的政治社会就是国家，它与自然状态是相对应的，自然状态是前国家的社会状态。国家是在氏族社会的废墟上出现的，是阶级矛盾不可调和的产物。美国学者乔纳森·哈斯指出：我把国家看作一种社会类型，它和它的所属各部分都具有一定的特征。国家可以定义为：具有实行中央集权的专门化政府的社会。④因此，从一定意义

---

① 参见［比］亨利·皮朗：《中世纪欧洲经济社会史》，乐文译，上海人民出版社1964年版，第46—50页。
② 参见顾准：《顾准文集》，贵州人民出版社1994年版，第317页。
③ 参见［英］洛克：《政府论》（下篇），叶启芳、瞿菊农译，商务印书馆1961年版，第53页。
④ 参见［美］乔纳森·哈斯：《史前国家的演进》，陈加贞等译，求实出版社1988年版，第3页。

上说，国家也是一种社会形态，是政治社会。

自从原始社会末期国家产生以后，它在社会生活中就发挥了巨大的作用。但由于古代及中世纪国家尚不具备像现代国家这样强大的权力，而且受到当时的社会经济条件的制约，因而国家在社会生活中的作用还是有限的。近代民族国家的产生，使国家主宰了社会，对人的物质生活与精神生活发生了不可估量的影响。当然，国家在社会中的作用是与当时的社会物质生活条件相适应的。

在18世纪自由竞争时期，当时的古典思想家对国家的作用都持一种消极的观点，而主张顺应自然，反对国家对社会生活的过分干预，尤其反对政府干预经济，从而提出了"管事最少的政府是最好的政府"这样一个口号，将国家喻为"守夜人"。例如，英国著名学者亚当·斯密认为，每个人只要不触犯法律，就完全可以自由地依照自己的方式去追求个人的利益，用自己的劳动和资本与别人或别个阶级竞争。至于政府，则完全被解除了一项义务，因为它履行这项义务时，经常犯错误，而且任何人类的智慧和组织都不足以恰当地履行这项义务，这项义务就是监督私人的劳动并指导这种劳动去从事最符合社会利益的工作。斯密认为政府不适应行使管理经济的职能。国家的管理只是一种权宜之计，干涉应严格地限于个人无法采取行动的场合。①

进入19世纪下半叶以后，随着从自由竞争向垄断的发展，资本主义社会结构发生了重大变化，因而国家的作用得以更加强调，这就从个人本位向国家本位过渡。例如英国学者指出：在18世纪，得到人们普遍承认的国家的目的，除了维护社会内部公共秩序和抵御外来侵略之外，就没有什么更多的内容了。而如今，人们要求国家为其公民做更多的事情。国家不应仅仅保证公民享有最起码的生存条件，它还应当以提供福

---

① 参见胡平主编：《中国市场经济全书》，华夏出版社1993年版，第17—18页。

利设施、防止压榨个人资源、防止破坏社会整体利益等,来提高人民的生活质量。除了保持公共秩序之外,人们要求国家所做的事情越多,实现这些目标所必需的、对个人自由的限制也就越大。①显然,国家权力与个人权利是一种反比关系。国家权力的过分膨胀,必然侵越个人自由空间,甚至异化为压迫个人的异己力量。例如德国学者麦克斯·施蒂纳指出:国家总是只把限制个人、整缚个人和使其服从,使个人臣服于任何一种普遍的东西作为它的目标。只有个人并非一切中的一切时,国家才存在,并且只是明确的是我作出的限制、我的局限、我的隶属。国家从来不会旨在使个人自由行动,而是把这种行动与国家的目标联系起来,通过国家从没有共同的东西产生出来。就像人们不能称一个织物为一部机器的所有个别部分的共同劳动那样:它毋宁是作为一个整体的整个机器的劳动,是机器劳动。所有一切也以同样的方式通过国家机器而运作,因为国家机器推动各种精神的传动装置,没有任何精神遵循它自己的冲动。国家试图来阻止任何自由行动,并且把这种阻挡看作国家的义务,因为这在实际上是自我维护的义务。②施蒂纳对资本主义国家的抨击虽然有些过激,却也在一定程度上提示出资本主义国家对个人的压迫。

二、社会形态的特征

社会以不同的形态而存在,它可以是氏族、城邦、家族、国家,等等。那么,社会的本质特征到底是什么呢?笔者认为,社会是与个人相对立的,它具有以下特征:

---

① 参见[英]彼得·斯坦等:《西方社会的法律价值》,王献平译,中国人民公安大学出版社1990年版,第176页。
② 参见[德]麦克斯·施蒂纳:《唯一者及其所有物》,金海民译,商务印书馆1989年版,第246页。

(一)社会的秩序性

社会是由个人构成的,个人之间的关系必然产生一定的秩序。人类社会秩序是人与人之间关系的制度化和规范化。因此,一定的社会秩序必然意味着对个人自由的适当限制,将个人行为纳入法律的调整范围。

我国学者将社会秩序分为以下四种状态:(1)原始形态。它表现在一定的风俗习惯之中,可简称为"习俗秩序"。这是人类社会最初的秩序形态,曾是维系原始人群共同生活的主要纽带。同时,习俗秩序也是各个历史时期秩序系统的基本组成部分之一。(2)次发展形态。随着社会生产力的发展,人类逐渐摆脱了蒙昧状态,形成了一定的是非善恶标准,并由此产生了以道德信念为基础的"道德秩序"。(3)发展形态。随着社会关系的发展和社会生活的不断进化,群体生活又取得了它的更为发达的形式,即产生了具有特定目的和功能的社会组织实体。各种社会组织实体不仅有着一定的分工和权力结构关系,有着清晰的组织边界,而且,有着一种明确的和正式的规章制度。这种规章制度或组织纪律制约着组织中每一角色的行为及其相互关系,使组织进入一种特定的有序状态。这种存在于社会组织实体中的、用来保证组织实体正常有序运转的规章制度,简称为"制度秩序"。(4)发达形态。迄今为止,在所有的秩序形态中,"法律秩序"是最为发达的形式。法律秩序的核心是法律规范。法律秩序的最显著特征表现在它是经国家制定或认可,体现统治阶级意志,并以国家强制力为支撑,因而是统治阶级巩固和发展有利于自身的社会关系的重要工具,也是维护社会秩序的强制手段。[①]人类社会的这四种秩序形态,反映出一个由初级到高级的发展过程。

一定的社会秩序是建立在人与人之间的交往关系之上的。人的本质在其现实性上是一切社会关系的总和,而这种社会关系的基础,就是人

---

① 参见邢建国等:《秩序论》,人民出版社1993年版,第10-12页。

们之间的物质关系。社会关系是人们从物质活动开始的任何一种活动存在的必然形式。正如马克思指出的："这些物质关系不过是他们的物质的和个体的活动所借以实现的必然形式罢了。"① 因此，人的物质活动及其物质关系，决定着社会关系，从而最终决定着一定的社会秩序。从这个意义上说，社会秩序具有客观实在性。不仅如此，社会秩序还具有可控制性。社会秩序有两种：一是自发秩序；二是人为秩序。自发秩序一般是历史地形成的，主要表现为一定的风俗习惯。这种风俗习惯作为一种自动机制，对人的行为起着导向和调控的作用，从而保持一定社会秩序的稳定性。人为秩序是由人们自觉地建立的，主要通过法律制度与法律规范加以维持。在人为秩序的情况下，表现出更为明显的可控制性。

这里的社会控制，主要是指社会秩序的确立和维持的过程。社会控制观念的产生，是人类对于社会认识达到一定程度的表现。社会控制概念最初源于生物学。生物进化论认为，自然界存在一种对生物个体的控制机制，通过自然选择，使生物物种不断变化和进化。这一思想对社会学产生了重要影响，从而导致社会控制思想的提出。早期的社会控制概念，是以这样一种假设为前提的：人具有动物性，只知道追求个体利益，社会必须控制人的这种动物性，才能避免陷入"一切人反对一切人"的深渊，形成社会存在和发展所必需的秩序。美国学者罗斯认为，人的天性中有一种自然秩序，它包括同情心、互助情和正义感，它使社会成员相互同情、相互帮助、相互约束，彼此相安无事，处于自然有序的状态。但19世纪末20世纪初美国社会的迅速城市化和大量移民运动，使这种自然秩序遭到破坏，贫穷、失业、越轨、犯罪等社会问题日益严重，必须建立一种新的社会控制机制，以便维持社会秩序。② 社会控制论将人的行为纳入规制范围，从而根据社会需要建立起一套可控制的社会秩序。

---

① 《马克思恩格斯全集》（第39卷），人民出版社1974年版，第199页。
② 参见［美］罗斯：《社会控制》，秦志勇、毛永政译，华夏出版社1989年版。

应该指出,社会控制并不能脱离社会现实。因为社会的发展是不以人的意志为转移的,社会控制也是有限度的,只是在社会物质生活的基础之上,社会的控制才有效。

(二)社会的集权性

社会的存在,尤其是在国家的统治中,权力是不可缺少的。英国著名学者罗素指出:在社会科学上权力是基本的概念,犹如在物理学上"能"是基本概念一样。权力也和"能"一样,具有许多形态,例如财富、武装力量、民政当局以及影响舆论的势力。[①] 在此,罗素对于权力在社会生活中的作用不无夸大之处,但还是在一定程度上揭示出权力的重要性。在一定意义上可以说权力是国家的本性,也是社会存在的一个必要条件。例如,法国著名学者狄骥指出:我们可以说,几乎在一切人类的社会中,不论是大的还是小的,原始的还是文明的,都有一种统治者和被统治者之间的分化,不过这种分化,在实质上归结为人们所称的政治权力。按最普通的字义看来,我们可以说,每当某一个社会存在一种政治分化的时候,不论这种分化是初级的,还是复杂和发展的,都有国家产生。国家一词要么就指统治者或政治权力,要么就指统治者和被统治者之间所存在的这种分化,从而存在一种政治权力的社会本身。无论在任何地方,如果我们证明某个共同体内存在一种强制的权力,我们就可以说也应当说已经有一个国家了。[②] 社会及其国家与权力的这种不可分割性,表明权力是对社会理解的一个起点。

关于社会公共权力,尤其是国家权力的起源与本质,存在各种学说,其中较有影响的是神授论与契约论。神授论认为,社会的公共权力,主

---

① 参见[英]罗素:《权力论——新社会分析》,吴友三译,商务印书馆1991年版,第4页。
② 参见[法]狄骥:《宪法论·第一卷·法律规则和国家问题》,钱克新译,商务印书馆1959年版,第382页。

要是指君主的权力,是上帝授予的,表现为一种神权法的观念。神权论主要盛行于中世纪,是以宗教神学为封建社会的各种制度、关系和秩序辩护的一种理论。例如,阿奎那用宗教教义重新解释了亚里士多德关于"人生来就是政治动物"这一命题,认为社会和国家产生于人性的需要,人注定要过社会生活,这是由人性所决定的。那么,人性又从何来呢?阿奎那说,从上帝那里来,它是上帝赋予人的。当然,社会权力的神授,是从终极意义上而言的。在论述这种权力的实际产生上,阿奎那还是作了世俗的说明,指出:一个人对另一个仍然自由的人管理,当前者为了后者自身的幸福或公共幸福而指导后者时,是能够发生的。由于两种缘故,这种统治权可以在无罪状态下的人与人之间存在。第一,因为人天然是个社会的动物;因而人即使在无罪状态下也宁愿生活在社会中。可是,许多人在一起生活,除非其中有一个人被赋予权力来照管公共幸福,否则是不可能在社会生活的。第二,如果有一个人比其余的人聪明和正直,那就不应当不让这种天赋为其余的人发挥作用。[①]

契约论则认为,社会权力来自公民之间互相签订的转让权力的社会契约,这是自然法学派的观点,在十七八世纪曾经盛行一时。例如自然法学家斯宾诺莎认为,国家的建立是基于人的本性的要求,而人就其本性而言是一个功利主义者。在斯宾诺莎看来,功利主义是衡量一切的原则。人们放弃部分权利,将其交给社会,就是要借助社会的力量保护每个结合者的共同利益,这就导致转让公民权利建立国家的社会契约的签订。斯宾诺莎指出:"一个社会就可以这样形成而不违反天赋人权,契约能永远严格地遵守,就是说,若是每个个人把他的权利全部交付国家,国家就有统御一切事物的天然之权,每个人必须服从;否则就要最严厉地处罚,这样的一个政体就是一个民主政体。"[②] 因此,人们的自然权利集

---

① 参见《阿奎那政治著作选》,马清槐译,商务印书馆1963年版,第102页。
② 参见[荷]斯宾诺莎:《神学政治论》,温锡增译,商务印书馆1982年版,第216页。

中到社会手中，也就产生了最高统治权，即国家主权。

应该说，关于社会权力起源的理论，无论是神授论还是契约论，都具有一定的虚幻性或虚构性，缺乏深刻的社会根基。对此，法国学者狄骥曾经作过这样的批评：国家这种公共权力之所以绝对能把它的意志强加于人，是因为这种意志具有高于人民意志的性质的这种概念是想象的，丝毫没有根据的，而且这种所谓国家主权既不能以神权来说明，也不能用人民的意志来解释，因为前者是一种超自然的信仰，后者则是毫无根据、未经证明，也不可能的假设。狄骥认为，国家只不过是同一个社会集团的人们中间的一种自然分化的产物，有时很简单，有时又很复杂，由此才产生出人们所称的公共权力，这种公共权力绝不能因它的起源而被认为合法，而只能因它依照法律规则所作的服务而被认为合法；从而近代国家就逐渐成为在统治者领导和监督下共同工作的一种个人团体，来实现各成员的物质和精神的需要；所以公务概念就代替了公共权力的概念；国家变成一个劳动集团，不复是一种发号施令的权力。而握有公共权力的人们，只有为了确保共同的合作，才能使这种权力合法地动作起来。①

狄骥从国家功能在于满足社会成员的物质和精神需要的角度，论证了公共权力存在的合法性，较之以往的国家理论具有一定的进步意义。但这一理论仍然没有能够揭示国家权力存在的客观基础。根据马克思主义的观点，国家权力不是社会的终极决定力量，它本身是被一定的物质生活条件所决定的。恩格斯指出：一切政治权力起先总是以某种经济的、社会的职能为基础的，随着社会成员由于原始公社的瓦解而变为私人生产者，因而和社会公共职能的执行者更加疏远，这种权力加强了。在政治权力对社会独立起来并且从公仆变为主人以后，它可以朝两个方向起

---

① 参见［法］狄骥：《宪法论·第一卷·法律规则和国家问题》，钱克新译，商务印书馆1959年版，序言，第7页。

作用。或者按照合乎规律的经济发展的精神和方向起作用,在这种情况下,它和经济发展之间就没有任何冲突,经济发展就加速了;或者违反经济发展规律而起作用,在这种情况下,除去少数例外,它照例总是在经济发展的压力下陷于崩溃。由此,恩格斯得出结论:当某一个国家内部的国家政权同它的经济发展处于对立地位的时候——直到现在,几乎一切政治权力在一定的发展阶段上都是这样——斗争每次总是以政治权力被推翻而告终。[①]因此,一切政治权力,包括社会权力与国家权力,都决定于一定的物质生活条件。

(三)社会的公共性

社会在与个人相对应的意义上,具有公共性。这种公共性表明,社会虽然是个人构成的,但又不是个人的简单相加,而是人的有机结合。

人们在相互交往结合成一定的社会关系的时候,必然产生超越个人的共同利益,这种共同利益就是社会存在的基础。例如,法国哲学家马里旦指出:社会的目的实质上是社会自身的公共利益,即社会整体的利益。但是如果我们不能掌握社会整体的利益是人类的公共利益这个事实,像社会团体实质上是由人类组成的整体这种事实,这个公式就会依次导致一个集体型的或国家专制主义型的其他错误。社会公共利益既不是私人利益简单的合成,也不是整体特有的利益。整体(如社会各个成员组成的人类,或如蜜蜂的聚居一样)把各个部分引为一体,又把部分贡献给整体。社会公共利益是大众完美的人类生活。这完美的人类生活,是物质上的,同时又是精神上的,并且主要是精神上的。虽然人们靠物质生活比靠精神生活更经常。社会的公共利益是他们美好的共享;既然人这个概念指整体,所以社会公共利益是整体和各个部分所公有的,至于

[①] 参见《马克思恩格斯全集》(第3卷),人民出版社1974年版,第222–223页。

各个部分，它们本身就是整体；社会公共利益对整体和各部分是公共的，相辅相成，两者都从中受益。① 以公共利益为基础的社会事务具有公共性，执行这种公共事务的机构就是国家。

恩格斯曾经指出了公共事务的普遍性与专门性，在原始农业公社中，一开始就存在一定的共同利益，维护这种利益的工作，虽然是在全社会的监督之下，却不能不由个别成员来担当。这些职位被赋予了某种全权，这是国家权力的萌芽。生产力逐渐提高；较密的人口在一些场合形成了各个公社之间的共同利益，在另一些场合又形成了各个公社之间的相抵触的利益，而这些公社集合为更大的整体又引起新的分工，建立新的机构来保护共同利益和反对相抵触的利益。这些机构，作为整体集体的共同利益的代表，在对每个单个的公社的关系上已经处于特别的、在一定情况下甚至是对立的地位，它们很快就变成更加独立的了，这种情况的造成，部分是由于社会职位的世袭，部分则是由于同别的集团的冲突的增多，而使得建立这种机构的必要性增加了。在这里我们没有必要来深入研究社会职能对社会的这种独立化怎样逐渐上升为对社会的统治。在这里，问题在于确定这样的事实：政治统治到处都是以执行某种社会职能为基础，而且政治统治只有在它执行了它的这种社会职能时才能持续下去。② 在阶级社会里，尽管这种维护公共利益的社会职能往往蜕变为维护统治阶级利益的职能，但在任何一个社会，公共利益的维护都是社会及其国家的基本职能。

三、市民社会与政治国家的二元分立

市民社会与政治国家的分化，是生产力发展到一定阶段的产物。根

---

① 参见［法］马里旦：《人权和自然法》，载西方法律思想史编写组编：《西方法律思想史资料选编》，北京大学出版社1983年版，第670–671页。
② 参见《马克思恩格斯全集》（第3卷），人民出版社1974年版，第218–219页。

据马克思主义的观点，自从私人利益和阶级利益产生后，社会就分裂为市民社会和政治国家两个领域。但是，市民社会和政治国家这种在逻辑上的分离并不意味着它们在现实中也始终是分离的。恰恰相反，在前资本主义社会中，政治国家与市民社会在现实中是重合的，表现为一元的社会结构：国家从市民社会中夺走了全部权力，整个社会高度政治化，政治权力的影响无所不及，政治国家与市民社会之间不存在明确的边限，政治等级与市民等级合而为一，市民社会淹没于政治国家之中。市民社会与政治国家在现实中的分离是在资本主义时代完成的，这种分离是资本主义市场经济的产物。市场经济要求：从事经济活动的人都是自由平等的主体，反对国家对经济的干预，使经济成为一个纯私人的领域。而且，政治国家是建立在市民社会基础之上的，并且为市民社会服务。个人利益与个人自由只有在市民社会中得以满足，并形成对政治国家的限制。

市民社会作为一种理论，是17—18世纪启蒙运动的产物。在当时流行的社会契约论中，已经包含市民社会与政治国家的二元对立。最为典型的是洛克的思想，他将人类以往的状态划分为相继的两种状态：自然状态与社会状态。自然状态是指国家产生以前，人们不受公共权力的约束，完全按照自己的本性而生活的状态。社会状态也就是公民社会或政治社会，它与自然状态相对立，是人们通过共同订立社会契约而摆脱了自然状态，规定了君主与臣民之间的权利和义务，由此而建立起来的国家。在此，洛克虽然没有使用市民社会一词，但其关于自然状态的假定，却类似于市民社会。例如我国学者邓正来认为，洛克的理论中包含着"市民社会先于或外于国家"的架构。虽说洛克的"市民社会"是一种比较完满的状态，但毕竟因个人私欲间的冲突以及存在的缺陷，而使人们愿意放弃一种尽管自由却是充满着恐惧和经常危险的状态，建立政治社会，即国家。国家通过社会委托于它的立法权和司法权，一方面对公益负责，保护市民社会中的个人财产权；另一方面，国家还需要对各大利益集团（诸如王室、贵族、教会和平民）加以平衡和协调。在这里，国家之于市民社会，只具工具性的功用，是手段而非目的。这就意味着，作为手段的国家原则上不能渗透市民社会。从反面来讲，是市民社会决定国家，因为国家的权力源是人民。一方面，人民为了保护自身而通过多数同意的社会契约让渡给国家的只是其部分权力，国家只享有这部分权力，而主权则依然在民。倘若国家违背契约而滥用权力侵害市民社会，后者就可以凭主权收回曾让渡的权力，可以不再服从国家，直到推翻它，建立新的政权。因此，洛克式的架构，实质是市民社会决定国家，是市民社会对国家享有最高裁判权。①

应该说，洛克虽然没有使用市民社会这个概念，而是称它为自然状态，但它却是在与国家相对应的意义上使用的。在通过订立社会契约进入公民社会，也即建立国家以后，自然状态是宣告结束，还是仍然潜在着，洛克没有明确说明。不过按照洛克的观点，公民除转让给国家一部分权利以外，还保留一部分自然权利。就此而言，政治社会又不能涵盖公民的全部社会生活，因而仍有市民社会存在的逻辑基础。当然，自然法学派是一种非历史的历史建构，因而表面上的自然社会与公民社会的历史描述不能完全从时间的相续关系上理解，也可以从空间的依存关系上作逻辑分析。

在德国古典哲学家中，康德第一个明确使用市民社会（bürgerliche Gesellschaft）这个概念，并把它当作一个重要问题加以讨论。康德接受了自然法学派关于社会契约的思想，其出发点是一种假设的没有任何法律保障的自然状态：在人类未成立社会国家之前，确实存在过个人对全体搏斗的野蛮状态。这是因为人们具有一种非社会的社会性（The unsocial sociability of men）。所谓非社会的社会性，是指社会性（合群性）与反社会性（非群性）的混合体。非社会性产生竞争，社会性产生限制。为了离

---

① 参见邓正来：《市民社会与国家——学理上的分野与两种架构》，载邓正来主编：《中国社会科学季刊》（第2卷），中国社会出版社1993年版，第66—67页。

开自然状态,所有那些不免要互相来往的人组成一个联合体,大家共同服从由公共强制性法律所规定的外部限制。办法是,相互隔绝的单个人,通过一种决定即契约——康德称之为原始契约,组成民族国家。康德指出:人民和各民族,由于他们彼此间的相互影响,需要有一个法律的社会组织,把他们联合起来服从一个意志,他们可以分享什么是权利。就一个民族中每个人的彼此关系而言,在这个社会状态中构成公民的联合体,就此联合体的组织成员作为一个整体关系而言,便组成一个国家。① 应该说,康德基本上继承了自然法学派的思想,并由此阐述国家的起源。但像洛克一样,康德还没有明显的市民社会与政治国家相对立的理论建构。

市民社会与政治国家的二元对立,在费希特那里初步确定。人民是否有权改变自己的国家变化,这是当时讨论的一个问题。保守主义者雷贝格认为,市民社会确实可以在一定程度上被视为各个社会成员的自愿社团。市民社会的一个业已提到而特别值得注意的重要特点在于,它容纳了它未曾吸收过的许多成员,也不问他们是否愿意接受由他们承担的义务。它是由一些逐渐加入、死后退出的成员组成的。因此,在国家中生活的一切个人,从来都不能又同时缔结一项把他们包容无遗和规定他们的相互关系的契约。这种观点的要害在于:首先歪曲作为一般契约领域的市民社会的本质,认为它不能解体;然后把市民社会与作为特殊契约领域的国家组织直接等同起来;认为国家组织也不能解体;最后得出了国家及其依据的宪法都是不可改变的结论。

费希特批判了雷贝格的这种观点,尤其是论述了市民社会与国家的区别。在他看来,尽管市民社会与国家组织都属于契约领域,都以法律和权利构成其特征,但是,前者是一般契约领域,这种契约涉及的是人与人的经济关系中的可以出让的权利,后者是特殊契约领域,这种契约

---

① 参见[德]康德:《法的形而上学原理——权利的科学》,沈叔平译,商务印书馆1991年版,第136页。

就是宪法，它涉及的是人与人的政治关系中的可以出让的权利，人既可以转让这种权利而生活在国家中，也可以不转让这种权利而生活在市民社会中。费希特论述了市民社会与国家哪一个更基本的问题，指出：国家本身是靠社会才存在的。国家本身应该向社会表示自己应有的感谢；我们即使没有国家作中介，也会对社会心满意足。而国家之所以是靠社会才存在的，是因为人即使不生活在国家中，也能生活在市民社会中。如果国家既不能拿走，也不能给予我们原来属于我们的权利，这一切关系实际上就必定会在市民社会中继续下去。我作为人拥有的权利，我是决不能作为市民拥有的，因为我是市民；我作为市民拥有的权利，我是不能作为人就已经拥有的。这就是说，生活在市民社会中的人们具有更基本的权利和义务关系，他们在进入国家生活时，虽然又拥有了一些特定的权利和义务关系，但前一种更基本的关系并未消灭。在这里，尽管费希特使用的术语不十分准确，但他的意思还是很清楚的，那就是：不是社会以国家为自己存在的前提，而是国家以社会为自己存在的前提。[①]

我们看到，费希特在一定程度上揭示了市民社会与政治国家的二元对立结构。尤其是费希特关于市民社会决定政治国家的观点，具有一定的革命意义。当然，费希特把社会理解为"理性生物的相互关系"，从抽象的人性中引申出市民社会的概念，而不是从人们的物质生活中寻找市民社会的根据，因此还是不能科学地说明市民社会与政治国家的关系。

市民社会的概念在黑格尔的法哲学中发展成为一个重要的范畴。黑格尔认为，市民社会是处于家庭和国家之间的伦理发展阶段。它是现代的产物，即资本主义制度的产物。市民社会是由每个特殊人满足自己的需要和由这些需要的整体所构成的混合体，亦即任性和普遍性的混合体。在这里，普遍性以任性（利己目的）为基础，但它又依赖普遍性、受普

---

① 参见梁志学：《费希特青年时期的哲学创作》，中国社会科学出版社1991年版，第81—82、99页。

遍性的控制。所以,市民社会是需要和理智(对需要的意识)、利己和利他相统一的外部国家或物质国家,即纯粹以伦理为实体的国家的物质关系形式。假若一个人只管满足自己的需要而不顾及普遍性的需要,就会破坏自身的伦理性。国家是社会正当防卫的调节器,使个人的任性和普遍性统一起来。但是,对于市民个人来说,普遍性仅是一种手段。黑格尔认为,市民社会的发展包括三个环节:

1.需要的体系。黑格尔指出:市民社会,这是各个成员作为独立的单个人的联合。人作为独立的单个人,这是市民社会与以往一切社会最重要的区别。人有居住和穿衣等需要,为这类需要服务的手段和满足这些需要的方法本身又产生抽象的需要。作为生物,人有权把他的需要作为他的目的,市民各自有权把本身利益作为自己的目的。但是,在市民社会中,利己的目的,就在于它的受普遍性制约的实现中建立起在一切方面相互依赖的制度。不然,个人的生活、福利以及他的权力定位,就无法得到肯定。如果他不同别人发生关系,他就不能达到他的全部目的,因此,其他人便成为特殊的人达到目的的手段。也就是说,我既然从别人那里取得满足的手段,我就得接受别人的意见,而同时我也不得不生产以满足别人的需要。所以,市民社会是物质生活的领域,要满足需要,不仅要有一般意义上的生产劳动,而且要有教育这种劳动。黑格尔在一定程度上科学地阐明了市民社会的本质特征,即它是一个以满足需要为目的、以生产劳动为手段的物质生活领域,具有经济性与私人性。

2.司法,是法的现实化。需要体系的原则所体现的,仅仅是抽象的所有权的法。就是说,人人都有权获得财富和占有财富。它只是内在地起作用,即自在的。这时,法尚未表现出其效力。所以有权的法一旦经过司法来加以保护,才达到其有效的现实性,成为自为的。当人们感到法是保护需要体系的外部条件的时候,便具有了法的思想,并开始为自己制定法律。法律是指导人按照某种普遍物来行事,它要成为有效的东西，就必须为人们所知道。作为法律的法，是自在的法的一种客观实在的形式，即实定法。

3. 警察和同业公会，它们是增进个人特殊福利的组织，因此与一般地保护所有权和人身的司法不同。警察是一种保安权力。警察要监督和管理普遍事务和公共设施，包括：调整生产与消费之间的不同利益，照料路灯、桥梁、日常必需品价格、卫生保健等设备，保证人们分享普遍财富，实行强制教育。要防止挥霍，督促市民自谋生路，解决贫困的问题。要进行国际贸易，开拓殖民事业。如果说警察主要地以外部的方式保护和保全特殊利益的话，那么，同业公会则主要是以社会的内部方式实现和促进特殊利益。同业公会是产业等级特有的。它是劳动组织，依据市民社会成员的特殊技能吸收其为会员。同业公会的权利是：照顾其内部的自身利益；接纳会员；关心所属成员，防止特殊偶然性，对成员加以教育培养。

应该指出，黑格尔对市民社会的描述，大体上把握了市民社会的一般性特征。例如黑格尔把市民社会视为个人所有权得到法律确认与保护的、建立在契约性基础上的、追求个人利益的经济活动的领域，并对它的构成要素，即等级、社会组织等进行了分析，指出了中间组织作为联系个人与国家政治中介的重要性。这些规定与分析基本上是准确的，虽然它们在一些方面还是相当粗线条的，例如等级概念，实际上，在他的等级概念中，还有不同的阶级与阶层之分，等等。①

当然，黑格尔在关于市民社会的描述中，也还存在一些我们不易理解的地方，例如司法和警察都应当是一种公共权力，应该属于国家的范畴而不是市民社会范围内的东西。但黑格尔这里讲的司法，主要是指私法，它仅仅与所有权的保护有关，是以保护市民个人利益为目的，与公法不同。这里涉及西方国家关于私法与公法的分类。私法被认为是自治

---

① 参见陈嘉明：《黑格尔的市民社会及其与国家的关系》，载邓正来主编：《中国社会科学季刊》（第3卷），中国社会出版社1993年版，第25页。

法，调整私人之间的关系，而公法属于强行法，是国家公共权力的体现。应该说，黑格尔这种司法观念是建立在关于私法与公法划分基础之上的，尤其是关于物质生活决定私法的观点，有一定的合理性。至于警察，本来也属于国家机构的范畴，黑格尔之所以把它划归市民社会，主要是因为警察也是为了保护和保全大量的特殊目的和特殊利益，是为了保障人身和所有权的安全和不受妨害，使单个人生活和福利得到保证。黑格尔的这种划分是否科学，还有值得商榷之处。

黑格尔认为，市民社会是独立的单个人的联合，也即在普遍性形式中的联合。这种联合是通过成员的需要，通过保障人身和财产的法律制度，以及维护他们的特殊利益和公共利益的外部秩序而建立起来的。在这里，普遍性是以特殊性的独立性为出发点的，是被当作满足特殊利益的手段的，伦理丧失了，伦理性被扬弃了，就无法实现特殊性和普遍性的统一。但是，伦理性和普遍性终究是支配市民社会的，终究是可以使特殊性与普遍性达到统一的，国家就是这样的领域。由此，就从市民社会过渡到国家。黑格尔认为，国家是普遍性的领域，它与市民社会不同。国家的目的就是普遍的利益本身，而这种普遍利益又包含着特殊的利益，它是特殊利益的实体。国家这种普遍性并不排斥特殊性，恰恰相反，在国家中，一切系于普遍性和特殊性的统一。国家是绝对自在自为的理性东西，它对个人具有最高权力，成为国家成员是单个人的最高义务。这种自在自为的国家就是伦理性的整体，是自由的现实化。所以，国家是理性的东西，国家是伦理理念的现实——普遍与特殊的统一。国家的这种普遍性是特殊性得以生存的根据，它凌驾于特殊性之上，它既是特殊性的基础和必要形式，又是特殊性的控制力量和最后目的的权利，这就使国家作为社会正当防卫调节器，调节市民社会中个人利益之间的冲突和贫富之间的种种矛盾。由此可见，在黑格尔的心目中，市民社会是充满争斗的私人利益的决战场，并对它持一种贬抑的态度，而对国家则持一种赞美的态度，甚至认为是"地上行进的神"。

我国学者邓正来认为，黑格尔的理论是"国家高于市民社会"的架构，这种架构肯定了国家与市民社会关系间国家及其建制对于架构市民社会的积极作用。但是反面观之，由于它在原则上承认国家对市民社会的渗透甚或统合的政治性，以及确认市民社会在道德层面的低下地位，从而也就在某种意义上否定了市民社会之于国家建构的正面意义。邓正来认为，黑格尔"国家高于市民社会"架构的最大误导在于：认定国家或政治的至上地位以及一切问题都可最终诉求于国家或依凭政治而获致解决的观点，实际上隐含着国家权力可以无所不及和社会可以被完全政治化的逻辑；而这种观点及其隐含的逻辑往往趋于被用来为极权或集权的统治张目。①

应该说，这种批评是有一定道理的，但又决不能将这一点绝对化。事实上，黑格尔所说的国家是一种伦理实体，因而是一种理想国家，这是一种价值判断而不是事实判断。当然，黑格尔的观点中包含着导出国家至上结论的危险性，因而容易被人误解乃至歪曲。对此，美国著名学者博登海默曾经做过中肯的分析：人们常常提出这样一种论点，即黑格尔是强权国家的吹鼓手和现代法西斯极权主义的哲学先驱。毋庸置疑，法西斯的法学理论家有时在很大的程度上倾向于依赖黑格尔的国家哲学，而黑格尔的著作中也可以发现一些似乎是支持这种观点的言论。这在黑格尔关于国家对外关系的讨论中更是如此。但是，如果认为黑格尔主张在国内关系，特别是对待公民或国民方面应当采用极权主义的统治方法，那就不正确了。因为，他并没有认为国家所追求的最高目标是扩张统治者的权力。相反，黑格尔认为，国家应该为人的精神利益服务，国家最深刻的本质是精神力量的体现。黑格尔明确指出，国家应当赋予其公民以拥有私人财产的权利。他要求用法律来确定和固定公民的权利与义务

---

① 参见邓正来：《市民社会与国家——学理上的分野与两种架构》，载《中国社会科学季刊》（第2卷），中国社会出版社1993年版，第68—69页。

以及国家的权利与义务。他给予个人以过私人生活、培养个性、促进其特殊利益的权利,只要他们在行使上述权利时没有忽视整个社会的利益。黑格尔赞誉的国家是符合伦理的国家,而不是贬低个人、奴役个人、不顾个人正当要求的国家。黑格尔的哲学因而包含有大量的个人自由主义,尽管他的思想的这一方面有时被他那些(从孤立的角度看)以牺牲个人而抬高国家的言论弄得模糊不清了。①

毫无疑问,博登海默的这些评价是比较全面的。尽管黑格尔反对启蒙学者所主张的个人主义,但他同样反对极权主义,主张个人与社会有机统一,把国家看作这种统一的结合体。在关于市民社会与国家的关系上,黑格尔主张国家决定市民社会,这无疑是一种唯心主义的观点。对此,马克思作了深刻的批判指出:实际上,家庭和市民社会是国家的前提,它们才是真正的活动者;而思辨的思维却把这一切头足倒置。如果理念变为独立的主体,那么现实的主体(市民社会、家庭、情势、任性等)在这里就会变成与它们自身不同的、非现实的、理念的客观要素。家庭和市民社会本身把自己变成国家,它们才是原动力。可是在黑格尔看来却刚好相反,它们是由现实的理念产生的。它们结合成国家,不是它们自己生存过程的结果;相反地,是理念在自己的生存过程中从自身中把它们分离出来。②

马克思在批判黑格尔关于市民社会与国家关系上的唯心主义观点的基础上,对市民社会与国家的关系作了科学论述。根据马克思的观点,市民社会与政治国家的分离是相对的而不是绝对的,是表面的而不是根本的。从最终意义上说,政治国家将统一于市民社会。市民社会与政治国家之间的实质性统一主要表现在以下三个方面:③

---

① 参见[美]博登海默:《法理学——法哲学及其方法》,姬敬武、邓正来译,华夏出版社1987年版,第78-80页。
② 参见《马克思恩格斯全集》(第1卷),人民出版社1974年版,第251-252页。
③ 参见俞可平:《马克思的市民社会理论及其历史地位》,载《中国社会科学》1993年第4期。

第一，市民社会的成员与政治国家的成员是同一个人。作为市民社会成员的个人是带有自我利益的、活生生的、现实的人，而作为政治国家成员的公民则是抽象的、人为的、虚幻的人。市民社会的成员是非政治的自然人，它是政治社会的公民的自然基础，而后者则是前者的政治抽象。作为市民社会成员的利己主义的个人才是目的，政治社会的公民只是自私的个人的奴仆。作为市民社会成员的个人才是直接的存在，政治社会的公民不过是寓言般的存在。简言之，"不是自为 citoyen（公民）的人，而是身为 bourgeois（市民社会的一分子）的人，才是本来的人，真正的人"。[①]

第二，市民社会是政治国家的基础。在马克思看来，政治国家的公民首先是市民社会中活生生的个人，作为市民社会成员的个人是政治国家的自然基础；家庭和市民社会也是国家的构成部分，它们是国家的前提条件和必要条件，没有它们，政治国家就不复存在；市民社会还是政治国家的全部活动和全部历史的真正发源地和舞台。

第三，市民社会决定政治国家。马克思指出，市民社会对于政治国家来说是原动力，市民社会本身在发展进程中把自己变成了国家，现代的政治国家是市民社会粉碎旧的政治形式的产物；市民社会对于政治国家来说是内容，而政治国家则是市民社会的正式表现，是该时代的整个市民社会的要求的手段。因此，正如恩格斯所说，至少在这里，国家、政治制度是从属的东西，而市民社会、经济关系的领域是决定性的因素。[②]

马克思主义关于市民社会与政治国家的上述观点，坚持了唯物主义，以区别于黑格尔的唯心主义。尤其是此后的著作中，马克思进一步将市民社会抽象为经济基础或者经济结构，并将政治国家归于上层建筑，从而确定了经济基础决定上层建筑的著名观点。而且，马克思还主张市民

[①] 参见《马克思恩格斯全集》（第1卷），人民出版社1974年版，第440页。
[②] 参见《马克思恩格斯全集》（第21卷），人民出版社1974年版，第345页。

社会与政治国家分立的相对性,最终必将统一于市民社会,而不像黑格尔认为的那样统一于国家。应该指出,马克思主义关于市民社会与政治国家关系的论述具有重大意义,尤其是市民社会决定政治国家、政治国家必将统一于市民社会的观点,科学地揭示了社会发展规律。

四、社会转型中的中国刑法走向

当前,中国正面临着社会转型。这里所谓社会转型,是指社会结构和社会运行机制从一种型式向另一种型式转换的过程。① 在此,我们需要重点考察的是社会结构的转换。这种社会结构转换,在很大程度上就是从政治国家的一元结构向政治国家与市民社会二元分立的社会结构的嬗进。在此基础上,我们可以看到从政治刑法向市民刑法的功能性转换。只有在这样一个理论高度下,我们才能科学地把握我国刑法的走向,并作为对我国刑法的评价尺度。

一个社会的面貌,主要是由经济结构塑造的。经济体制改革前,我国社会结构是建立在计划经济体制之上的以集中垄断大一统为特征的政治社会。国家所有制模式赋予政府(在一定意义也就是国家)无限的权力,将政府推到社会结构中至高无上的地位,使国家有可能凭借所控制的全部社会资源,在非经济领域实行全面和直接的控制,使经济领域之外其他维度上的社会结构深深地烙上这种所谓控制模式的印迹。② 在这种一元社会结构中,刑法成为国家推行其意志的暴力工具。因此,工具性就成为刑法的根本特征。正如我国学者指出的:工具主义的刑法观在社会生活中的典型表现,是把刑法作为推行社会政策的工具。历史上每

---

① 参见郑杭生等:《社会运行导论》,中国人民大学出版社1993年版,第306页。
② 参见陆学艺、景天魁主编:《转型中的中国社会》,黑龙江人民出版社1994年版,第190页。

一次社会变革和某项社会政治的实行，无一不是以刑法作为最有力的法律后盾。而在一个法制不健全，尤其是缺乏把法律神圣化传统的国家中，刑法就极易沦为政治斗争的附属物，而丧失其作为法律规范的独立性。这样，由于某一时期政治形势的变化，刑法的职能将随之转变；为了配合形势的需要，司法机关不得不打乱正常的工作秩序，来开展一项又一项的专门斗争。而当刑法的规定不能适应特殊需要时，就会出现超越法律规定的裁判。[①]因此，工具性的刑法不仅丧失了法律的独立品格成为政治的附庸，而且还丧失了确定性的特征，牺牲了法定性的原则，随着政治斗争的需要而随时可以超越法律规定。毫无疑问，刑法在一元社会结构中的意义是不可低估的，它对当时的社会稳定、经济发展与政治建设也确实起到了重要的作用。但是，这种一元社会结构中的刑法缺乏应有的制约，它虽然对于保护社会是十分有用的，但却往往以牺牲公民个人的权利与自由为代价。

1979年制定的刑法典，在我国法制史上具有划时代的意义，它是新中国成立30年的第一部社会主义刑法典。1979年《刑法》的颁布，标志着我国法治建设进入了一个新的历史时期。当然，1979年《刑法》仍然是建立在计划经济体制之上的，仍然具有政治刑法的特征。重要表现之一，是1979年《刑法》确认了刑事类推制度——对于法无明文规定的犯罪，可以比照该法分则最相类似的条文定罪量刑。刑事类推，虽然在性质上有别于罪刑擅断，但与市民刑法所要求的罪刑法定主义还有相当距离。值得注意的是，虽然1979年《刑法》确认了刑事类推制度，但我国刑法理论除个别观点以外，大都将罪刑法定视为我国刑法的基本原则。在笔者看来，这与其说是对刑法的实然描述，不如说是对刑法的应然期待。尽管将罪刑法定确认为我国刑法的基本原则并不符合刑法的实际状

---

① 参见陈晓枫主编:《中国法律文化研究》，河南人民出版社1993年版，第313页。

况，具有一定程度的超前性，但对这一理论自觉的价值无论怎么肯定都不过分，它恰恰表现出我国学者对于刑法发展的热切期望。

从20世纪80年代初期开始，我国实行经济体制改革，这场改革的主要内容是从计划经济体制向市场经济体制的转轨。经济体制的改革引发了我国社会结构的整体变革。以转变政府职能为中心的政治体制改革，以促进科技与经济相结合为目标的科技体制改革，以适应社会现代化需要为方向的教育体制改革和以保证经济与社会协调发展为内容的社会体制改革全面展开，将中国推入了一个整体变革的时代。[①] 随着社会改革的全面启动，新旧社会结构逐渐交替，并且由于这种交替的不平衡性，出现了社会的结构性缺陷，表现为一种所谓综合性的失落效应。在刑法领域中，主要是大量犯罪，尤其是经济领域中的犯罪迅速滋生蔓延，形成一个严重的社会问题。在这种情况下，对刑法的社会需要增长了：为克服刑法短缺，大量的单行刑法与附属刑法得以制定并付诸实施；为遏制犯罪势头，重刑乃至于死刑大量出台。在这种情况下，基于制定一部统一的刑法典的考虑，刑法的修改迫在眉睫。当然，从体例上健全并完善刑法典是十分必要的，也是1997年《刑法》修改的目标之一。但是，对于刑法修改的意义不能仅仅从形式的完备上去考虑。更为重要的是，应当从社会结构的转变所带来的刑法性质、机能与观念的重大变革上去审视刑法修改，并从深层次上认识刑法修改的意义。笔者认为，刑法修改实质上是刑法改革的外在表现形式，而刑法改革的历史使命是要完成从政治刑法到市民刑法的转换。

（一）从追求刑法的实质合理性到追求刑法的形式合理性

政治刑法以追求实质合理性为特点，这种实质合理性是根据统治阶

[①] 参见陆学艺、景天魁主编：《转型中的中国社会》，黑龙江人民出版社1994年版，第217页。

级意志确认的,因此刑法也就成为推行统治阶级意志的工具。凡是违背统治阶级意志并具有社会危害性的行为,就被确认为犯罪,并以刑罚为手段予以惩治。在这种观念的指导下,刑事类推就具有了其存在的现实根据。而市民刑法则追求刑法的形式合理性,将罪刑法定主义确认为刑法的至高无上的原则,是刑法的内在生命,彻底摒弃刑事类推。

应当指出,形式合理性与实质合理性,是德国著名学者韦伯提出的,它来自合理性(rationality)这一概念。韦伯在强调现代社会秩序的合理性时,认为这种合理性是纯粹形式的,是因为这种合理性指引的行动的后果具有最大限度的可计算性,这种行动可以达到任何一个不确定的(非决定论的)、可能的(概率的)实质目标。韦伯认为,这种纯粹形式的合理性是现代社会结构具有的一种客观属性,当人们在评价清晰、缜密的计算在社会生活中日益增长的重要作用时,其重要性就必然被得到承认。而实质合理性是一切前资本主义社会秩序的本质特征,这种合理性依据的是人们的观点,亦即依据被人们视为合理性尺度的目的、价值或信仰。① 在韦伯看来,实质合理性是主观的,而形式合理性是客观的。前者的追求可能导致无序,合理会转化成为不合理,或者个别合理的实现可能会导致对一般合理的否定。而后者虽然是以牺牲个别合理为代价,但能够建立一种可以预测行为后果的社会秩序。在政治刑法的框架下,一切犯罪都应当受到惩罚这样一种绝对正义观念占主导地位,因而刑事类推得以存在。因为"法有限,情无穷",不可能以有限之法规范无穷之情。法内之情以法规范,法外之情则无法规范,只能借助于刑事类推。刑事类推扩展了刑法的涵括面,使那些法无明文规定的危害社会行为受到了刑事追究,这似乎实现了"天网恢恢,疏而不漏"的法律格言,但在正确地惩罚了法无明文规定的危害社会行为的同时,也潜藏着滥用刑

---

① 参见苏国勋:《理性化及其限制——韦伯思想引论》,上海人民出版社1988年版,第228-229页。

法的可能性。因为司法权一旦不受到立法权的严格限制，其滥用的后果是十分可怕的，它不仅使无罪的人受到刑事追究，最后也必将使法治本身遭受严重的破坏。在市民刑法的建构中，刑法的形式合理性受到一再强调，这将使刑法从国家的单方面的专横中解放出来。罪刑法定化，就使刑法成为国家与公民之间的一种契约：国家不得逾越法律的界限对无罪的公民进行非法追究，公民也应当在法定的自由境域之内活动。因此，罪刑法定主义就成为市民刑法的题中之义。

市民刑法的形式合理性的根据，来自市场经济对秩序的要求。市场经济与法治具有一种天然的亲和力，正是在这一点上与计划经济全然有别。计划经济的特点是建立一种集权管理的机制，因而奠基于计划经济的社会不是一种自发的社会，而是一个有组织的社会，这种组织可以通过行政手段加以管理与控制。在这样一个社会，对行政的亲近与对法律的疏远甚至排斥，都是十分自然的。由于行政替代法律在社会中起作用，虽然无法却不至于无序。行政是人操作的，更能体现长官意志，因而行政治国更具人治的性质。而市场最大的特点是分散性，根据德国著名学者哈耶克的分析，市场是一个分散系统，其中每个人都是根据他所拥有的独一无二的信息来进行活动的。任何人都不可能全面掌握资源的有效分配赖以实现的所有那些信息。[①]在这种情况下，为了实现交易活动，就必须要求有一种建立在平等基础之上维系自由交易的行为规则，这种行为规则的最高表现形式就是法律。因此，法律成为市场经济的基本载体。正是在这个意义上，市场经济是法治经济这个命题才得以成立。正如我国学者指出：市场经济对法治的需求是由市场经济自身的性质决定的。市场经济内在地需要规则和秩序，没有规则便不可能有市场经济的正常运行。而使这些规则和相应的经济规律要求获得法律的形

---

① 参见［美］霍伊：《自由主义政治哲学——哈耶克的政治思想》，刘锋译，生活·读书·新知三联书店1992年版，第59页。

式，通过法律的语言表达出来，这正是法治经济的基本要求。① 在市场经济条件下，个人的自由与个人之间的平等都是作为市场主体所必备的个人要素。这些平等与自由的权利不容任意侵犯，而是需要由法律确认并受到法律的有力保障。凡是侵犯公民权利、破坏社会秩序的行为，就在刑法上明文规定为犯罪，受到不可避免的刑事追究。因此，就产生了对刑法的形式合理性的内在冲动，罪刑法定主义也就成为市民刑法的铁则。

（二）从追求刑法的保护机能到追求刑法的人权保障机能

政治刑法是以保护社会为己任的，是一种社会本位的刑法。对于刑法的社会保护机能，日本刑法学家庄子指出：刑法是基于国家维护其所建立的社会秩序的意志制定的，根据国家的意志，专门选择了那些有必要用刑罚制裁加以保护的法益。侵害或者威胁这种法益的行为就是犯罪，是科处刑罚的根据。刑法具有保护国家所关切的重大法益的功能。② 应该说，刑法作为国家制定的法律，必然具有维护国家利益、推行国家意志的机能。问题只是在于，刑法的这种社会保护机能是否受到一定的限制。在专制社会里，刑法的这种社会保护机能是不受限制的，一切危害统治秩序的行为都被认为是犯罪而受到刑罚的惩治。而在一个民主社会，由于社会性质所决定，刑法的人权保障机能得以强调并成为刑法的首要机能。因此，市民刑法在一定意义也可以说是个人本位的刑法。在法律体系中，刑法的限制性是最为明显的，它是其他法律的制裁力量。刑法涉及对公民的生杀予夺，其存在的必要性在于保护社会，使社会免遭犯罪的侵害。但这种刑罚权如果不加限制，任其扩张，又势必侵夺公民个人

---

① 参见孙国华主编：《市场经济是法治经济》，天津人民出版社1995年版，第72页。
② 参见［日］木村龟二主编：《刑法学词典》，顾肖荣等译，上海翻译出版公司1991年版，第9–10页。

的自由权利。正是在刑法存在的这一特殊矛盾中，刑法中的人权保障的重要性才得以凸显并受到充分的重视。

刑法中的人权首先是指被告人的实体权利（以下简称被告人权利）。被告人是指被指控为有罪的人，又叫犯罪嫌疑人。刑法中的人权保障，最表层的分析，涉及对被告人权利的保护。在这个意义上，可以把刑法称为犯罪人（应当是指被告人）的大宪章。被告人权利的保障是刑法的人权保障的题中应有之义，但不能把它视为刑法的人权保障的全部内容。刑法的人权保障的更深层次的含义在于对全体公民的个人权利的保障。正是在这个意义上，刑法不仅是犯人的大宪章，更是公民自由的大宪章。刑法是公民自由的大宪章这一思想是现代法治国家的刑法的灵魂与精髓，也是现代刑法与以往专制刑法的最根本区别之一。

在刑事古典学派所倡导的早期刑法改革运动中，将公民个人权利的保障放到了首要的地位。罪刑法定就是这场刑法改革运动的产物，它以限制刑罚权、保障公民的人权为己任。因此，对于人权保障的刑法意义，只有从保障所有公民不受国家权力的非法侵害这一思想出发，才能得以昭示。唯此，才能对刑法的人权保障机能予以全面的把握。正如日本刑法学家庄子所指出的：刑法的人权保障机能由于保障的个人不同，实际机能有异，具有作为善良公民的大宪章和犯罪人的大宪章两种机能。只要公民没有实施刑法所规定的犯罪行为，就不能对该公民处以刑罚。在此意义上，刑法就是善良公民的大宪章。刑法作为犯罪人的大宪章，是指在行为人实施犯罪的情况下，保障罪犯免受刑法规定以外的不正当刑罚。[①]因此，刑法的人权保障机能体现的是刑法对公民个人（包括被告人与其他公民）的权利的有力保障。

---

① 参见［日］木村龟二主编：《刑法学词典》，顾肖荣等译，上海翻译出版公司1993年版，第10页。

（三）从追求刑法的惩治性到追求刑法的有效性

政治刑法是以暴力直接推行的，因而其惩罚具有野蛮、威吓与恐怖的特点；镇压就成为政治刑法的这种惩治性的基本蕴涵。无节制的刑事镇压虽然能够维持社会的生存，但个人的自由与权利不复存在。因此，只有在专制社会里，刑法才是唯一的统治形式，专制统治在腥风血雨中苟延残喘。意大利刑法学家贝卡里亚猛烈地抨击了专制刑法的野蛮性，指出：综观历史，目睹由那些自命不凡、冷酷无情的智者所设计和实施的野蛮而无益的酷刑，谁能不触目惊心呢？目睹帮助少数人、欺压多数人的法律有意使或容忍成千上万的人陷于不幸，从而使他们绝望地返回到原始的自然状态，谁能不毛骨悚然呢？目睹某些具有同样感官，因而也具有同样欲望的人在戏弄狂热的群众，他们采用刻意设置的手续和漫长残酷的刑讯，指控不幸的人们犯有不可能的或可怕的愚昧所罗织的犯罪，或者仅仅因为人们忠实于自己的原则，就把他们指为罪犯，谁能不浑身发抖呢？[①]

在批判这种残酷刑法的基础上，贝卡里亚从刑法根据与限度两个方面提出了刑法正当的标准。贝卡里亚基于社会契约论，认为刑罚权是公民自然权利的转让。公民之所以转让这种自由权，是为了更好地享受自由。一切额外的东西都是擅权，而不是公正，是杜撰而不是权利。[②] 因此，在贝卡里亚看来，正当的刑法应当是基于保障公民个人自由的需要。而且，贝卡里亚认为，正当的刑法是有限度的，这种限度就是阻止罪犯再重新侵害公民，并规诫其他人不要重蹈覆辙。为此，贝卡里亚提出了罪刑的均衡性，由此出发追求刑法的功利效果，从而使刑法摆脱感情的主

---

① 参见[意]贝卡里亚：《论犯罪与刑罚》，黄风译，中国大百科全书出版社1993年版，第42页。

② 参见[意]贝卡里亚：《论犯罪与刑罚》，黄风译，中国大百科全书出版社1993年版，第9页。

宰，引入理性原则。贝卡里亚认为，罪与刑之间存在一种对称性，并由此形成一个罪刑阶梯。有了这种精确的、普遍的犯罪与刑罚的阶梯，我们就有了一把衡量自由和暴政程度的潜在的共同标尺，它显示着各个国家的人道程度和败坏程度。①

贝卡里亚的观点使我们看到，刑法不是绝对的，而是相对的，这种相对性在于以最小的代价换取最大的效果。因此，刑法的有效性就成为一个令人关注的问题。一种无效用的刑法，就被认为是没有正当的存在理由的。而且，为了实现刑法的这种有效性，也不允许刑法的严厉性超出正义的限度。贝卡里亚看到了刑法的残酷性与刑法的有效性之间并没有必然联系。恰恰相反，刑法的残酷性还会有损于刑法的有效性。贝卡里亚指出，刑罚的残酷性还造成两个同预防犯罪的宗旨相违背的有害结果：（1）不容易使犯罪与刑罚之间保持实质的对应关系。因为，无论暴政多么殚精竭虑地翻新刑罚的花样，但刑罚终究超越不了人类器官和感觉的限度。一旦达到了这个顶点，对于更有害和更凶残的犯罪，人们就找不出更重的刑罚以作为相应的预防手段。（2）严酷的刑罚会造成犯罪不受处罚的情况。人们无论是享受好处还是忍受恶果，都超越不了一定的限度。一种对于人性来说是过分凶残的场面，只能是一种暂时的狂暴，绝不会成为稳定的法律体系。如果法律真的很残酷，那么它或者必须改变，或者是导致犯罪不受处罚。②由此我们可以得出结论：正义的刑法应该是必要的刑法；同样，必要的刑法也应该是正义的刑法。刑法应当受到正义性与必要性的双重限制，这就是刑法的有效性的内容。刑法的有效性改变了在专制社会里，为了维护专制统治可以无所顾忌地采用一切

---

① 参见［意］贝卡里亚：《论犯罪与刑罚》，黄风译，中国大百科全书出版社1993年版，第66页。

② 参见［意］贝卡里亚：《论犯罪与刑罚》，黄风译，中国大百科全书出版社1993年版，第43-44页。

刑法手段的观念，代之以理性的刑法观念。

应该说，从政治刑法到市民刑法是刑法制度、刑法思想与刑法文化的一场革命，是刑法法治的必然结果。中国传统法律文化，使刑法包含了更多的政治刑法的文化基因，这种文化基因一直流传至今。当前我国刑法理论应当引入形式合理性、人权保障、有效性这样一些市民刑法的观念，我国刑法应当引入罪刑法定、罪刑均衡这样一些市民刑法的原则。

在 1997 年刑法修改时，我国刑法的基本走向是一个存在争论的问题。例如，罪刑法定主义是否应当引入刑法，刑事类推是否应当废除，就持有异说。异说的重要理由之一就是西方国家已经否定罪刑法定主义，认为从 19 世纪末 20 世纪初起，罪刑法定已度过它的隆盛期而开始走向衰亡。所谓"法无明文规定不为罪"已不复存在，罪刑法定在事实上正在走向衰亡。[①] 这里存在一个如何正确认识西方法律发展阶段以及我国应当如何选择参照系的问题。关于西方法律文化的发展阶段，最简单的是法治国与文化国的两分法。法治国反对专制主义的法律，不允许任何专横擅断。因此，法治国的法制核心是罪刑法定主义。文化国则是最高形态的国家，对包括制服犯罪在内的一切措施采取积极的态度，旨在创造文化，从根源上解决犯罪问题。在所谓文化国，法治国的宠儿罪刑法定主义所坚持的阵地一步一步地退让出来。笔者认为，文化国并不是对法治国的简单否定，而是在法治国基础上的发展。因此，法治国对罪刑法定的一定意义上的否定，只是基于罪刑法定的形式合理性而追求实质合理性，而且这是以有利被告为原则的。可以说，罪刑法定主义的精神实质依然存在。

从法治国与文化国为刑法发展的参照系，笔者认为，中国需要的是法治国的刑法文化，这也就是市民刑法及其刑法文化。在这个意义上，

[①] 参见侯国云：《市场经济下罪刑法定与刑事类推的价值走向》，载《法学研究》1995 年第 3 期。

笔者同意以下观点：对于中国来说，为免于法律文化的滞后，当务之急是选择法律文化进化时期法治国的法治精神文化。在刑法文化方面，就是要着力选择那些蕴含着巨大的科学和民主精神的罪刑法定主义、罪刑均衡原则和犯罪构成理论。正是这些纯粹的法治精神，几乎是彻底铲除了不折不扣的强大的封建专制和罪刑擅断主义。中国正处于加强民主、健全法治的关键时期，从法律文化演进的角度观察，我们的刑法立法改制的政策导向和民意趋向，与法律文化进化时期法治国的刑法文化是息息相通的，在这一点上，我们似乎没有回避、犹豫或绕行的余地了。① 确实，法治国的刑法文化应当是当今中国的选择。当然，我们也不应简单地照搬或照抄，对于历史证明已经过时或者不符合中国国情的某些东西完全可以排斥，但基本价值取向应当是可以确定的，这就是法治国以罪刑法定主义为核心的刑法文化。

在从政治刑法到市民刑法这样一个视角审视我国刑法，笔者认为，我国刑法应当更多地汲取法治国的精神，使刑法在确定性、合理性与有效性方面有所进展，建构以罪刑法定主义为精髓的刑法典。当然，这一目标在多大程度上实现，取决于我们对中国现实的认识，取决于对法治国刑法文化的理解，也取决于一定的立法能力与立法技术。

---

① 参见宋建强：《冲突与选择——世界刑法态势与中国刑法改制》，载《法学与实践》1991年第1期。

第四章 刑法机能二元论

在任何一个社会,人权保障与社会保护都应当互相协调,从而在更大程度上实现刑法机能。在此,笔者将在科学地界定刑法的人权保障机能与社会保护机能的基础上,对刑法的双重机能进行联结考察。

一、人权保障的刑法意义

刑法,尤其是近代刑法,在人权保障方面发挥着重要的作用。马克思将法律(包括刑法)称为人民自由的圣经,就是极言法律,主要指刑法具有人权保障机能。在我国当前市场经济的社会条件下,刑法的人权保障机能更加引起人们的重视。

对刑法中人权及其人权保障机能的分析,始于刑法的特殊性。在法律体系中,刑法的限制性是最为明显的,它是其他法律的制裁力量。刑法涉及对公民的生杀予夺,其存在的必要性在于保护社会,使社会免遭犯罪的侵害。但这种刑罚权如果不加限制,任其扩张,又势必侵夺公民个人的自由权利。正是在刑法存在的这一特殊矛盾中,刑法中的人权保障的重要性才得以凸显并受到充分的重视。因此,人权保障的刑法意义主要体现在以下两个方面:

（一）刑法对被告人权利的保障

刑法中的人权首先是指被告人的实体权利（以下简称被告人权利）。被告人是指被指控为有罪的人，刑法中的人权保障，最表层的分析，涉及对被告人权利的保护。在这个意义上，可以把刑法称为犯罪人（应当是指被告人）的大宪章。在刑法中，存在一种刑事法律关系或称刑法关系。这种刑事法律关系是犯罪人与国家之间的一种权利义务关系，它以刑事责任的形式得以表现。从以有关机关为代表的国家这方面来看，这些权力和义务是：根据犯罪行为和犯罪人危害社会的程度对罪犯进行惩处，适用和执行刑罚，进行改造和教育，以及保障判刑和服刑的法律措施。从犯罪人这方面来看，他们的权利和义务则是对所实施的行为及由此产生的一切后果接受和承担刑罚或其他影响方法，同时有权要求严格按照刑法、刑事诉讼法和劳动改造规范的规定适用、确定和执行刑法影响方法。[1] 在这种刑事法律关系中，被指控为有罪的公民与国家司法机关之间存在的这种权利义务关系表明：被告人尽管被指控为有罪，但并不因此而处于完全丧失权利简单地成为司法客体的地位，被告人的人权仍然受到法律的保障。这也正是现代法治区别于专制社会刑事制度的重要特征之一。

在专制社会里，公民一旦被指控为有罪，便丧失了一切权利，处于被折磨和被刑讯的地位，甚至受到非人的待遇。在这种情况下，被告人就根本谈不上人权。例如，美国学者指出：18世纪刑法规定的刑罚是野蛮的，它允许实行刑讯逼供以获取犯罪事实和同案犯，对数百种罪行几乎都适用死刑。法律通常不公布，市民很难判断他们的行为是否违法。那种完全没有"正当的法律程序"的逮捕常常是随意和任性的。因此，

---

[1] 参见〔苏〕巴格里·沙赫马托夫：《刑事责任与刑罚》，韦政强、光文学、王爱儒译，法律出版社1984年版，第55–56页。

美国学者认为,"不确定"是 18 世纪刑法最典型的特征。[①] 这里的"不确定"意味着被告人与国家之间的关系不受法律制约,被告人处于一种消极被动而无人权可言的地位。随着启蒙思想的传播和社会契约论的影响,个人与国家的关系,包括被告人与国家的关系重新在理性的观念下得到审视。社会契约的观念成为社会秩序的基础,并确认过分严厉和任意的刑法违反了社会契约。对破坏社会秩序的人适用刑罚是保护社会契约的需要。但是,公民也必须保护自己不受专制国家权力的侵犯。在这种情况下,被告人的权利开始受到人们的重视。尤其是随着罪刑法定与无罪推定原则的确立,被告人的权利(包括实体性权利与程序性权利)在法律上受到承认并予以保障。因此,刑法中的人权保障,首先就意味着对被告人权利的保障。对此,日本刑法学家西原春夫曾经指出:刑法还有保障机能,即行使保护犯罪行为者的权利及利益,避免因国家权力的滥用而使其受侵害的机能。对司法有关者来说,刑法作为一种制裁的规范是妥当的,这就意味着当一定的条件具备时,才可命令实施科刑;同时当其条件不具备时,就禁止科刑。虽然刑法是为处罚人而设立的规范,但国家没有刑法而要科以刑罚,照样可行。从这一点看,可以说刑法是无用的,是一种为不处罚人而设立的规范。人们之所以把刑法称为犯人的大宪章,其原因就在于此。[②]

(二)刑法对一般人权利的保障

由上可知,被告人权利的保障是刑法的人权保障的应有之义,但如果把它视为刑法的人权保障的全部意蕴,那就大错特错了。可以说,刑

---

① 参见[美]理查德·霍金斯等:《美国监狱制度——刑罚与正义》,孙晓雳、林遐译,中国人民公安大学出版社 1991 年版,第 29 页。
② 参见[日]西原春夫:《刑法的根基与哲学》,顾肖荣等译,上海三联书店 1991 年版,第 33 页。

法的人权保障的更深层次的含义在于对全体公民的个人权利的保障。正是在这个意义上，刑法不仅是犯罪人的大宪章，更是公民自由的大宪章。应该说，刑法是公民自由的大宪章这一思想是现代法治国家的刑法灵魂与精髓，也是现代刑法与以往专制刑法的最根本区别之一。

在专制社会里，刑法被认为是驭民之术，其基本点在于用刑法来镇压反抗统治的行为，被认为是"刀把子"。在这种情况下，公民个人与国家的关系处于一种紧张的对立之中。统治阶级为了维护其社会统治，随意地可以限制乃至剥夺公民的自由。因此，公民的自由范围是十分有限的，而国家权力，包括刑罚权却恶性地膨胀。例如，在宗教的统治下，欧洲大陆法系国家的刑法完全成了统治阶级禁锢人们思想、限制人的言论和行动自由、强制推行禁欲主义的工具。刑法规范制约着人们生活的各个细节，它同统治阶级的道德规范混淆在一起，没有一个确切的法定标准，人们可以根据占统治地位的道德信条来判定一个人是否有罪、罪轻还是罪重。[1] 在这种罪刑擅断的刑法制度下，公民的个人自由得不到保障，往往成为专制刑法的牺牲品。

在十七八世纪的启蒙运动中，专制的刑法制度受到猛烈抨击，刑法机能从简单的镇压犯罪转换为对公民自由的保障，这是一个历史性的转变，由此展开了一场刑法改革运动。美国学者认为，在早期的刑法改革中，具有双重的内容，即使法律与刑罚具有更大的控制和预防犯罪的功能（防止一般公民受罪犯侵害），保证国家权力在某种控制之下，并负有保护社会契约的义务（保护公民不受国王侵犯）。米歇尔·福柯（1977年）认为：刑罚改革源于反抗专制权力的斗争和与犯罪作斗争二者之间的要求和对非法行为之可容忍度的交汇点。[2] 可以说，在刑事古典学派所

---

[1] 参见黄风：《贝卡里亚及其刑法思想》，中国政法大学出版社1987年版，第17页。

[2] 参见［美］理查德·霍金斯等：《美国监狱制度——刑罚与正义》，孙晓雳、林遐译，中国人民公安大学出版社1991年版，第29-30页。

倡导的早期刑法改革运动中,公民个人权利的保障放到了首要地位。罪刑法定就是这场刑法改革运动的产物,它以限制刑罚权、保障公民的人权为己任。因此,对于人权保障的刑法意义,只有从保障所有公民不受国家权力的非法侵害这一思想出发,才能得到昭示。唯此,才能对刑法的人权保障机能予以全面的把握。正如日本刑法学家庄子指出:刑法的人权保障机能由于保障的个人不同,实际机能有异,具有作为善良公民的大宪章和犯罪人的大宪章两种机能。只要公民没有实施刑法所规定的犯罪行为,就不能对该公民处以刑罚。在此意义上,刑法就是善良公民的大宪章。刑法作为犯罪人的大宪章,是指在行为人实施犯罪的情况下,保障罪犯免受刑法规范以外的不正当刑罚。[1]因此,刑法的人权保障机能体现的是刑法对公民个人(包括被告人和其他公民)的权利的有力保障。

二、社会保护的刑法意义

社会保护作为刑法机能,在与人权保障相对应的意义上,是指通过惩罚犯罪对社会利益的保护。日本刑法学家庄子在论及刑法的保护机能时指出:刑法是基于国家维护其所建立的社会秩序的意志制定的,根据国家的意志,专门选择了那些有必要用刑罚制裁加以保护的法益。侵害或者威胁这种法益的行为就是犯罪,是科处刑罚的根据,刑法具有保护国家所关切的重大法益的功能。[2]因此,刑法的社会保护机能,是刑法的性质所决定的,也是刑法存在的根基。社会保护的刑法机能,主要体现

---

[1] 参见[日]木村龟二主编:《刑法学词典》,顾肖荣等译,上海翻译出版公司1993年版,第9—10页。

[2] 参见[日]木村龟二主编:《刑法学词典》,顾肖荣等译,上海翻译出版公司1993年版,第9—10页。

在以下三个方面:

(一) 刑法对国家利益的保护

刑法自从它产生那一天起,就与国家结下了不解之缘。刑法不仅是国家制定的,而且它也主要被用于保护国家利益。因此,对国家利益的保护就成为刑法的重要机能之一。由于在一定的历史阶段,国家的存在有其客观必然性,而且国家本身也是由一定的物质生活条件所决定的,因而,对国家利益的保护,体现了刑法存在的客观价值。

刑法对国家利益的保护,主要通过惩治国事罪体现出来,国事罪就是指侵害国家利益的犯罪。在古巴比伦的《汉谟拉比法典》中,关于国事罪的规定极少,这与当时国家尚不发达有一定关系。在古希腊的雅典,各种犯罪以国事罪占主要地位,凡是背叛国家、欺骗民众、亵渎神祇或向民众大会提出非法决议的均属此类。在古罗马社会,出现了公犯和私犯的划分,其中公犯就是指侵害国家利益的犯罪。对于公犯,刑罚具有公共特点,即由国家科处刑罚(poena public),无论对它们是否提出公共诉讼。在中国古代,侵害国家利益的犯罪主要是危害封建统治的犯罪。因而,刑法对国家利益的保护,主要体现在对君主政权的保护上。例如,中国封建刑法中有十恶之罪的规定,这十条重罪都是关系到君主的权力地位和封建政权的统治基础以及宗法伦理关系中的一些根本问题,涉及封建统治阶级的最高利益,所以封建刑法才把这些犯罪行为作为打击的重点,以维护君主专制制度和巩固封建社会的统治秩序。在十恶大罪中,谋反位列第一,谋反是指"谋危社稷"的犯罪,社稷是指封建专制政权。因此,谋反是典型的侵害封建国家的犯罪,封建刑法将其作为统治重点。

在近代,意大利著名刑法学家贝卡里亚对侵害国家利益的犯罪作了论述。贝卡里亚所说的直接地毁伤社会或社会的代表的犯罪,实际上就是侵害国家利益的犯罪。这种犯罪最典型的是叛逆罪,贝卡里亚认为这种罪行危害性较大,因而是最严重的犯罪。在贝卡里亚看来,一切犯罪,包括对私人的犯罪都是在侵犯社会,然而它们并非试图直接地毁灭社会。①而侵害国家的犯罪则直接以国家为侵犯对象,这就是它和其他犯罪的区别。在现代社会,国家利益是指国家专属的法益。由于对犯罪的评价是以国家立法形式出现的,因而国家为维护自己的生存基础,必然将侵犯国家法益的行为宣布为犯罪。对国家法益的保护,是以限制个人自由为代价的。但在现代社会,国家是基本的社会组织,一切政治生活与经济生活都是在国家组织下进行的。因此,确保国家权力的安全行使,具有重要意义。

（二）刑法对社会利益的保护

如前所述,在古罗马法中,只有公罪与私罪的区分,国家利益与社会利益没有明显分化,因而公罪包含了侵害国家利益的犯罪与侵害社会利益的犯罪。及至中世纪,社会公共利益逐渐与国家利益相分离,侵害社会利益的犯罪在犯罪中慢慢独立出来,刑法对社会利益的保护机能也得以凸显。例如,在十二三世纪法兰西王室刑法中,共谋破坏共同利益是可处以长期监禁的犯罪,它包括勾结商人或工匠图谋抬高物价,并对那些不加入者进行威胁的犯罪行为。②到了西方近代,随着市民社会与政治国家的二元社会结构的建立,社会利益进一步与国家利益分离开来。意大利著名刑法学家贝卡里亚把侵害社会利益的犯罪称为与公共利益要求每个公民应做和不应做的事情相违背的行为。具体地说,就是那些扰乱公共秩序和公民安宁的犯罪行为。例如,在被指定的进行贸易和公民

---

① 参见［意］贝卡里亚：《论犯罪与刑罚》,黄风译,中国大百科全书出版社1993年版,第71页。

② 参见［美］伯尼曼：《法律与革命——西方法律传统的形成》,贺卫方、高鸿钧、张志铭、夏勇译,中国大百科全书出版社1993年版,第576页。

来往的公共街道上喧闹和豪宴狂饮；向好奇的群众发表容易激起他们欲望的狂热说教等。①

在现代社会，社会利益是一种公共利益，它有别于国家利益和个人利益，但与国家利益和个人利益又具有密切的联系。以社会利益与国家利益的关系而言，维护社会秩序是国家的重要职能之一，没有稳定的社会秩序就不会有稳定的国家统治，因为国家统治建立在社会秩序的基础之上。就社会利益与个人利益的关系而论，社会利益能还原为个人利益。日本刑法学家西原春夫指出：社会利益脱离个人利益而成为单纯的利益，其方法与国家利益的情况有所不同。这里，社会性的道义秩序成为独立的保护利益，国民有遵守这种道义秩序的义务，因而违反该义务，也就被认为其中有违法性。依据上述观点，如发行、销售以及公开陈列淫秽的书刊和画册的行为，因其违反性的道义秩序，是违法的，构成犯罪。即使在密室给成人看黄色电影，也因有损于性的道义秩序而成为犯罪。②因此，对社会利益的保护，也是刑法的重要机能。

（三）刑法对个人利益的保护

在任何社会，只要存在法律秩序，公民个人的自由、安全和财产等这样一些基本权利都是受保护的。在此，从直接意义上来说，刑法对个人利益的保护是指对被害人利益的保护，从间接意义上来说，对被害人利益的保护实际上也意味着对其他公民的利益的保护。因为，每一个公民都是潜在的被害人。那么，为什么说刑法的社会保护机能中包括对个人利益的保护呢？换言之，刑法对个人利益的保护为什么不属于人权

---

① 参见［意］贝卡里亚：《论犯罪与刑罚》，黄风译，中国大百科全书出版社1993年版，第85页。

② 参见［日］西原春夫：《刑法的根基与哲学》，顾肖荣等译，上海三联书店1991年版，第46-47页。

保障机能？这个问题的回答，主要涉及社会保护与人权保障这两种刑法机能的区别：社会保护机能是通过对犯罪的惩治而实现的，因而属于刑法的积极机能或曰扩张机能；而人权保障机能是通过限制国家的刑罚权（包括立法权与司法权）而实现的，因而属于刑法的消极机能或曰限制机能。显然，对被害人利益的保护是通过惩治犯罪而实现的，因而属于刑法的社会保护机能。

刑法对个人利益的保护，主要是通过惩治侵害个人利益的犯罪而实现的。侵害个人利益的犯罪，在古罗马法中称为私犯。因此，私犯（dedictum）是指侵害私人的财产或人身，被认为是对公共秩序影响不大的行为。私法的存在，与当时私刑的存在有着密切联系。私刑，即私人刑罚，这是一种报复刑，是原始社会同态复仇的遗俗。意大利学者朱塞佩·格罗索在论及私犯的产生时指出：我们所描述的针对故意杀人罪的刑法发展进程（为各非法行为规定带有报复色彩的刑罚）是从所谓"努玛法律"开始的，它在《十二铜表法》中得到充分发展；另外，《十二铜表法》保留着原始时期的痕迹（即表现为"献祭刑"的宗教刑罚的影响），在一些情况中还要求负有宗教义务的私人团体实施报复，比如，在"努玛法律"规定的报复（paricidas estc）情况；但在另一些情况中，城邦执法官则予以干预。

上述发展进程最后进入另一种观念（这是一种独特的且平行发展的观念）的领域，这种观念在历史发展中构成另一种独特的范畴，对这些私人犯罪的惩罚就是遗弃犯罪人，任凭被害人方面对之实行报复或占据。早期这种听任私人复仇的做法反映着侵害私人权利的那些犯罪行为的后果；从上述做法的残余中，德·维斯凯（De Visscher）敏锐地指出惩罚（vindicta）与赔偿（noxa）之间的早期区别："惩罚"针对的是侵犯人身的犯罪，这种犯罪导致狭义的、可用罚金（poena）赎买的报复；"赔偿"针对的则是造成财产损害的犯罪，它使被害方有权占据犯罪人的躯体，后者可以通过支付罚金（damnuln decidere）实行自赎。①由此可见，在古罗马社会的早期，对个人利益的侵害只是被看作私人之间的关系，实行的是私刑。私犯作为一种犯罪，人们为个人而接受刑罚，在早期历史时代，这种刑罚导致以钱赎罪。私犯的概念，有关于诉讼和刑罚所具有的、私人的和债的特点，这些都是原始制度的残余，根据这种原始制度，犯罪是产生债的真正的和唯一的渊源。②

随着社会进步，私刑逐渐被禁止，国家刑罚权开始及于私犯，这表明了古罗马刑法对个人利益保护的加强。英国学者梅因具体论述了这一转变过程指出：我们在习惯上认为专属于犯罪的罪行被完全认为是不法行为，并且不仅是窃盗，甚至凌辱和强盗，也被法学专家把它们和扰害、文字诽谤及口头诽谤联系在一起。所有这一切都产生了"债"或者法锁，并都可以用金钱支付作为补偿。直到后来，在一个不能确定的时期，法律开始注意到一种在"法学汇纂"中称为非常犯罪（crxmina eatraordinajia）的新的罪行时，它们才成为刑事上可以处罚的罪行。无疑的，有一类行为，罗马法律学理论是单纯地把它们看作不法行为的；但是社会的尊严心日益提高，反对对这些行为的犯罪者在给付金钱赔偿损失以外不加其他较重的刑罚，因此，如果被害人愿意时，准许把它们作为非常（exrta ordinem）犯罪而起诉，即通过一种在某些方面和普通程序不同的救济方式而起诉。③

应该说，古罗马法早期将私犯视为私人之间的纠纷，国家不予干涉，体现了当时国家观念尚不发达。随着国家权力的扩张，私刑权受到限制乃至禁止，刑罚权以公刑权的形式表现出来，成为国家专属的权力。马

---

① 参见［意］朱塞佩·格罗索：《罗马法史》，黄风译，中国政法大学出版社1994年版，第129-130页。
② 参见［意］彼德罗·彭梵得：《罗马法教科书》，黄风译，中国政法大学出版社1992年版，第401页。
③ 参见［英］梅因：《古代法》，沈景一译，商务印书馆1959年版，第208-222页。

克思指出:"公众刑罚是罪行与国家理性的调和。因此,它是国家的权利,但这种权利国家不能转让给私人,正如同一个人不能将自己的良心让给别人一样。国家对犯人的任何权利,同时也就是犯人对国家的权利。任何中间权利的插入都不能将犯人对国家的关系变成对私人的关系。即便假定国家会放弃自己的权利,即自杀死亡,那么国家放弃自己义务将不仅仅是一种放任行为,而且是一种罪行。"[①] 马克思在这里所说的公众惩罚是国家的权力,就是指国家具有惩罚犯罪的权力,这就是刑罚权。刑罚权不能转让给私人,因此对于个人利益的侵害行为,也应由国家予以惩罚。

中国古代社会由于国家观念发展较早,因此对个人利益的侵害从一开始就视为对社会的侵害,由国家予以惩罚。例如,春秋时期李悝的《法经》,把"王者之政莫急于盗贼"作为指导思想,并首列《盗律》《贼律》两篇。这里的"盗"指侵犯个人财产权利的犯罪,"贼"指侵犯个人人身权利的犯罪。因此,对于这种侵犯个人利益的犯罪能够从侵害王者之政这样一个高度去认识,充分表明中国古代刑法观念的早熟与发达。

西方中世纪早期,犯罪,主要是指侵害个人利益的犯罪行为,往往是作为侵权行为对待,由私人自己解决。例如,在法兰克人的法律观念中,侵权行为和犯罪没有区别,一般说来,侵害个人利益者为侵权行为,侵害部落全体利益和侵害个人利益同时侵害全体利益者构成犯罪。侵权行为范围十分广泛,近代认为是犯罪的许多违法行为(如公开杀人),当时都只看作侵权。在法兰克王国基础上建立起来的法兰西王国,开始也还是把犯罪当作侵害个人的行为,由私人进行报复,或科以赔偿金了事。

随着封建制度的发展,封建国家开始认为犯罪是破坏社会秩序的行

---

① 参见《马克思恩格斯全集》(第1卷),人民出版社1974年版,第69页。

为，危害了国王和领主的安全。因此，对犯罪的惩罚不再是受害人的报复和赔偿要求，而是国家对犯罪行为的制裁。在英吉利也有这样一个转变时期。盎格鲁·撒克逊时期，还保留着日耳曼人关于犯罪的观念，认为犯罪只是侵害被害人及其家庭的行为，是私人之间的事情，允许进行血亲复仇。盎格鲁·撒克逊后期，已经开始把犯罪看作侵犯社会秩序的行为，而且应由国家进行惩罚。诺曼底人征服后，这种观念继续发展，1166年克拉灵顿诏令和1176年诺桑普敦诏令明确规定了重罪，即公共犯罪。英国学者塞西尔·特纳指出：随着时间的推移，数种因素的结合使人们认识到制定刑事责任新概念的必要性。诺曼底的国王们根据扩大控制范围和巩固其最高权力的决心，任命了许多第一流的官员以执行法律。这不仅导致了法律科学的发展，而且建立了管理审判的机构，它可以比先前更精确地评价刑事诉讼中的行为。财政上的考虑也间接地促进了分门别类地调查刑事控告的发展。由于国王的扩大权力的政策，把许多违法行为划归刑法领域，确立了根据法官的判断计算所需罚金数额的做法，以代替过去的固定赔偿金的制度。[①] 重罪的概念就是在这种情况下产生的，后来范围又不断扩大，许多严重刑事犯罪，如叛逆、杀人、纵火、强奸、强盗及其他盗窃行为均属重罪之列。这样，重罪的性质已经从原先的公共犯罪，演变为也包括私人犯罪即侵害个人利益的犯罪。

及至近代，贝卡里亚将侵害个人利益的犯罪明确地在犯罪分类中突出起来，指出：有些犯罪从生命、财产或名誉上侵犯公民的个人安全，贝卡里亚把这种犯罪称为侵犯私人安全的犯罪。这些行为之所以被认为是犯罪，就在于：一切合理的社会都把保卫私人安全作为首要的宗旨，所以，对于侵犯每个公民所获得的安全权利的行为，不能不根据法

---

① 参见［英］塞西尔·特纳：《肯尼刑法原理》，王国庆等译，华夏出版社1989年版，第10页。

律处以某种最引人注目的刑罚。① 更为引人注目的是，黑格尔从法哲学的角度论述了侵害个人的利益的犯罪行为所具有的社会危害性。黑格尔指出：因为在市民社会中所有权和人格都得到法律承认，并且有法律上的效力，所以犯罪不再是侵犯了主观的无限的东西，而是侵犯了普遍事物。因此产生了一种观点，把行为看成具有社会危险性。由于对社会成员中一人的侵害就是对全体的侵害，所以犯罪本性也起了变化，但这不是从犯罪的概念来说，而是从它的外部实存即侵害的方面来看的。现在，侵害行为不只是影响直接受害人的定在，而是牵涉整个市民社会的观念和意识。② 应该说，黑格尔对于侵害个人利益犯罪的性质的认识，达到了相当深刻的程度。

在现代法中，侵害个人利益的犯罪越来越受到重视。例如，侵害国家利益的犯罪、侵害社会利益的犯罪与侵害个人利益的犯罪，自1810年《法国刑法典》开始，都是按照国家、社会与个人的顺序排列的，体现了对这三种利益重视程度上的差别。第二次世界大战以后，由于对刑法保护个人利益的重视和强调，有一些国家的刑法典把对于个人利益的犯罪放在了首位，例如瑞士刑法典、瑞典刑法典、巴西刑法典等。最引人注目的是1993年修订的《法国刑法典》，也一改旧刑法的排列顺序，将侵害个人利益的犯罪排到了首位。对此，法国学者予以了高度评价。例如皮埃尔·特律什和海依尔·戴尔玛斯—马蒂在为新《法国刑法典》在中国出版而作的序中指出：一部新法典应当表达在特定的时期一个国家里公认的根本价值。这些根本价值要得到充分保护，不遵守这些价值就要受到惩罚。在这方面，指出以下情况是有很大意义的：1810年的《法国刑法典》将危害公共权益之重罪、轻罪放在第一位；而新《法国刑法典》

---

① 参见［意］贝卡里亚：《论犯罪与刑罚》，黄风译，中国大百科全书出版社1993年版，第72页。

② 参见［德］黑格尔：《法哲学原理》，范扬、张企泰译，商务印书馆1961年版，第228页。

则将危害人身的犯罪放在优先规定的地位,其中首要的是规定了反人类之重罪。[①]显然,这不是一个简单的排列顺序变动的问题,而是关系到价值观念的转变的问题。

三、人权保障与社会保护的对立统一

刑法既具有人权保障机能,又具有社会保护机能,这两者的价值取向显然是有所不同的。那么,刑法的这两种机能能否统一起来以及在何种程度上协调起来,这是刑法的价值构造中的一个重大课题。刑法的人权保障机能与社会保护机能存在对立统一关系,这种对立统一关系正是建立在对个人与社会的科学理解之上的。

(一)人的二元性与刑法机能的双重性

人的二元性是指个体性与社会性。从本质上说,人是个体性与社会性的统一。由此出发,我们可以揭示刑法机能双重性的人性基础。

应该说,追究犯罪是国家权力(刑罚权)之行使。国家通过惩罚犯罪,维护社会生存条件,保护社会利益,正是国家存在之必要性的显现。但被国家作为犯罪人追究的被告人也是公民,是社会成员之一,因而被告人的权利也应该得到保障。因此,人所具有的个体性与社会性的二元性决定了刑法机能的双重构造。

公民个人的权利受到法律保护,而对于犯罪的惩罚正是这种法律保护的措施之一。所以,国家对犯罪的惩治不仅应当有利于保护具有社会性的个人,还应当有利于保障具有个体性的个人,这也是建立政治国家的目的之一。对于这一点,自然法学家已经有过深刻的论述。例如,洛

[①] 参见《法国刑法典》,罗结珍译,中国人民公安大学出版社1995年版,第1-2页。

克就曾经指出，在自然状态下，人人均有惩罚犯罪的自然权利。洛克指出：为了约束所有的人不侵犯他人的权利、不互相伤害，使大家都遵守旨在维护和平和保卫全人类的自然法，自然法便在那种状态下交给每一个人去执行，使每个人都有权惩罚违反自然法的人，以制止违反自然法为度。罪犯在触犯自然法时，已是表明自己按照理性和公道之外的规则生活，而理性和公道的规则正是上帝为人类的相互安全所设置的人类行为的尺度，所以谁疏忽和破坏了保障人类不受损害和暴力的约束，谁就对于人类是危险的。这即是对全人类的侵犯，对自然法所规定的全人类和平和安全的侵犯，因此，人人基于他所享有的保障一般人类的权利，就有权制止或在必要时毁灭所有对他们有害的东西，就可以给予触犯自然法的人以那种能促使其悔改的不幸遭遇，从而使他并通过他的榜样使其他人不敢再犯同样的毛病。在这种情况下并在这个根据上，人人都享有惩罚罪犯和充当自然法的执行人的权利。① 因此，在自然状态下，惩罚权在于个人，个人依靠自身保障自己的自然权利。可以说，在这种自然状态下，人权保障与社会保护是完全同一的。既然如此，又为什么要建立政治国家呢？对此，存在两种说法。

霍布斯认为，自然状态是一种个人与个人之间的战争状态，在这种状态下，每个人根据"自我保存"原则，只顾自己，不惜侵犯他人。为了避免这种恶果，人们通过订立契约，统一在一个人格之中，形成了国家。霍布斯指出：在建立国家以前，每一个人对每一事物都具有权利，并有权做他认为对保全自己有必要的任何事情；为了这一点，他可以征服、伤害或杀死任何人。这就是每一个国家所实行的惩罚权的根据。臣民并没有将这一权利赋予主权者；只是由于他们放弃了自己的这种权利之后，就加强了他的力量，根据他认为适合于保全全体臣民的方式来运

---

① 参见［英］洛克：《政府论》（下篇），瞿菊农、叶启芳译，商务印书馆1961年版，第7—8页。

用自己的这一权利。所以这一权利并不是赋予他,而是留下给他了,并且只留下给他一个人。同时,除开自然法对他所设下的限制以外,留给他的这一权利就像在单纯的自然状况和人人相互为战的状况下一样完整。① 因此,霍布斯认为国家的建立是为了结束战争状态,保护全体臣民。

洛克虽然认为自然状态与战争状态存在明显区别,不能混为一谈,但还是认为,在自然状态中人们享有的权利不很稳定,有不断受到别人侵犯的危险,因而也会造成战争状态。洛克指出:不存在具有权力的共同裁判者的情况使人们都处于自然状态;不基于权利以强力加诸别人,不论有无共同裁制者,都造成一种战争状态。避免这种战争状态是人类组成社会和脱离自然状态的一个重要原因。因为如果人间有一种权威、一种权力,可以向其诉请救济,那么战争状态就不再继续存在,纠纷就可以由那个权力来裁决。②

由此可见,无论是霍布斯还是洛克,都认为结束自然状态建立政治国家更有利于保护个人权利。但是,政治国家建立起来以后,它就成为一种独立于个人甚至凌驾于社会之上的政治力量,有可能异化为与个人相对立的暴政,这就是权力的异化。

权力异化,是指权力本体产生了与自身相对立的力量的情况,丧失了原来的质的规定性而异于本来意义上的权力。我国学者指出:权力是由其外在形式和内在本质构成。权力的外在形式无论在哪种历史条件和情况下,都可以表现为"意志—行动"关系中的命令服从关系。如果权力关系的内容符合权力的本质那么权力就顺利运行,如果不符合这些本质,那么就丧失了原来的质的规定性而异于本来意义上的权力,这时,

---

① 参见[英]霍布斯:《利维坦》,黎思复、黎廷弼译,商务印书馆1985年版,第241-242页。
② 参见[英]洛克:《政府论》(下篇),瞿菊农、叶启芳译,商务印书馆1961年版,第15页。

尽管权力在形式上仍以强制力、支配力、影响力的面貌出现，但权力的本质发生了异变，已由此衍生出与原来的权力相矛盾和对立的力量。也就是说，权力发生异化时，"意志—行动"的命令服从关系的内容已颠倒，已改变其本质而在对象、功能、方向、作用等上面与原来的权力相逆。[①]刑罚权作为国家权力的重要表现形式，同样也会出现这种异化现象。刑罚权的存在，本来是为了维护社会秩序，保护每个公民的个人利益。但如果对刑罚权不加限制，它就会异化为压迫公民的工具。因为通过国家对犯罪的惩治，虽然可以保护社会（包括对国家、社会与个人利益的保护），但刑罚权的行使是以限制公民的自由为代价的，因而刑罚权的扩张与滥用，又必然使公民自由缩小，并有可能惩及无辜。为此，又有必要对国家刑罚权加以限制，就是不仅要使刑法具有社会保护的机能，而且要有人权保障的机能。因此，正是在个人权利这一点上，刑法的保障机能与保护机能才能得以统一。

不仅在公民个人权利的保护上，人权保障与社会保护这两种刑法机能具有对立统一性，而且在公共利益（包括国家利益与社会利益）的保护上，人权保障与社会保护这两种刑法机能也同样具有对立统一性。日本刑法学家西原春夫曾经对法律惩治杀人罪与不申报罪的情况作了比较：法律惩治杀人罪，可以说杀人的行为能预防，国民的生命能得到保护。国家本身并没有因杀人罪而受到保护，所以杀人罪的规定可以看作纯粹为了保护国民的利益而行使了国家的刑法制定权。而且，刑法上禁止杀人，几乎不会使人感到自己的自由受到了限制。相反，如果没有杀人罪的规定，出现了自己不知何时会被人杀掉的状态，人们就会非常不安，因为生命是最为重要的利益。可以说，从杀人罪的规定中，国家未得到任何直接利益。不申报罪，法律规定居住者1年的所得金额超过一定数

[①] 参见周振想主编:《权力的异化与遏制——渎职犯罪研究》，中国物资出版社1994年版，第10—11页。

额时，必须向税务署长提出规定的申报书；如果有人无正当理由，在提出申报期限内没有提出申报书，就要处以一定的刑罚。在犯不申报罪时，没有人心甘情愿地主动去申报，都是勉强申报（国家规定的适法行为）。因为谁都明白，申报了，就是得上缴相应的税款，而其对自己不利。从表面上看，国民因这条规定而受损失，国家得益。即使如此，是否国民单方面受到损失呢？其实不然。正因为有了这种制度，才可以征到税金，国家和地方自治体的财源才得到保证。应该看到，它反过来又与国民的利益紧密相连。因此，这当然是以税在实质上公平分担、预算分配合理为前提的。如果真是这样，认为只有国家受益的看法是片面的。精确计算一下预算对个人的分配以及公益费的分担，可以看出，其结果还是还给了国民。国家税收，结果是国民享受到利益。①

在此，西原春夫从个人利益与国家利益的一致性的意义上，论述了刑法无论是惩治侵害个人利益的犯罪还是侵害国家利益的犯罪，都是有利于社会的，具有同样的社会价值。当然，这一观点也只是建立在个人利益与国家利益相一致这样一个前提之上的。否则，这一观点就不能成立。

（二）社会的二元性与刑法机能的双重性

社会的二元性是指市民社会与政治国家的二元结构。现代社会是市民社会与政治国家的统一。由此出发，我们可以揭示刑法机能双重性的社会基础。

毫无疑问，刑法是一种社会现象，刑法机能的发挥不能离开一定的社会条件。在前资本主义社会，市民社会与政治国家并未分化，两者具有高度的同一性，没有明确的界限，政治国家就是市民社会，反之亦然。

---

① 参见［日］西原春夫：《刑法的根基与哲学》，上海三联书店1991年版，第34—35页。

市民社会的每一个领域，都带有浓厚的政治性质，一切私人活动与事务都打上了鲜明的政治烙印。马克思曾经指出，中世纪的精神可以表述如下：市民社会的等级和政治意义上的等级是同一的，因为市民社会就是政治社会，因为市民社会的有机原则就是国家的原则。①在这种社会结构中，刑法以保护国家利益、社会利益为己任，人权保障机能则完全受忽视。其结果是，为了保护国家利益，不惜采用严刑苛罚。

例如，我国学者黄风认为，在罗马刑法中存在国家至上原则。根据这一原则，为了国家利益可以对任何有害行为包括具有侵害危险的行为处以严厉刑罚，个人没有任何权利值得国家尊重。除此以外，再无其他限制国家刑罚权的基础原则。刑法成了维护罗马皇帝专制统治的工具，含义模糊的叛逆罪（laesa majestas）成了刑事追究的重点，一切有损皇帝人身、尊严和权力的行为，都可以在此罪名下被处以极刑。在罗马共和国时期曾一度被限制使用的死刑，不但被广泛使用，而且不断翻新着花样，出现了砍头、烧死、钉十字架、绞刑、把人装进口袋投入海中、送进角斗场等残酷的执行方式，杖刑、鞭刑、裂肢等肉刑也成了普遍的刑种。东罗马帝国皇帝查士丁尼在公元528年组织编纂的《查士丁尼法典》，把这些残酷而混乱的刑法加以汇集，形成了第47编和第48编，人们后来称它们为"恐怖之编"。②因此，在罗马社会，刑法成为维护国家权力的专横工具。

在中世纪，刑法不仅成为政治压迫的工具，而且成为宗教迫害的手段。在漫长和极端黑暗的欧洲中世纪封建社会中，愚昧和野蛮的刑法制度，以天主教的多米尼各派把持的"宗教裁判所"为顶点。黑格尔对此进行了深刻的批判，揭露了对于异教徒的残酷迫害。③一直到法国大革

---

① 参见《马克思恩格斯全集》（第1卷），人民出版社1974年版，第334页。
② 参见黄风：《贝卡里亚及其刑法思想》，中国政法大学出版社1987年版，第4—5页。
③ 参见吕世伦：《黑格尔法律思想研究》，中国人民公安大学出版社1989年版，第92页。

命之前，欧洲大陆刑法制度尚以残暴而著称。对此，德国著名刑法学家冯·巴尔曾经指出：当我们研究旧制度的刑法并把它同罗马帝国后期和中世纪前期的刑法加以对照时，我们将会发现，文明的发展未给刑法带来任何进步——它实际上处于停滞状态，完全带有在这些时期中所具有的缺陷。刑罚是不平等的，它们不是根据犯罪的性质而是根据犯罪人的地位或等级而发生变化；刑罚的执行方式也是残酷和野蛮的，刑罚体系的基础是死刑和滥用的肢体刑；犯罪没有确切的定义；个人没有丝毫的安全保障足以避免国家在镇压犯罪时的过火行动。最后，愚昧、偏见和感情上的狂暴制造着臆想中的犯罪；刑法的适用范围扩展到了调整社会关系之外，甚至超越了对意识的统治。①因此，在西方中世纪，刑法完全蜕化为国家的镇压工具。在使人不成其为人的专制社会里，刑法成为控制个人的唯一手段。

刑法的这种社会对个人的控制性，在中国封建社会表现得更为明显。我国学者张中秋指出：传统中国是一个国家权力和观念高度发达的社会，早在青铜时代这种情况就有了相当的发展，秦、汉以后更是有增无减，专制主义集权日趋加强，家国一体，融家于国的情形和观念可谓举世罕见。这种社会情形势必形成一切以国家利益和社会秩序和稳定为最高价值，也必然造成这种价值的无限扩散，以至渗透到包括纯私人事务在内的一切领域。为此，以维护最高价值为目的的国法也只可能是废私的公法。废私立公就意味着国家使用强力来干涉私人事务，确保国家利益，并视一切行为都和国家有关，一切不法、侵权行为都是犯罪，这就奠定了一切法律刑法化、国家化的可能性，加上国家权力的强大，可能性遂转变成了现实。由此，张中秋揭示了刑法与国家的相关关系，指出：一个社会的国家集权和观念越发达，其刑事立法必然发达。如果一个社会

---

① 参见［德］冯·巴尔：《欧陆刑法史》（英译本），波士顿1916年版，第315页。

的国家集权和观念发达到使个人独立存在的价值与利益变得无足轻重或基本丧失,国家代表了个人(个人完全消融在国家之中),侵犯私人权益就是侵犯国家利益、破坏社会秩序,那么,这个社会的全部法律必然表现为刑法和刑法化的法律。[①] 因此,在国家与社会合为一体的情况下,个人尚没有独立性,刑法机能只是社会保护,追求社会整体的安全与稳定,而这又往往以牺牲个人为代价。

随着市民社会与国家的分化,形成二元的社会结构。在这种二元社会结构中,人的本质具有二重性,这就是市民与公民的对立。马克思指出:作为一个真正的市民,他处在双重的组织中,即处在官僚组织(这种官僚组织是彼岸国家的,即不能触及市民及其独立活动的行政权在外表上和形式上的规定)和社会组织即市民社会的组织中。但是在后一种组织中,他是作为一个私人处在国家之外的;这种组织和政治国家本身没有关系。第一种组织是国家组织,它的物质总是由市民构成的。第二种组织是市民组织,它的物质并不是国家。在第一种组织中,国家对市民来说是物质的对立面。[②] 国家是一个政治组织,人作为公民,过着政治生活,这种政治生活也被称为一种类生活;而市民社会是一个经济组织,人作为市民,过着物质生活,这种物质生活也被称为一种私人生活。由于社会分化为政治国家与市民社会这两个组成部分,人的社会生活也分为政治生活与物质生活这两种生活。按照马克思的观点,市民社会决定国家,物质生活决定政治生活。刑法是国家权力的体现,它属于政治国家的范畴,是一种公法。因此,刑法只能限于调整公共关系。这里的公共关系是指发生在政治社会中的个人与国家、个人与社会的关系。个人与个人之间的关系只有涉及社会时,才进入刑法的视野。而市民社会是一个私人领域,不属于刑法调整范围,只能是私法(这里主要是指民法)

---

① 参见张中秋:《中西法律文化比较研究》,南京大学出版社1991年版,第96-97页。
② 参见《马克思恩格斯全集》(第1卷),人民出版社1974年版,第340-341页。

的调整范围。

孟德斯鸠指出：社会是应该加以维持的；作为社会的生活者，人类在治者与被治者的关系上是有法律的，这就是政治法。此外，人类在一切公民间的关系上也有法律，这就是民法。① 这里的政治法，就是指公法，包括刑法，它是治者与被治者之间的法律；而民法，指的是私法，是平等主体（公民，实际上应当指市民）之间的法律。人作为公民，生活在政治社会里，因而没有自由，受到国家权力的强制。人作为市民，生活在市民社会里，因而又有自由，这种自由是国家法律所不可侵夺的。因此，市民社会的存在，在一定程度上限制了政治国家的权力，从而也限定了刑法的调整范围。刑法由以往的无所不及，被从私人领域中驱逐出来，限定在调整公共关系，成为与私法相对立的公法的组成部分。因此，只有市民社会与政治国家二元分立的社会结构中，刑法才不至于单纯地成为保护社会的工具，而且也具有了人权保障的使命。

（三）法权的二元性与刑法机能的双重性

法权既包括权利，又包括权力，取其法律意义上的权之意也。因此，法权的二元性是指权利与权力的统一。由此出发，我们可以揭示刑法机能双重性的法律基础。

权利是个人所拥有的，马克思曾经揭示了资本主义社会中人权与公民权的二元对立。在他看来，公民权就是政治权利，是只有同别人一起才能行使的权利。正如马克思所说：这种权利的内容就是参加这个共同体，而且是参加政治共同体，参加国家。

这些权利属于政治自由的范畴，属于公民权利的范畴。② 人权则不同于公民权，它无非是市民社会成员的权利，即脱离了人的本质和共同体

---

① 参见［法］孟德斯鸠：《论法的精神》（上册），张雁深译，商务印书馆1961年版，第5页。
② 参见《马克思恩格斯全集》（第1卷），人民出版社1974年版，第427页。

的人的权利。① 这种人权与公民权的二元对立，是以市民社会与政治国家的二元对立为前提的，并且是这种对立的必然结果。随着社会进步，人必将获得彻底解放。而要想真正使人得到解放，必须越出政治解放的狭隘框架，必须清除政治国家与市民社会之间的二元性。只有当公民在改造利己主义生活之后成为现实的人的时候，只有当现实的人在自己的经验的、具体的生活中成为政治的"类存在物"的时候，只有当政治国家作为人类本质异化的表现而被扬弃，并且社会将变成社会整体的时候，真正的人类解放才能实现。而人类解放的完成，同时意味着人权与公民权之间的一致性。② 这种情况只有在共产主义社会才能实现，而在社会主义社会，市民社会与政治国家的二元对立仍然存在，只是性质有所不同而已。③ 因此，在社会主义社会，权利之分离为人权与公民权也是不可避免的。当然，随着法治的加强，人权不断地转化为公民权或者说以公民权的形式表现出来。从刑法的意义上来说，人权是基本的、不可侵犯的，而公民权是维护人权的基本手段。为了更好地防止本人的人格受到侵害，人们通过政治联合组成国家，国家享有刑罚权。由于刑罚权来自公民的授予，因此，它受制于权利。

刑罚权对于犯罪人来说虽然是一种外力的强制，但由于刑罚权来自权利，它是为了保护社会的生存条件，因而仍然包含着自律的性质。这里涉及对犯罪人的看法，笔者认为，犯罪人仍然是人，是一定社会的成员。理论上存在这样一种观点，简单地把犯罪视为敌人，将其从社会中分离出去。例如卢梭就曾经指出，对罪犯处以死刑，也可以用大致同样的观点来观察：正是为了不至于成为凶手的牺牲品，所以人们才

---

① 参见《马克思恩格斯全集》(第1卷)，人民出版社1974年版，第436页。
② 参见公丕祥：《市民社会与政治国家：社会主体权利的理论逻辑》，载南京师范大学现代化研究中心编：《法制现代化研究》(第1卷)，南京师范大学出版社1995年版，第86页。
③ 参见左羽、书生：《人权的基本内涵：人权与公民权》，载《中国法学》1991年第6期。

同意，假如自己做了凶手的话，自己也得死。在这一社会条约里，人们所想的只是要保障自己的生命，而远不是要了结自己的生命；决不能设想缔约者的任何一个人，当初就预想着自己要被绞死。而且，一个为非作恶的人，既然他是攻击社会权利，于是便由于他的罪行而成为祖国的叛逆；他破坏了祖国的法律，所以就不再是国家的成员，他甚至是在向国家开战。这时保全国家就和保全他自身不能相容，两者之中就有一个必须毁灭。对罪犯处以死刑，这与其说是把他当作公民，不如说把他当作敌人。起诉和判决就是他已经破坏了社会条约的证明和宣告，因此他就不再是国家的成员了。而且既然他至少也曾因为他的居留而自认为是国家的成员，所以就应该把他当作公约的破坏者而流放出境，或者是当作一个公共敌人而处以死刑。因为，这样的一个敌人并不是一个道德人，而只是一个个人罢了；并且唯有这时候，战争的权利才能是杀死被征服者。①

在这里，卢梭以一种政治逻辑来对待犯罪人，并以战争的权利来论证国家所具有的死刑权。因为犯罪人是敌人，而对敌人，则具有处死的权力。笔者认为，卢梭的这种逻辑是危险的，因为犯罪人与社会是不可分离的，犯罪也不单是个人的问题，而且与社会有着不可分割的联系。简单地把犯罪人视为敌人，由此论证刑罚，尤其是死刑的合理性，就潜藏着这样一种危险性：只要将一个人宣布为敌人，那么其精神与肉体就可以任意处置，因为他已经不再是公民。按照这种逻辑推演下去，刑罚就会蜕化为政治镇压的工具，人权也就难以得到有效的保障。

在一个法治社会，国家权力受到公民权利的制约，保障人权应当是国家权力存在的根据。同时，公民权利的行使又受到法律的限制，是在一定范围内的自由。因而，权力与权利具有一种内在的关系。在刑法意

---

① 参见［法］卢梭：《社会契约论》，何兆武译，商务印书馆1980年版，第46–47页。

义上，国家为了保护社会，就有必要设置刑罚，刑罚权就有存在的理由。但刑罚权又必须加以限制，否则就会侵犯人权。我国在一段时间里注重权力而轻视权利，注重社会而轻视个人。表现在刑法上，就是强调刑法的社会保护机能，而轻视刑法的人权保障机能，至少是未将人权保障机能放在一个同等重要的位置上。在市场经济体制下，个人的权利日益受到重视与保护，因此刑法机能应当从社会保护机能向人权保障机能倾斜，加重刑法的人权蕴涵。这就是说，应当调整刑法的社会保护机能与人权保障机能之间的关系比重，对人权保障机能予以适当的强调。只有这样，才能在刑法中科学地确定权力与权利的关系，避免权力侵夺权利。

第五章 罪刑法定原则

自从刑事古典学派提出罪刑法定主义并将之确立为刑事立法与刑事司法的经典原则,已经过去了一个半世纪。其间,世界发生了剧烈的变动。罪刑法定主义经受了历史的考验,同时也面临着时代的挑战。在这种情况下,罪刑法定的当代命运到底如何,这是一个亟待回答的重大问题。

一、罪刑法定的价值蕴涵

罪刑法定的基本含义是"法无明文规定不为罪(nullum crimen sine lege),法无明文规定不处罚(nulla poena sine lege)"。这一法律格言本身并无高深可言,但它所体现的价值蕴涵却是十分丰富的,只有从历史的深度与社会的广度才能正确地求得。

罪刑法定的思想渊源虽然可以追溯到1215年英王约翰签署的大宪章(Magna Carta),但它作为刑法基本原则的确立,却是17、18世纪启蒙运动的产物。启蒙运动是对中世纪封建专制主义的反动,因而它是以人的解放为追求的价值目标,由此确立个人本位的政治法律思想,从而为罪刑法定主义提供了理论基础。美国法理学家博登海默曾经把启蒙思想的主要理论形态——古典自然法的发展分为三个阶段:第一阶段是文艺复兴和宗教改革后发生的从中世纪神学和封建主义中解放出来的过程，以格老秀斯、霍布斯等人为代表的自然法思想，其理论特点就是认为，实施自然法的最终保证应当主要从统治者的智慧和自制中去发现。因此，这一阶段更倾向于安全。第二阶段约始于1649年英国的清教改革，这一阶段以经济、政治及哲学中的自由主义为标志。洛克和孟德斯鸠等人试图用分权的方法来保护个人的自然权利，反对政府对个人权利的非法侵犯。因此，这一阶段更注重的是自由。第三阶段的标志乃是强烈主张人民的主权和民主。自然法取决于人民的"普遍意志"和大多数人的决定。这一阶段最杰出的代表人物是法国政治思想家让·雅克·卢梭。因此，这一阶段的中心是民主。[①]应该说，自然法发展的以上三个阶段分别强调的安全、自由和民主三种价值中，自由最能反映自然法的精神。因而，以洛克、孟德斯鸠为代表的是成熟与纯正的自然法理论形态。

"自由"一词在英文中有两个同义的词汇，即Freedom和Liberty。据考证，在古代西方，自由概念最早曾被用来表示原始社会无任何羁束的自然生活状态。在现代社会，自由作为一种公民权利而存在，这个意义上的自由不仅是指人身自由，而且包括在社会活动的各个方面自主地决定自己的行为。古典自然法对自由范畴所作的最主要的规定，就是把它宣布为人的天赋权利或自然权利；而这种天赋权利或自然权利在实际社会中又表现为社会权利。霍布斯在论及自由时指出："自由"这个词，按照其确切的意义来说，就是外界障碍不存在的状态。自由首先以自然权利而存在，自然权利就是一个人按照自己所愿意的方式运用自己的力量保全自己的天性——也就是保全自己的生命——的自由。因此，这种自由就是用他自己的判断和理性认为最适合的手段去做任何事情的自由。[②]

[①] 参见〔美〕博登海默：《法理学——法哲学及其方法》，姬敬武、邓正来译，华夏出版社1987年版，第37页。

[②] 参见〔英〕霍布斯：《利维坦》，黎思复、黎廷弼译，商务印书馆1985年版，第165页。

继霍布斯之后，洛克对这种自由权利范畴作了进一步的说明，指出：人的自然自由，就是不受人间任何上级权力的约束，不处在人们的意志或立法权之下，只以自然法作为他的准绳。处在社会中的人的自由，就是除经人们同意在国家内所建立的立法权以外，不受其他任何立法权的支配，除了立法机关根据对它的委托所制定的法律以外，不受任何意志的统辖或任何法律的约束。洛克还论及自由与法律的关系，指出：处在政府之下的人们的自由，应有长期有效的规则作为生活的准绳，这种规则为社会一切成员所共同遵守，并为社会所建立的立法机关所制定。这是在规则未加规定的一切事情上能按照我自己的意志去做的自由，而不受另一人的反复无常的、事前不知道的和武断的意志的支配；如同自然的自由是除了自然法以外不受其他约束那样。[1]在这里，洛克明确指出了"凡是法律没有规定的，便是允许去做的"这样一个命题，从而为公民自由留下了广泛的空间，即使法律的规定，也并不是要限制自由。因此，洛克指出：法律按其真正的含义而言，与其说是限制，还不如说是指导一个自由而有智慧的人去追求他的正当利益，它并不在受这法律约束的人们的一般福利范围之外作出规定。假如没有法律他们会更快乐的话，那么法律作为一件无用之物自己就会消灭；而单单为了使我们不致坠下泥坑和悬崖而做的防范，就不应称为限制。所以，不管会引起人们怎样的误解，法律的目的不是废除或限制自由，而是保护和扩大自由。这是因为在一切能够接受法律支配的人类的状态中，哪里没有法律，哪里就没有自由。这是因为自由意味着不受他人的束缚和强暴，而哪里没有法律，哪里就不能有这种自由。[2]

---

[1] 参见［英］洛克：《政府论》（下篇），叶启芳、瞿菊农译，商务印书馆1964年版，第16页。

[2] 参见［英］洛克：《政府论》（下篇），叶启芳、瞿菊农译，商务印书馆1964年版，第36页。

根据洛克的观点，自由不是为法律而存在，恰恰相反，法律是为自由而存在的。只有在这个意义上，我们才能领会洛克关于"哪里没有法律，哪里就没有自由"这句名言的真谛。那么法律又是什么呢？这里涉及洛克关于社会契约的思想。洛克指出：任何人放弃其自然自由并受制于公民社会的种种限制的唯一的方法，是同其他人协议联合组成一个共同体，以谋他们彼此间的舒适、安全和和平的生活，以便安稳地享受他们的财产并且有更大的保障来防止共同体以外任何人的侵犯。[1]不仅如此，社会还从公民个人中通过权利转让获得了立法权，从而制定法律并用法律来解决公民之间的纠纷，以及依照法律处罚违法者。正如洛克指出：真正的和唯一的政治社会，是在这个社会中，每一成员都放弃了这一自然权力，把所有不排斥他可以向社会所建立的法律请求保护的事项都交由社会处理。于是，每一个别成员的一切私人判决都被排除，成了仲裁人，用明确不变的法规来公正地和同等地对待一切当事人；通过那些由社会授权来执行这些法规的人来判断该社会成员之间可能发生的关于任何权利问题的一切争执，并以法律规定的刑罚来处罚任何成员对社会的犯罪。[2]在此，洛克阐明了刑罚权的起源，它来自在自然法状态下为执行私人判决而处罚违犯自然法的行为的权力。洛克以自然权力与社会契约建构起来的以自由为精神的政治哲学理论，成为罪刑法定主义的主要理论支撑。

继洛克之后，孟德斯鸠进一步发展了自然法理论。孟德斯鸠十分注重自由与法律的关系，指出在一个国家里，也就是说，在一个有法律的社会里，自由仅仅是：一个人能够做他应该做的事情，而不被强迫去做

---

[1] 参见［英］洛克:《政府论》(下篇)，叶启芳、瞿菊农译，商务印书馆1964年版，第59页。

[2] 参见［英］洛克:《政府论》(下篇)，叶启芳、瞿菊农译，商务印书馆1964年版，第53页。

他不应该做的事情。自由是做法律所许可的一切事情的权利；如果一个公民能够做法律所禁止的事情，他就不再有自由了，因为其他的人也同样会有这个权利。孟德斯鸠认为，一个公民的政治自由是一种心境的平安状态，这种心境的平安是从人人都认为他本身是安全的这个看法产生的。要享有这种自由，就必须建立一种政府，在它的统治下一个公民不惧怕另一个公民。① 由此可见，孟德斯鸠把公民的自由归结为一种不受侵犯的安全，这也正是政治上的自由与哲学上的自由的主要区别。哲学上的自由，是要能够行使自己的意志，或者，至少（如果应从所有的体系来说的话）自己相信是在行使自己的意志。政治上的自由是要有安全，或是至少自己相信有安全。孟德斯鸠认为，这种安全从来没有比在公的或私的控告时受到的威胁更大的了。因此，孟德斯鸠得出结论：公民的自由主要依靠良好的刑法。因为当公民的无辜得不到保证，自由也就没有保证。孟德斯鸠指出：如果刑法的每一种刑罚都是依据犯罪的特殊性质去规定的话，便是自由的胜利。一切专断停止了，刑罚不是依据立法者一时的意念，而是依据事物的性质产生出来的；这样，刑罚就不是人对人的暴行。②

孟德斯鸠还从政体的角度阐述了罪刑法定的思想，指出：当一个人握有绝对权力的时候，他首先便是想简化法律。在这种国家里，他首先注意的是个别的不便，而不是公民的自由，公民的自由是不会受到关怀的。孟德斯鸠还把国家政体分为专制国、君主国和共和国三种，阐述了"在什么政体与情况之下法官应按照法律的明文断案"，指出：专制国家是无所谓法律的。法官就是法律。君主国是有法律的，法律明确时，法

---

① 参见［法］孟德斯鸠：《论法的精神》（上册），张雁深译，商务印书馆1961年版，第154页。

② 参见［法］孟德斯鸠：《论法的精神》（上册），张雁深译，商务印书馆1961年版，第188–189页。

官遵照法律；法律不明确时，法官则探求法律的精神。在共和国里，政制的性质要求法官以法律的文字为依据；否则在有关一个公民的财产、荣誉或生命案件中，就有可能对法律作有害于该公民的解释了。[①] 孟德斯鸠还引证历史资料加以说明：一个政体越接近共和政体，裁判的方式也就越确定。在拉栖代孟共和国，民选长官断案是武断的，没有任何法律作依据。在罗马，法官只能够宣告被告犯了某一罪行，而这罪行的处罚，法律是有规定的，这从当时所制定的各种法律可以看到。同样，在英国，由陪审员根据向他们提出的事实，认定被告是否犯罪。如果他们宣告犯罪属实，法官便按照法律的规定宣布刑罚，做这件事，法官只要用眼睛一看就够了。[②] 古典自然法在个人与社会的关系上，体现了个人本位的原则。政府和社会的存在都是为了维护个人的权利，而个人权利的不可取消性则构成政府与社会权威的限度。个人及其权利以终极原则的地位出现。[③]

罪刑法定主义作为近代刑法基本原则的诞生，完全体现了古典自然法所确立的个人本位的价值观念，以人权保障为己任。贝卡里亚就是秉承古典自然法思想，建构了刑事古典学派的理论体系，因而首先明确地提出罪刑法定的原则。贝卡里亚认为，在自然状态下，人人都享有自然权利。但是，连续的战争状态使个人无力享受那种由于朝不保夕而变得空有其名的自由。只有通过社会契约，才能使人们联合起来建立政治社会，法律就是把这些人联合成社会的条件。为此，人们必须把自己的一部分自由转让给社会。贝卡里亚指出：正是这种需要迫使人们割让自己

---

① 参见［法］孟德斯鸠：《论法的精神》（上册），张雁深译，商务印书馆1961年版，第76页。

② 参见［法］孟德斯鸠：《论法的精神》（上册），张雁深译，商务印书馆1961年版，第76-77页。

③ 参见［美］萨拜因：《政治学说史》（下册），盛葵阳、崔妙因译，商务印书馆1986年版，第590页。

的一部分自由，而且，无疑每个人都希望交给公共保存的那份自由尽量少些，只要足以让别人保护自己就行了。这一份份最少量自由的结晶形成惩罚权。一切额外的东西都是擅权，而不是公正的，是杜撰而不是权利。如果刑罚超过了保护集存的公共利益这一需要，它本质上就是不公正的。刑罚越公正，君主为臣民所保留的安全就越神圣不可侵犯，留给臣民的自由就越多。① 为此，必须在政府的权力与公民的自由之间画出一条界线，而罪刑法定就是这条界限的一个明确的界标。贝卡里亚将其视为刑法之第一要义，指出：只有法律才能为犯罪规定刑罚。只有代表根据社会契约而联合起来的整个社会的立法者才拥有这一权威。任何司法官员（他是社会的一部分）都不能自命公正地对该社会的另一成员科处刑罚。超越法律限度的刑罚就不再是一种正义的刑罚。因此，任何一个司法官员都不得以热忱或公共福利为借口，增加对犯罪公民的既定刑罚。② 及至费尔巴哈，罪刑法定被确立为实证刑法的原则，并以"哪里没有法律，哪里就没有对公民的处罚"这样通俗的语言著称于世。

从刑法价值论考察，刑事古典学派宣扬的罪刑法定主义是以个人自由为价值取向的，体现的是刑法对人权的有力保障。刑法的这种人权保障机能通过罪刑法定得以实现，主要表现为对立法权与司法权的限制，即以法律限制权力，从而保障了个人自由。

罪刑法定主义首要使命是对立法权的限制。在罪刑法定的构造中，刑事立法者绝不是一个任意恣行的人，而是处于限制与被限制的复杂关系之中。立法者规定对某一行为以犯罪论处，这当然是对个人自由的一种限制，但它并不能无限制地扩张这种权利。申言之，这种权力本身同

---

① 参见［意］贝卡里亚：《论犯罪与刑罚》，黄风译，中国大百科全书出版社1993年版，第9页。

② 参见［意］贝卡里亚：《论犯罪与刑罚》，黄风译，中国大百科全书出版社1993年版，第11页。

时又受到个人自由的限制。自由本身即意味着限制，没有限制就没有自由。因为社会自由的存在前提是，一切人们都通过一定的社会关系形式而同其他人发生联系，而联系本身就意味着相互制约。而且，社会自由既然是一种自主活动状态，那么人们在行使自由权利进行社会活动时，必须考虑他的活动对其他人的存在和他们各方面利益的影响。否则，社会由于妨害他人所应该享有的社会利益而遭到抵制。由此可以引出以下结论：人们所能享有的自由最终是有限制的，这个限制在它本身所存在的社会关系中来自其他人的存在和利益。而这一限制正体现了社会自由的最本质的界限，亦即它的原则界限，这便是：社会自由必须以不妨害他人应有的利益为界限。① 对个人自由限制的需要，也正是刑罚权存在的理由与根据。但是，对个人自由的限制本身并非目的，目的恰恰在于使个人更加充分地与最大限度地享有自由。由此，刑罚权本身又应该受到限制。罪刑法定主义最大的价值就体现于此，这也是单纯从罪刑法定的字面上无从寻得而是隐含在这一原则背后的深层价值意蕴。

贝卡里亚就曾经指出，衡量犯罪的真正标尺是犯罪对社会的危害。为了正确地区分（立法意义上而非司法意义上）罪与非罪的界限，贝卡里亚设计了一个由一系列越轨行为构成的阶梯，它的最高一级就是那些直接毁灭社会的行为，最低一级就是对于作为社会成员的个人所可能犯下的最轻微的非正义行为。在这两级之间，包括了所有侵害公共利益的、我们称之为犯罪的行为，这些行为都沿着这无形的阶梯，从高到低顺序排列。贝卡里亚满怀深情地指出：如果说，对于无穷无尽、暗淡模糊的人类行为组合可以应用几何学的话，那么也很需要一个相应的、由最强到最弱的刑罚阶梯。有了这种精确的、普遍的犯罪与刑罚阶梯，我们就有了一把衡量自由和暴政程度的潜在的共同标尺，它显示了各个国家的

---

① 参见贾高建：《三维自由论》，中共中央党校出版社1994年版，第112页。

人道程度和败坏程度。贝卡里亚毫不含糊地说：任何不包含在上述阶梯之内的行为，都不能被称为是犯罪，或者以犯罪论处。①在贝卡里亚所处的立法暴虐、司法专横的时代，这些掷地有声的话不啻是在乌云阴翳的黑夜划过一道理性的闪电。今天读来，仍然使人怦然心动。罪刑法定主义对立法权限制的思想在1789年法国《人权宣言》得以确认，宣言规定：自由就是指有权从事一切无害于他人的行为（第4条）。法律仅有权禁止有害于社会的行为。凡未经法律禁止的行为即不得受到妨碍，而且任何人都不得被迫从事法律所未规定的行为（第5条）。法律只应规定确实需要和显然不可少的刑罚，而且除非根据在犯法前已经制定和公布的且系依法施行的法律以外，不得处罚任何人（第8条）。

　　罪刑法定主义还意味着以立法权限制司法权。司法如果没有立法的限制，擅断就不可避免，专横也在情理之中。对司法权的限制，始终是刑事古典学派考虑的一个根本问题，其目的就在于保障公民的个人自由不受司法侵犯。罪刑法定，就成为刑事古典学派防止司法权侵犯个人自由的一种制度设计。罪刑法定主义通过罪刑的法定化，为公民提供了行为模式，从而使公民对自己的行为具有可预见性。因此，只有确定性的刑事规范，才能为公民提供安全的保障。孟德斯鸠提出：法律的用语，对每一个人要能够唤起同样的观念。在法律已经把各种观念很明确地加以规定之后，就不应再使用含糊笼统的措辞。路易十四的刑事法令，在精确地列举了和国王有直接关系的讼案之后，又加上了一句"以及一切向来都由国王的判官审理的讼案"。人们刚刚走出专横独断的境域，可是又被这句话推回去了。②孟德斯鸠还以中国古代法例来说明刑法明确性对

---

　　① 参见［意］贝卡里亚：《论犯罪与刑罚》，黄风译，中国大百科全书出版社1993年版，第66—69页。

　　② 参见［法］孟德斯鸠：《论法的精神》（上册），张雁深译，商务印书馆1963年版，第297页。

于保障个人自由的重要性：中国的法律规定，任何人对皇帝不敬就要处死刑，因为法律没有明确规定什么叫不敬，所以任何事情都可拿来作借口去剥夺任何人的生命，去灭绝任何家族。如果大逆罪含义不明，便足以使一个政府堕落到专制主义中去。① 由此可见，刑法的明确性是罪刑法定的题中应有之义，它的要旨就在于限制司法权的滥用。贝卡里亚也表现出对法官极大不信任，将法官的使命严格限定在判定公民的行为是否符合成文法，并且竭力否认法官解释刑事法律的权力，指出：严格遵守刑法文字所遇到的麻烦，不能与解释法律所造成的混乱相提并论。这种暂时的麻烦促使立法者对引起疑惑的词句作必要的修改，力求准确，并且阻止人们进行致命的自由解释，而这正是擅断和徇私的源泉。② 人们正是通过罪刑法定的方式获得人身与财产的安全，固守着作为社会的一个分子所应当享有的自由的疆域，而不受任何非法的侵入。

　　刑事古典学派以个人为本位的罪刑法定主义在世界各国产生了深远而广泛的影响，成为刑法的铁则。然而，时代的变迁，导致个人本位向社会本位嬗变。这一价值观念的重大转变，同样对法律产生了根本性的影响，出现了所谓法律社会化的运动，例如美国法学家庞德指责19世纪个人自由发挥能动性的神话使我们过分热衷于抽象的人的抽象的自由，而看不到在具体的人的人类生活中的社会利益。庞德指出：标志20世纪法理学特点的整个世界法律思想中的态度的变化，以承认个人生活中的社会利益为基点，认为它比个人自我主张观点更宽广，范围更大。③ 庞德甚至认为，19世纪法律的历史，主要是有关日趋承认个人权利——这些

---

① 参见［法］孟德斯鸠：《论法的精神》（上册），张雁深译，商务印书馆1961年版，第195页。
② 参见［意］贝卡里亚：《论犯罪与刑罚》，黄风译，中国大百科全书出版社1993年版，第13页。
③ 参见［美］庞德：《法律史解释》，曹玉堂、杨知译，华夏出版社1989年版，第143-144页。

权利常常被看作自然和绝对的权利——的记录；在20世纪，应该用更加广泛地承认人类的需要、要求和社会利益这方面的发展来重复这段法律历史。社会本位的法律观念强调的是社会秩序，通过社会协调一致的行动，使得社会利益最大化。

社会本位的价值观的确立，对建立在个人本位价值观之上的罪刑法定主义是一次严重的挑战。刑事实证学派就是在这种历史背景下产生的，它所确立的社会防卫论体现了社会本位的价值取向。例如，菲利坚决否定刑事古典学派倡导的个人责任论，从而提出社会责任论，认为对犯罪人适用刑罚，必然考虑导致犯罪的犯罪人本身的个人因素，更重要的是要考虑导致一定的犯罪人实施一定的犯罪的社会诸条件，从社会环境中寻找犯罪原因或根源，从而社会就有责任以相应的刑事政策并用相应的处遇，改造教育犯罪人，履行对犯罪人实施拯救责任，以使复归社会，排除对社会的分割。[①]

社会责任论从社会出发责难犯罪人，使刑罚从消极的限制机能向积极的促进机能扩张，个别刑事实证学派的学者由此提出松弛、批判甚至取消罪刑法定的主张。例如，牧野英一认为，利用刑法对犯罪人进行社会防卫是一种现代思潮，是19世纪的个人本位时代向20世纪的社会本位时代进化的结果。刑法是为保卫社会才规定对犯罪人予以处罚的，所以，行为受刑法限制的不是法官，只能是犯罪人，这是不言自明的。在这种情况下，通过罪刑的法定而制约的形式上的法律关系的要求，将起阻碍作用，乃至成为桎梏。日本刑法学家中山研一在论及牧野英一关于罪刑法定主义思想时指出：如果认为牧野英一博士完全否定并主张放弃罪刑法定主义原则，则是不正确的。莫如说，牧野英一博士的目的是把罪刑法定原则按照新的时代要求加以修正，变更其面目，进而赋予其崭新的

---

① 参见甘雨沛、何鹏：《外国刑法学》（上册），北京大学出版社1984年版，第137页。

内容。中山研一进一步评论道：然而，从结论上看，牧野英一主张罪刑法定主义的派生原则的某些问题具有一定的缓和可能性，是通过将罪刑法定主义贬低为形式上的法定原则而悬置其实质内容；牧野英一提出在罪刑法定主义原则已有的限制机能之上增加促进机能，是将人权包含在国家刑罚权的一般增长机能中，无异于取消人权。①这一评论可谓入木三分。确实，罪刑法定主义经过牧野英一的如此改造，已经是名存实亡。

进入20世纪，罪刑法定命运多舛。在价值取向上，体现个人本位的罪刑法定主义难以适应时代的需要，这是一个客观的事实，但是个人自由与社会秩序是否完全对立，人权保障与社会保护是否不能并存，因而罪刑法定主义是否已经不能容纳时代内容应该退出历史舞台，这些都是我们需要研究的问题。

笔者认为，个人与社会、自由与秩序是辩证统一的。人既具有个体性，又具有社会性。正如英国哲学家格林指出：个人生命与社会生命之间存在必不可少的关系（唯有社会生命才使人具有价值和意义，因为唯有社会生命给予个人以充分道德发展的力量）；个人及其全部权利和全部自由对于其社会成员资格的依赖性；与此互相关联的社会所负的保证个人全部权利的义务（个人全部权利，换句话说，就是个人的充分道德发展，因而也就是社会的道德发展所必要的一切条件）。②古典自然法主张天赋人权，由此论证个人自由的神圣性。这种观点过于强调人的个体性，忽视了个人自由只有在一定的社会关系中才能求得。按照马克思主义观点，只有从现实的人所处的现实的社会关系出发，才能科学地界定个人自由。在这个意义上，个人自由只不过是现实的人的现实权利。这

---

① 参见［日］中山研一：《刑法的基本思想》，姜伟、毕英达译，国际文化出版公司1988年版，第8页。

② 参见［英］欧内斯特·巴克：《英国政治思想》，施燕华等译，商务印书馆1987年版，第4页。

种权利的实现,不可能超出一定的社会结构所提供的条件。因此,马克思指出:"自由就是从事一切对别人没有害处的活动的权利。每个人所能进行的对别人没有害处的活动的界限是由法律规定的,正像地界是由界标确定的一样。"①

及至19世纪与20世纪之交,由于生产社会化的进一步发展,垄断取代竞争,因而社会本位思想得以滥觞。应该说,这种社会本位的价值取向是对以往个人本位的价值取向的一种反动,虽然存在矫枉过正之嫌,但从本质上并没有否认个人自由而只不过是在个人自由与社会秩序这两种价值中更偏重于后者而不是前者。不仅个人与社会是统一的,而且自由与秩序也具有其内在的同一性。因为秩序意味着按照一定的规范和准则,对社会系统进行有效的控制,使社会按照特定的秩序轨道正常运行。因此,秩序是自由的前提或基础,同时秩序本身也包含着自由。自由与秩序就其本性而言,并不是截然对立的,而是存在一种有机的、相互包容的关系。正如美国学者库利指出:只有糟糕的社会秩序才是和自由对立的。自由只有通过社会秩序或在社会秩序中才能存在,而且只有当社会秩序得到健康的发展,自由才可能增长。②

既然个人自由与社会秩序是统一的,因而刑法的人权保障与社会保护这两大机能也是不可偏废的。因为法律的任务就是努力地在尊重个人自由和维护社会根本制度之间保持平衡。对这个问题的立法决策应事先经过充分讨论,然后再以稳健的方式作出。只有这样,才能防止产生对某些法律的不合理性视而不见的现象,这些法令可能根本达不到自己的预定目的,或者将会产生在某种程度上为实现其造福于社会的目的而过

---

① 《马克思恩格斯全集》(第1卷),人民出版社1974年版,第438页。
② 参见[美]库利:《人类本性和社会秩序》,包凡一、王源译,华夏出版社1989年版,第278页。

分地牺牲个人利益的后果。① 因此，刑法既要通过其人权保障机能，成为公民自由的大宪章，又要通过其社会保护机能，成为社会利益的捍卫者。我们说刑法的两大机能不可偏废，并不是说两者不存在冲突，在冲突中不能有所选择与丧失。

  刑事古典学派强调的是刑法的人权保障机能，因而刑法制度的设计完全是从保障个人自由出发。例如，贝卡里亚把全部思想归结为以下这条被他认为是颇为有益的普遍公理：为了不使刑罚成为某人或某些人对其他公民施加的暴行，从本质上来说，刑罚应该是公开的、及时的、必需的，在既定条件下尽量轻微的、同犯罪相对称的并由法律规定的。② 而刑事实证学派所宣称的基本目标是从罪犯本身及其生活于其中的自然和社会环境方面研究犯罪的起源，以便针对各种各样的犯罪原因采取最有效的救治措施。③ 因此，刑事实证学派设计的刑法制度必然以社会保护为重心。但这也不是对个人的完全否定。例如，菲利就明确地说，从贝卡里亚时代起，刑法通过反对中世纪专断和残暴的刑罚得到了发展，刑罚逐渐减轻了。与此相似，从逐渐加强保证个人免受社会统治的制度的意义上讲，19世纪的法定刑事诉讼程序一直是而且现在仍然是反对中世纪滥用审判制度的产物。就刑法而言，为了社会自卫的利益，有必要反对古典学派过分强调个人主义的做法。而实证学派，恰恰因为它旨在寻求个人和社会权利的均衡，所以不满足于支持社会反对个人，它也支持个人反对社会。④ 这就是被菲利称为个人权利与权利均衡的原则，以此与以

---

  ① 参见［英］彼得·斯坦、约翰·香德：《西方社会的法律价值》，王献平译，中国人民公安大学出版社1990年版，第181页。
  ② 参见［意］贝卡里亚：《论犯罪与刑罚》，黄风译，中国大百科全书出版社1993年版，第109页。
  ③ 参见［意］菲利：《犯罪社会学》，郭建安译，中国人民公安大学出版社1990年版，第1页。
  ④ 参见［意］菲利：《犯罪社会学》，郭建安译，中国人民公安大学出版社1990年版，第103、105页。

个人主义理论为基础的刑事古典学派相抗衡。

  罪刑法定主义的古典形态无疑是建立在个人自由与人权保障的基础之上的。罪刑法定是深受中世纪刑罚权无节制扩张和滥用之苦而作出的价值选择，就其基本属性而言，它倾向于保障人权、实现一般正义和增强社会安全感。可以说，罪刑法定是价值偏一的选择，而并非兼顾各种价值目标和利益。① 那么，罪刑法定主义能否容纳社会保护的价值内容呢？我们的回答是肯定的。如前所述，社会利益与个人自由不是完全对立的。社会保护与人权保障也并非不可两立，罪刑法定经过自身的完善与变化能够适应社会需要，兼顾人权保障与社会保护。事实上，罪刑法定主义也不是一成不变的，从提出绝对罪刑法定主义到后来的相对罪刑法定主义的修正，表明它具有内在的完善机制，可以跟上时代的发展与社会的变迁。现在通常所说的从绝对罪刑法定主义到相对罪刑法定主义的变化，主要是指从完全取消司法裁量到限制司法裁量；从完全否定类推到容许有限制的类推适用，即在有利于被告的场合容许类推适用；从完全禁止事后法到从旧兼从轻，即在新法轻的情况下刑法具有溯及力等，都没有违背人权保障的宗旨。同时又增加了刑法的灵活性与适应性，以求得个人自由与社会秩序之间更好的平衡，实现刑法的人权保障与社会保护的双重机能。因此，罪刑法定主义从绝对到相对的变化，并非自我否定，而是自我完善。尤其是经过第二次世界大战纳粹法西斯践踏法制、侵犯人权的血的洗礼，使人们更加认识到罪刑法定主义的重要价值。法国 1994 年 3 月 1 日生效的新刑法典第 113-3 条明确规定了罪刑法定原则，指出："构成要件未经法律明确规定之重罪或轻罪，不得以其处罚任何人；或者构成要件未经条例明确规定之违警罪，不得以其处罚任何人。如犯罪系重罪或轻罪，法律无规定之刑，不得以其处罚任何人。如犯罪

---

  ① 参见宗建文：《刑罚正义论——罪刑法定的价值分析》，载赵炳寿主编：《刑罚专论》，四川大学出版社 1995 年版，第 31 页。

系违警罪，条例无规定之刑，不得以其处罚任何人。"该法典第111-4条还规定"刑法应严格解释之"。

由此可见，罪刑法定主义不仅没有过时，而且也不会过时，因为它是刑法的内在生命。那种认为罪刑法定主义从命运说，已是日薄西山、气息奄奄之势的评价，即使不是囿于偏见，至少也是危言耸听。

二、罪刑法定的制度构造

罪刑法定不仅是一个刑法价值的取向问题，而且是一个刑法制度的构造问题。从制度构造上来说，罪刑法定是法治主义在刑法领域中的表现。

罪刑法定的制度构造，主要涉及立法与司法的关系问题。确切地说，是规则与裁量的关系问题。刑事古典学派确立罪刑法定主义，十分明显的用意就在于以立法权限制司法权，主张严格规则主义，否定法官的自由裁量权。因而，罪刑法定的制度构造中，明显地包含着权力制衡的思想设计。显然，这一思想来自古典自然法学派。例如，洛克首先提出了分权的思想，指出：如果同一批人同时拥有制定和执行法律的权力，这就会给人们的弱点以绝大诱惑，使他们动辄要攫取权力，借以使他们自己免予服从他们所制定的法律，并且在制定和执行法律时，使法律适合于他们自己的私人利益。因而他们就与社会的其余成员有不相同的利益，违反了社会和政府的目的。[①]根据洛克的看法，只有分权，使权力之间互相制约，才能免予权力的诱惑，从而保障公民的个人自由不受权力的侵犯。

孟德斯鸠进一步提出三权分立的学说，把一个国家的政权分为立法

---

① 参见［英］洛克：《政府论》（下篇），叶启芳、瞿菊农译，商务印书馆1964年版，第89页。

权、司法权和行政权,认为这三种权力应当由三个不同的机关来行使,并且互相制约。因为在孟德斯鸠看来,一切有权力的人都容易滥用权力,这是万古不易的一条经验。有权力的人们使用权力一直到遇有界限的地方才休止。因此,孟德斯鸠认为,从事物的性质来说,要防止滥用权力,就必须以权力约束权力。孟德斯鸠企盼有这样一种政制:它不强迫任何人去作法律所不强制他做的事,也不禁止任何人去作法律所许可的事。[①]如果没有权力制衡,当立法权和行政权集中于同一个人或同一个机关之手,自由便不复存在了;因为人们将要害怕这个国王或议会制定暴虐的法律,并暴虐地执行法律。如果司法权不同立法权和行政权分离,自由也就不存在了。如果司法权同行政权合而为一,法官便将握有压迫者的力量。有鉴于此,孟德斯鸠提出以权制权的制衡原理。指出:这三种权力原来应该形成静止或无为状态。不过,事物必然的运动促使它们前进,因此它们就不能不协调地前进了。[②]

根据这种权力制衡的思想,贝卡里亚得出结论:代表社会的君主只能制定约束一切成员的普遍性法律,但不能判定某个人是否触犯了社会契约。由于国家可能分为两方:君主所代表的一方断定出现了对契约的侵犯,而被告一方则予以否认。所以,需要一个判定事实真相的第三者。这就是说,需要一个作出终极判决的司法官员,他的判决是对具体事实作出单纯的肯定或否定。[③]显然,贝卡里亚这里所说的是司法权对于立法权的制约,即立法者只能制定法律,而不能自己去执行法律。同时,贝卡里亚更重视的是立法权对于司法权的制约,指出刑事法官根本没有解

---

① 参见[法]孟德斯鸠:《论法的精神》(上册),张雁深译,商务印书馆1961年版,第154页。

② 参见[法]孟德斯鸠:《论法的精神》(上册),张雁深译,商务印书馆1961年版,第156-157页。

③ 参见[意]贝卡里亚:《论犯罪与刑罚》,黄风译,中国大百科全书出版社1993年版,第11页。

释刑事法律的权力,因为他们不是立法者。根据贝卡里亚的构想:法官对任何案件都应进行三段论式的逻辑推理。大前提是一般法律,小前提是行为是否符合法律,结论是自由或是刑罚。[①]根据这一司法模式,法官只是法律的机械执行者,没有任何自由裁量权。总之,刑事古典学派从罪刑法定主义出发,都主张严格限制法官的权力。

罪刑法定主义对法官权力的限制,主要是通过成文法。因而,古典作家们表现出对于成文法的无限推崇。例如,孟德斯鸠要求法官判案应当以法律的文字为依据,否则在有关一个公民的财产、荣誉或生命的案件中,就有可能对法律作有害于该公民的解释了。[②]意味深长的是,孟德斯鸠的代表作书名虽然是《论法的精神》,但他十分反对法官探求法律的精神,因为文字比精神更为确切与确定。

这一观点在贝卡里亚那里得到更加淋漓尽致的发挥。贝卡里亚指出:"法律的精神需要探寻",再没有比这更危险的公理了。采纳这一公理,等于放弃了堤坝,让位给汹涌的歧见。因为,每个人都有自己的观点,在不同的时间里,会从不同的角度看待事物。因而,法律的精神可能会取决于一个法官的逻辑推理是否良好,对法律的领会如何;取决于他感情的冲动;取决于被告人的软弱程度;取决于法官与被侵害者间的关系;取决于一切足以使事物的面目在人们波动的心中改变的、细微的因素。所以,我们可以看到,公民的命运经常因法庭的更换而变化。不幸者的生活和自由成了荒谬推理的牺牲品,或者成了某个法官情绪冲动的牺牲品。因为法官把从自己头脑中一系列混杂概念中得出的谬误结论奉为合法的解释。我们还可看到,相同的罪行在同一法庭上,由于时间

---

① 参见[意]贝卡里亚:《论犯罪与刑罚》,黄风译,中国大百科全书出版社1993年版,第12页。
② 参见[法]孟德斯鸠:《论法的精神》(上册),张雁深译,商务印书馆1961年版,第12页。

不同而受到不同的惩罚。原因是人们得到的不是持久稳定的而是飘忽不定的法律解释。因此，贝卡里亚认为对于一部业已厘定的法典，应当逐字遵守。法官唯一的使命就是判定公民的行为是否符合成文法律。[①]甚至，贝卡里亚推广到对一切成文东西的崇拜，认为一个社会如果没有成文的东西，就绝不会具有稳定的管理形式。在稳定的管理形式中，力量来自整体，而不是局部的社会；法律只依据普遍意志才能修改，也不会蜕变成私人利益的杂烩。经验和理性告诉我们：人类传统的可靠性和确定性，随着逐渐远离其起源而削弱。如果不建立一座社会契约的坚固石碑，法律怎么能抵抗得住时间和欲望的必然侵袭呢？[②]

由此可见，贝卡里亚之所以推崇成文法，主要是因为以文字记载的法律具有稳定性，可以抵御各种欲望的侵蚀。在这种绝对罪刑法定主义的支配下，1791年法国制定了一部刑法典，对各种犯罪都规定了具体的犯罪构成和绝对确定的法定刑，毫不允许法官有根据犯罪情节酌情科刑之余地。

以严格规则主义为特征的绝对罪刑法定主义受到刑事实证学派的抨击，刑事实证学派主张扩大法官的自由裁量权，降低刑法典的意义。菲利对刑事古典学派无视犯罪人的个性差别因而否定法官具有依照这种差别进行自由裁量的观点作了以下评论：实际上，古典学派犯罪学认为所有的盗窃者都是"盗窃犯"，所有的谋杀者都是"谋杀犯"，在立法者的心目中不存在任何具体的人，只有在法官面前才重现这种具体的人。在学者及立法者面前，罪犯只是一种法官可以在其背上贴上一个刑法条文的活标本。除了刑法典所提及的例外的和少有的人类心理状况的情况之

---

① 参见［意］贝卡里亚：《论犯罪与刑罚》，黄风译，中国大百科全书出版社1993年版，第12页以下。

② 参见［意］贝卡里亚：《论犯罪与刑罚》，黄风译，中国大百科全书出版社1993年版，第15页。

外，其他所有案件仅作为供法官从刑法典中选择某一适用于犯罪标本之条文的理由。如果在其背上贴的不是第407条而是第404条，上诉法院则反对再进行任何数目上的更改。如果这个标本还活着而且说道："对我适用哪一条文，对你来说可能十分重要，但如果你仔细研究一下各种迫使我夺取他人财物的条件，你就会意识到这种重要性是图解式的。"法官会回答说："将来的司法或许这样，但现在的司法并非如此。你触犯的是第404条，便依法在你背上贴上这一号码。在你离开法庭进入监狱时，将被换成另一个号码或其他数字，因为你的人格在代表社会正义的法律面前完全消失了。"这样，此人的人格便被不合理地抹杀了，并被留在监狱里接受对退化的治疗。如果他再回到令其多难的旧路上去，又犯一新罪，法官则简单地将另一个条文贴在原有的罪名上，如把规定累犯的第80条或第81条加到第404条规定的罪名。①

菲利还从刑事司法的特殊性方面，论述了应当扩大法官的自由裁量权。菲利指出：在刑法中，将法令适用到具体案件中去不是或不应当像在民法中那样，仅仅是一个法律的和抽象的逻辑问题。它必须从心理学角度把某个抽象的条例适用于活生生的人。因为刑事法官不能将自己与环境和社会生活割裂开来，成为一个在一定程度上有些机械性质的法律工具。第一个刑事判决对人的灵活鉴定都取决于行为、行为人和对其作用的社会状况等，而不取决于成文法。在此，我们有一个解决法官权力（指自由裁量权——引者注）这一古老问题的机会。在这个问题上，我们曾经从一个极端走向另一个极端，从中世纪的专断到培根认为应当尊重法律和法官的格言。按照培根的格言，留给法官的思考余地最小的法律是最好的法律，留给自己的独立判断余地最小的法官是最好的法官。如果刑事法官的职能像现在这样，总是根据有关未遂、共犯和对抗性犯

---

① 参见［意］菲利：《实证派犯罪学》，郭建安译，中国政法大学出版社1987年版，第37页。

罪等罪的拜占庭式的等量规则，对被告的道义责任进行虚幻的定量研究，也就是说，如果法律适用的对象是犯罪而不是罪犯，那么法官的权力应当限制在法律条文规定的应当判处多少年、多少月和多少天监禁的数量范围之内，就像中国法律非常精确规定竹棍的长短和粗细一样。但另一方面，如果刑事审判应当是对被告和被降到次要地位的犯罪——从刑罚角度看罪犯应当被提到前面——的一次生理心理学的审查，那么刑法典显然应当被限制在关于防卫和社会制裁方式以及每个重罪和轻罪的构成要素这样几个基本规则的范围之内，而法官则应当在科学的和实证的审判资料允许的范围内具有更大的自由，因此，他可以运用人类学知识来审判他面前的被告。①因此，刑事实证学派力图贬低成文法典的意义，主张从罪刑法定的死框框的束缚中解脱出来，给予法官更大的自由裁量权。

罪刑法定主义面对法官自由裁量权的挑战，那么，罪刑法定与自由裁量是否可以相容以及相容到什么程度，这个问题直接关系到罪刑法定的当代命运。笔者认为，刑事古典学派与刑事实证学派关于严格规则与自由裁量之争，主要在于如何看待司法活动中人的因素，而这个问题又与对人性的理解具有直接的关联。

司法活动中要不要人的因素？这里涉及人与法的关系，从更广泛的意义说，涉及人治与法治的关系。如果不从这样一个理论的深度上考察，就难以把握罪刑法定的发展前途。在中国古代就存在法治与人治的争论，尽管这种争论在内容上完全不同于现代意义上的法治与人治的概念，但多少涉及法与人孰重孰轻的问题。

春秋战国时期的法治，是指以法治国、重法而治、缘法而治，为法家所主张。作为其对立面的有三：一是礼治，二是德治，三是人治。法治

---

① 参见［意］菲利:《犯罪社会学》，郭建安译，中国人民公安大学出版社1990年版，第120页。

与人治的对立,是就人和法的关系说,具有法理学的性质,即人和法在治理国家方面究竟谁是第一性的、起决定作用的,是人的作用重要,还是法的作用重要。一般说来,法家主张法治,因而赞成成文法,认为法是衡量功过、决定刑赏的客观标准,是天下之程式,万事之仪表。儒家则主张人治,因而反对成文法,认为颁布成文法,对人民的控制权将仅仅局限于成文法所规定的界限之内,从而使人民恣意横行于成文法之外。

应该说,儒法两家对于人治与法治各执一端,存在认识上的片面性。荀况可以被视为沟通这两种倾向的桥梁,因为他认识到成文法和不成文法都有其存在的必要性。① 换言之,人治与法治各有道理。当然,荀况更为偏重的还是人治。

荀况对治理国家方面起决定作用的究竟是人还是法的问题作了分析,其基本观点有三:(1) 荀况开宗明义提出"有治人,无治法",意思是治理好国家的关键是人而不是法,必须有好的统治者才能治理好国家。法对治理好国家虽然很重要,所谓"法者,治之原也",但法的好坏最后还是要取决于作为统治者的人的好坏,因而治法不如治人。(2) 即使有了良法,还得靠人来掌握和贯彻,否则便成一纸具文。正所谓"法不能独立,类不能自行;得其人则存,失其人则亡"。(3) 国家大事非常复杂而又经常变化,法律既然不能概括无遗,又不能随机应变,完全仰仗人的灵活运用和当机立断。因此,荀况说:"故法而议,职而通,无隐谋,无遗善,而百事无过,非君子莫能。"有了君子,即使法有不至,职有不通,也可以"其有法者以法行,无法者以类举,则法虽省,足以遍矣"。没有君子,"则法虽具,失先后之施,不能应事之变,足以乱矣"。由此得出结论说:"故有良法而乱者,有之矣;有君子而乱者,自古及今,未

---

① 参见[美]金勇义:《中国与西方的法律观念》,陈国平译,辽宁人民出版社1989年版,第80页。

尝闻也。"① 荀况看到了法的有限性与稳定性和社会的复杂性与多变性之间的矛盾，为克服这一矛盾，必须强调人的作用。为此，荀况提出了一系列重要的法理学命题："徒法不能自行"，就是对司法中人的因素的重视；"有法者以法行，无法者以类举"，就是要通过对法无明文规定的情况按照最相类似的律文进行类推，以弥补法之不足。由此可见，法治的观点强调"经"，而人治的观点强调"权"。"经"是由法来确定的，而"权"则是由人来操作的。"经"而不"权"，有失于机械；"权"而不"经"则有失于灵活。因而，从制度构造上来说，两种观点都具有一定的片面性。

在古希腊，人治与法治的争论同样存在。一般认为，柏拉图是人治论者，亚里士多德是法治论者。柏拉图的人治思想，主要反映在《理想国》一书中。柏拉图主张贤人政治，以哲学家治国，认为对于优秀的人，关于商务、市场、契约、公安、海港的规则等，无须一一定成法律，需要什么规则，他们自己会容易发现的。而且，国家统治当局，特别是哲学家——国王和法官在无法律规定的情况下，拥有很大的自由裁量权，可以随意发布命令和司法。② 柏拉图之所以主张人治，主要是认为法律是刻板和固定的，不能适应变化的情况；法律又是原则性很强的东西，不能应用于每一个特殊事例。概括地说，法律是具有刚性（rigidity）的，它会束缚政治家统治的手脚，所以反对法治。相反，政治家的统治，全凭政治家的知识，可以随机应变，制定出一切必要的措施；能够适应变化了的情况和满足特殊的需要。所以，柏拉图竭力主张实行人治。当然，在柏拉图晚年所著的《法律篇》中，对法律的认识有所提高，承认法律的统治是"第二等好的"政治。

亚里士多德反对人治论，明确提出"法治应当优于一人之治"。法治之所以优于人治，主要理由在于：（1）法律是经过众人或众人的经验

---

① 参见张国华：《中国法律思想史新编》，北京大学出版社1991年版，第87页。
② 参见王人博、程燎原：《法治论》，山东人民出版社1989年版，第5-6页。

审慎考虑后制定的。众人的意见同一个人或少数人的意见相比,具有更多的正确性。(2)法律没有感情,不会偏私,具有公正性。(3)法律不会说话,不能像人那样信口开河,今天这样讲明天那样讲,具有稳定性。(4)法律是借助规范形式,特别是借助文字形式表达的,具有明确性。当然,亚里士多德也看到了法律的局限性,因而重视司法活动中人的因素。亚里士多德指出:法律是一种公共的尺度,但是它就像一个单个的人,不能预见到生活中可能发生的一切具体情况。然而,即使具有这样普遍的不确定性,法律依然是政治关系的不可替代的调节器。当法律的普遍原则在局部场合不适用时,就必须去修正缺点和填补原立法者留下的空白。亚里士多德把这种克服法律的一般性不良后果的方法称为循理。循理的本性如下:当法律由于自身的一般性而不能令人满意时,对法律进行修正就是循理。循理也是公正的,但不是从法律的字面含义去理解,而是从立法者本人的精神去理解。一个公正的人,即使有合法的权利,也不会按照法律的字面含义去损害他人,而是像立法者本人在立法时所做的那样,根据情况自由运用法律。[1]

从以上人治与法治的争论可以看出,在人与法的关系问题上,除了极个别极端的人治论者根本否定法的作用、个别极端的法治论者根本否定人的作用以外,大多数人都同时肯定人与法的作用。只不过强调的重点有所不同:人治论者重人轻法,法治论者重法轻人。

无论是重人轻法还是重法轻人,都涉及对人性的认识。法治论者的人性假定有二:(1)对人的理性的偏好与推崇,认为法可以规范一切人的行为,中国古代所谓"法网恢恢,疏而不漏"就反映了这种观念。根据对立法者理性人的假定,法典试图对各种特殊而细微的实情开列出各种具体的、实际的解决办法,它的最终目的是想有效地为法官提供一个

---

[1] 参见[苏]涅尔谢相茨:《古希腊政治学说》,蔡拓译,商务印书馆1991年版,第194页。

完整的办案依据，以便法官在审理任何案件时都能得心应手地引律据典，同时又禁止法官对法律作任何解释。①（2）人性恶的推断。例如，法家韩非断言"人人皆挟自为心"，人的这种自私自利的本性不能通过后天人为的力量加以改变，也就是根本不可能"化性起伪"，只有利用法律加以约束。人治论者的人性假定则正好相反：（1）对人的理性能力的怀疑，肯定人的经验性。因此，法的局限性是不可避免的，正所谓"法有限，情无穷"，以有限之法规范无穷之情是不可能的。例如柏拉图指出：人们之间和他们行为中的差异，以及人事中的无限的不规则的活动，都不允许有一种普遍和单纯的规则。并且没有任何技术能够制定出一种应付千变万化的原则。②（2）人性善的推断。例如孟子的"王道"即所谓"不忍之政"就是以人性善为依据的，正因为人性本善，社会秩序便可建立在统治者道德人格的感召力之上，自律强于他律。当然，人性的善恶不是绝对的，性善论与性恶论可以转变甚至合流。例如，柏拉图早期的贤人政治显然是以性善论为根据的，因而认为用法律条文来束缚哲学家——国王的手脚是愚蠢的，就好像是强迫一个有经验的医生从医学教科书的处方中去抄袭药方一样。③但在其晚年，柏拉图转向性恶论，认为人的本质只考虑个人利益而不谋求公共的利益，所以必须有法律，通过法律可以制裁或者惩罚人们的不善行为。

应该说，法律的局限性是客观存在的，这是由人的理性能力的有限性所决定的，因而必须承认司法活动中人的因素具有积极的作用，法官的自由裁量权是司法的必要前提。在这个意义上说，刑事古典学派完全否认司法活动中人的因素的绝对罪刑法定主义确实过于机械。当然，人

---

① 参见［美］梅里曼：《大陆法系》，顾培东、禄正平译，西南政法学院1983年版，第42页。
② 参见张宏生主编：《西方法律思想史》，北京大学出版社1983年版，第36页。
③ 参见［美］萨拜因：《政治学说史》（上卷），盛葵阳、崔妙因译，商务印书馆1986年版，第92页。

性是善还是恶这是一个难以实证的问题。但与其假定人性善,不如假定人性恶。权力不受制约,必然受到腐蚀。因而,法官的自由裁量权又不能是无限的,而应该有所节制。这种节制,正来自于相对罪刑法定主义所界定的罪刑范围。因此,在罪刑法定主义的内容里,法与人是可以统一的。

如果我们进一步考察,就可以发现,刑法领域中,从刑事古典学派否定自由裁量权到刑事实证学派肯定并扩大自由裁量权的转变,是以刑法观念的重大变化为基础的。对此,苏联著名刑法学家特拉伊宁有过十分精辟的论述:如果像古典学派所说的那样,刑事责任的根据应当是由事先在法律中确切描述的行为的话,那么,法院的作用就可以缩小到最低限度即归结为正确地适用法律。(实证学派)把犯罪人的人身危险性提到首要的地位后,就造成了完全不同的情况:立法者不可能见到犯罪人,而同犯罪人打交道的是法院,因而就扩大了法院的权限。[①]刑事古典学派以犯罪作为认识对象,而又把犯罪归结为纯粹的法律范畴,只注重对犯罪作法理分析。正如菲利所言:古典派把犯罪看成法律问题,集中注意犯罪的名称、定义以及进行法律分析,把罪犯在一定背景下形成的人格抛在一边。在这种情况下,整个刑法典在其最后的分析中仅为一个计算刑罚的对数表而已。[②]法官的工作也只是在认定已经发生的犯罪事实的基础上,对刑期的简单折算。因此,在这种司法模式之下,法官的作用是极其有限的。正如梅里曼所指出:大陆法系审判过程所呈现出来的画面是一种典型的机械式活动的操作图。法官酷似一种专门的工匠,除了很特殊的案件外,他出席法庭仅是为解决各种争讼事实,从现存的法律规

[①] 参见[苏]特拉伊宁:《犯罪构成的一般学说》,王作富等译,中国人民大学出版社1958年版,第24页。

[②] 参见[意]菲利:《实证派犯罪学》,郭建安译,中国政法大学出版社1987年版,第24、39页。

定中寻觅显而易见的法律后果。他的作用也仅仅在于找到这个正确的法律条款，把条款与事实联系起来，并对从法律条款与事实的结合中会自动产生的解决办法赋予法律意义。①

刑事实证学派完成了从犯罪到犯罪人的重大转变，将刑事司法的对象从犯罪转移到犯罪人，尤其是注重犯罪人的人身危险性，主要以人身危险性的程度作为确定犯罪人责任大小的依据。这就是所谓刑罚个别化，它必然要求给予法官较大的自由裁量权，强调法官在刑事司法中的主观能动性。正如菲利指出：如果没有好的法官来实施，最有学术价值和崇高的法典也不会产生多大的效果。但是，如果有好的法官来实施，即使法典或法令不太完美也不要紧。②

此后，自由法学更是进一步强调司法的作用而贬低立法的功能，甚至主张法律的自由发现。例如自由法学派创始人欧金·埃利希认为，法官仅依靠国家制定的成文法规则是不够的。每一种制定出来的规则，从本性上说是不完整的；一旦它被制定出来，就已过时了，它既难管现在，更不用说管将来。负责适用法律的人是本民族和本时代的人，他将根据本民族和本时代的精神，而不是根据立法者的意图，依以往世纪的精神来适用法律。为此，埃利希提出了两种判决方式：一种是传统的技术主义的判决方法，即严格按照成文法规则的判决方法。在这种情况下，法官手脚被绑住，必须服从预先决定所有事情的一条规则。另一种是他所支持的自由的判决方法，即不是根据成文法规则而是根据法官自由发现的法律。这两种判决方法的区别主要不在于自由判决方法可能超出成文法规定，而在于这样做的方式上。技术主义判决方法要求这一工作只能通过一成不变的法律手段来实现，而自由判决方法却考虑到法官个人的

---

① 参见[美]梅里曼：《大陆法系》，顾培东、禄正平译，西南政法学院1983年版，第39页。
② 参见[意]菲利：《犯罪社会学》，郭建安译，中国人民公安大学出版社1990年版，第120页。

巨大的创造力因素，所以，自由判决方法决不意味着法官专横而却主张发挥法官的个性。①

应该说，以上观点强调人在司法活动中的创造力是可取的，因为法律毕竟是通过司法活动而实现的。但司法本身的性质决定了它具有对立法的一定从属性。如果过分强调司法的自由裁量权，不能不说潜藏着司法擅断的危险性。正如我国学者指出：法定的量定也好，酌量或裁量的量定也好，似乎都是为了使法定的刑罚，尽量能与个别的具体的犯罪相适应，即罪刑相适应以确保刑罚上的法制原则。由此正面却出现了较为严重的反面，即扩大了裁量权，敞开了量定刑罚中的畸轻畸重的破坏法制原则的大门。因此，法官的裁量权是确保刑法法制的锁头，同时也是违法擅断、破坏刑法法制的钥匙。这个锁头和钥匙都是拿在裁判官手中的。②由此可见，法官的自由裁量权应当予以必要的限制。

以罪刑法定限制自由裁量的必要性，还来自刑法的特殊性。刑法是以刑罚性强制为内容的，它涉及对公民的生杀予夺。因此，如果对刑事司法不加限制，危险是显而易见的。这一点，刑法与民法有着明显的差别。

我国学者徐国栋研究了民法基本原则，认为大陆法系民法中的基本原则是诚实信用和公序良俗。民法基本原则所用的法律概念具有"空筐结构"的特征，可以作不同的理解而立法者未以权威的方式确定其法律意义上的理解，对之加以解释就自然地成为法官的工作。通过这种并非明示的方式，立法者就把根据新的时代精神的需要补充和发展法律的任务交给了法官，后者将把社会发展产生的新要求以解释的形式充实于那些抽象的"空筐结构"中，完成使法律追随时代发展的使命。因此，民法基本原则的不确定性和衡平性规定性质，具有授权司法机关进行创造

---

① 参见沈宗灵：《现代西方法理学》，北京大学出版社1992年版，第276页。
② 参见甘雨沛、何鹏：《外国刑法学》（上册），北京大学出版社1984年版，第537页。

性司法活动的客观作用；民法基本原则中的法律补充原则，更是直接授予司法机关在一定范围内创立补充规则的权力。通过这些途径，民法基本原则起克服法律规定的有限性与社会关系的无限性的矛盾、法律的相对稳定性与社会生活的变动不居性的矛盾、法律的正义性与法律的具体规定在特殊情况下适用的非正义性的矛盾的作用。概言之，民法基本原则具有成文法局限性之克服的功能。[①] 无疑，这一论述对于民法是完全正确的。在民法中，基本原则具有扩张机能；一切民法条文都是基本原则的具体化；在没有明文规定的情况下，按照基本原则可以处理。因而，民法基本原则具有拾遗补阙的作用，它为法官自由裁量提供了根本准则。

而在刑法领域内，则与此完全不同。罪刑法定作为刑法基本原则恰恰具有限制机能，它不允许法官超出成文法的规定。因此，如果说民法是一个相对开放的规则体系；那么，刑法就是一个相对封闭的规则体系。就法官的自由裁量权而言，其在民事司法中远比在刑事司法中要大。在民法中更需要从基本原则中引申出实质判断；而在刑法中，基本原则本身要求不能作出超法律的实质判断而只能依法作出形式判断。因此，罪刑法定具有明显的形式意义，它要求犯罪的形式概念。而类推则是对法无明文规定的行为根据犯罪的实质概念作出判断，因而与罪刑法定主义是格格不入的。笔者同意以下观点：在刑事法庭上，只要对刑法的干涉范围究竟如何存在一丝疑问，人们就会要求法庭将个人自由价值观放在第一位。任何行为，只要对社会构成危害，刑法就可以予以禁止。但是，刑法必须对此事先精确的规定，这一点是至关重要的。[②] 因此，不能将民法中立法与司法的构造照搬到刑法中来，这是由刑法的性质决定的。与

---

① 参见徐国栋：《民法基本原则解释——成文法局限性之克服》，中国政法大学出版社1992年版，第18、30页。

② 参见［英］彼得·斯坦、约翰·香德：《西方社会的法律价值》，王献平译，中国人民公安大学出版社1990年版，第77页。

民事司法相比较，刑事司法的自由裁量权要小一些。

我国学者徐国栋对刑法与民法的法律价值选择以及实行法定主义的可能性作了比较，认为在刑法这样的关乎人的生命和自由的法律部门，把安全价值看得至高无上是自然之事。刑法调整非正常社会关系的特性，也使它基本上有可能做到罪刑法定，因为犯罪这种反社会行为的种类毕竟有限。而民法调整正常社会关系的特性使其面临着无限广阔的调整范围，做到法定主义实不可能，因此民法更为强调灵活性。应该说，这一比较是十分精辟的。但徐国栋又认为，在兼顾个人权利和社会利益的法律制度中，对安全与灵活加以调和，兼采罪刑法定主义和经严格限制的类推制度。① 显然，这一观点还是没有完全考虑到刑法的特殊性。事实上，个人权利和社会利益只能在罪刑法定的范围内兼顾。因而，在刑事司法活动中，有必要对法官的自由裁量权以罪刑法定加以限制。总之，罪刑法定在刑法中具有终极的意义。

庞德指出：有关对稳定性的需要与对变化的需要之间妥协问题，变成了规则与自由裁量权之间的调整问题。② 按照庞德的观点，甚至整部法学历史都可以归结为似乎就是宽松的自由裁量和严格的具体规则、无法司法和严格依法司法之间不断循环反复的运动过程。但严格规则与自由裁量的关系不仅在不同的历史时期存在变化，而且在不同的法律领域也存在差别。在刑法中，罪刑法定主义并不排斥在一定限度内的自由裁量，以此增加刑法的适应性，但严格规则对于刑法来说，永远居于更为重要的地位。如果说，求得刑法正义性的过程也就是平衡自由裁量和严格规则的过程，③ 那么，这平衡并不是平分秋色，而只能在罪刑法定的原则基

---

① 参见徐国栋：《法律的诸价值及其冲突》，载《法律科学》1992年第1期。
② 参见［美］庞德：《法律史解释》，曹玉堂、杨知译，华夏出版社1989年版，第1页。
③ 参见宗建文：《刑罚正义论——罪刑法定的价值分析》，载赵炳寿主编：《刑罚专论》，四川大学出版社1995年版，第32页。

础之上得到统一。因此,从刑法的制度构造上来说,以罪刑法定的严格规则限制司法的自由裁量;同时又在罪刑法定的界域之内予以法官一定的自由裁量权,应该是最佳选择。从这个意义上说,罪刑法定主义将会随着刑事立法与刑事司法的不断发展而进一步自我完善。

三、罪刑法定的立法机理

罪刑法定主义的价值首先表现在立法中,可以说,刑法典是罪刑法定主义的基本法律载体。刑事古典学派首倡罪刑法定主义,首先诉诸于刑法典。考察罪刑法定的当代命运,必然涉及这样一个问题:在罪刑法定的制度构造中,应当如何认识刑法典的立法机理?

英国学者梅因指出:世界上最著名的一个法律学制度从一部"法典"(Code)开始。梅因所说的这个法律学制度,指的就是罗马法;而梅因所说的这部法典,指的是《十二铜表法》(Twelve Decemviral Tables)。罗马法的实体制度是建筑于《十二铜表法》,因此也就是建筑于成文法的基础上的。在罗马,对于《十二铜表法》以前的一切制度,除了一特殊之点外,都不予承认。但正如梅因所说,法典不是法之发展的起点,因为在法典的后面,存在许多法律现象,这些法律现象在时间上是发生在法典之前的。①

在人类初期,不可能存在任何立法机关,因而也就不可能存在现代社会意义上的法典。但原始社会仍然存在一定的自然秩序,自然法学家称之为自然法,实际上是世代相传的习惯。我们可以称为习惯法。习惯法以其自然生成的原始形态存在着,对各种社会关系加以调整,从而保障着原始社会的生存条件。随习惯的世代累积,尤其是文字的发明与

---

① 参见[英]梅因:《古代法》,沈景一译,商务印书馆1959年版,第1页。

文明的发展，习惯向法律进化。只有当这种进化达到一定程度，立法才可能出现。而最初的立法主要是对原始习惯的确认，立法者的意志不得不屈从于历史的惯性。即使是像《十二铜表法》这样成熟的法典，也大量地夹杂着或者说记载着习惯的内容。正如意大利学者格罗索指出：在《十二铜表法》中，人们还可以看到一些残酷的原始规范（比如在数名债权人之间划分债务人躯体的规定），这种现象反映出"法"（ius）的最古老原则的顽固性，它本身体现着原始人的冷酷逻辑，人们仍然尊重这种逻辑；同时，规定诉讼程序这一事实本身就是在对擅断加以限制。①

当然立法者一旦形成，它在顺应社会历史的习惯势力的同时，也必然以其创造性在一定程度上改变着社会生活，并使社会生活去适应法典的建构。最初的法典往往以严格的法律程式著称，它反映的是一个同狭窄的社会、简朴的乡村生活相适应的法律制度。例如，以《十二铜表法》为代表的早期罗马法，由于它建立在实质上的农业经济、以农业利益为基础的所有权之上，因而采用固定套语的法律程式；如要式买卖（mancipatio）、誓约（sponsio）或市民法的要式口约（stipalatio iuris civitis）、誓金之诉（actio sacramenti）等。②这种苛刻的法律程式反映了法典的极端的形式化倾向：它既梳理了社会关系，起到了稳定社会生活的作用；同时，它又使社会关系封闭在法典的桎梏之中，阻碍了社会生活的蓬勃发展。法典诞生之初，就充分地表现出它的利弊，这就是法典的强烈的形式冲动与社会的剧烈的内容嬗变之间的矛盾。

社会生活的发展是不以人的意志为转移的，因而必然突破法的桎梏。而法典的稳定性又使其不能与社会生活同步变动，因而法典不可避免地

---

① 参见［意］朱塞佩·格罗索：《罗马法史》，黄风译，中国政法大学出版社1994年版，第83页。

② 参见［意］彼德罗·彭梵得：《罗马法教科书》，黄风译，中国政法大学出版社1992年版，第7页。

具有保守性。为此，立法又向前迈进了：它并不是直接推翻法典，而是在法典之外制定个别法。在这里法律的逻辑与生活的逻辑在矛盾中共生，在对立中共存。因而，在任何一个社会，法典都不是法的唯一渊源，大量的个别立法成为法的重要内容。法典反映的是法的一般规则，因而它是共同法（iuscommune），它在更广泛的范围内被加以适用。一般必有例外，共同必有个别。对某一个一般规范加以变通的个别规范，即由于特殊原因而表现为一般规范的例外的个别规范，在罗马法中称为个别法（ius singulare）。特殊规范的一般规范都具有相同的根据，即为了所有人的利益，对每个人谋求本人利益的活动确定最适当的限度。功利理由是这两者的依据，同样，两者也应当尽可能地按照符合"公正"（aequitas）的方式设置自己。①但个别法的大量出现必然对法典形成冲击，使法典的效力范围大为缩小。

在罗马法中，最突出的个别法是那些在某些情形中适当软化对一般原则的严格适用的照顾性条款。这些例外形成一个广泛的范畴，被称为"照顾"（beneficia legis）。在中国古代法中，一般规范与个别规范的辩证发展勾勒出了整个法律样式的进化史。中国古代法律可以分为三种样式：（1）稳定型的法律规范——成文法典。成文法典是封建王朝的基本大法，它由朝廷按一定立法程序制定并颁布，对所有臣民具有普遍约束力，也是法官司法审判的主要依据，成文法典一经制定、颁行，便不能轻易更改、删增，从而在比较长的时期内保护相对的稳定性。（2）半稳定型的法律规范——法令。成文法典一经颁布便不可轻易变动，但社会生活不可能因此而停下脚步，因而便产生半稳定型的法律规范——法令。法令之所以被称为半稳定型的法律规范，是因为它是动态的法律形式，兼有向稳定型和不稳定型法律规范发展的趋势。法令是抽象的规范，法令的

---

① 参见［意］彼德罗·彭梵得：《罗马法教科书》，黄风译，中国政法大学出版社1992年版，第10页。

集约化就是单行法规，这实际完成了法令的"半法典化"。（3）非稳定型的法律规范——判例。①法典、法令的局限性与社会生活的复杂性，使判例随时都可能被创制出来。判例是一事一时的产物，随着时间的延续，一批批新的判例被创制了，一批批旧的判例被删除了，这就使判例始终处在运动之中。这种判例，也被称为"例"，它是一种在过去某个诉讼案件中作出的、对于后来一些诉讼案件的审判具有参考价值的判决。在这个意义上，"例"不妨称之为"亚律"（sub statute）。

"例"对"律"起到一种补充作用。正如美国学者指出：在一个存续较久的法律体系中，从其第一次编纂法典开始，它就需要一种能够补充正式法律条文的辅助性法律形式，以适应变化中的社会环境。以皇帝诏令或法院判决为其实际内容的"例"，最初可能只是针对某些非常具体的特定事项，它们必然要比它们所依附的"律"的适用面狭窄得多。在清代，普遍遵循这样一条原则，对于某一案件可以同时适用"律"和"例"时，通常以"例"为依据进行判决，而不是以"律"为依据；在"例"与"律"内容不相吻合，甚至互相发生冲突时，仍适用"例"，而不是适用"律"。②应该说，"例"的制定者的初衷虽然是发"律"所不及，而不是要废弃"律"，但其结果却是出现了因"例"而破"律"，"律"成为虚文的混乱局面。为了改变这种状况，又需要对法律进行重新清理，从而再次提出了制定法典的任务。因而，法典既是一个法律逻辑进程的开始，又是这个进程的归宿。

刑法典的存在仅仅是罪刑法定主义的前提，绝不能由此得出结论，认为只要存在完备的刑法典就是实行罪刑法定主义。我国个别学者认为，在中国古代刑法中存在罪刑法定主义，这种罪刑法定主义是伴随着春秋

---

① 参见武树臣等：《中国传统法律文化》，北京大学出版社1994年版，第466页。
② 参见［美］D.布迪、C.莫里斯：《中华帝国的法律》，朱勇译，江苏人民出版社1993年版，第62页。

战国时期公开颁行成文法运动而产生的，并发展成为系统的理论。例如，在秦朝的司法实践，司法官吏对少数的刑事案件，虽然没有排除适用类推原则，但对绝大多数的刑事案件的定罪科刑是根据事前公开颁行的成文法或经过官府认可的廷行事。因而，秦律基本上实行罪刑法定主义原则。而且，秦朝统治者在司法实践中，不断地总结经验，以廷行事和认定类推案例的形式，订正、补充和扩展成文法的内容。这种不断完善法律制度的努力，也不断扩大实行罪刑法定主义范围的表现。①

笔者认为，罪刑法定主义不仅是一定的法律形式，更重要的是它所体现的价值内容。诚然，成文法的颁布是在一定程度上限制了罪刑的擅断，相对于"临事议制，不预设法"的前成文法时代来说，是一种历史进步，但它和罪刑法定主义还有着天壤之别。因为罪刑法定主义是以限制刑罚权，防止司法擅断，保障个人自由为其价值内涵的，舍此价值内涵就根本谈不上罪刑法定主义。在中国封建社会，正如论者所分析的那样，提倡实行罪刑法定主义的法家学派，都是极端的绝对君权论者。之所以主张限制各级官员的擅断权力，完全是为了加强和扩大专制君主的绝对权力。专制君主拥有立法、司法、行政等一切权力，因而在事实上拥有不受法律限制的罪刑擅断权力。在我国整个封建社会，皇帝的这种罪刑擅断权力，是不容置疑的，在人们的观念中，也不曾动摇过。② 既然君主的权力不受任何限制，又怎么能说是罪刑法定主义呢？

罪刑法定主义是在近代启蒙学派的推动下，伴随着18世纪末至19世纪初西方的法典化运动而上升为刑法原则的，因而它的历史命运与刑法典紧密地联系在一起。在18世纪与19世纪之交，欧洲大陆出现了一场声势浩大的法典编纂运动。法国刑法典的编纂，拉开了近代大规模刑法典编纂的序幕。法国制宪议会于1791年10月6日颁布了近代法国第

---

① 参见栗劲：《秦律通论》，山东人民出版社1985年版，第182页以下。
② 参见栗劲：《秦律通论》，山东人民出版社1985年版，第189页。

一部刑法典，这就是1791年法国刑法典。这部刑法典在体例上首次分为总则与分则两篇。总则（标题Sentences，直译是格言），规定刑法的一般原则；分则是关于具体犯罪与刑罚的规定。这部刑法典坚决彻底地实行罪刑法定主义，各种犯罪的刑罚均作硬性规定（绝对确定法定刑），没有最高限与最低限之分，法官的职能实际上就是确定是否犯罪；若构成犯罪，即对犯罪人处以法典规定之刑罚。由于取消了法官的自由裁量权，因而这部刑法典刚性有余，韧性不足，从绝对的自由裁量主义走向了绝对严格规则主义。拿破仑上台以后，重新开始编纂刑法典。在刑法典修改过程中，提出讨论的一个重要问题就是：是否应授予法官在刑罚的最低限和最高限之间以某种自由裁量权？讨论的结果是仍然坚持罪刑法定主义原则，但给法官以有限的自由裁量权。

1810年《法国刑法典》第4条规定："不论违警罪、轻罪或重罪，均不得以实施犯罪前未规定的刑罚处之。"这一规定确立了罪刑法定主义原则，但刑法典在把罪刑法定原则具体化时，并不像1791年法典那样硬性地给每一种犯罪只规定一种刑罚，而是规定了刑罚的最高限和最低限（相对确定法定刑），对某些犯罪还规定了两种不同的刑罚（例如，剥夺自由或罚金），法官可以在自由刑的最高限和最低限之间确定刑期，在不同刑罚中选择一种适用。这样既贯彻了罪刑法定原则，又克服了1791年刑法典刻板规定带来的弊端。因而，这部刑法典以术语准确、概念简明、结构合理、体系严谨而著称于世，成为当时各国仿照的摹本。例如1871年德国刑法典，在很大程度上受到法国刑法典的影响。尤其是关于罪刑法定主义的规定，直接继承了法国刑法典。《德国刑法典》第2条规定："非犯罪行为完成前法律有惩罚的规定者，不得受罚。从犯罪行为完成至判决宣告之期间，法律有变更者，适用最轻之法律。"

如果说，大陆法系的罪刑法定主义是借助于刑法典而得以生存与发展；那么，英美法系的罪刑法定主义则体现在判例法的"遵循先例"

（Stare Decisis）的制度之中。一般认为，先例制度具有稳定性、精密性、灵活性等优点。如果发生的法律争执法院先前已作解答，则法官必须一仍其旧。在这一意义上说，至少理论上构成了法律的稳定性。载明对一切特定的法律部门所发生的无数现实纠纷的解决方法的判例汇编的鸿篇巨制，构成了法律的精密性。最后，判决被否决的可能性以及识别的限制错误判决的效力的可能性，构成了法律的灵活性。[①]在刑法领域中，推翻先前判例的情形已经十分罕见。因为创制新罪的司法权的存在，违背了任何人都不应该因行为实施时并非犯罪的行为而受到刑罚处罚的原则。该原则体现在"法无明文规定者不处罚"这句拉丁语箴言里，它有时也被称为法制原则。在英国，自从1972年上议院在"克努勒股份有限公司诉检察长"一案中作出否决以来，法院创新新罪的情况不可能继续了。在该案中，上议院一致否决了法院在创制新罪或扩大现有罪名以致把那些迄今还不受罚的行为规定为应受处罚的犯罪行为方面所残留的权力。[②]在美国，1820年最高法院在威特伯杰案的判决中指出："是立法机关，而不是法院，确定什么是犯罪并规定它的刑罚。"因此，美国宪法虽然没有明文规定罪刑法定主义原则，但它实际上被体现在禁止追溯既往和剥夺公权法案以及有关宪法修正案中，特别是由于正当程序条款的建立而使这一法制原则得到进一步的法理上的发展。[③]

由此可见，英美法系虽然在法律制度上有别于大陆法系，但在罪刑法定这一点上，两大法系可以说是殊途同归。尤其是英美法系国家在刑法领域中的成文化程度越来越高，制定法成为定罪量刑的主要依据，这与罪刑法定主义对于刑法的内在要求不无关系。

---

① 参见［英］沃克：《英国法渊源》，夏勇等译，西南政法学院1984年版，第155页。
② 参见［英］普珀特·克罗斯坦、菲利斯·A.琼斯：《英国刑法导论》，赵秉志、张智辉等译，中国人民大学出版社1991年版，第11页。
③ 参见储槐植：《美国刑法》，北京大学出版社1987年版，第38页。

成文化的刑法典（大陆法系）和制定法（英美法系）使罪刑法定化，将罪刑限定在法律所规定的范围之内，成为一个相对封闭的规则体系。而刑法典（包括制定法，下同）又不可能将社会上的一切危害行为包罗无遗，即使对刑法典规定的犯罪，也只能是原则概括的，而不能细致入微。这样就势必影响刑法典的适用效果。由此产生了对刑法典价值的贬低与怀疑的倾向。例如菲利指出：法律总是具有一定程度的粗糙和不足，因为它必须在基于过去的同时着眼未来，否则不能预见未来可能发生的全部情况。现代社会变化之疾之大使刑法即使经常修改也赶不上它的速度。例如，巴伐利亚在一个世纪之内就制定了三部刑法典，法国的特别法每天积累在欧洲最古老的法典的原文上面。因此，菲利直言不讳地指出：实证理论大大降低了刑法典的实际意义。① 刑法典至尊地位的动摇，一个直接后果就是罪刑法定主义意义的贬低。在这种情况下，如何弥补刑法典之不足的问题就摆到了我们的面前。

为此，首先提出的一种立法设计就是在刑法典中规定类推制度。刑事类推是一项源远流长的法律适用制度，从一开始它就是为弥补成文法之不足而发明出来的；它的存在，使成文法成为一个开放的规则体系：有法者以法行，无法者以类举。因而，在相当程度上，扩大了成文法的涵盖面。在中国古代，刑事类推一直受到肯定，它以"比附援引"的形式存在。《唐律·名例律》规定："诸断罪无正文，其应出罪者则举重以明轻，其应入罪者则举轻以明重。"这里，对于法无明文规定的行为通过"举轻以明重"的逻辑推理入罪，实际上就是刑事类推，而不能视为当然解释。此后，宋、元、明、清历代都有此类规定。刑事类推的精神实质在于：法律不能将犯罪可能采取的每一种形式都作出规定，因此，对于某些案件来说，可能没有相对应的法律条款可作审判依据。处理这类案

---

① 参见［意］菲利：《犯罪社会学》，郭建安译，中国人民公安大学出版社1990年版，第101、125页。

件，可以通过精确的比较，从已有的法律条款中选取最接近现审案件案情的条款作为根据，以便确定轻重适当的刑罚。① 如前所述，刑事类推存在的价值在于弥补成文法之不足。中国古人早就认识到了成文法的局限性，例如，"法之设文有限，民之犯罪无穷，为法立文不能网罗诸罪，民之所犯不必正与法同，自然有危疑之理"②。又云："先王立法置条，皆备犯事之情也。然人之情无穷，而法之意有限，以有限之法御无穷之情，则法之所以不及人情也。"③ 为了克服这种法与情的矛盾，就需要刑事类推。刑事类推以不变应万变，使有限的法律从容应付人类无穷无尽和变化多端的各种行为。毫无疑问，刑事类推对于成文法的局限性确是一剂良药。

但是，刑事类推由于没有明确的法律标准，本身潜藏着司法擅断的危险性。随着罪刑法定主义的确立，刑事类推已为各国刑法所不取。尽管某个时期某个国家曾有刑事类推的规定，但其后果十分恶劣。例如，在德国法西斯时期，1933 年发表了《国社党刑法》(*Nationalsozialitisches Strafrecht, Denkschrift des Preussischen Justizministers*)。纳粹党上台以后，根据这一文件，对 1871 年德国刑法典进行了修改，其中重要内容之一就是完全抛弃罪刑法定主义原则，在很大程度上倒退为罪刑擅断。《国社党刑法》从刑法的中心任务是保护"国民全体"（指社会）和"国家"（国家是保护国民的手段）的基本观点出发，否定了罪刑法定主义原则，认为这个原则可能因保护个人而分割"国民全体"；声称罪刑法定主义之命题，可以使公共危险者潜伏法网与以达成反国民目的之可能。因此，它主张如果一种行为法律上没有规定为犯罪，但是法律为了保护"国民

---

① 参见［美］D. 布迪、C. 莫里斯：《中华帝国的法律》，朱勇译，江苏人民出版社 1993 年版，第 422 页。
② 参见《左传·昭公六年》。
③ 参见佚名：《别本刑统赋解》，载《枕碧楼丛书》，第 13 页。

全体"和"国家"的利益，可以在法律内选择一种刑罚加以惩罚。根据《国社党刑法》的这一原则，1935年6月把1871年刑法典第2条关于罪刑法定主义之规定修改为："任何人，如其行为依法律应受处罚者，或依刑事法律的基本原则和人民的健全正义感应受处罚者，应判处刑罚。如其行为无特定的刑事法律可以直接适用者，应依基本原则最适合于该行为的法律处罚之。"这一条文实际上承认了法官在审理案件中高于立法者的地位，使法官在确定犯罪和刑罚问题上的专断权力进一步合法化。① 直到"二战"以后，才废弃了这一规定，重新在刑法典中确认罪刑法定主义原则。从这一历史教训可知，尽管刑事类推可以强化刑法典的适应性，但它所内在潜含着的司法擅断的危险性较之罪刑法定主义带来的刑法典的僵硬性，弊大于利。两相权衡，宁可实行罪刑法定而使个别潜伏性犯罪人逍遥法外，也不能采用刑事类推导致司法擅断而使更多的无辜者遭受非法侵犯。

概然条款是为弥补刑法典之不足提出的第二种立法设计。刑法典是以文字记载与表达的，同时又与立法者的抽象能力有关。梅因曾经指出：我认为可以这样说，法典越古老，它的刑事立法就越详细、越完备。这种现象常常可以看到，并且这样解释无疑地在很大程度上是正确的：由于法律初次用文字写成时，社会中经常发生强暴行为。② 以犯罪行为经常发生来解释古代刑事立法的详细是十分牵强的，更为恰当的解释应当是古代立法者的抽象能力低下。因此，立法往往十分具体与个别，一事一法，刑法典焉能不烦琐。例如《萨利克法典》有这样两个条文：(1) 如有人偷窃一只小猪而被破获，罚款120银币，折合3金币。(2) 如有人偷窃一头公牛或带犊的母牛，应罚付1400银币，折合35金币。按照这样的立法例，现代刑法典中的一个盗窃罪条文就要用几十个甚至上百个

---

① 参见由嵘主编：《外国法制史》，北京大学出版社1992年版，第336页。
② 参见［英］梅因：《古代法》，沈景一译，商务印书馆1959年版，第207页。

条文来表述。在这种情况下，实行罪刑法定是不可能的，比附援引也就具有其存在的合理性。因此，罪刑法定主义的确立不仅具有政治历史背景，而且还有其法律文化上的深刻原因。

随着人类认识水平的提高，概括能力达到一定程度，在刑法典中更为抽象的一般规定取代了个别规定。在中国，《唐律》达到了相当高的立法水平，例如，六赃的规定囊括了财产犯罪，简明概括，令人惊叹。不幸的是从一个极端走向了另一个极端。为尽量扩大刑法典的适用范围，防止犯罪遗漏，也出现了个别过于概括的罪名，《唐律·杂律》规定的"不应得为"可以说是一个典型。在《唐律》中，杂律涉及范围十分广泛，规定的内容是他律所不及者。《唐律疏议》对此解释云："诸篇罪名，各有条例，此篇拾遗补阙，错综成文，班杂不同。"尽管如此，立法者还唯恐律条不能将所有的犯罪包罗详尽，因而在杂律的最后一条规定："诸不应得为而为之者，笞四十。事理重者，杖八十。"《唐律疏议》对该罪的立法理由解释说："其有在律在令无有正条，若不轻重相明，无文可以比附。临时处断，量情为罪，庶补遗阙，故立此条。"因此，这是一个兜底的犯罪，一切不能入罪者，只要法官认为不应得为，均可以本罪网罗。美国学者 D. 布迪把这一规定称为"Catch all"（"盛装杂物的箱子"），[①] 相当于我们现在所说的"口袋罪"，可以说十分生动形象。概然条款虽然可以增加刑法典的涵括力与包容量，但由于它是以不明确为代价，因而也无法保证刑罚权不被滥用。

诚然，立法是从千姿百态的案件事实中抽象出适用于所有案件的法律原则，因此，具有高度的概括性。但立法又必须具有明确性，正如马克思指出："法律是肯定的、明确的、普遍的规范，在这些规范中自由

[①] 参见高道蕴等编：《美国学者论中国法律传统》，中国政法大学出版社1994年版，第316页。

的存在具有普遍的、理性的、不取决于个别人的任性的性质。"① 只有在这个意义上，法典才可以真正称得上是人民自由的圣经。因而，过于概然的条款是违反罪刑法定主义的，因为罪刑法定主义要求刑法典具有明确性。明确性（definiteness）作为罪刑法定的派生原则，是美国刑法学家在20世纪初提出的，又称为"不明确而无效的理论"（Void for vagueness doctrine）。根据这一原则，罪刑虽然是法定的，但其内容如不明确，就无法防止刑罚权的滥用，罪刑法定主义保障公民自由的目的也就无从实现。笔者认为，过于概然的条款虽能弥补刑法典的僵硬性，使之柔软化，但不能防止司法擅断，因而代价太大。当然，罪刑法定主义也并不是刻意追求刑法典的刚性，它仍然允许为适应社会生活，创设一些概括性的规定，采取空白罪状等立法技术，以强化法典的适应性。但这里存在一个度的把握问题，这是一个难题，同时又是一个不能不解决的问题。

无论是类推制度还是概然条款，都建立在这样一种认识之上：一切事实上的犯罪，都应当处在刑罚权的管辖范围之内。当法条不能明定时，以类推制度与概然条款补充之。笔者认为这是一种绝对主义的认识论。绝对主义认识论曾经是自然法学派的哲学基础，它夸大人的理性能力，追求刑法典规范内容上的完整性。自然法的倡导者们认为，仅用理性的力量，人们能够发现一个理想的法律体系。因此很自然，他们都力图系统地规定出各种各样的自然法的规则和原则，并将它们全部纳入一部法典之中。② 显而易见，这只是一种法律乌托邦，在现实面前无可奈何地破灭了。因而，刑法典规范内容的不完整性，已经成为共识。刑法事实上不可能将所有应予刑罚制裁之不法行为，毫无遗漏地加以规范，因为犯

---

① 参见《马克思恩格斯全集》（第1卷），人民出版社1974年版，第71页。
② 参见［美］博登海默：《法理学——法哲学及其方法》，邓正来、姬敬武译，华夏出版社1987年版，第67页。

罪之实质内涵并非一成不变，而是随着社会状况及价值观，相对地呈现浮动现象。①但主张类推制度与概然条款的观点虽然承认刑法典规范的内容的不完整性，但却追求刑罚权功能的完整性：一切犯罪都应当受到刑罚处罚，这本身也是一种绝对主义。

事实上，不仅刑法的规范内容是不完整的，而且它的规范功能也是不完整的。刑法只是所有社会控制体系或社会规范体系中最具强制性的一种法律手段。刑事司法制度需与其他社会控制之机构，如家庭、学校、工厂、工会、商会、农会、宗教团体与社团等之密切合作，始能有效维持社会共同生活所必需之法社会秩序。因此，刑法只不过是整个社会规范体系中之一大重要环节，其在规范功能上具有相当之不完整性，故在设置反犯罪政策与措施上，绝不可唯刑法是赖，而应在刑法手段之外，另配合其他社会控制手段。②这种刑法规范内容的不完整性与刑法规范功能的不完整性的统一，就是刑法的不完整性（fragmentarische charackter）观念。刑法不仅具有不完整性，而且具有最后手段性（ultima ratio）。刑法规定之法律效果，乃所有法律规范中最具严厉性、强制性与痛苦性之法律手段。刑法乃以刑罚作为规范社会共同生活秩序之最后手段。以刑罚之外的法律效果，亦能有效防制不法行为时，则应避免使用刑罚，唯有在以其他法律效果未能有效防制不法行为时，始得以刑罚作为该行为之法律效果，此即刑法之最后手段性。③应该说，在古代社会法律手段单一化，例如《唐律》将所有社会关系都纳入法典调整范围而事实上成为一部刑法典的历史背景下，对于违法行为，不处以刑罚，别无其他法律制裁方法可供选择。在这种情况下，采用类推制度与概然条款，使法律调整的触须伸向社会生活的各个领域和各个角落，尚

---

① 参见林山田：《刑法通论》，台北三民书局1986年版，第14页。
② 参见林山田：《刑法通论》，台北三民书局1986年版，第14页。
③ 参见林山田：《刑法通论》，台北三民书局1986年版，第15页。

存一定的历史合理性。那么，在法治发达的当代社会，法律调整方法丰富，刑法作为最后手段，实在应当有所节制。因此，罪刑法定主义所体现的限制机能，不仅是正义之所归，而且是法理之所至。

1855 年，智利总统向国会提交的一份要求制定民法典的咨文的开场白指出："绝大多数文明的现代社会里，都有将它们的法律法典化的感性需求。我们可以说这是社会的一种周期性要求。"如果说，在 19 世纪的法典编纂运动中，人们对法典还具有神圣的崇敬心情的话，那么，现在我们对法典已经有了更为理智的认识。加拿大学者保罗·A.克雷波指出：法典编纂可被认为是一个社会的巨大成就，事实上它总是作为特定法律制度发展过程中的一个重大事件。克雷波对法典编纂的利弊作了客观分析：法典编纂最大的功绩之一，就是将一种法律制度隶属于立法制定的民主程序。由此，法律政策的表述结果被认为是立法机关而不是司法机关的作用。进一步说，法典编纂——特别是当一个国家的指导思想是制定"大众化"法典而不是"高深"法典时——提供了相当大程度的可预测性。当法典用具体规则或甚至一般标准允许公民预先知道他应如何行为时，情况就是如此。这样一种立法制定的法律制度对于调整社会成员之间的日益复杂的关系越来越重要。然而，法典编纂自身的缺点也是确实存在的。缺点之一是法律"结晶化"的极端倾向，这种"结晶化"常常使政策"冻结"。这便导致珍藏于法典中的立法政策与法典旨在调整的社会现实之间产生"裂隙"的潜在危险。毫无疑义，当法律规范与社会现实和社会习俗脱节时，这种不一致的最好结果只能是产生对法律的不尊重，最坏的结果则是导致对法律的侵犯。[①]

尽管法典利弊兼具，但对于一个现代社会来说，没有法典更是不可想象的，因而法典不会因其局限性而被废弃，只能通过法律改革使之完

---

① 参见沈宗灵等编：《比较法学的新动向——国际比较法学会会议论文集》，北京大学出版社 1993 年版，第 100 页。

善。在刑法领域中，刑法典更是必不可少的，一部坚持罪刑法定主义的刑法典成为选择。尽管在罪刑法定的建构中，刑法典会存在过于僵硬的缺陷，但这种缺陷是可以通过能动的司法活动得以在一定程度上弥补。退而言之，也是为保障个人自由与保护社会利益所作出的不得已的"必要的丧失"。因而，刑法典是人民正义的必然要求。它虽然会被修改补充，它的价值却是永存的，罪刑法定主义也将与刑法典同在。

四、罪刑法定的司法运作

如果说，刑事立法只是使罪刑法定主义法典化的话，那么，刑事司法就是罪刑法定主义的现实化。但是，绝不能由此得出结论：刑事司法天然地能够实现罪刑法定主义。事实上，刑事司法是一种适用法律的独立的实践活动，具有其内在规律性。它既可能使罪刑法定化的"死法"转化为"活法"，实现刑法的人权保障与社会保护的双重机能；也可能破坏罪刑法定，使刑法成为具文。考察罪刑法定的当代命运，无法回避的一个问题就是：在罪刑法定的制度构造中，应当如何塑造刑事司法的品格？

梅因在考察古代法时揭示了这样一个事实：判决先于习惯，司法先于立法。梅因认为，所有对于人类原始状态的忠实观察者现在都能清楚地看到，在人类的初生时代，人们对于持续不变的或定期循环发生的一些活动只能假用一个有人格的代理人来加以说明。在荷马诗篇中，"地美士"（Themis）是指后期希腊万神庙中的"司法女神"（Goddess of Justice）。当国王用判决解决纠纷时，他的判决假设是直接灵感的结果。把司法审判权交给国王或上帝的神圣代理人，万王之中最伟大的国王，就是地美士。这个概念的特点，表现在这个字的复数用法："地美士第"（Themistes），意指审判本身，是由神授予法官的。在古代社会的简单结构中，类似的情形可能比现在还要普遍，而在一系列的类似案件中，就有可能采用彼此近似的审判。我们由此就有了一种"习惯"的胚种或者雏形。梅因指出：由于我们的现代联想，我们就先天地倾向于以为一个"习惯"观念是先于一个司法判决的概念，以为一个判决必然是肯定一个"习惯"，或是对于违犯"习惯"，或是对于违犯"习惯"的人加以处罚。但历史顺序却恰恰相反，"习惯"是"判决"之后的一种概念。由此可以得出结论：对于是或非唯一有权威性的说明是根据事实作出的司法判决，并不是由于违犯了预先假定的一条法律。[①] 这一古代法的事实使我们想到：原始司法是无法司法。无法而又司法，这两个概念之间就是矛盾的，但如果我们不去咬文嚼字而是关注实际内容，那么可以说：原始司法，法官具有绝对的自由裁量权。这里的绝对自由是相对于有法司法而言的，它表明当时是或非的裁决标准还没有达到习惯的程度，它只是一种惯行，只是一种"气氛"，法官凭借自己对这种气氛的感受作出司法判决，因而法官具有更大的自由裁量权。

司法先于立法这一历史事实表明，司法具有独立于立法的品格。在一定意义上说，法是由法的实践者（法官）创造出来的：从成案到先例，从先例到规则，从规则到原则，这也许就是法典形成的过程，它符合从具体到抽象的思维逻辑。即使在成文法时代，司法仍然起着不可忽视的作用。美国学者霍贝尔指出：人们的思想往往满足于以成文法典这种消极的观念准则作为真正的法律的代表。成文法犹如一个法律的编织物，如果有编织者的话，它在任何程度上也不影响成文准则的变化形式，即使有也难以用案例来验证那些不成文是否符合于实际情况。[②] 因此，法律作为一个编织物，立法一旦完成，它就独立于编织者。法官是这一法律编织物的使用者，在使用过程中，这个编织物还会发生变形。在这个意

---

① 参见［英］梅因：《古代法》，沈景一译，商务印书馆1959年版，第2—3、5页。
② 参见［美］E.霍贝尔：《原始人的法》，严存生等译，贵州人民出版社1992年版，第26页。

义上，毋宁把法律视为一种未完成的作品，法官恰恰是这种作品的最后完成者。但是，法官在完成一件法律作品时，并非总是能够与立法者的意图保持和谐一致。因为司法并不像贝卡里亚所描述的那样，是一个简单的三段论式的逻辑推理。

　　由于法律规定的粗疏乃至缺漏，案件性质的复杂，法官的司法裁量是一个包括着认知、心理、逻辑等各种因素的法律操作过程；因此，法官的一定程度的自由裁量权是必要的。例如，黑格尔提出了"法的偶然性"的观点，指出：法律和司法包含着偶然性，这本质上是它们的一个方面。其所以如此，乃由于法律是应用于个别事物的一种普遍规定。如果有人表示反对这种偶然性，那他是在谈一种抽象的东西。例如，刑罚的分量就不可能使之与任何概念的规定相适合，从这方面看，一切裁决终难免是一种任性。然而这种任性本身却是必然的。黑格尔这里所说的任性，指的就是司法裁量权。当然，这里的法官裁量，只能是在法律范围之内进行的。这主要是因为法律大抵对于现实所要求的这种最后规定性并不加以肯定，而听由法官去裁决，这仅限定他在一个最高和最低限度之间。但这并不解决问题，因为这个最低和最高限度本身又各是一个整数，于是并不阻止法官作出这样一个有限的、纯肯定的规定；相反地，这乃是必然属于法官职权范围内的事。① 显然，由司法活动的性质所决定，法官的自由裁量权是必要的，绝对罪刑法定主义否定这种裁量权违背了司法活动的内在规律，而相对罪刑法定主义能够为法官提供一定的自由裁量权。

　　司法运作中的罪刑法定不同于制度上的罪刑法定，后者是相对静态的，而前者却是动态的，从制度上的罪刑法定向司法运作中的罪刑法定的转换，表现为一个十分复杂的法的适用过程。法的适用是法律调整的

---

① 参见［德］黑格尔：《法哲学原理》，范扬、张企泰译，商务印书馆1961年版，第223页。

重要内容之一，它以自己的行使权力的属性补充着法律规范的行使权力的属性，保证着法律规范的实现、贯彻，以个别法律的、从属于规范的方式积极保证对相应关系的调整，并使之继续进行和结束。在法理学中，法的适用可以分为三个基本的阶段：(1)确定事实情况（确定案件的事实根据）。这里包括对事实——证据、证明的过程等分析，即取得关于事实的信息的行为。(2)选择和分析法律规范（确定案件的法律根据）。这个阶段是指与法律规范本身有关的行为——查找规范性文件的确切文本、检查该文件的法律效力、解释文件等。这个阶段还包括与填补法中的漏洞有关的行为。(3)在适用法的文件中反映出的对案件的决定。这时，要在分析事实和法律规范的基础上，对法律案件作出规定，这个决定反映在适用法的文件中。该决定具有一定的形式，并应予实际贯彻执行。上述前两个阶段在很大的程度上具有准备的性质。它们主要是反映法律认识，并构成适用法的根据——事实根据（第一阶段）和法律根据（第二阶段）。对本案作出决定，适用性的过程即告结束，这也就是真正的法的适用。[①] 刑法的适用具有法的适用的一般性，又具有特殊性。因而，在司法运用中贯彻罪刑法定主义，既要考虑法的适用的一般性，又要兼顾刑法适用的特殊性。

首先，刑事司法是一个法的吸纳过程。司法运用中坚持罪刑法定主义，第一步就是完成"找法"任务。法只有在适用中才对社会生活产生作用，离开了法的适用，法只是一种纯粹的语言条文形态，是一种没有生命力的"死法"。法的适用，正是完成从"死法"向"活法"转化的前提。

法的吸纳，对立法提出了可操作性的要求。法的可吸纳性，实际上就是法的可操作性，活法应该是司法运作中的法。事实上，并非制定出

---

① 参见[苏]C.C.阿列克谢耶夫：《法的一般理论》（下册），黄良平、丁文琪译，法律出版社1991年版，第714页。

来的一切法律都具有可操作性，不可操作的法律往往难以被吸纳，因而无法适用，导致法律虚置，亦即产生法律自动无效的结果。法的可操作性，是指法律在操作上的可能性和可行性，泛指法律适用的可能性。一般地，如果存在可行的方法，将某法律条文适用于具体案件，则称为该法律条文是可操作的。如果不存在可行的方法，将某法律规范适用于具体案件，则称该法律规范是不可操作的。不失一般性，法律概念和法律规范的不可操作性，统称为法律的不可操作性。① 法律的不可操作性，在刑法中主要是指法律条文内容的不明确因而难以判定性，从而无法在司法中适用，这种情况在刑事司法中时有发生。在这种情况下，法不能直接适用，而需要加以解释。实际上，不仅缺乏可操作性的法律需要解释，一切法律在适用中都需要解释。正如英美法系学者和法官所指出的那样：适用法律就意味着去"理解"和"解释"法律条款。② 关键在于如何解释。在刑事司法中，这种解释不能不受到罪刑法定主义的限制。

如前所述，刑事古典学派坚持绝对罪刑法定，因而否认法官具有对法律解释的权力。但现在世界各国通行的相对罪刑法定主义，已经不再反对法官的解释，重要的是这种解释应当有一定的限度。关于法律解释，存在一种激进理论，认为所谓立法意图只是一个纯属虚构的概念。从否定立法意图开始，法官对法律的解释逐渐演变成在法律解释的名义下对法律的创造，即法官造法。③ 笔者认为，这种关于法律解释的激进理论有悖于解释一词的原意，混淆了立法与司法的界限，违背了罪刑法定主义原则。根据罪刑法定主义原则，法律解释只是法律意蕴的一种阐发，使之从隐到显。在解释过程中，当然会涉及对法律条文含义的限制或者扩张，但以不违背立法意蕴为限。正如英国丹宁勋爵形象地指出：如果立

---

① 参见王洪：《论法律中的不可操作性》，载《比较法研究》1994年第1期。
② 参见陈金钊：《成文法在适用中的命运》，载《法律科学》1992年第6期。
③ 参见黄茂荣：《法学方法与现代民法》，台湾大学发行，第278页。

法者自己偶然遇到法律织物上的这种皱褶,他们会怎样把它弄平呢?很简单,法官必须像立法者们那样去做。一个法官绝不可以改变法律织物的编织材料,但是他可以,也应该把皱褶熨平。①

在刑法解释中,存在的一个重大问题是如何看待类推解释的性质。日本刑法学家牧野英一认为,刑法解释所依据的原则是:在形式上要有科学的逻辑,在实质上要符合社会的需要和时代的趋势。法律本身虽然是过去制定的,但也不能拘泥于立法者的意志,既然符合现阶段的具体情况是大家都承认的问题,那么,采用进化的解释和目的论的解释也应是理所当然的了。牧野英一由此推导出一个结论,类推解释实质上也属于社会的需要,作为解释,只要是使用逻辑的方法,它便和其他一般法规一样,在刑法中也应被容许。②笔者认为,类推解释尽管可以扩张刑法的适用范围,但从根本上说,它是违反罪刑法定主义原则的,因而不应被允许。

那么,不允许类推解释,会不会以扩张解释之名而行类推解释之实呢?这里涉及扩张解释与类推解释之间的界限。尽管扩张解释与类推解释的区分是一个难题,但两者并非不可区分。例如,日本刑法学家木村龟二认为,二者的区别在于是否超出法律的明文规定。扩张解释只以条文词句为形式界限,局限在由此决定的范围以内;相反,类推解释则超出法律的明文规定,甚至在法律未明文规定的领域扩充法律的精神。③应该说,扩张解释与类推解释的区分不仅在于字面上,更为重要的区分在于思路上相反:类推并不是对某个词句进行解释,看某种行为是否包括在此解释内,而是从国家、社会全体的立场来看某一行为的不可允许,

---

① 参见[英]丹宁:《法律的训诫》,杨百揆、刘庸安译,群众出版社1985年版,第10页。
② 参见[日]中山研一:《刑法的基本思想》,姜伟、毕英达译,国际文化出版公司1988年版,第9页。
③ 参见[日]中山研一:《刑法的基本思想》,姜伟、毕英达译,国际文化出版公司1988年版,第13页。

然后再设法找出类似的法条以资适用。与此相反，扩张解释完全是从能否纳入法律条文解释的范围这一观点出发来考察社会生活中的各种行为。这种思路的不同，在权力与权利的紧张关系激化的场合，极有可能形成实质上的差异而表现出来。① 因此，扩张解释并不违反罪刑法定主义，而类推解释违反罪刑法定主义；前者应当允许，后者应当禁止。当然，如果是有利于被告人的类推解释，一般也认为不违背罪刑法定主义因而被允许，这主要是由罪刑法定主义的限制机能所决定的。在这种情况下，罪刑法定原则成为有利于行为人之保护原则。

与法律解释相关的是一个法律漏洞（Gestzeslucken）问题。法律漏洞是指现行法体系上存在影响法律功能，且违反立法意图之不完全性。② 无论何种法律，都不可避免地存在法律漏洞，十全十美的法典只是一种幻想。法律漏洞之所以存在，原因是十分复杂的，例如，立法政策上的考虑、立法技术上的困难、犯罪现象的变化等，这些因素都使得立法者不可能在立法时对各种情况都作出毫无遗漏的规定。因此，法律漏洞的存在具有某种客观必然性。在司法活动中，为了准确地适用法律，就需要填补法律漏洞。在民法解释中，法律漏洞的含义比刑法要广泛一些。因此，某些法律漏洞的填补具有一种造法的意蕴在内。尤其允许采用习惯补充方法与类推补充方法来填补漏洞，都可以视为对法律的一种发展形式，已经超出法定主义的范围。但在刑法中，由于刑法本身具有规范内容的不完整性，罪刑限于法定的范围之内。因此，法定范围之外的法律盲区尽管在一定意义上也可以说是一种法律漏洞，但法官却无权去填补。对于法内漏洞，则属于法律解释的范围，可以通过解释方法予以填补。

所谓法内漏洞，是指须评价地予以补充的法律概念和法律标准。就

---

① 参见［日］西原春夫：《罪刑法定主义与扩张解释、类推适用》，载苏惠渔、西原春夫等：《中日刑事法若干问题——中日刑事法学术讨论会论文集》，上海人民出版社1992年版，第24页。

② 参见梁慧星：《民法解释学》，中国政法大学出版社1995年版，第251页。

法律概念而言，有确定与不确定之分。确定的法律概念内涵清楚，外延明确，无须更多解释而可以直接操作；而不确定的概念，内涵不确定或者外延不确定，都有待于予以评价地补充，才能被适用到具体案件中去。就法律标准而言，也有确定与不确定之分。确定的法律标准可以直接遵循，而不确定的法律标准则只有经过填补使标准明确化才可被适用。例如刑法中常见的"应当预见""必要限度"等，都属于不确定的法律标准。在这种情况下，立法者只是规定一个认定原则，具体内容则授权司法机关予以补充。至于我国刑法中的"情节严重""情节较轻""数额较大""罪大恶极"等，更是如此。

在刑法中，还有一个专门问题值得讨论，就是空白罪状。空白罪状又称为参见罪状，在这种情况下，立法者对某一犯罪的构成特征未予具体描述，只是指明了为确定这一犯罪构成特征所要参照的法律或者法规。空白罪状具有稳定性、包容性与超前性等优点，因而在对法定犯的立法中往往受到立法者的青睐。应该说，空白罪状并不违反罪刑法定主义原则。只不过在空白罪状的情况下，罪并非由刑法直接规定，而是一种间接规定，也在法定范围之内。但空白罪状还是应当有所限制，不可滥用，因为过多地采用空白罪状，会降低刑法的明确性程度。对于空白罪状所形成的法律漏洞，应当通过进一步的找法活动或者司法解释加以填补。总之，在罪刑法定主义的制约下，刑法解释在原则上不得超出法条文字所容许之范围，而以条文之可能文义，包括文字之自然意义、各文字间之相关意义，以及贯彻全部文字之整条意义等，作为解释之最大界限。[①] 通过刑法解释，完成法的吸纳过程，使条文上的法转变为司法运作中的法。

其次，刑事司法还是一个事实的识别过程。司法裁量是要解决法律规范对具体案件的适用问题，因此，案件事实的识别就具有十分重要的

---

① 参见林山田：《刑法通论》，台北三民书局1986年版，第37页。

意义。在司法运作中坚持罪刑法定主义，就是要对事实在法定的范围内予以认定。

事实的识别，指的是案件事实的认定。因此，应当对认定的对象有所界定。在适用法律规范中，与法律案件有关的客观现实的一切事实都是真相判断的对象。客观现实的概念，不仅包括单纯的事实本身，而且包括事实的社会法律意义（特别是违法行为的社会危害性）。客观现实的事实，也包括法本身，包括主体的权利和义务。总之，笔者认识中的构成适用法活动内容的理性方面的所有客观事实，在适用法时，都是真相判断的对象。[①] 在刑法中，需要认定的是定罪事实和量刑事实，即在法定的罪刑范围认定与定罪量刑有关的基本事实。定罪事实是指犯罪构成的事实，这种事实与犯罪构成本身有所不同。犯罪构成，又称为构成要件，是一种将社会生活中出现的事实加以类型化的观念形象，并且进而将其抽象为法律上的概念。如此一来，它就不是具体的事实。[②] 因此，构成要件是法律规定的认定犯罪的规格或者标准，凡是符合构成要件的事实，就称为构成事实。在定罪过程中，事实的识别主要是正确地认定构成事实。量刑事实除了构成事实以外，还包括其他影响刑之轻重的情节。这些情节既可能是法定的，也可能是酌定的。无论是法定情节还是酌定情节，都应当是客观存在的案件事实，而且必须依法予以认定。

最后，刑事司法是一个法律规定与案件事实的耦合过程。这是刑事司法最重要的一个阶段，在这个阶段坚持罪刑法定主义，就是要依法对案件事实作出定性与定量的评判，然后依法作出裁量。

在查清案件事实的基础上，需要对案件事实进行法律评判。评判表

[①] 参见［苏］C.C.阿列克谢耶夫：《法的一般理论》（下册），黄良平、丁文琪译，法律出版社1991年版，第706页。

[②] 参见［日］小野清一郎：《犯罪构成要件理论》，王泰译，中国人民公安大学出版社1991年版，第6页以下。

现的是：法律工作者关于事实情节和刑法法律规范之间的联系的观念。在哲学意义上，这一联系不是别的，正是个别与一般之间的联系。由一般规范引向具体事件，意味着承认具体事件中的那些要件和该规范中的要件相符合。① 由此可见，法律规定与案件事实的耦合实际上是一个使一般性的法律规范适用于个别性案件的过程。这个过程是司法权的具体运作，同时包含复杂的法律推理（legal remsoning）。罪刑法定主义原则，正是在这种法律推理中得以实现。

在罪刑法定制约下的司法运作，法律推理的主要方法是演绎推理。一个由前提逻辑地推导出结论的推理称为演绎推理（deduetive infererce）。在演绎推理中，前提或前提的合理是理由，而结论则是从理由逻辑地推导出的判断；这种推理是按照推导方向进行的。按照逻辑规律进行的推理保证演绎推理的必然性。任何给定的演绎推理的前提如果是真的，那么结论就一定是真的，演绎推理是属于不可错的推理类型。② 正是因为演绎推理具有这种不可错性，因而能够保证刑法在适用中不致被歪曲，也能够对司法活动起到规制作用。在贝卡里亚设定的绝对罪刑法定的司法框架中，演绎推理成为法律推理的唯一形式。这种传统的法律推理理论，常常将立法规则适用于某一具体案件的过程单纯地描绘为传统演绎推理。在其中，立法的规则或原则是大前提，案件中一致同意或确立的事实是小前提，而法院的判断就是结论。在这种推理中，如果大、小前提是严格地按照三段论的规则要求来进行的，那么法院所作出的判决显而易见是从大、小前提中所得出的无懈可击的逻辑结论。因此，为了保证绝对罪刑法定的实现，法官每审理一个案件，都要严格刻板地进行一次始自

---

① 参见［苏］B.H.库德里亚夫采夫：《定罪通论》，李益前译，中国展望出版社1989年版，第49页。

② 参见［波］齐姆宾斯基：《法律应用逻辑》，刘圣恩等译，群众出版社1988年版，第196页。

法条的演绎推理，以确保每一个判决结论的合法性。

但是，尽管传统演绎推理的结论具有形式上的完全必然性，却不能对它的作用作过分夸大的理解。因为，事实上传统演绎推理在大多数情况下仅仅适用于简单案件，即那些立法规则或原则清楚明白、案件中的事实被一致同意或被认定的案件。[1]在复杂的案件审理过程中，仅仅演绎推理是不够的，实际上必须以其他推理方法为补充，例如，在案件审理中，归纳推理也同样是重要的。在逻辑学中，归纳推理是从推断真到理由真的一种特殊的推理。根据陈述某类的个别对象具有某特征的若干前提，并且在没有相反陈述的情况下，得出该类每个对象都具有该特征的一般性结论，这样的推理就叫归纳推理（inductive inference）。[2]如果说，演绎推理是从一般到个别，表现在司法活动中是从法条到个案的过程；那么，归纳推理就是从个别到一般，表现在司法活动中是从个案到法条的过程。在刑事司法活动中，刑法条文与案件事实的耦合就是加以认识上的同一化。在这同一化的过程中，存在两个思维过程：一是由抽象到具体（或由一般到个别），即把刑事法律规定的犯罪落实到现实的某一犯罪中去；二是由具体到抽象（或由个别到一般），即把现实中某一具体犯罪抽象为刑事法律规定的犯罪。[3]显然，在这同一化过程中，演绎推理与归纳推理都是必要的。

在严格的成文法制度下，判例不起作用，因而没有必要采用类比推理法。但当代各国，即使是大陆法系，也都十分重视判例，以其作为成文法补充。在这种情况下，类比推理越来越重要。笔者认为，类比推理不同于类推推理。类推推理是指将一条法律规则扩大适用于一种并不为该规则的措辞所涉及的，但却被认为属于构成该规则基础的政策原则范

---

[1] 参见王鸿貌：《论当代西方法学中的法律推理》，载《法律科学》1995年第5期。
[2] 参见［波］齐姆宾斯基：《法律应用逻辑》，刘圣恩等译，群众出版社1988年版，第242页。
[3] 参见王勇：《定罪导论》，中国人民大学出版社1990年版，第5、7页。

围之内的事实情况。正如美国学者博登海默指出：在运用类推推理的情形下，构成最终判决基础的扩大了的基本原则或扩展了的原则并不是以逻辑的必然性而强迫决策者接受的。① 因此，类推推理之结论并非法条范围之内的，显然有悖于罪刑法定主义。而类比推理是建立在相似性的概念基础之上的，这类推理的根据是这样一种假定：我们考虑属性之间存在某种本质的联系。② 美国学者波斯纳曾经对法律中的类比推理作了深刻分析：在为类比推理辩解时，一种诱人的辩解是指出人类具有一种内在的对态势（pattern）进行识别的能力，一种内在的关于相似性的标准。将一个问题看作与另一个已经解决的问题相类似，事实上就将这个新问题置于通向解决的道路上。③ 因而，类比推理是指在司法活动中，正在审理的案件事实与已经依法审结的案件事实具有相似性，因而以已经审结的案件处理结论作为类比对象和正在审理的案件处理的参照对象的情形。类比推理表明即使在成文法的制度之下，先前的判例仍然对于司法活动具有可参照性，因而成为演绎推理的必要补充。由于类比推理不是司法活动中唯一的推理方法，而且被类比的判例是依法作出的，因而类比推理并不违背罪刑法定主义。

司法品格的塑造，始终是当代法治社会的一个难题。在绝对罪刑法定主义的司法制度下，法官是一个适用法律的工匠：刻板、毫无生气、严格地按照法律规定进行逻辑推理。美国霍姆斯基法官语出惊人地提出了"法律的生命并不在于逻辑而在于经验"这一经典格言，司法机械主义受到了司法能动主义的有力抨击，罪刑法定主义也随之面临挑战。考察司法机械主义与司法能动主义，对于回答罪刑法定的当代命运这个问

---

① 参见［美］博登海默：《法理学——法哲学及其方法》，邓正来译，华夏出版社1987年版，第475页。
② 参见［波］齐姆宾斯基：《法律应用逻辑》，刘圣恩等译，群众出版社1988年版，第475页。
③ 参见［美］波斯纳：《法理学问题》，苏力译，中国政法大学出版社1994年版，第117页。

题具有重要意义。早在1748年，孟德斯鸠就提出了他对司法机构作用的看法。他说，法官应当"只是法律的传声筒，处于无法减轻法律的力量或严格性的被动地位"。这种对法官作用的看法，在现代可以称为法学的机械理论。法官仅仅被看作精通法律的专家，他们熟悉一整套的法律条文，然后几乎是机械地把法律应用到具体的案件中去。从这个观点来看，法官是一个中立的工具，当他根据法律的一般条文处理实际问题时，不必提出自己个人的观点。[①] 在这种司法机械主义的理论中，法官无人性，似乎只要一穿上法官的黑色长袍，法官的个性就消失了。

行为主义"发现"了法官的个性，他们试图分析法官的个人特点、他们的社会背景和受教育情况，或者分析他们对政党的倾向性和思想态度，来解释司法行为，就像解释其他类型的政治行为一样。因此，行为主义撩开了蒙在法官头上的神圣面纱。在这种情况下，司法与立法关系被重新认识了，司法不再是立法的附庸，因而发展出一种司法能动主义的理论。根据这种理论，法官甚至被看作不过是穿着法官长袍的政治活动家，法官不仅仅是在司法，而且也在造法。格雷认为，法官们所立的法甚至要比立法者所立的法更具有决定性和权威性，因为法规是由法院解释的，而且这种解释决定了法规的真实含义，其重要意义要比其原文更大。[②]

笔者认为，司法机械主义过于贬低法官在司法活动中的作用，而司法能动主义则又过于夸大法官在司法活动中的作用，都具有一定的片面性。美国学者博登海默对法官行为的以下分析当是公允之论：既然法官的主要职责是裁定基于昔日的纠纷，那么作为一般原则，我们便不能分配他去承担一份建立未来法律制度的正式任务。从大体上来讲，他必须

---

① 参见［英］维尔：《美国政治》，王合等译，商务印书馆1990年版，第220页。
② 参见［美］博登海默：《法理学——法哲学及其方法》，邓正来译，华夏出版社1987年版，第539页。

留在现存社会组织框架之中，并凭靠过去与当今历史向他提供的资料进行工作。法官可以在一定的界限范围之内，为防止法律大厦或该大厦之大部分腐朽或崩溃而进行必要的修正与弥补工作。他可以扩大或缩小现行的补救方法，偶尔还可以创设一种新补救方法或辩护，如果正义要求使这种措施成为必要。然而，就法律制度的基本结构改变而言，法官通常必须依赖于外界援助。他本人则不能拆毁法律大厦或该大厦之实质性部分，也不能用新的部分替代这些部分。[①] 因此，法官在司法活动中不是木偶与摆设，其能动性是应当承认的。但法官的司法权力不是没有限制的，只有在法定范围之内行使这种权力。以此考察罪刑法定的当代命运，笔者认为绝对罪刑法定由于完全束缚了法官的手脚，违背司法活动的内在规律，因而已被历史所淘汰。而相对罪刑法定已经为法官的定罪量刑留下了足够的裁量余地，因而是具有生命力的，它能够与当代司法活动同构共存。

经过漫长的理论跋涉，我们终于触及了罪刑法定在当代中国的命运这个具有现实意义的重大问题。或者说，前面的讨论无非都是为回答这个问题而进行的必要的理论铺垫。

（一）罪刑法定的价值取向

对于中国来说，罪刑法定主义是舶来品。我国清朝末年，罪刑法定思想由日本传入，光绪三十四年（1908年）颁布的《钦定宪法大纲》规定："臣民非按照法律规定，不加以逮捕、监察、处罚。"此后在宣统二年（1911年）颁布的《大清新刑律》中规定："法律无正条者，不问何种行为，不为罪。"1935年《中华民国刑法》第1条规定了罪刑法定主义，指出："行为之处罚，以行为时之法律有明文规定者为限。"尽管在刑法

---

① 参见［美］博登海默：《法理学——法哲学及其方法》，邓正来译，华夏出版社1987年版，第543页。

中规定了罪刑法定主义，实际效果却并不理想。这不由得使人想起这样一个典故："橘生淮南则为橘，生于淮北则为枳，叶徒相似，其实味不同，所以然者何？水土异也。"在具有几千年的比附援引的法律传统的中国，可以说存在一个"类推情结"。在这种情况下，罪刑法定主义在中国因水土不服而难以生根开花应在情理之中。更何况，罪刑法定主义引入的不是一句法律格言，甚至也不仅仅是一套法律规则，而是蕴藏其后的价值观念。加拿大学者克雷波曾经正确地指出将具有某种社会价值的法律引入不存在这种价值的其他法律管辖区中的困难性。[①]考察罪刑法定主义引入中国近一个世纪而近乎只是成为一句法律标语的历史，重要原因在于中国古代社会本位的价值观决定了以个人本位的价值观为基础的罪刑法定原则，难以成为我国法律文化的题中应有之义；而体现社会本位价值观的法律形式——刑事类推，则有着根深蒂固的思想基础。罪刑法定与刑事类推的矛盾，不仅是刑法的保障机能与保护机能的矛盾，而且是西方法律文化与中国传统法律文化的矛盾。

我国学者梁治平通过考察中国法律文化中个人在社会中的地位，得到如下结论：中国传统文化完全不承认个人的存在。[②]在这种社会（包括家庭、集团）本位的法律文化中，个人是十分渺小和微不足道的，它融化在庞大而发达的以伦理为纽带的社会关系的汪洋大海之中，社会秩序对于个人自由永远具有终极意义。1840年以后，中国传统社会受到强大的外部压力，开始了一个以现代化为目标的漫长而痛苦的嬗变过程。西方法律文化的引入，强烈地冲击着中国传统法律文化的根基。由于延续了数千年的中华法系在风雨飘摇中濒于消亡，中国法制开始了其现代化的

[①] 参见［加］克雷波：《比较法、法律改革与法典编纂——国内和国际透视》，载沈宗灵、王晨光编：《比较法学的新动向——国际比较法学会议论文集》，北京大学出版社1993年版，第102页。

[②] 参见梁治平：《寻求自然秩序中的和谐——中国传统法律文化研究》，上海人民出版社1991年版，第122页。

艰难进程。在这个进程中，个人本位的价值观念得以倡导，但始终未能占据统治地位。我国学者夏勇从社会正义的角度分析了20世纪中国社会存在的抑制个人权利生长的各种因素，指出：社会正义以主张群体权力为核心，以致压倒并替代个人权力。由于深重的内忧外患，社会正义的核心可以说是民族的正义和阶级的正义，即群体的正义。从社会变迁的角度看，个人从家庭的血缘纽带中分离出来，并非像西方社会变迁中所发生的情景那样，开始个人的"原子化"，并由此形成市民社会。① 由于受到社会与政治的双重压抑，个人自由十分有限，得不到法律的有效保障。在这种情况下，体现个人自由的罪刑法定主义难以成为近代中国刑法的基本精神。

新中国成立以后，整体主义的价值观曾经在相当长的时间内支配着我国的社会生活，并且在1979年制定的第一部刑法中留下深刻的烙印。刑事类推制度的规定，就是一个典型的例子。例如，我国著名刑法学家高铭暄教授在论及刑事类推制度的立法理由时指出：为了使我们的司法机关能及时有效地同刑法虽无明文规定，但实际上确属危害社会的犯罪行为作斗争，以保卫国家和人民的利益，就必须允许类推。② 因此，刑事类推制度设立的主要根据就在于保卫国家和人民的利益。基于这种社会本位的价值观，刑事类推制度就有其存在的充足理由。

随着经济体制改革的实行，尤其是市场经济的推行，我国社会进入了一个转型期。在这个社会转型进程中，传统文化的观念最先受到挑战，进而涉及一系列更加广泛的相关观念，这意味着观念背后的基本准则、价值尺度失去了吸引力，开始被怀疑、被抛弃。③ 在这种情况下，社会本位的传统价值观受到挑战，个人本位的价值观受到肯定，中国进入一

---

① 参见夏勇主编：《走向权利的时代——中国公民权利发展研究》，中国政法大学出版社1995年版，第26页以下。

② 参见高铭暄：《中华人民共和国刑法的孕育和诞生》，法律出版社1981年版，第126页。

③ 参见陆学艺等主编：《转型中的中国社会》，黑龙江人民出版社1994年版，第239页。

个"走向权利的时代"。在法理学中,引发了权利本位与义务本位之争。例如我国学者张文显指出:由于法律的价值取向不同,权利与义务何者为本位,是历史地变化着的;现代法制是或应当是权利本位。[1] 权利本位论虽然也受到来自义务本位论的质疑和诘难,但大体上成为我国法理的主流观点。权利本位论尽管在其内容理解上还存在某种分歧,有些观点也还值得辨正,但它的确立表明在权利与权力的关系上,已经发生了某种变动,人们的权利意识正在觉醒,以权利限制权力并要求权力以保障权利为使命。正如我国学者指出:权利本位论的理论意义不在于它确立了一种新的法学体系,而在于它的分析时时蕴含着一种精神——一种与时代息息相关的民主精神。权利本位论的命题已经超出了它的法律含义,它表明的是人作为自然界和社会的主体摆脱了对外界物的依附,而作为理性动物的存在物。权利本位作为一个命题,它标志着人体在社会中的自主地位并非完全是一种抽象的哲学意义上的价值判断,一种对应然的期待,而是在一定的价值判断基础上形成的可证实的具体命题。[2] 在这种法律文化的氛围下,我国刑法学界曾对罪刑法定与刑事类推的关系进行了广泛而深入的讨论,其中不乏激烈而尖锐的争论。尽管在这场讨论中,还存在对罪刑法定只作制度考察而缺乏观念反省的局限,[3] 但不管我们是已经意识到还是没有意识到,这场讨论重塑了我们当代刑法理论的文化品格。它对我国刑法理论的深远影响,随着时间的推移日益显现出来。

历史有着惊人的相似之处,而这种相似性又是不可以机械比较的。因为从否定之否定的历史辩证法来看,尽管两个否定或者两个肯定是相似的,但它们处于螺旋式上升的历史发展的不同序列。事实已经证明,

---

[1] 参见张文显:《法学基本范畴研究》,中国政法大学出版社1993年版,第87页。

[2] 参见程燎原、王人博:《赢得神圣——权力及其救济通论》,山东人民出版社1993年版,第301页。

[3] 参见宗建文:《刑罚正义论——罪刑法定的价值分析》,载赵炳寿主编:《刑罚专论》,四川大学出版社1995年版,第69页。

迟发展社会尽管可以借鉴与吸收早发展社会的价值、制度与技术，从而加速发展进程，但历史阶段又是不可超越的：早发展社会的昨天才是迟发展社会的今天，而早发展社会的今天则是迟发展社会的明天。如果不考虑各个社会历史发展阶段上的差别，而盲目地坐井观天，管窥蠡测，只能得出荒谬的结论。以上这些感想，也许大而失当，但这不是空话，实在是有感而发。我国刑法学界在关于罪刑法定与刑事类推的讨论中，就存在这个问题。类推论者主张保留刑事类推有一个重要理由（其他理由另当别论）是西方国家已经否定罪刑法定主义。例如，我国学者侯国云指出，从19世纪末20世纪初起，罪刑法定已度过它的隆盛期而开始走向衰亡。所谓"法无明文规定不为罪"已不复存在，罪刑法定在事实上正在走向衰亡。既然如此，我们又何必去步他人后尘，搞那个形式上的、名不副实的罪刑法定呢？[1]

这里首先有一个事实的把握问题：西方国家是否已经废弃罪刑法定主义？作为肯定说的一个根据，是西方国家在不同程度上已从罪刑法定主义绝对禁止类推的束缚中解脱了出来，允许有限制的类推或者是类推解释。其实，这里允许有限制的类推或者类推解释，其所谓限制就是指允许有利于被告人的类推或者类推解释，而不利于被告人的类推或者类推解释则仍然是确然禁止的。由于罪刑法定主义体现的是刑法的限制机能，因而有利于被告人的类推或者类推解释并不违背罪刑法定主义保障个人自由的精神实质。由此而引出的西方国家的罪刑法定主义已是徒有虚名仅剩一个美丽的外壳的结论，很难说是精当之论。不可否认，西方国家在19世纪末20世纪初，确实发生了从绝对罪刑法定主义到相对罪刑法定主义的演变，在理论上也产生了对罪刑法定主义的动摇、怀疑乃至于否定的观点，但最终罪刑法定主义仍然不可撼动，其从绝对到相对

---

[1] 参见侯国云：《市场经济下罪刑法定与刑事类推的价值取向》，载《法学研究》1995年第3期。

的变化也不过是罪刑法定主义的自我完善。而我国由于深受传统法律文化的影响,刑事类推观念根深蒂固。在这种情况下,正在经历的是以罪刑法定主义取代刑事类推制度这样一个历史进程。因此,即使西方国家现在已经否定罪刑法定主义(更何况并未否定,而是进一步完善),也不能作为我国现在也应当否定罪刑法定主义的根据。因为这是处在两个不同的历史发展阶段,不能简单地类比;否则,就是以并未出现的明天来否定自己的今天。显然,这是令人难以接受的。

如果我们抛开具体制度不谈,分析这种制度变迁背后的价值观念的嬗变,那么,如同我们在前面所述的那样,从绝对罪刑法定主义到相对罪刑法定主义的演化,是由价值观的变化而引起的。由于绝对罪刑法定主义过于强调个人自由,在社会秩序的保障上有所缺憾。伴随着生产社会化的加剧,社会本位取代个人本位而占据优势地位。但这一价值观的转变决不可以理解为是以社会本位否定了个人本位,而只是为适应社会发展的需要,适当地调整个人与社会的关系。事实上,在20世纪以后,个人自由在西方的价值观中仍然具有十分重要的优先地位。而在我国,由于传统文化的影响和现实结构的决定,社会本位的价值观一直占据主导地位。随着市场经济的发展,个人自由越来越被摆到一个重要的位置。在这种情况下,个人与社会的关系应当向个人倾斜。因此,个人本位的价值观在当代中国具有历史进步的现实意义。体现个人自由价值观念的罪刑法定主义是当代中国的必然选择。当然,矫枉容易过正。为此,有必要借鉴与吸收西方国家相对罪刑法定主义,在保障个人自由的同时保护社会秩序,刑法的双重机能并重,兼顾个人自由与社会秩序。由此观之,罪刑法定主义在当代中国,正是如同旭日东升,具有蓬勃的生命力。

(二)罪刑法定的制度保证

我国学者在界定罪刑法定的含义时,曾经把罪刑法定区分为观念意义上的罪刑法定、原则意义上的罪刑法定、制度意义上的罪刑法定与司法运作上的罪刑法定。① 这一区分具有十分积极的意义，因而值得肯定。观念意义上的罪刑法定是罪刑法定之形而上，指蕴含在罪刑法定之中的价值内容，可以称之为"道"。原则、制度与司法运作上的罪刑法定是罪刑法定之形而下，指罪刑法定的制度保证，可以称之为"器"。就我国当前对罪刑法定主义的认识现状而言，轻"道"重"器"是一种值得注意的倾向。因此，我们首先应当揭示罪刑法定的价值蕴涵，以此肯定罪刑法定主义在当代中国必将有着美好的发展前途。但同样值得注意的是，又不能重"道"轻"器"，走向另一个极端。因为，如果没有具体制度的保证，罪刑法定主义也有落空的危险。因此，考察罪刑法定在当代中国的命运，不能不着眼于制度保证问题。

德国著名学者马克斯·韦伯曾经对在中国的儒教与西方的清教塑造的两种不同的法律制度进行过比较，指出：中国的家产政体，在帝国统一之后，既没有考虑到强而有力且不可抑制的资本主义利益，也没有估计到一个自主的法学家阶层。然而，它必须考虑到能保证其合法性的传统的神圣性，同时也必须顾及其统治组织的强度界限。因此，不仅形式的法学未能发展，而且它从未试图建立一套系统的、实在的、彻底理性化的法律。总的看来，司法保持着神权政治的神权司法所特有的那种性质。就这样，不仅哲学的和神学的（Theologisch）"逻辑学"（Logik），而且法学的"逻辑学"（法逻辑：Rechtslogik——引者注），都无法发展起来。而西方现代法律的理性化是两股同时起作用的力量的产物，一方面是资本主义的力量，它关心严格的形式法与司法程序，倾向于使法律在一种可计算的方式下运作，最好就像一台机器一样；另一方面是专制主义国家权力的官吏理性主义的力量，它所关心的是系统地制定法典和

---

① 参见宗建文：《罪刑法定含义溯源》，载《法律科学》1995 年第 3 期。

使法律趋于一致，并主张将法律交由一个力争公平、地方均等之升迁机会的、受过合理训练的官僚体系来执行。只要这两股力量缺少其中之一，便无法产生现代的法律体系。①

经过比较，韦伯指出了中国法与西方法之间的一个明显差别：中国法基于信念伦理而注重对事物的主观价值判断，因而是一种价值合理性的实质伦理法——追求道德上的正义性而非规范的法律。西方法基于责任伦理而强调一个行为的伦理价值只能在于行为的后果，因而是一种工具合理性的形式法。中西法律在文化品格上的这种差别决定了中国法尽管有一套完备的规范体系，但由于宗教家庭伦理被视为法的最高价值，伦理凌驾于法律之上，伦理价值代替法律价值，伦理评价统率法律评价，立法与司法都以伦理为转移，由伦理决定其取舍。正如韦伯所说，十分重要的是立法的内在性质；以伦理为取向的家产制，无论是在中国还是在其他各地，所寻求的总是实际的公道，而不是形式法律。②

正是由于对形式法律的排斥，决定了中国传统法律文化中不存在容纳罪刑法定主义的文化氛围。因为罪刑法定主义就是以形式理性为基础的，它来自从罗马法的形式主义原则中发展出来的现代西方的理性法律。D.M.特鲁伯克对形式理性的含义解释为：法律思维的理性建立在超越具体问题的合理性之上，形式上达到那么一种程度，法律制度的内在因素是决定性尺度；其逻辑性也达到那么一种程度，法律具体规范和原则被有意识地建造在法学思维的特殊模式里，那种思维富于极高的逻辑系统性，因而只有预先设定的法律规范或原则的特定逻辑演绎程序里，才能

---

① 参见［德］马克斯·韦伯：《儒教与道教》，王容芬译，江苏人民出版社1993年版，第174–175页。

② 参见［德］马克斯·韦伯：《儒教与道教》，王容芬译，江苏人民出版社1993年版，第122页。

得出对具体问题的判断。① 这种形式理性要求法律的实质内容和程序状态是合理性的。在这种合理性的法律秩序中，个人的权利和义务是由某种普遍的并能被证实的原则决定的。这一点是必须和绝对的。取消合法秩序裁决判定，或使这些制度中适用于特殊场合和确认不是来自规定的可证实原则作出判定的合法性，都被看作非理性的。② 在这个意义上，形式本身就意味着合理性。形式理性在追求价值理性的时候，尽管有所丧失，但这是为保证最大限度地实现价值理性所必不可少的代价。中国传统法律文化对实质伦理的追求，轻视形式理性，因此虽然近代引入了罪刑法定主义，但由于它与中国传统法律文化相抵牾，因而实际上并没有真正成为刑法的精神实质。

新中国成立以后一段时间，经济上追求绝对平等，政治上实行集中统一，法的地位始终没有在我国社会生活中树立起来。我国学者武树臣生动地把新中国成立以来一段时间的法律实践样式称为"政策法"。所谓政策法，是指在管理国家和社会生活的过程中，重视党和国家的政策，相对轻视法律的职能；视政策为法律的灵魂，以法律为政策的表现形式和辅助手段；以政策为最高的行为准则，以法律为次要的行为准则；当法律与政策发生矛盾冲突时，则完全依政策办事；在执法的过程中还要参照一系列政策。③ 这种政策法在刑法领域中的突出表现是以政策指导刑事司法。即使在1979年制定刑法以后，刑事政策仍然对刑事立法与刑事司法产生着不可低估的影响。例如，"从重从快"等刑事政策成为刑事司法的指导方针。行文至此，我们不禁想到德国著名刑法学家李斯特的一句名言：刑法是刑事政策不可逾越的樊篱。尽管李斯特十分重视刑事政

---

① 参见［美］艾伦·沃森：《民法法系的演变及形成》，李静冰等译，中国政法大学出版社1992年版，第29页。

② 参见苏国勋：《理性化及其限制——韦伯思想引论》，上海人民出版社1988年版，第220页。

③ 参见武树臣等：《中国传统法律文化》，北京大学出版社1994年版，第772页。

策,首倡刑事政策学,但他仍然认为罪刑法定是刑事政策无法逾越的一道屏障,保护公民免受国家权威、多数人的权利、利维坦的侵害。①

自从改革开放以来,法治日益受到重视。由于市场经济对于法治的天然要求,走向法治已经成为历史的必然。在这种情况下,法制现代化问题受到我国法理学界的极大关注,并成为探讨的热点问题之一。法治的核心价值意义就在于:确信法律能够提供可靠的手段来保障每个公民自由地合法地享有属于自己的权利,而免受任何其他人专横意志的摆布。因此,以法治为关键性变相的法制现代化便蕴含着一个判定标准,这就是实证标准。从实证意义上探讨法制现代化的标准,提出了法律形式化的必然要求。法律的形式化意味着确证法律权威的原则,意味着从立法到司法的每一个法律实践环节都必须遵循法定的程序,意味着将国家权力纳入法律设定的轨道并且不同相关的权力均由法律加以明文规定,也意味着社会主体在这一有序化的法律体系中获得最大限度的自由。因之,法律的形式化之实质乃是法治原则的确证与实现。②在刑法领域中,从法制现代化的实证标准中引申出的必然结论就是要坚定不移地实行罪刑法定主义。那么,在市场经济的条件下,怎么克服罪刑法定主义对罪刑范围的严格限定与随着经济关系的剧烈变动而产生的新型犯罪层出不穷之间的矛盾呢?

笔者认为,市场经济的本性要求赋予个人更大的自由度,因而应该适当地调整以往在计划经济体制下形成的个人与国家的关系,以便形成一个有利于市场经济生产的较为宽松的社会环境。因此,国家对经济生活以及社会生活的刑事干预不是应当扩张与加强,而恰恰相反,应当有所收缩与限制。而罪刑法定主义所具有的限制机能正好符合这一发展趋

---

① 参见[日]庄子邦雄:《刑罚制度的基础理论》,载《国外法学》1979年第3、4期。
② 参见公丕祥主编:《中国法制现代化的进程》(上卷),中国人民公安大学出版社1991年版,第85页。

势。至于市场经济条件下出现的各种新型犯罪,应当经过慎重考虑纳入刑法典。更为重要的是,刑法的最后手段性决定了不能把刑法奉为治理经济与管理社会的圭臬。对于当前我国经济生活与社会生活中出现的各种失范现象,只有通过理顺经济关系,调整社会结构才能从根本上得以解决。因而,隐藏在否定罪刑法定主义观点背后的泛刑主义恰恰是与市场经济的内在要求背道而驰的。我们严密地关注,在当前我国刑事司法与刑法理论中存在一种可能导致法律虚无主义的倾向,这就是在经济犯罪的认定标准中,提出所谓生产力标准,并以此冲击犯罪构成的法律标准。在这种情况下,个案处理虽然可能实现个别公正,但由此弥散蔓延开来的法律虚无主义却有可能摧毁整个法制大厦,从而使法治建设毁于一旦,社会公正无从实现。为此,有必要重申罪刑法定主义,建立一套严密的刑法规则体系,以形式合理性作为价值合理性的制度保证。

严密的刑法规则体系的建构,是罪刑法定的制度保证之根本。这里涉及立法能力的问题,毫无疑问,罪刑法定的制度保证提出了更高的立法要求。因此,在罪刑法定主义是否可行的争论中,经常涉及的是一个立法经验的问题。否定论者认为,实行罪刑法定,必须制定一部十分完备的刑法典,但那是不切实际的。因为我国刑事立法经验不足,立法机关不可能把各种各样,甚至现在尚未出现但将来有可能出现的犯罪都包罗无遗地规定在一部刑法典中。[①]而肯定论者认为,在一个国家是否实行罪刑法定,与立法经验没有联系,而是一个价值取向和立法思路问题。更何况,立法经验也是逐渐积累的,是一个相对的概念。[②]笔者认为,立法经验归根结底是一个立法能力问题。刑事古典学派夸大立法者的理性建构能力,当然是有所缺憾的。但并不能由此而完全否认立法者的立法

[①] 参见侯国云:《市场经济下罪刑法定与刑事类推的价值取向》,载《法学研究》1995年第3期。

[②] 参见胡云腾:《废除类推及刑法科学化》,载《法学研究》1995年第5期。

功能，在理性所及的范围之内，制定一部符合社会实际状况的刑法典，应该是可能的。至于说到立法经验，世界上第一部实行罪刑法定的刑法典是1791年法国刑法典，难道我们的立法经验还不如二百年前的立法者吗？事实上，立法不仅是一个经验积累的问题，更是一个理性建构的问题。如果我们坚持经验型的立法指导思想，刑事立法尾随司法实践；那么，一部完备的刑法典就永远可望而不可即。只有在立法中最大限度地发挥立法者的理性洞察力，才能制定出一部实行罪刑法定的刑典。因此，我国刑法实行罪刑法定主义，不仅是价值取向之必然，而且还具有制度保证上的现实可能性。

（三）罪刑法定的司法建构

罪刑法定的制度保证不能离开人，这里的人就是司法活动的主体——法官。因此，罪刑法定在当代中国的命运如何，在很大程度上取决于对法官行为的认识。美国学者D.布迪在考察中国古代刑法时指出：中华帝国的法律体制要求司法官吏严格地依法办事；实际上，任何一名司法官在任何一段时间，都在致力于理解并运用法律条款的真实含义（当然并不总是限于法律条款的文字本身）。与其他任何国家的法官一样，中国的司法官吏也非常注重于依法判案，甚至有过之而无不及。中国的法典编纂者们并不强求制定一部包罗万象的法典，他们打算通过比照适用以及援引概括性禁律的方式，消除法律上的盲点。在司法官员们着手堵塞法律上的漏洞的时候，这个规定明确而详尽的法律体系本身，便是有益和有效的指南。[①]因此，中国古代法官的司法行为是机械性与能动性并存：在法律范围之内机械地司法，在法律范围之外能动地司法。我们关注的重点是中国古代司法的能动性，因为它带来了与罪刑法定主义相悖

[①] 参见［美］D.布迪、C.莫里斯：《中华帝国的法律》，朱勇译，江苏人民出版社1993年版，第443页。

的司法文化传统的基因。

韦伯认为中国古代的司法在很大程度上保持着"卡迪"(Kadi,原指伊斯兰国家的审判官)司法的性质。这种司法的特征就在于,不是从普遍性的法规在实际事实的应用中得出判决,而是根据执行法官对"特定场合中公正的意义"的理解而进行裁决。韦伯指出,中国古代的司法尽管是传统主义,却没官方的判例收集,因为法律的形式主义的性质遭到拒斥,并且特别是因为有像英国那样的中央法庭。官吏在地方上的"牧人"(Hirte)是知道先前那些判例的。这些"牧人"向他们的主子官吏劝告,要按照行之有效的审判模式行事。这在外表上和我们西方的陪审推事引用"类似事件"(Similia)的裁判习惯相同。只是西方陪审推事的软弱无能,在中国却是无上的美德。[①]

尽管韦伯对中国古代司法制度的评价具有一定的独断性,但他还是正确地揭示了中国古代的司法依赖于一种实在的个体化与恣意专断。因为中国古代司法中,法官不限于适用成文法,还有更为强烈与沉重的伦理使命,使法无明文规定的各种行为都应当得到合乎伦理正义的处理。我国清末在沈家本的主持下修订刑律,其中一大改进就是删除比附,克服传统"司法而兼立法"和"审判不能统一"的流弊,采用罪刑法定主义。但这一旨在限制司法权的改革由于与中国传统法律文化相抵触,受到保守派的攻击。例如江苏巡抚陈启泰对此批驳道:"犹是司法之向例,与立法迥乎不同,岂得指比附为司法而兼立法,与三权分立之义不符,竟可删除不用。乃独于第10条著明,凡律例无正条者,不论何种行为,不得为罪,转似明导人以作奸趋避之路。此物于太疎者一。"[②] 此后,虽然罪刑法定主义明定于刑法,囿于中国传统的司法观念,仍难有效地制约司法主体的行为。

---

① 参见[德]马克斯·韦伯:《儒教与道教》,王容芬译,江苏人民出版社1993年版,第122页。
② 参见张培田:《中西近代法文化冲突》,中国广播电视出版社1994年版,第171、178页。

新中国成立以后,在相当长的一个时期内法制阙如,以政策治理国家。司法活动也以政策为导向,成为贯彻政策的工具。在这种政策法的状态之下,司法运行难免陷入困境。当法律政策确定之后,由于种种原因,既没有通过立法渠道及时制定相应的法律、法规、条例,也没有通过司法渠道形成判例法体系。这就使国家的司法活动仅仅以十分抽象、笼统的法律政策、法律原则、法律精神作依据,从而给法官的个人主观因素留下广阔的"用武之地"。加之司法官员的政治、业务素质差别较大,不可避免地造成司法混乱。① 自1979年《刑法》颁行以后,司法工作开始进入一个基本上有法可依的法治轨道,但司法独立依然十分困难。为一个时期一个地区的中心工作服务,常常使司法活动难以正常开展。在刑事司法中,来自"打击不力"的压力,也往往使司法活动以运动式的节奏进入"严打"状态:一个战役接一个战役,一个专项斗争续一个专项斗争。在这种情况下,司法不自觉地或者说被迫地呈现出一种被动的态势,疲于奔命。而法官行为则表现出机械司法与能动司法的双重品格:在法律规定明确的情况下,存在法律教条主义;在法律规定不明确或者法无明文规定的情况下,则由于司法行为的工具性所决定,存在缺乏有效限制的自由裁量权。为避免打击不力的责难,不利被告的越权司法解释时有发生,刑罚趋重的审理结果也在所难免。这在一定程度上增加了法官行为的任意性和随机性,个人自由难以得到切实保障。当社会上发生危害社会的行为,缺乏"法无明文规定不为罪,法无明文规定不处罚"的罪刑法定意识,而是千方百计、绞尽脑汁地寻找所谓法律根据,似乎不将其入罪就是法官的失职。

在市场经济大潮的冲击下,传统的刑事司法模式和法官的行为品格受到严重的挑战。随着人权意识的觉醒,要求司法行为法定化的呼声日

---

① 参见武树臣等:《中国传统法律文化》,北京大学出版社1994年版,第778页。

益高涨。在刑法领域中，就是要实行罪刑法定主义，在授予法官必要的自由裁量权的同时又应依法限制法官的自由裁量权。为此，我国学者提出了"改造法官行为"的命题，从法官活动的正义性出发，法官应该有节制地运用刑罚权。[①]笔者认为，应当以罪刑法定主义的观念、制度、原则改造法官行为，使刑事司法运作遵循罪刑法定主义的精神。只有这样，才能重塑我国法官行为的品格。因此，对于我国刑事司法来说，罪刑法定主义所昭示的价值蕴涵是它的内在要求。

改造法官行为的基本内容是以罪刑法定规范法官行为。我国刑法学界都肯定了这样一个事实：虽然我国刑法曾规定类推制度，但在司法实践中适用类推的案件十分有限。可对这一事实得出的结论却截然不同：主张罪刑法定的学者以此为根据，认为类推制度形同虚设，实无继续保留之必要；而主张刑事类推的学者则认为，导致类推数量极少的原因，并非因为需要类推的案件少，而是因为其他人为的因素造成的。这些因素主要是：有些本应类推定罪的案件未以类推定罪，或者不以犯罪论处，或者直接适用有关刑法条文定罪，或者通过司法解释使司法机关直接适用某个刑法条文定罪。因此，不能以此否定刑事类推。[②]

笔者认为，主张罪刑法定的学者以类推案件少为理由否定刑事类推，确有简单化之嫌，难以令人信服。但如果我们进一步考察这种现象产生的原因，就会发现：它的存在还是由类推制度造成的。类推制度存在本身，就对法官具有"法无明文规定可以入罪"的引导与示范的效应。当然，我们也承认严格限制的刑事类推与罪刑擅断不可同日而语，但我国曾有个别学者由此得出结论，认为我国的具有严格限制条件的类推制度

---

① 参见宗建文：《刑罚正义论——罪刑法定的价值分析》，载赵炳寿主编：《刑罚专论》，四川大学出版社1995年版，第97页。

② 参见侯国云：《市场经济下罪刑法定与刑事类推的价值取向》，载《法学研究》1995年第3期。

不但不会侵犯人权，反而能防止司法人员擅自对刑法条文作扩张解释，从而起到保护人权的作用。①应该说，这一观点是我们绝对不能苟同的。这里涉及的问题是：在罪刑法定与刑事类推这两种司法建构中，到底在哪一种司法建构中的法官行为受到的控制更为严格？结论不言自明。类推定罪，即使具有严格限制，不说侵权人权，至少也可以说是对人权保障不力，岂谈得上保护人权。至于认为即使有恣意违法擅断，也是个别"执法人"本身的问题，而不是类推制度的问题。②这种把人与制度截然分开的观点，也是不能成立的。事实上，只有在罪刑法定的司法建构中，法官行为才能在法制的范围内运作，人权才能得到更为切实的保障。

我国著名刑法学家高铭暄教授指出：罪刑法定原则是一项进步的原则。它既不妨碍统治阶级根据自己的利益制定法律规定"罪"和"刑"，同时对于公民的权利来说是一种切实有效的保障。因为法律要求公民的是遵守法律的规定：明文授权做的他就有权做；明令要求做的他就有义务做；明令禁止做的他就有义务不做。特别是禁止事项，包括一切构成犯罪的行为，如果不是法律明文规定，公民将无所适从，因为他不知道这样做是法律所不容许的。高铭暄教授认为，应在刑法中明确规定罪刑法定原则，不再规定类推制度。③可以毫不夸张地说，罪刑法定主义已经成为我国刑法学界的共识，尽管对它的理解可能存在一定程度上的差异。

---

① 参见侯国云：《市场经济下罪刑法定与刑事类推的价值取向》，载《法学研究》1995 年第 3 期。
② 参见甘雨沛、何鹏：《外国刑法学》（上册），北京大学出版社 1984 年版，第 225 页。
③ 参见高铭暄：《略论我国刑法对罪刑法定原则的确立》，载《中国法学》1995 年第 5 期。

第六章 罪刑均衡原则

对罪刑均衡的孜孜追求，是人类基于公正的朴素理念而对刑法的一种永恒的冲动。尽管在刑法史上出现过罪刑失衡的刑事立法和刑事司法，但人类对罪刑均衡的美好向往永远没有停止过。自从刑事古典学派将罪刑均衡提到刑法基本原则的高度，罪刑均衡就成为现代刑法的一种内在精神。随着刑法价值观念的嬗变，罪刑均衡的标准也发生了变化，在这种情况下揭示罪刑均衡的价值内容及其对刑事立法与刑事司法的制约作用，就显得十分必要。

一、罪刑均衡的价值蕴涵

罪刑均衡的基本含义体现在"罪当其罚，罚当其罪"这一古老的法律公式里，追求罪刑之间的价值（质与量）上的对称关系。但这种对称关系的内涵又绝不是这样一个简单的法律公式所能包容的，它折射出深广而雄厚的社会历史价值。

（一）罪刑均衡的公正所在

人类具有一种天生的追求对等性（recipocity）的本能，而这种对等性恰恰是公正的最原始也是最朴素的表现形式。在对等性这个意义上，公正是一个"恰如其分"的概念，它意味着各得其所，各得所值。因此，公正的对等性首先表现为"等价交换原则",即某人以某种方式对待他人所以他人也以这种方式对待他;或者某人以某种东西与他人交换与之等值的东西。① 原始社会的同态复仇就是这种对等性的一个典型,因而也反映了原始人粗俗的公正观念。古希腊哲学家毕达哥拉斯认为,正义的本性就在于酬报对等。对此,苏联学者指出,应当看到酬报对等即正义的观念,是古代同态复仇(即"以眼还眼,以牙还牙")原则的某种哲学抽象。② 由此可以得知,原始的公正观念与同态复仇具有密不可分的联系。可以说,同态复仇不是原始社会对于侵害行为的最初反应形式,它已经是原始人从一个较为野蛮的阶段进化到一个较为文明阶段的产物。犯罪行为,越往前溯源,越具有暴力的性质。在野蛮时代,它表现为一种出自本能的攻击性。达尔文的进化论已经证明了人是从动物演变而来的,因而人的进化过程是一个本能(或称天性)逐渐消退的过程。在野蛮时代,人的动物本能在相当程度上仍然支配着人的行为,而攻击性就是人的本能之一。③ 在当时的生存条件下,攻击成为一种手段,以控制珍贵的生活必需品、食物或栖息场所,或者控制在其生命周期的某一时刻会变得珍贵的上述资源,因而是一种生存手段。④

随着人类的进化,生存不再以个人的本能为手段,原始社会的以血缘为纽带的组织形式取而代之,建立了一种以习俗为主要内容的社会秩序,因而攻击本能受到抑制。当攻击行为侵害他人时,由于社会还不能提供足够的保障,血亲复仇就成为原始的反应形式。黑格尔指出:在无法官和无法律的社会状态中,刑罚经常具有复仇的形式,但由于它是主观意志的行为,从而与内容不相符合,所以始终是有缺点的。被害人看

---

① 参见赵汀阳:《论可能生活》,生活·读书·新知三联书店1994年版,第140页。
② 参见[苏]涅尔谢相茨:《古希腊政治学说》,蔡拓译,商务印书馆1991年版,第29页。
③ 参见[奥]康罗·洛伦兹:《攻击与人性》,王守珍、吴雪娇译,作家出版社1987年版,第56页。
④ 参见[美]威尔逊:《论人的天性》,林和生等译,贵州人民出版社1987年版,第98页。

不到不法所具有的质与量的界限，而只把它看作一般的不法，因之复仇难免过分，重又导致新的不法。①

为了防止这种过分的复仇以及由此而引起的世仇，以限制复仇为目的的同态复仇就应运而生。例如，在伊斯兰教前的习惯法之下，实行的是以报私仇为基本观念的私人司法制度。损失了一个部落成员，要以犯罪者所在部落的相应损失作为报仇手段，而部落要为它成员的行为集体承担责任。除非受的损失得到满意的仇报，被害者的灵魂是不会安息的。因为一个部落往往夸大其成员的价值，损失一条人命常常要求以两条或三条人命作抵偿。在这种情况下，《古兰经》"以命偿命，以眼偿眼"的格言，规定了相当报复的标准。因此，《古兰经》的法律格言从根本上改变了杀人的法律后果。从此以后，需要为被害者偿命的，只是一条人命，即凶手本人的命；而这种区别的标志则是专用语的改变——血亲复仇（塔尔）被正当报复（吉沙斯）所代替了。②显然相对于无节制的血亲复仇而言，同态复仇是对待侵害行为更为文明的形式。在同态复仇中，侵害行为与复仇行为之间具有对等性，从这种对等性中折射出原始社会朴素的公正观念。在古代刑法中，这种同态复仇的习俗残存下来并被法律所认可。例如，《汉谟拉比法典》（约公元前1792~1750年）第196条规定"倘自由民损毁任何自由民之子之眼，则应毁其眼"，第197条规定"倘折断自由民（之子）之骨，则折其骨"。《十二铜表法》（约公元前451~405年）第八表第2条规定："如果故意伤人肢体，而又未与（受害人）和解者，则他本人亦应遭受同样的伤害。"这些规定都追求罪与刑之间的形式上的对等性，是罪刑均衡的原始形态。

同态复仇由于形式上的对等性的要求，必然受到一定的限制。只有在对人身的暴力侵害中，才有可能实行"以眼还眼，以牙还牙"。而在其

---

① 参见［德］黑格尔:《法哲学原理》，张企泰、范扬译，商务印书馆1997年版，第107页。
② 参见［英］诺·库尔森:《伊斯兰教法律史》，中国社会科学出版社1986年版，第9页。

他侵害行为中，由于不存在对等物，因而无法贯彻同态复仇的原则，在这种情况下，对侵害行为的反应形式趋于多样化。尤其是私有财产的出现，经过和解交付一定数量的财物这种赔偿制度逐渐流行，成为同态复仇的补充并逐渐取而代之。美国学者摩尔根曾经描绘了易洛魁人的情形，指出：自从有人类社会，就有谋杀这种罪行；自从有谋杀这种罪行，就有亲属报仇来对这种罪行进行惩罚，在易洛魁人以及其他一般的印第安部落当中，为一个被杀害的亲属报仇是一项公认的义务。但是，在采取非常手段以前，杀人者和被杀者双方的氏族有责任设法使这种罪行得到调解。双方氏族的成员分别举行会议，为对杀人犯的行为从宽处理而提出一些条件，通常采取的方式是赔偿相当价值的礼物并道歉。如果罪行有辩护的理由或具备减轻罪行的条件，调解一般可以达成协议。但如果被杀者氏族中的亲属不肯和解，则由本氏族从成员中指派一个或多个报仇者，他们负责追踪该杀人犯，直到发现了他并就地把他杀死才算了结。倘若他们完成了这一报仇行为，被报仇一方的氏族中任何成员不得有任何理由为此愤愤不平。杀人者既已偿命，公正的要求乃得到满足。①

显然，以相当价值的财物作为赔偿与同态复仇一样，也是一种公正的处理。由于财物与生命（或身体）具有形式上的不对等性，就需要寻求两者价值上的对等性，以满足公正的要求。而这种价值上的对等性往往是由当时社会的经济状况和公认习俗所决定的，并通行于一定的社会。例如美国学者霍贝尔指出：在确定赔偿金的分配中，中间人（指调解人——引者注）受牢固建立起来的价值原则的制约。每一种东西相异于它的固有价值。这是由在预先的经济交易中所支付于它的那些因素决定的。每一种无形财产权一般公认其有价值。在尤罗克人那里，对人的伤害是根据侵害程度和加害者的抚恤金的价值来衡量的。② 在我国少数民族

---

① 参见［美］摩尔根：《古代社会》（上册），马匡等译，商务印书馆1977年版，第75页。
② 参见［美］霍贝尔：《原始人的法》，严存生等译，贵州人民出版社1992年版，第46页。

地区，曾也在相当长的时期通行这种赔偿制度。例如，藏族曾确立了赔命价。打死人以后，被害者一方要出兵复仇，杀人的一方要给对方送价值100元左右的牲畜作挡兵款，表示低头认罪，愿意谈判解决。命价因地区、死者的身份而有差异，一般为500元至1000元藏洋。① 因而，在这种同态复仇或者赔偿制度的情况下，具有一种等价交换的公正性。

在这种等价交换基础上形成的是报应观念。在汉语中，"报"，是指回报。例如《诗经》云："投之以李，报之以桃。"李和桃显然没有外在上的同一性，但具有价值上的对等性。"应"，指反应，即对外部刺激的一种相应的反响。在佛教中，报应指种善因得善果，种恶因得恶果。约定俗成，报应更确切的是指恶恶相报。因此，报应往往是指两个事物之间具有因果关系：前者为因，后者为果，在因与果之间具有价值上的等同性。在英文中，报应一词为"retribution"，指对所受的损害之回复、回报或补偿，以满足由受害者自然产生的报复或报仇的本能要求。② 日本学者认为，报应原则就是根据以恶报恶的法则为复仇的正义限度奠定理论的基础。这是在原始社会未开化的社会规范中，曾经是正义观念的原始表现，成为报应原则最露骨的形态。它具有在加害与复仇之间谋求均衡，使其满足于报复的正义感而结束私斗的意义，并从此不允许加害人再进行报复。③ 这种以恶报恶的正义观念，是古代刑法思想的集中表现，称为报应刑论（德文 theorie der vergeltung）。

报应刑论的古典形态是神意报应论，反映在欧洲中世纪基督教文化中，是一种"救赎学说"。基督教有所谓末日审判，根据教义，在末日审判之前，基督徒的灵魂却依然在炼狱之中直至通过苦难而全部涤清罪过。

---

① 参见高其才：《中国习惯法论》，湖南出版社1994年版，第359页。
② 参见［英］戴维·M.沃克：《牛津法律大辞典》，北京社会与科技发展研究所译，光明日报出版社1988年版，第772页。
③ 参见［日］我妻荣主编：《新法律学辞典》，董舆译，中国政法大学出版社1991年版，第636页。

在此基础上，产生了一种赎罪思想，赎罪行为等同于对以前有罪行为的"惩罚"（poena）。圣安塞姆建立了"救赎学说"，其理论使用正义与正当秩序的单一结构来解释人的苦难与神的宽恕。在这个意义上说，它是一种法律的理论。人的苦难被视为人不顺从上帝而付出的代价。从更为根本的意义上说，尽管人对上帝犯下了弥天大错，但是，通过与罪相当的唯一可能的牺牲，上帝便可以正当地合乎法律地对惩罚予以赦免。这样，赎罪便被在实质上使用了一项法律交易的语言而加以解释了。美国学者伯尔曼指出：对于建立在救赎学说基础上的关于罪与罪的新概念的证明，既非将救赎作为复仇替代物的日耳曼术语上的和解，也非柏拉图术语上的威慑和恢复名誉，又非《旧约》术语上的上帝与以色列之间所立之约——尽管这三种理论的要素都被提出来了。在西方的神学里，安塞姆及其后继者们所提出的主要的证明理由是正义概念本身。正义要求每一项罪孽（犯罪）都需要通过有期限的苦难而偿付，要求该苦难，亦即该刑罚与罪刑相当；要求被违反的特定的法律得到恢复（"复仇"）。正如圣托马斯·阿奎那在安塞姆时代过去几乎两个世纪之后所说，无论是刑事违法行为，还是民事违法行为，都需要对受害人付出赔偿。但是与民事侵权相反，刑事犯罪是对法律本身的一项蔑视，所以不能仅仅作出赔偿，而必须科以刑罚，以作为违反法律的代价。① 正是在救赎学说的基础上，发展起了一般报应的理论。在这些一般报应的理论中，最为著名的是康德的道义报应论与黑格尔的法律报应论。

报应刑论是从人的复仇本能中发展起来的，是一种以动来对付反动的本能主义，但就同一物报以同一物而言，又体现了平均的正义观念这种报应的思想，为确定罪刑之间的均衡性提供了一定的标准。当然，在

---

① 参见［美］伯尔曼：《法律与革命——西方法律传统的形成》，贺卫方等译，中国大百科全书出版社1993年版，第222页。

具体标准的确定上又有事实说与价值说之分。

事实说为康德所主张，又称为等量说，注重刑罚与犯罪之间外在形态事实上的同一性。康德把刑罚看作一种报复的权利，这种权利的行使应当具有公正性，这种公正性就是尽可能地追求犯罪与刑罚外在形态上的同一性。康德指出：公共的正义可以作为它的原则和标准的惩罚方式与尺度是什么？这只能是平等的原则。在公正的天平上，指针就不会偏向一边，换句话说，任何一个人对人民当中的某个个别人所作的恶行，可以看作他对自己作恶。因此，也可以这样说："如果你诽谤别人，你就是诽谤了自己；如果你偷了别人的东西，你就是偷了自己的东西；如果你打了别人，你就是打了你自己；如果你杀了别人，你就是杀了你自己。"这就是报复的权利。它是支配公共法庭的唯一原则，根据此原则，可以明确地决定在质和量两方面都公正的刑罚。[①]由此可见，康德主张在确定刑罚的质和量的时候，应当尽可能地与犯罪的质和量相适应，只有这样，才能实现刑法的正义。黑格尔虽然也主张报应刑论，但却不同意康德的这种观点，认为根据等量报应的观点很容易得出刑罚上同态复仇的荒诞不经的结论。例如，以眼还眼，以牙还牙，同样我们可以设想行为人是独眼龙或者全口牙齿都已脱落等情况。[②]

实际上，康德本人也并非主张罪刑之间外在的绝对统一。例如，康德指出虽然不能在所有的情况下都严格采用这个原则，但是，从效果来说，可以说在实践中始终是有效的。例如，对较高的社会阶层，在处理上和情绪方面给予适应的尊敬表示。但是从言语上的损害而言，可能找不出金钱上的罚款与诽谤的不公正之间有什么直接的比例关系，因为富有者可以凭着他经济上的优势而放纵自己。荣誉遭到攻击而受害的一

---

① 参见［德］康德：《法的形而上学原理——权利的科学》，沈叔平译，商务印书馆1991年版，第165页。

② 参见［德］黑格尔：《法哲学原理》，张企泰、范扬译，商务印书馆1997年版，第106页。

方，可以使损害他的人的傲慢受到同等的痛苦，特别是后者，如果法庭判决他不但要当众撤回诽谤和向受害人道歉，而且还要受到某种很不舒服的折磨。例如，要他亲吻受害人的手，等等。根据同样的理由，如果一个社会地位较高的人粗暴地侮辱了一个社会地位较低的无辜公民，他不但要被判向受害人道歉，而且还会因此受到单独的和痛苦的禁闭，以加重他的难受。这样冒犯者的虚荣心将会受到沉重的打击，按照他的身份，他所受的这种羞辱便是根据"以牙还牙"的原则构成一种充分的报复。可是，我们如何理解"如果你偷了别人的（东西），你就偷了你自己（的东西）"这种说法呢？康德认为：这种说法表明，无论谁偷了东西，便使得所有人的财产变得不安全，这样根据报复的权利，他也就剥夺了自己财产的安全。这样的人是一无所有的，也不能获得什么东西，但是，他还想生活下去，这只可能由别人来养活他。可是，国家却不能无缘无故地这样做，为了生活下去的目的，他必须放弃他的权利而把它交给国家，由国家处以刑罚性的劳役。①

因此，尽管康德追求犯罪与刑罚之间外在形态上的同一性，但他的观点和同态复仇仍然不可同日而语。毋宁把它视为一种伦理正义的理论表达。当然，在谋杀犯必须处以死刑这一点上，康德坚持同态复仇。其理由在于：谋杀人者必须处死，在这种情况下，没有什么法律的替换品或代替物能够用它们的增或减来满足正义的原则。没有类似生命的东西，也不能在生命之间进行比较，不管如何痛苦，只有死，因此在谋杀罪与谋杀的报复之间没有平等问题，只有依法对犯人执行死刑。②

价值说为黑格尔所主张，又称为等价说，注重刑罚与犯罪之间内在

---

① 参见［德］康德:《法的形而上学原理——权利的科学》，沈叔平译，商务印书馆1991年版，第166页。

② 参见［德］康德:《法的形而上学原理——权利的科学》，沈叔平译，商务印书馆1991年版，第166页。

性质（价值）上的同一性。黑格尔认为，报复（指报应——引者注）只是指犯罪所采取的形态回头来反对它自己。欧美尼德斯（希腊神话中司复仇的女神）们睡着但是犯罪把她们吵醒了，所以犯罪行为是自食其果。① 在这个意义上报应的含义是指"以其人之道，还治于其人之身"。黑格尔指出：就刑罚的本性来说，它是一种报应。但作为刑罚的报应与作为报应的刑罚是有所不同的。作为刑罚的报应是原始社会的复仇，这种报应从内容上说它是正义的，但从形式上说报仇是主观意志的行为，主观意志在每一次侵害中都可体现为它的无限性，所以它是否合乎正义，一般说来，实属偶然。而且对他人来说，也不过是一种特殊意志。复仇由于它是特殊意志的肯定行为，所以是一种新的侵害。作为这种矛盾，它陷于无限过程，世代相传以至无穷。而作为报应的刑罚，它体现的是刑罚的正义。这种报应是具有不同现象和互不相同的外在实存的两个规定之间的内在联系和同一性。但这种同一性不是侵害行为特殊性状的等同，而是侵害行为自在地存在的性状的等同，即价值的等同。

黑格尔对这种等同性作了进一步的论述，指出：等同这一规定，给报应的观念带来了一个重大难题。刑罚在质和量的性状方面的规定是合乎正义的这一问题，诚然比起事物本身实体性的东西是发生在后的。报应观念给予刑罚的这个规定正是上述犯罪和刑罚的必然联系，即犯罪作为自在的虚无的意志，当然包含着自我否定在其自身中，而这种否定就表现为刑罚。正是这种内在同一性在外界的反映，对理智来说显得是等同的。黑格尔认为，犯罪与刑罚之间的种的等同性是不可能的。因为犯罪的基本规定在于行为的无限性，所以单纯外在的种的性状消失得更为明显。而等同性则依然是唯一的根本规则，以调整本质的东西，即犯罪应该受到什么刑罚，但并不规定这种刑罚外在的种的形态。单从这种外

---

① 参见［德］黑格尔：《法哲学原理》，张企泰、范扬译，商务印书馆1977年版，第106页。

在的种的形态来看，一方面窃盗与强盗在罚金和徒刑等之间存在明显的不等同，可是从它们的价值，即侵害这种它们普遍的性质看来，彼此之间是可以比较的。寻求刑罚和犯罪接近于这种价值上的等同，是属于理智范围的事。[①] 黑格尔这种关于犯罪与刑罚之间内在联系以及两者可按价值进行比较的思想，确实为寻找罪刑之间的均衡性奠定了基础。

报应刑论追求的是刑法的公正性，这种公正性就是通过犯罪与刑罚价值上的等同性表现出来的。因此，罪刑均衡的基本价值蕴涵就在于公正。

（二）罪刑均衡的功利追求

罪刑均衡作为刑法基本原则的确立，来自贝卡里亚的罪刑阶梯的天才设计。贝卡里亚认为，刑罚的目的在于制止犯罪，只有罪刑均衡才能实现这一目的。因为，犯罪对公共利益的危害越大，促使人们犯罪的力量越强，制止人们犯罪的手段就应该越强有力。这就需要刑罚与犯罪相对称。[②] 如果说报应主义是立足于公正而主张罪刑均衡，那么，贝卡里亚、边沁的预防主义就是着眼于功利而推崇罪刑均衡。

贝卡里亚虽然是一个理性主义者，但他对人性的认识，带有强烈的感性色彩。因而可以说是一种感性的理性主义，以区别于康德、黑格尔的先验的理性主义。贝卡里亚认为，人是受欢乐和痛苦这两种动机而支配的感知物，立法者为了实现社会正义，推动人们追求与从事最卓越的事业，向善避恶，就应当适当地安排奖赏与刑罚这两种动力。由此，贝卡里亚提出了一个分配正义的问题，指出：赏罚上的分配不当就会引起一种越普遍反而越被人忽略的矛盾，即刑罚的对象正是它自己造成的犯罪。如果对两种不同程度地侵犯社会的犯罪处以同等的刑罚，那么人们

---

① 参见［德］黑格尔：《法哲学原理》，张企泰、范扬译，商务印书馆1977年版，第106页。
② 参见［意］贝卡里亚：《论犯罪与刑罚》，黄风译，中国大百科全书出版社1993年版，第65页。

就找不到更有力的手段去制止实施能带来较大好处的较大犯罪了。无论谁一旦看到，对打死一只山鸡，杀死一个人或者伪造一份重要文件的行为同样适用死刑，将不再对这些罪行作任何区分，道德情感就这样遭到破坏。这种情感是无数世纪和鲜血的成果，它们极为艰难地、缓慢地在人类心灵中形成；为培养这种感情，人们认为还必须借助最高尚的动力和大量威严的程式。[①] 因此，对于犯罪应当根据其对社会危害程度加以区分，并根据这种犯罪的危害程度分配轻重不等的刑罚。这不仅是制止犯罪的需要，也是道德情感的必然要求。

贝卡里亚关于罪刑阶梯的设计，集中表现在以下这段精辟的论述中：既然存在人们联合起来的必要性，既然存在作为私人利益相互斗争的必然产物的契约，人们就能找到一个由一系列越轨行为构成的阶梯，它的最高一级就是那些直接毁灭社会的行为，最低一级就是对于作为社会成员的个人所可能犯下的、最轻微的非正义的行为。在这两级之间，包括了所有侵害公共利益的，我们称之为犯罪的行为。这些行为都沿着这无形的阶梯，从高到低的顺序排列。如果说，对于无穷无尽、暗淡模糊的人类行为组合可以应用几何学的话，那么也很需要有一个相应的、由最强到最弱的刑罚阶梯，有了这种精确的、普通的犯罪与刑罚的阶梯，我们就有了一把衡量自由和暴政程度的潜在的共同标尺，它显示着各个国家的人道程度和败坏程度。然而，对于明智的立法者来说，只要标出这一尺度的基本点，不打乱其次序，不使最高一级的犯罪受到最低一级的刑罚，就足够了。[②]

根据这一构想，贝卡里亚把犯罪分成以下三类：第一类是直接毁伤社会或社会的代表的犯罪，这就是叛逆罪，贝卡里亚认为由于这种犯罪的危害性较大，因而是最严重的犯罪。第二类是侵犯私人安全的犯罪，

---

① 参见［意］贝卡里亚：《论犯罪与刑罚》，黄风译，中国大百科全书出版社1993年版，第65页。
② 参见［意］贝卡里亚：《论犯罪与刑罚》，黄风译，中国大百科全书出版社1993年版，第66页。

其中一部分是侵犯人身，一部分是损害名誉，另一部分是侵犯财物。第三类是那种扰乱公共秩序和公民安宁的犯罪行为。这既是一种犯罪的分类，也是一个犯罪的阶梯。凡是没有列入这一阶梯的行为，都不得认为是犯罪，这就为犯罪圈定了一个确定的范围。与此相适应，贝卡里亚还设计了刑罚阶梯，在刑罚阶梯的建构中，主要包含以下三个原则：

1. 刑罚与犯罪在性质上的相似性。贝卡里亚指出：刑罚应尽量符合犯罪的本性，这条原则惊人地进一步密切了犯罪与刑罚之间的重要连接，这种相似性有利于人们把犯罪的动机与刑罚的报应进行对比，当诱人侵犯法律的观念竭力追逐某一目标时，这种相似性能改变人的心灵并把它引向相反的目标。① 罪刑在性质上的这种相似性，与康德的报应刑论有一定的共同之处。但康德是从报应上确立罪刑之间的外在形态上的等同性，而贝卡里亚则主要是基于防卫犯罪的目的。因为与犯罪性质上相似的刑罚更能令人感受到罪刑之间的因果联系，从而改变人的心灵，使之不再犯罪。关于犯罪与刑罚在性质上的相似性，贝卡里亚举出了一个十分贴切的例子：对于侮辱行为，应该处以羞辱刑。② 贝卡里亚指出，人身侮辱有损于人的名誉，也就是说，有损于一个公民有权从他人那里取得的那份正当的敬重，由于侮辱行为损害了他人的名誉，因而犯罪人应当被处以耻辱刑——自取其辱。

2. 刑罚与犯罪在程度上的相当性。贝卡里亚认为，刑罚与犯罪在程度上应当具有相当性。衡量这种相当性的标准是：一种正确的刑罚，它的强度只要足以制止人们犯罪就够了。③ 因此，较轻的犯罪，应以较轻的刑罚加以阻止；较重的犯罪则应以较重的刑罚加以阻止，从而形成犯罪与刑罚之间的实质性的对应关系。例如，贝卡里亚分析了盗窃罪，认为

---

① 参见［意］贝卡里亚：《论犯罪与刑罚》，黄风译，中国大百科全书出版社1993年版，第57页。
② 参见［意］贝卡里亚：《论犯罪与刑罚》，黄风译，中国大百科全书出版社1993年版，第75页。
③ 参见［意］贝卡里亚：《论犯罪与刑罚》，黄风译，中国大百科全书出版社1993年版，第47页。

应该根据盗窃罪的不同情节,规定与此相适应的刑罚。对于不牵涉暴力的盗窃,应处以财产刑。如果犯罪人没有财产,最恰当的刑罚是那种唯一可以说是正义的苦役,即在一定的时间内,使罪犯的劳作和人身受到公共社会的奴役,以其自身的完全被动来补偿他对社会公约任意的非正义的践踏。如果盗窃活动中加进了暴力,那么刑罚也应该是身体刑和劳役刑的结合。贝卡里亚认为,对暴力盗窃与诡计盗窃在刑罚上不加区别,荒谬地用一大笔钱来抵偿一个人的生命,会导致明显的混乱。因为这两种犯罪是具有本质的区别的。[①] 应该说,贝卡里亚的这一论述是极为精辟的,体现了他将力学原理引入刑法,建立所谓政治力学的思想。在贝卡里亚看来,参差的数量之间存在分解它们的无限量,这条数学公理在政治上也是极为确切的。因此,在犯罪与刑罚之间,也应当确立这种数量关系。

3. 刑罚与犯罪在执行上的相称性。贝卡里亚指出,对那些罪行较轻的罪犯科处的刑罚通常是:或者将其关进黑暗的牢房或者发配到遥远的地方,为一些他未曾侵害过的国家充当鉴戒,克服几乎无益的苦役。如果人们并不孤注一掷地去犯严重罪行,那么,公开惩罚重大犯罪的刑罚,将被大部分人看作与己无关的和不可能发生的。相反,公开惩罚那些容易打动人心的较轻犯罪的刑罚,则具有这样一种作用:它在阻止人们进行较轻犯罪的同时,更使他们不可能去进行重大的犯罪。所以,刑罚不但在程度上与犯罪相对称,也应该从实施刑罚的方式上,与犯罪相对称。[②] 贝卡里亚这里说的是行刑方式,它虽然只是刑罚执行问题,但行刑方式本身与刑罚的内在性质具有密切的联系。因此,在刑罚阶梯的设计

[①] 参见[意]贝卡里亚:《论犯罪与刑罚》,黄风译,中国大百科全书出版社1993年版,第78页。

[②] 参见[意]贝卡里亚:《论犯罪与刑罚》,黄风译,中国大百科全书出版社1993年版,第57–58页。

中，行刑方式也是贝卡里亚考虑的因素之一。

从功利意蕴上揭示罪刑均衡的价值内容的，除了贝卡里亚以外，还有边沁。边沁指出：孟德斯鸠意识到了罪刑相称的必要性，贝卡里亚则强调它的重要性。然而，他们仅仅作了推荐并未进行解释，他们未告诉我们相称性由什么构成。边沁从功利主义出发，提出了计算罪刑均衡的主要规则。[①]第一个规则：刑罚之苦役必须超过犯罪之利。边沁认为，为惩治一个犯罪，抑制动机的力量必须超过诱惑动机。作为一个恐惧物的刑罚必须超过作为诱惑物的罪行。第二个规则：刑罚的确定性越小，其严厉性就应该越大。边沁认为，刑罚越确定，所需严厉性越小。基于同样理由，刑罚应该尽可能随罪行而发生，因为它对人心理的效果将伴随时间间隔而减弱。此外，间隔通过提供逃脱制裁的新机会而增加了刑罚的不确定性。第三个规则：当两个罪行相联系时，严重之罪应适用严厉之刑，从而使罪犯有可能在较轻阶段停止犯罪。边沁认为，当一个人有能力和愿望犯两个罪行时，可以说它们是相联系的。一个强盗可能仅仅满足于抢劫，也可能从谋杀开始，以抢劫结束。对谋杀的处罚应该比抢劫更严厉，以便威慑其不犯更重之罪。第四个规则：罪行越重，适用严厉之刑以减少其发生的理由就越充足。边沁认为，刑罚的痛苦性是获取不确定好处的确定代价。对小罪适用重刑恰恰是为防止小恶而大量支出。第五个规则：不应该对所有罪犯的相当之罪适用相同之刑，必须对可能影响感情的某些情节给予考虑。边沁认为，相同的含义之刑不是相同的实在之刑。年龄、性别、等级、命运和许多其他情节，应该调整对相同之罪的刑罚。

为了使刑罚本身可以适合上面提到的比例相称规则，边沁认为，刑罚应该具有以下特质：（1）它应该具有多与少的可变性，或者说可分割

---

① 参见［英］边沁：《立法理论——刑法典原理》，孙力等译，中国人民公安大学出版社1990年版，第68页以下。

性，以使之符合罪行严重性的差异。期限性刑罚，诸如监禁和放逐，在极其广泛的程度上拥有这种特质，它们可以被分成所需要的任何数量单位，财产刑亦如此。（2）本身平等——它应该在某种程度上对所有犯同样之罪的人都一模一样适应他们不同层次的感受力。（3）可成比例——如果一个人有机会犯了两个不同之罪，那么法律应该促使其不犯更严重的那一个。假如他发现犯更重之罪将接受更重之刑，就可能产生这样的效果。这样，应该是他自己能比较这些刑罚，并测定其不同的严厉程度。（4）与罪行的相似性——如果刑罚具有某种与罪行相似或类似的特性，即与罪行有共同属性，那么就极易加深记忆，给人留下强烈印象。在这个意义上，古代那句格言是值得赞赏的——"以眼还眼，以牙还牙"。存在另一类似性，比如，探求犯罪的动机。一般地说，人们可以辨识支配罪犯的情感，然后按照上述格言，根据其罪孽方式进行处罚。贪利犯罪最好用罚金处罚，只要罪犯的财力允许；侮辱类犯罪通过羞辱刑处罚；游手好闲的犯罪通过强制劳动或强迫安宁处罚。（5）示范性——一种不明显的实在刑罚将无法引起公众的注意。一个伟大的策略是增加刑罚的明显性而不增加其实在性。这一目的或者可以通过选择刑罚本身，或者通过引人注意的庄重的执行方式来实现。（6）经济性——刑罚的严厉程度应该只为实现其目标而绝对必需，所有超过于此的刑罚不仅是过分的恶，而且会制造大量阻碍公正目标实现的坎坷。财产刑具有极高的经济性，因为所有由支付金钱者感受到的恶都转化成了对接受者的善。（7）减轻或免除——必须指出所适用的刑罚不应该是绝对不可变易的，因为可能发生某些不幸的情况使所适用之处罚缺乏法律根据。只要证明存在不完善的可能性，只要承认可能有骗人的表象，只要人们缺乏辨别某些真伪的标准，那么，确使两方安全的最重要的原则之一是不要认为刑罚是绝对不可更改的，除非已经存在非常清楚的必要证据。

应该说，边沁对于罪刑相称的以上设计是十分精确并具有操作性的。

当然，边沁也敏锐地觉察到罪刑之间这种对称性是相对的。因而边沁指出：罪刑相称不应该是这种数学化的相称，从而避免法律的过分细微、复杂和模糊，简洁与明确应该是更重要的价值。有时为了赋予刑罚更引人注目的效果，为了更好地鼓励人们对预备犯罪之恶的憎恨，可能牺牲彻底的相称性。[①]

无论是贝卡里亚还是边沁，作为预防刑论者，他们所追求的是刑法的功利性。因此，罪刑均衡只不过是实现这种功利性——阻止犯罪发生——的手段而已。

（三）罪刑均衡的制约机制

在刑事古典学派中，报应刑论所主张的罪刑均衡与预防刑论所宣称的罪刑均衡在价值追求上有所不同：前者以实现公正为使命，后者以实现功利为目的。因此，在罪刑均衡的标准上有所不同：前者以已然之罪为标准确立与之相均衡的刑罚；后者则以未然之罪（主要指初犯可能）为标准确立与之相均衡的刑罚。如果无视两者在上述问题上的区别，将之混为一谈，在理论上是难以成立的。例如，美国学者戴维指出：在这一点上，我们可以看到，贝卡里亚与黑格尔是一致的，他们都认为，对各种具体犯罪可能施以不同的刑罚，是因为在社会条件不同的情况下，各种犯罪给社会造成的危害结果不同。在一个不开化的和组织结构松散的社会中，一项表面上看来轻微的犯罪，可能会受到严厉的制裁。这是因为尽管是轻微的犯罪，也会使社会秩序为之混乱。而在现代比较稳定的社会中，黑格尔与贝卡里亚都认为，可能而且应该减轻刑罚，因为同样的罪行可能摧毁一个野蛮的社会，而对一个文明的社会仅有轻微的影

---

① 参见［英］边沁：《立法理论——刑法典原理》，孙力等译，中国人民公安大学出版社1990年版，第70页。

响。① 这种观点看到了报应刑论的罪刑均衡与预防刑论的罪刑均衡的外在相似性，但没有看到两者在罪刑均衡的标准上的重大差异性，因而具有一定的片面性。

当然，无论是报应刑论的罪刑均衡还是预防刑论的罪刑均衡，在均衡这一点上是相同的，而这恰恰体现了犯罪对于刑罚的制约性。由于犯罪是个人的反社会行为，而刑罚是具有法定惩罚权的国家以社会名义对犯罪的反应，因而罪刑均衡就含有限制刑罚权的意蕴。就此而言，罪刑均衡与罪刑法定具有共同的价值内容。

报应刑论的罪刑均衡表现的是犯罪对刑罚的本能制约，它要求刑罚应该以犯罪为限度，追求犯罪与刑罚内在的等同性，表现出对于意志自由的犯罪主体的理性的尊重。例如，黑格尔指出：侵犯了具体意义上的自由的定在，侵犯了作为法的法，这就是犯罪，也就是十足意义的否定的无限判断。但作为具体犯罪来说，又存在定在上的差别，无视这种差别显然不是科学的态度。因此，黑格尔指出：斯多葛派的见解只知有一种德行和一种罪恶，德拉科的立法规定对一切犯罪都处以死刑，野蛮的形式的荣誉法典把任何侵犯都看作对无限人格的损害；总之，它们有一个共同点，即他们都停留在自由意志和人格的抽象思维上，而不在其具体而明确的定在中，来理解自由意志和人格作为理念，它必须具有这种定在的。② 黑格尔以极其隐晦的语言表达了这样一种思想：刑罚是由犯罪的定在决定的，而这种犯罪的定在各不相同，因此刑罚也就存在差别，这种差别来自犯罪本身。在这个意义上，刑罚的概念和尺度存在于犯罪人的行为之中。因此，像德拉科那样的立法规定，对一切犯罪都处以死刑，显然是一种野蛮的法律。所以，报应刑本能地要求限制刑罚权，使刑罚与犯罪相均衡。

---

① 参见〔美〕戴维：《论贝卡里亚的刑法思想》，载《法学译丛》1984年第5期。
② 参见〔德〕黑格尔：《法哲学原理》，张企泰、范扬译，商务印书馆1997年版，第98—99页。

预防刑论的罪刑均衡表现的是犯罪对刑罚的能动制约。应当指出，基于预防犯罪的功利要求，并不能得出罪刑均衡的必然结论。例如，中国春秋时期的法家，从功利主义出发，主张"以刑去刑"，其逻辑结果是反对罪刑相称而导致重刑主义。商鞅认为，要想"禁奸止过"不能"重重而轻轻"，即罪刑相适应。因为"行刑，重其重者，轻其轻者，轻者不至，则重者无从止矣"，所以"重重而轻轻，则刑至而事生，国削"。唯一有效的办法，就是加重轻罪的刑罚，理由在于"行刑，重其轻者，轻者不至，重者不来"，这样，就可以"以刑去刑，刑去事成"（《商君书·靳令》）。在这种"以刑去刑"的美好名义下，得出"虽重刑可也"的残酷结论。韩非也同样主张"重刑止罪"，因为"所谓重刑者，奸之所利者细而上之所加焉者大也。民不以小利蒙大罪，故奸必止也"（《韩非子·六反》）。在犯罪与刑罚的关系上，法家只看效果不看动机，因为他们认为人都是好利恶害的，动机用不着考虑。要想制止犯罪不能靠教化，只能靠加重刑罚，特别是加重轻罪的刑罚，使人们感到利少而害多就不敢也不愿犯罪。①因此，功利主义，曾经是严刑苛罚的理论基础，在预防犯罪的幌子之下，有过多少甚于犯罪的残暴以法律的名义施行。目的正当，无论如何也不能证明手段的正当。

贝卡里亚、边沁之所以能够从预防犯罪的功利要求中得出罪刑均衡的结论，与其人道主义的思想是有一定关联的。例如，在贝卡里亚看来，严酷的刑罚即使的确有助于预防犯罪，也是不可取的，因为它违背了公正和社会契约的本质。②因此，贝卡里亚主张通过罪刑均衡追求预防犯罪的功利目的，也唯有罪刑均衡，预防犯罪的功利目的才能实现。在这种情况下，就有必要以犯罪制约刑罚，保持两者之间的均衡。当然，预防刑论的制约不同于报应刑论，报应刑论是一种本能的，因而也是消极的

---

① 参见张国华：《中国法律思想史新编》，北京大学出版社1991年版，第125页。
② 参见［意］贝卡里亚：《论犯罪与刑罚》，黄风译，中国大百科全书出版社1993年版，第11页。

制约，而预防刑论则是一种能动的，因而也是双向的制约，这种双向的制约表明，刑罚不是消极地被犯罪所决定的，它对于犯罪又有一种积极的阻止功能，在犯罪与刑罚的对立当中求得罪刑的均衡。

报应刑论与预防刑论所表现出来的犯罪对于刑罚的制约性，根源于刑事古典学派个人本位的价值观念。在报应刑中，犯罪对于刑罚的制约性体现的是人的自我决定性的理性价值。在康德那里，人是目的而不是单纯的手段，是一个绝对命令。要求一切人都被当作自在的目的，显然在某种意义上是对国家刑罚权的限制，由此引申出来的自律原则，把每个理性的人的意志都设想为一种普遍的立法，因而承认刑罚是犯罪人的行为所遭致的这样一种报应关系。黑格尔则认为，犯罪行为是虚无的，犯罪者实施这种行为的意义当然不在于追求虚无，而是自觉地显现自己的人格的自由意志。那么，相应的刑罚的实施就是以承认他的这种人格的自由意志为前提，并以外在形式满足了他的要求。马克思对此评价道："毫无疑问，这些说法有些地方好像是正确的，因为黑格尔不是把罪犯看成是单纯的客体，即司法的奴隶，而是把罪犯提高到一个自由的、自我决定的人的地位。"① 至于贝卡里亚、边沁的预防刑论，虽然肯定在刑罚面前罪犯被威慑与阻止的这样一种被动地位，但他们仍然十分强调对个人的意志自由的尊重。贝卡里亚用在逻辑上先于社会而存在的个人利益和需要，来论证组建社会的必要性；并基于个人不可剥夺的自然权利与自由，作为限制国家刑罚权的根据。

二、罪刑均衡的观念嬗变

刑事古典学派确立的罪刑均衡原则，在 19 世纪末，随着社会价值观

---

① 《马克思恩格斯全集》(第 8 卷)，人民出版社 1961 年版，第 579 页。

念的变化,受到了来自刑事实证学派的有力挑战,在这种情况下如何认识罪刑均衡的历史命运,就成为一个十分重大的理论问题。

(一) 罪刑均衡的理论解构

刑事实证学派是在否定刑事古典学派的基础上发展起来的一个刑法学派。如果说,刑事古典学派是客观主义刑法理论,那么,刑事实证学派就是主观主义刑法理论。刑事古典学派与刑事实证学派在刑法一系列基本问题上存在深刻的对立,由此导致刑事实证学派对刑事古典学派建立起来的罪刑均衡理论的解构。

1. 犯罪观的变化

刑事古典学派的罪刑均衡,是建立在对犯罪的客观分析的基础上的。尽管报应刑论与预防刑论在对犯罪本质的认识上不尽一致,但在犯罪概念的客观建构这一点上却殊途同归。

报应刑论,无论是康德的道义报应,还是黑格尔的法律报应,都认为应当以客观尺度来衡量犯罪。这里的客观尺度是指犯罪的行为特征。因为基于意志自由的假设,行为人在理性能力上是平等的。因而刑罚只能以犯罪行为表现出来的客观危害为尺度,这就是行为责任的原则。例如,黑格尔十分注重犯人的行为对于刑罚的决定性意义,指出:他的行为,作为具有理性的人的行为,所包含的是:它是某种普遍物,同时通过这种行为为犯人定下了一条法律,他在他的行为中自为地承认它,因此他应该从属于它,像从属于自己的法一样。黑格尔由此得出结论:犯人行为中所包含的不仅是犯罪的概念,而且是形式的合理性,即单个人的希求。这里的形式合理性,就是罪刑的均衡性,对于所犯之罪的报应,正是犯人基于理性的自我需求。因此,不仅应当到犯人行为中去寻找犯罪的概念,而且也应当到犯人行为中去寻求刑罚的概念和尺度。所以,行为是罪刑均衡的基础。

预防刑论，无论是贝卡里亚还是边沁也都具有明显的客观主义倾向，以行为为基石建构罪刑均衡的理论大厦。贝卡里亚明确指出衡量犯罪的真正标尺是犯罪对社会的危害性，由于贝卡里亚反对以罪孽和意图作为衡量犯罪的尺度，因此这里的对社会的危害带有显见的客观意蕴。我国学者黄风认为，贝卡里亚关于行为的社会危害性是犯罪的唯一标准的命题，同他所主张的罪刑法定原则有着逻辑联系，如果允许把行为人的主观心理状态作为衡量犯罪的标准，法官就会根据个人的道德标准和认识水平推测、解释和评价行为人的动机、目的及其他心理要素，这无形中就授予法官以自由裁量权。因此，贝卡里亚的绝对罪刑法定观点和他在犯罪标准问题上的绝对客观主义是相辅相成的。[①] 以上评论不无道理，贝卡里亚在犯罪衡量标准上坚持的客观主义立场与他所主张的罪刑法定主义是有一定的内在联系的，但它与罪刑均衡的联系更为密切。贝卡里亚提出的以行为对社会的客观危害为中心的衡量标准，直接为罪刑均衡提供了可以参照定量的客观标准，贝卡里亚认为，犯罪意图只是对客观对象的一时印象和头脑中的事先意念，而这些东西随着思想、欲望和环境的迅速发展，在大家和每个人身上都各不相同。意图的这种可变性决定了它不能作为衡量犯罪的客观标准。而只有行为的社会危害性是客观存在的，正如贝卡里亚指出：道德行为（指人类行为，包括犯罪行为——引者注）同物理运动一样，也有它有限的活动范围。它也同一切自然运动一样，分别受着时间和空间的限制。强词夺理的解释往往是一种奴役哲学的体现，只有它才会把早已为永恒真理采用不可改变的关系加以区分的对象混为一谈。[②] 因此，贝卡里亚将行为的社会危害性视为犯罪的本质特征。

刑事实证学派从根本上改变了对犯罪的看法，完成了从犯罪行为到犯罪人的历史性转变。菲利指出：古典派把犯罪看成法律问题，集中注

---

① 参见黄风：《贝卡里亚及其刑法思想》，中国政法大学出版社1987年版，第70页。
② 参见［意］贝卡里亚：《论犯罪与刑罚》，黄风译，中国大百科全书出版社1993年版，第71页。

意犯罪的名称、定义以及进行法律分析，把罪犯在一定背景下形成的人格抛在一边。① 因此，刑事古典学派关注的是已经完成的犯罪事实，主要表现在行为上；而刑事实证学派重视的则是犯罪人的人身危险性，并以此作为犯罪的本质特征。正如，刑事社会学派思想的拥护者普林斯指出："这样一来，我们便把以前没有弄清楚的一个概念，即犯罪人的社会危险状态的概念，提到了首要的地位，用危险状态代替被禁止的一定行为的专有概念。换句话说，孤立地来看，所犯的罪行可能比犯这种罪的主体的危险性小。如果不注意主体固有的特性，而对犯这种违法行为的人加以惩罚，就可能是完全虚妄的方法。"② 犯罪主体的危险状态，是一种主观的东西，因而刑事实证学派主张主观主义的刑法理论，由此否定以行为为中心的刑事古典学派的犯罪概念，这集中体现在李斯特的一句名言中："应受惩罚的不是犯罪行为，而是犯罪人。"因此，犯罪本质就从社会危害性转换为人身危险性。

2. 刑罚观的变化

刑事古典学派的罪刑均衡，是以刑罚一般化为前提的。尽管报应刑论与预防刑论在对刑罚性质的认识上并非一致，但在刑罚一般化这一点上却完全相同。报应刑论，康德的等量报应，主张报应之刑与已然之罪的绝对等同，最终导致其刑罚理论向古代同态复仇的形式上的回归。在康德的报应观念中，之所以对罪刑之间外在形式上的等同性不懈追求，主要就是基于他以一般化为意蕴的绝对公平的原则。黑格尔的等价报应，摒弃了康德的同态报应的思想，主张报应之刑与已然之罪的相对等同，这是一种价值上的等同，而非外在性状上的等同，同样，黑格尔的报应刑观念，也体现了对刑罚一般化的追求。总之，无论是康德还是黑格尔，

---

① 参见[意]菲利:《实证派犯罪学》，郭建安译，中国政法大学出版社1987年版，第24页。
② [苏]A.H.特拉伊宁:《犯罪构成的一般学说》，王作富等译，中国人民大学出版社1958年版，第22-23页。

在他们的报应主义刑法理论中,都具有刑罚一般化的内涵,而这种一般化正是罪刑均衡的价值标准。在预防刑论中,贝卡里亚和费尔巴哈都主张刑罚不应该是对已然之罪的报应,而是为了预防犯罪的发生。因此,罪刑的均衡性表现在制止犯罪发生的必要刑罚与犯罪发生的可能的相对称上。而犯罪发生的可能性,又是以已然之罪的社会危害性为标志的。贝卡里亚由此得出结论:犯罪对公共利益的危害越大,促使人们犯罪的力量越强,制止人们犯罪的手段就应该越强有力,这就需要刑罚与犯罪相对称。[①]因而,在贝卡里亚看来,刑罚一般化是罪刑均衡的应有之义。

刑事实证学派从根本上改变了对刑罚的看法,完成了从刑罚一般化到刑罚个别化的历史性转变。刑罚个别化强调的是刑罚与犯罪人的人身危险性相适应,而这种人身危险性是通过犯罪人的各种人格因素表现出来的,因而具有了个别性的特征。由于刑事实证学派倡导刑罚个别化,否定刑罚一般化,所以,刑事古典学派所确立的罪刑均衡原则受到严峻的挑战。

(二)罪刑均衡的视角转换

从刑事古典学派到刑事实证学派,关于罪刑均衡的认识发生了重大的变化。那么,刑事实证学派是否从根本上否定了罪刑均衡原则呢?笔者认为,刑事实证学派只是摒弃了刑事古典学派所主张的罪刑均衡原则。确切地说,摒弃了报应刑论关于刑罚与已然之罪相均衡和预防刑论关于刑罚与初犯可能相均衡的内容,而主张刑罚与再犯可能相适应的罪刑均衡。申言之,刑事实证学派转移了罪刑均衡的标准,这是刑法的价值观念转换的必然结果。

刑事古典学派确立罪刑均衡的是一种客观标准,即刑罚与犯罪的客观因素(行为及其结果)相适应。这种客观标准强调的是行为的危险而

[①] 参见[意]贝卡里亚:《论犯罪与刑罚》,黄风译,中国大百科全书出版社1993年版,第65页。

非行为人的危险。在刑法理论上，行为危险与行为人危险是两种性质完全不同的危险：行为危险是一种客观危险，指其危险在于行为；而行为人危险是一种主观危险，指其危险在于行为人。确切地说，行为危险指实施之行为有发生结果之可能性；而行为人危险则指行为人有实施犯罪行为或反复实施犯罪行为之可能性。根据刑事古典学派的观点，犯罪是行为人意志自由选择的结果，因而应对其行为所造成的损害结果承担道义责任。人的意志自由是相同的，所以责任的确立只能建立在行为对社会造成的危害结果上，这就是行为危险，也是客观危险。由于这种危险是可以通过对其行为的客观分析而确定的，这就为罪刑均衡提供了客观标准。

而刑事实证学派则否定行为人的意志自由，主张行为决定论，认为犯罪是由各种生理、心理和社会的因素造成的。之所以处罚犯罪人，是出于社会防卫的需要。而行为仅是犯罪人状态的表征，应当受到处罚的不是行为本身而是行为人之状态。行为人之状态表现为人身危险性，这是一种主观危险，刑罚应当同犯罪人的人身危险性相适应。由于人身危险主要是指通过犯罪人的各种人身特征表现于外的再犯可能性，而这种再犯可能性不像行为危险那样可以直观地把握，具有根据犯罪的客观情形加以推断的意蕴，所以是罪刑均衡的主观标准。

从刑事古典学派的客观标准到刑事实证学派的主观标准，包含着刑法价值观的重大变化。客观标准，强调罪刑均衡的客观性，有利于限制法官的权力，保障被告人的合法权益不受非法侵害，因而体现了个人本位的价值观念。而主观标准，虽然没有完全否认客观行为在定罪量刑中的意义，但更为注意犯罪人的人身危险性，赋予法官更大的自由裁量权，以有效地保护社会不受犯罪侵害，因而体现了社会本位的价值观念。

（三）罪刑均衡的理论重构

刑事古典学派的罪刑均衡与刑事实证学派的罪刑均衡在内容上各不

相同,由此产生了罪刑均衡的理论重构问题。

在我国刑法学界,如何正确地认识与评价罪刑均衡是一个存在重大分歧的问题。由于将罪刑均衡理解为刑事古典学派所主张的以行为中心论为基础的罪刑相适应性,因而我国刑法学界有人明确提出否定罪刑均衡,认为要实现中国刑法现代化,就必须进行刑法观念的更新,必须抛弃罪刑相适应的观念和原则,实行刑法"行为中心论"向"犯罪人中心论"转轨,向刑罚个别化发展。① 显然这种观点看到了刑事古典学派的罪刑均衡与刑事实证学派的刑罚个别化之间的对立性,但没有看到刑事实证学派的刑罚个别化实际上也具有罪刑均衡的意蕴,只不过它所主张的均衡标准——人身危险性不同于刑事古典学派的均衡标准——社会危害性,更没有看到这两种均衡标准不仅具有对立性,而且具有内在统一性。我国学者对此作了正确的论述,指出:罪刑相适应原则并非不顾罪犯人身危险性情况,相反,它不仅要求考虑犯罪行为的客观社会危害性,而且也要求考虑犯罪人的人格特征的人身的主观危险性的大小。因此,罪刑相适应和刑罚个别化并不矛盾,不存在罪刑相适应向刑罚个别化发展转变的问题。如前所述,罪刑相适应已经考虑了每个案件的社会危害、情节、性质和罪犯的主观人身危险性的大小,行为人的罪过形式,目的动机等情况,它本身已包含了刑罚个别化,它是在个别化基础上的罪刑相适应。而且,刑罚个别化也不是毫无边际的个别化,而是要遵从罪刑相适应的一般原则和基本指导,是相对的刑罚个别化,刑罚个别化也正是为了做到真正的罪刑相适应。② 毫无疑问这一论述是可取的,在一定程度上厘清了罪刑相适应与刑罚个别化的关系。当然,由于没有从刑事古典学派与刑事实证学派的理论对立上论述两者的对立统一关系,因而还

---

① 参见李华平:《罪刑相适应与中国刑法观念的更新》,载《法学》1990年第12期。
② 参见陈正云:《也谈罪刑相适应与中国刑法观念的更新——与李华平同志商榷》,载《法学》1991年第8期。

缺乏必要的理论深度。

我国刑法学界还有学者将罪刑相适应与刑罚个别化并列为刑法原则，个别学者认为刑罚个别化是罪刑相适应的必要补充。例如，我国学者指出：我国的刑罚个别化原则并不排斥罪刑相适应原则的存在，它们二者都是指导我国人民法院适用刑罚活动的基本原则。因此，在我国，犯罪的社会危害性的大小和犯罪人的人身危险性的大小都是决定刑罚轻重的重要因素。并且，还认为将罪刑相适应与刑罚个别化并列为适用刑罚的两项原则，并不意味着二者对人民法院适用刑罚活动的指导作用是等量齐观的。实际上，人民法院在适用刑罚时，首先考虑的应是刑罚的轻重与犯罪的社会危害性相适应，罪行轻重是刑罚轻重的决定性因素，然后才考虑刑罚的轻重与犯罪人的人身危险性相适应的问题。也就是说，虽然罪刑相适应和刑罚个别化是人民法院适用刑罚时都必须坚持的两项原则，但对于人民法院适用刑罚的活动来说，罪刑相适应是首要的原则，而刑罚个别化则是第二位的原则。[①] 这种观点，将罪刑相适应与刑罚个别化分而论之，并列为刑法原则较之那种以罪刑相适应否定刑罚个别化或者以刑罚个别化否定罪刑相适应的观点，显然是更为科学的。当然，这种观点也有可商榷之处。刑罚个别化原则的实质在于：要求对犯罪人处以与其人身危险性大小相当的刑罚。因此，在刑罚个别化中仍然体现着罪刑的均衡性，只不过这种均衡性不同于刑事古典学派所主张的罪刑均衡而已。因此，笔者认为，罪刑相适应与刑罚个别化相并列，只是两者的外在统一，还没有达到内在的统一。只有在罪刑均衡这一理论框架下，将社会危害性与人身危险性从而也就是将刑罚一般化与刑罚个别化统一起来，才能将罪刑均衡建立在更为可靠的逻辑基础之上，达到理论上的圆满与贯通。

[①] 参见周振想：《刑罚适用论》，法律出版社 1990 年版，第 188、198–199 页。

正是看到了刑事古典学派的罪刑相适应与刑事实证学派的刑罚个别化之间存在对立性，我国刑法理论界力图消融这种对立性的一种理论努力是引入刑事责任这一范畴，以改变罪—刑之间的刑法逻辑结构，而建立一种介入刑事责任的刑法逻辑新结构。这种努力得到了我国刑法学界广泛的回应。一时之间，刑事责任成为我国刑法理论中的一个热点问题。由于刑事责任理论涉及面十分广泛，观点颇为纷繁乃至尖锐对立，在此无意全面评价刑事责任问题，只是从罪刑均衡的角度略加分析。

在大陆法系刑法理论中，刑事责任的本质被看作一种非难可能性（vorwerfbarkeit）。根据对非难对象的不同理解，在刑法理论上又分为以下几种责任理论：（1）意思责任，认为非难之对象是犯意。（2）行为责任，认为非难的对象是行为。（3）人格责任，认为行为人之人格形成过程，乃其陷于犯罪之主要原因，对于此种危险之人格应予以非难，因而非难之对象是行为人之人格。（4）生活决定责任，认为非难之对象是行为人行为之生活。① 尽管在理论上对刑事责任的本质存在不同的理解，但在刑法理论体系中，一般都把刑事责任确定为有责性，视为犯罪成立的一个要件。按照"违法是客观的，责任是主观的"这样一种说法，有责性属于犯罪成立的主观要件。因此责任问题在犯罪论中具有举足轻重的地位。

责任不仅是犯罪成立的关键，也是刑罚适用的关键。从刑事责任引申出责任原则，其内容包括：（1）无责任则无刑罚，即科刑应受责任之限制，倘非先确定责任存在，不能科以刑罚，因而无责任则无刑罚（nullapoena sine culpa）。（2）刑罚不能逾越责任之程度，责任不仅为科刑之前提，更应成为科刑之标准，亦即责任轻则刑罚轻，责任重则刑罚重，刑罚之高低应以责任之高低为其范围。不可超越这一范围而科处刑

---

① 参见蔡墩铭：《刑法基本理论研究》，台北汉林出版社1970年版，第132页。

罚。(3)量刑考虑行为人之责任。① 由此可见,刑事责任问题在大陆法系刑法理论中虽然属于犯罪论问题,但也与刑罚有关。但从根本上来说,仍然是犯罪论的问题,之所以被人理解为在犯罪与刑罚之中间而发生其作用,② 主要是因为传统犯罪论只解决罪之有无问题,而将罪之大小问题视为刑罚论所要解决的量刑问题。责任问题,既存在责任有无问题,又存在责任大小问题。责任有无即有责性问题,被看作犯罪论中的定罪问题,而责任大小则被看作刑罚论中的量刑问题。因此,刑事责任理论既与犯罪论有关,又与刑罚论有关。尽管如此,在大陆法系刑法理论中,刑法理论体系仍然是罪—刑的逻辑结构。

在我国刑法学界,刑事责任被认为是依照刑事法律的规定,针对犯罪行为及其他影响犯罪社会危害性程度的事件事实,犯罪人应当承担而国家司法机关也强制犯罪人接受的刑法上的否定评价(即刑事责难),它是犯罪人应当承担而国家司法机关也应当强制犯罪人接受的刑法制裁(主要是刑罚处罚)的标准。③ 由于刑事责任概念的引入,对于传统刑法的罪—刑逻辑结构予以否定,从而提出了以下三种新结构:

(1)罪—责—刑结构。这种观点认为,刑事责任是介乎犯罪和刑罚之间的桥梁和纽带。它对犯罪和刑罚的关系起着调节的作用。一个人实施刑法所规定的犯罪,只是这个人负刑事责任的基础;而只有当一个人对犯罪行为应当负刑事责任的时候,才能对他判处刑罚。受刑罚处罚的人,没有不负刑事责任的。可见,刑事责任既是犯罪的后果,又是刑罚的先导。罪—责—刑的逻辑结构,乃是整个刑法内容的缩影。认定犯罪—确定责任—决定刑罚,完整地反映了办理刑事案件的步骤和过程。④ 这种刑法逻辑结构,改变了罪—刑的直接对应关系,引入刑事责任作为

---

① 参见蔡墩铭:《刑法基本理论研究》,台北汉林出版社1970年版,第133-134页。
② 参见蔡墩铭:《刑法基本理论研究》,台北汉林出版社1970年版,第135页。
③ 参见赵秉志、吴振兴主编:《刑法学通论》,高等教育出版社1993年版,第314页。
④ 参见高铭暄主编:《刑法学原理》(第1卷),中国人民大学出版社1993年版,第418页。

中介，主要根据在于：随着刑罚个别化的强调，人身危险性在量刑中的地位与作用得以确定。但人身危险性又不认为是犯罪的内容，由此出现罪—刑之间失衡，即同罪不一定同刑，刑罚轻重还取决于刑事责任的大小。所以，不应是罪刑相适应，而是责刑相适应。

（2）罪—责结构。这种观点认为，在确定刑法学总论体系时，必须把握犯罪是刑事责任的前提，刑事责任是犯罪的法律后果这一基本原理，同时应认识到刑罚、非刑罚处罚方法等是刑事责任的实现方式，属于刑事责任理论的内容。这样，犯罪论与刑事责任论在刑法学体系中就居于同等重要的地位，形成犯罪论—刑事责任论的体系。① 在这一刑法逻辑结构中，刑事责任论取代了刑罚论，其主要根据在于：刑罚只是刑事责任基本实现方式，而不是刑事责任的唯一实现方式，刑事责任还有其他实现方式，例如非刑罚方式。在这种情况下，罪—刑之间不存在直接的对应关系，而应由刑事责任取而代之，因为刑罚与非刑罚方法都是刑事责任的下位概念。只有确立罪—责的结构，才能澄清犯罪与刑事责任的关系。这样一来，就不再是刑罚与犯罪相适应，而应当是刑事责任与犯罪相适应。刑罚与刑事责任相适应，是刑事责任论的内容，不是刑法的基本原则，而可以说是刑事责任的原则。刑事责任与犯罪相适应，则是为刑法所特有的、贯穿全部刑法的一个基本原则。因此，刑法基本原则之一的罪刑相适应原则，随着刑事责任理论的形成与发展，应改变为刑事责任与犯罪相适应的原则，即责罪相适应。

（3）责—罪—刑结构。这种观点认为，刑事责任作为统治阶级犯罪观和刑罚观的反映，它是由统治阶级设立的、实施了危害社会的行为并触犯了刑法规范的行为人所应承担的刑事法律负担，这种法律负担通过代表国家的司法机关依法追究并最终对其作出否定性评价而实现。而这

---

① 参见张明楷：《刑事责任论》，中国政法大学出版社1992年版，第155页。

种否定性评价又首先体现在对该行为性质的确认上（即定罪），其次才体现在对该行为程度的裁量（即量刑）上。所以从根本上说，刑事责任并不是"联结犯罪与刑罚的中介器"，而是包括犯罪与刑罚在内并以之为其核心内容的一个刑法的全局性概念。因此，应当建立责—罪—刑的刑法逻辑结构。[①] 我国学者张智辉指出：刑事责任论，虽然在理论体系上可以与犯罪论、刑罚论和罪刑各论相并列，但是在价值功能上，它具有基础理论的意义。刑事责任理论所揭示的是刑法的基本原理，它的具体内容应当由犯罪论、刑罚论和罪刑各论来丰富。因此，在体系上不能把刑事责任论作为犯罪之后果和刑罚之先导而插入犯罪论与刑罚论之间的部分，而应当作为刑法学的基础理论置于犯罪论之前，并作为刑法的基本原理来把握。[②] 显然，这种观点与前两种观点存在较大区别，它基本上没有破坏传统刑法的罪—刑的逻辑结构，只是把刑事责任作为刑法学范畴体系的最上位概念，由此建立刑法理论体系。

在以上三种观点中，笔者赞同第三种观点，对于以刑事责任为基石范畴建立刑法理论体系的努力表示赞许，这是刑法理论深入发展的一个标志。对于前两种观点，以刑事责任介入罪刑之间或者取代刑罚的观点不敢苟同。将刑事责任作为改变犯罪与刑罚的直接对比关系，实际上是出于一种理论上的变通的需要。因为根据刑事古典学派的观点，犯罪只是已然之罪，刑罚或者是对已然之罪的报应（报应主义），或者是借助于对已然之罪的惩罚预防其他人犯罪（一般预防主义）。而根据刑事实证学派的观点，刑罚应当具有对犯罪人进行矫正的功能，是为防止犯罪人本人再犯（个别预防主义）。随着两派的渗透和融合，当今的刑法学理论都汲取两派之所长，建立新的理论体系。但在建立这种理论体系的时候，

---

① 参见梁华仁、刘仁文：《刑事责任新探——对"罪、责、刑"逻辑结构的反思》，载杨敦先主编：《刑法运用问题探讨》，法律出版社1992年版，第22页。

② 参见张智辉：《刑事责任通论》，警官教育出版社1995年版，第15页。

一方面把犯罪限定为已然之罪,而刑罚又不能完全以已然之罪为转移,须照顾到预防犯罪的目的。因此,又应当考虑人身危险性的因素。

那么,人身危险性到底属于犯罪的范畴,还是属于刑罚的范畴?囿于刑事古典学派对犯罪的界定,显然难以归入犯罪的范围,而它也不能视为刑罚的内容。为此,只能引入刑事责任这个范围容纳人身危险性的内容,从而改变在犯罪论中讲社会危害性(已然之罪),在刑罚论中讲人身危险性(未然之罪)这样一种互相割裂的理论格局。

笔者认为,这个问题的解决,不在于引入刑事责任的概念,而在于重新对犯罪与刑罚加以科学地界定。在笔者看来,犯罪本质是社会危害性与人身危险性的统一,这就是犯罪本质二元论。至于人身危险性,笔者主张是初犯可能与再犯可能的统一。对于人身危险性包括再犯可能,一般没有异议。但人身危险性能否包括初犯可能,则在刑法理论上存在不同观点。例如,我国刑法学界有人认为,若把初犯可能放在犯罪者的人身危险性之中,那么犯罪者以外的其他人的人身危险性是大不一样的,这些人没有现实的已然犯罪事实,对他们的考察缺乏客观的事实根据,只能凭着司法人员的主观想象而定,何况初犯可能性既包括现实的可能性,也包括非现实的可能性,而刑法上的人身危险性仅指现实的可能性。如若把这种非现实的可能性也包括在人身危险性之中,自然是不能令人信服的。[①]应该说,将初犯可能包含在人身危险性中确实有些勉强,但在量刑中,作为初犯可能表征的治安形势、民愤、犯罪率等因素都是应当考虑的因素,这些因素显然不属于已然之罪的社会危害性的内容。因为初犯可能性与再犯可能性一样,都是以一定形式表现出来的一种犯罪的现实可能性。因此,只能将之归入人身危险性,它与再犯可能相对应,构成人身危险性的两个方面的内容,并以此与构成社会危害性的主观恶

---

① 参见章惠萍:《量刑失衡及其抑制》,载赵炳寿主编:《刑罚专论》,四川大学出版社1995年版,第205页。

性与客观危害相对应,共同组成二元论的犯罪概念。与这种犯罪本质二元论相对应的是刑罚目的二元论。刑罚目的是报应与预防的统一,报应是针对已然之罪而言的,预防是针对未然之罪而言的。犯罪的二元本质与刑罚的二元目的的有机统一,就是罪刑关系二元论。因此,在罪刑关系二元论的理论建构中,罪刑之间的均衡关系得以重新确立。

三、罪刑均衡的立法确认

罪刑均衡只有在立法中得到确认,才能落实在司法活动中。因此,罪刑均衡的立法确认具有重大意义。

(一)罪刑均衡的立法发展

我国学者梁治平在《说"抵"》一文中,曾经对中国古代刑法中的"抵"字作过考察,指出:古人讲求罚当其罪,这才合"抵"的原意。秦法弃灰于道者诛,是刑罚不当,所以致民怨沸腾。汉高祖入关,尽除秦苛法,只与父老约法三章,"杀人者死,伤人及盗抵罪"。秦人闻之大喜(《史记·高祖本纪》)。《索隐》韦昭云:"抵,当也。谓使各当其罪。"当其罪者,正含有罪刑相当之义。"抵"字所代表的,首先是古人的一种正义观念。[①]应当指出,罪刑均衡是一个相对的概念,而且又是个历史演变的过程。因而,罪与刑存在一个从均衡到失衡,从失衡又到均衡这样一个变化过程。

中国是一个历史悠久的文明古国,法律文化源远流长。尽管中国古代刑法以专制与残酷著称于世,但罪刑均衡的理想追求始终是中国古代刑法的内在精神。正如美国学者布迪指出,对中国刑法制度发生长期、

---

① 参见梁治平:《法意与人情》,海天出版社 1992 年版,第 12 页。

稳定影响的原则，首推刑罚应与犯罪相适应原则。在中国历史上，每一部法典的制定都注意罚当其罪。①在中国古代刑法中，为实现罪刑均衡而开始的刑法合理化过程可以追溯到西周，周朝建立以后，鉴于商末重刑辟激化社会矛盾，导致灭亡的教训，周朝统治者实行"明德慎罚"的刑法原则，使罪刑设置趋向均衡合理化。周朝刑法初步划分了故意（非眚）和过失（眚）、惯犯（惟终）和偶犯（非终）的区别。在处刑上，故意和惯犯虽小罪也处重刑，过失和偶犯虽大罪亦可减刑。周公在对康叔的告诫中明确指出："人有小罪，非眚，乃惟终……乃不可不杀。人有大罪，非终，乃惟眚灾……时乃不可杀。"这就表明周朝刑法对犯罪作了较为细致的区分，以便根据不同的犯罪情节合理地裁量刑罚。

春秋战国时期，《法经》改刑为法，一罪同罚，先列罪名，后定刑罚，为中国刑法的发展奠定了基础。《法经》根据犯罪的不同情况，有区别地予以处罚，这就是所谓的"具其加减"，即"具法"。例如，年15岁以下的少年犯和年60岁以上的老年犯，无论大罪小罪，一律按律原情，予以减刑。《法经》还区分"情减"与"理减"，小罪情减，大罪理减。

及至秦律，刑法制度相当完备。根据睡虎地秦墓竹简的记载，秦律区分故意和过失。"端"或"端为"是故意，《法律答问》指出："罪当重而端轻之，当轻而端重之，是谓不直。当论而端弗论，及易其狱，端令不致，论出之，是纵囚。"对于故意犯，依法从重处罚。至于过失在秦律中称为"失"或"失刑"。《法律答问》指出："士五（伍）甲盗，以得时直（值）、臧（赃），臧（赃）直（值）过六百六十，吏弗直（值），其狱鞫乃直（值）臧（赃），臧（赃）直（值）百一十，以论耐，问及吏可（何）论？甲当黥为城旦；吏为失刑罪。"对于过失犯，处刑较轻。对

---

① 参见［美］D.布迪、C.莫里斯等：《中华帝国的法律》，朱勇译，江苏人民出版社1993年版，第442页。

于主观上没有罪过的,不以犯罪论处。例如,《法律答问》指出:"甲盗,赃值千钱,乙知其盗,受分赃不盈一钱,问乙何论?同论。甲盗钱以买丝,寄乙,乙受,弗知盗,乙论何也?毋论。"由此可见,秦律关于区分犯罪情节合理定罪量刑的规定,反映了当时立法者对罪刑均衡已经达到了相当的认识水平。当然,法律原则与司法实践往往发生脱节,尤其在秦朝末期,统治者为镇压人民的反抗,严刑苛罚,正所谓"秦法繁于秋荼,而网密于凝脂"(《盐铁论》)。在这种情况下,罪刑失当也就在所难免,而且其后果也是统治者始料不及的。例如,《史记·陈涉世家》记载,陈胜、吴广率闾左的黔首戍边时,行至大泽乡,阻于雨,不能按期至戍地。依据秦法,失期,当斩。所以这些戍卒集议认为:失期是死,造反也是死,其死相等,不如造反,于是揭竿而起,吹响了农民起义的号角。戍边失期,既有主观方面的原因,又有客观方面的原因。因雨失期,纯属客观方面的原因,依律皆斩,不合理性显而易见。正如我国学者宁汉林指出:"秦朝刑律之失,在于不区分情节,只要发生刑律中规定的后果,一律论处。"①

及至汉高祖刘邦入关,尽除秦苛法,只与父老约法三章:杀人者死,伤人及盗抵罪。我国学者梁治平指出:高祖之约法三章,并不在其削繁就简,在其实现公义耳。抵者,当也。称量之义实包含于"相当"之中。②因此,约法三章的基本精神是罪刑均衡。杀人者死、伤人者刑是刑法公正的根本体现,也是罪刑均衡的基本要求。荀子曾经指出:"杀人者不死,而伤人者不刑,是谓惠暴而宽贼也,非恶恶也。治古不然,凡爵列、官职、赏庆、刑罚皆报也,以类相从者也。刑不当罪,不祥莫大焉。杀人者死伤人者刑,是百王之所同,未有知其所由来者也。"(《荀子·正论》)至于抵罪,李奇曰:"伤人有曲直,盗臧有多少,罪名不可豫定,

---

① 参见宁汉林:《中国刑法通史》(第二分册),辽宁大学出版社1986年版,第547页。
② 参见梁治平:《法意与人情》,海天出版社1992年版,第14页。

故凡言抵罪,未知抵何罪也。"师古曰:"抵,至也,当也。"(《汉书·高帝纪》)这就是说,杀人者死,其刑罚是确定的。而伤人及盗只说抵罪,未明定其刑罚,是因为伤人之情节有轻重,盗窃的赃数有大小。抵罪就是根据伤人的情节和赃数的大小判处与之相当的刑罚。

唐律是我国封建法律之集大成者,罪刑均衡在唐律中也得到了相当程度的体现。唐律中对刑罚的设立始终以罪刑的轻重为依据,主要体现在:(1)赃罪。区分六赃,以赃计罪。唐律把财产性犯罪称为赃罪,根据赃的性质不同,唐律把赃区分为六种,《杂律》之疏文云:"赃罪正名,其数有六。"这六赃,是指受财枉法、受赃不枉法、受所监临财物、强盗、窃盗及坐赃。对赃的处罚,一律折成所值绢的匹数定刑罚轻重。例如,唐律规定:"诸窃盗不得财笞五十,一尺杖六十,一匹加一等,五匹徒一年,五匹加一等,五十匹加役流。"由此可见,随着赃值的增加,刑罚的严厉程度也相应地提高,两者之间形成了一种正比例关系。(2)杀人罪。唐律不再简单采用杀人者死的原则,而是将杀人区分为谋杀、故杀、戏杀三种情况,分别规定不同的处罚。(3)反坐。诬告罪的反坐原则是"以其罪罪之"。《唐律·斗讼律》规定:"诬告人者,各反坐。"疏文指出:所谓反坐是"准诬罪轻重,反坐告人"。注文云:"准前人入罪法。"即诬告的罪重,反坐亦重;诬告的罪轻,反坐亦轻。类似反坐的还有司法官吏出入人罪,以所出入的幅度,作为处罚的依据。官吏走失囚犯,依所失囚犯刑罚的轻重为准处罚失职官吏,等等。以上这些规定,在一定程度上体现了罪刑均衡的意蕴,但诸如以赃计罪,诬告反坐这样一些规定也表现出机械对等性,不尽科学。更为重要的是,由于中国社会是以宗法等级制度为基础的社会,因而,中国古代封建刑法以维护等级秩序为中心任务,身份对罪刑有极大关系,从而导致在立法上的不平等,这本身表明其罪刑均衡具有相对性。例如,在中国古代刑法中,身份是定罪量刑的重要依据。尊卑地位不同,罪刑截然有别。血缘伦序中的尊亲与司法中的刑等直接挂钩，可以导致轻重极为悬殊的处罚。而且对于良贱、主奴之间的互相侵犯行为，也采取不平等的处罚原则：良犯贱，主侵奴，应当比常人犯的处罚为轻；反之，贱犯良，奴侵主，则要加重处罚。中国古代封建刑法还规定了"八议"制度，维护封建特权。例如，根据唐律的规定，凡属八议之人在法律上享有"议请、减、赎、当、免"的特权。①

西方刑法存在一个从结果责任到行为责任的转变过程。在古代社会，刑法是以结果责任为特征的，结果责任是立法者更多地注重犯罪造成的实际危害结果并根据这种结果的危害程度决定刑罚的分量，而无视犯罪的其他主、客观情节。在这种情况下，罪刑均衡主要表现在刑罚与犯罪的客观结果的对称上。例如，日耳曼法只要求加害行为和这种行为造成的结果，行为者的主观意图如何，则不是构成犯罪的必要条件。因此，当时还没有故意、过失，以及既遂、未遂、教唆犯等的区分。正如美国学者塞西尔·特纳指出：在整个欧洲的古代时期，凡是给他人造成重大损失的行为都要受到神的严厉惩罚。在这种情况下，使罪犯受到严重的痛苦是为了安抚受到亵渎的神灵。但与这种见解相联系并最终保留下来的是这样一种观念：当一个人实施的行为造成了明显的危害结果时，他就应当对其承担责任。②结果责任直接表现了古代刑法的粗疏性与残酷性。当然，较之不考虑犯罪结果的毫无限制的刑罚，结果责任仍然具有一定的历史进步意义，它是罪刑均衡原则的粗俗体现。

在欧洲中世纪，教会法盛行，宗教对刑法产生了极大的影响。教会刑法强调罪孽，在早期犯罪与罪孽两词可以互换使用。一般而言，不仅所有犯罪都是罪孽，而且所有罪孽都是犯罪。由于对罪孽的强调，因而出现了主观归罪的倾向，即注重主观邪恶程度，忽视客观行为的作用。

---

① 参见乔伟：《唐律研究》，山东人民出版社1985年版，第113页。
② 参见[英]塞西尔·特纳：《肯尼刑法原理》，王国庆、李启家等译，华夏出版社1989年版，第6页。

在对刑事责任加以强调的过程中,教会法学家使用了早先罗马法律科学已经作出的区分,但是他们把这种区分发展成为复杂的和精心构筑的各种概念。诸如 imputabilitas("可归罪性")、culpa("犯罪"或"过错")以及 clous("恶意""故意")都依据行为人意识的确切状态(主观方面)以及行为的具体环境(客观方面)予以系统地分析。① 当然罪刑均衡真正作为刑法原则指出,则是在17世纪到18世纪启蒙运动以后。孟德斯鸠明确指出:刑罚的轻重要有协调,这是很重要的,因为我们防止大罪应该多于防止小罪,防止破坏社会的犯罪应该多于对社会危害小的犯罪。② 这一思想经贝卡里亚的大力倡导,终于被确立为刑事立法的基本原则。

(二)罪刑均衡的总则确认

罪刑均衡作为刑事立法的基本原则,首先应该体现在刑法总则的规定中。刑事立法是一个从个别性规定到一般性规定的历史演变过程。古代的刑事立法只是对罪刑的个别性规定,还不存在系统的刑法体系,因而罪刑均衡也只能体现在个别性的刑法条文中,缺乏罪刑之间的相互协调。在我国,唐律已经形成较为完整的刑法典,并从个别性规定中提炼出一些总则性规定,集中在名例律中。因此,唐律的名例律相当于现代刑法中的总则。《唐律疏议》云:"名者,五刑之罪名;例者,五刑之体例。名训为命,例训为比,命诸篇之刑名,比诸篇之法例。但名因罪立,事由法生,命名即刑应,比例即事表,故以名例为首篇。"这说明名例律是唐律的纲领与统率,是关于罪刑的总则性规定。现代刑法的总则制度,起源于1791年法国刑法典,该刑法典分为两部分(两编),第一编是总则(标题 Sentences,直译是格言),共七章,规定刑法的一般原则,包

---

① 参见[美]伯尔曼:《法律与革命——西方法律传统的形成》,贺卫方等译,中国大百科全书出版社1993年版,第233–234页。
② 参见[法]孟德斯鸠:《论法的精神》(上册),张雁深译,商务印书馆1961年版,第61页。

括刑罚的种类，累犯的加重，犯罪者年龄对刑罚的影响，刑事追诉的期限等。此后，总则制度经1810年法国刑法典、1872年德国刑法典的发展，更趋完善，并为大陆法系各国所采用。

我国学者赵国强指出：如同犯罪都是具体的犯罪一样，作为认定犯罪依据的刑法规范必然也是具体的、个别的刑法规范。但是，由于现实中的事物总有普遍性与特殊性两个方面。普遍性反映了事物之间的相互联系，特殊性反映了单个事物的本质特征，因而不同的犯罪之间除了具有本身的特殊性以外，同时还有不少普遍共同的特点。正是这些普遍共同的特点，使具体的个别的刑法规范之间也产生了一种共性，即普遍性。于是，从立法技术的角度考虑，立法者为了避免刑法规范之间的无谓重复，精练刑法典的体例与结构，便把那些每个刑法规范都共有的并在相同意义上使用的内在要素混为一类，作原则性的总的规定，这就是刑法总则。① 由于刑法总则具有这种普遍的指导意义，是对罪刑的一般性规定，因而在刑法总则中坚持罪刑均衡，是刑法分则的罪刑均衡的前提与基础。刑法总则的罪刑均衡主要体现在以下方面。

1. 罪责轻重的区分

任何犯罪行为均可以在量上区分较轻、较重之各种不同情形，而这种罪责轻重的区分仍是罪刑均衡的前提。刑法总则关于犯罪的规定往往涉及罪责轻重的内容：

（1）犯罪构成要件的规定。犯罪构成的要件是刑法总则的重要内容之一，它虽然是区分罪与非罪的标准，但也涉及罪责的划分问题。第一，关于犯罪主体的规定。犯罪主体是承担刑事责任的主体，不具备法定的犯罪主体就不能承担刑事责任。犯罪主体中有有关未成年人犯罪、聋哑人犯罪等规定，这些特定的犯罪主体由于限定刑事责任能力而具有从轻

---

① 参见赵国强：《刑事立法导论》，中国政法大学出版社1993年版，第144页。

或减轻情节。这种刑事责任能力的区分，显然是罪责轻重的内容之一，对于刑罚适用具有重要意义。第二，罪过形式的规定。罪过形式可以分为故意与过失，各国刑法一般都将犯罪区分为故意犯罪与过失犯罪，这两种犯罪的刑事责任有所不同。作为刑法的通例是：以处罚故意犯罪为原则，以处罚过失犯罪为例外。在罪责上来说，故意犯罪重于过失犯罪。以上刑法总则关于犯罪主体和罪过形式的规定，都属于犯罪构成的范畴，这些内容对于实现罪刑均衡都具有重要意义。

（2）犯罪纵向状态的规定。犯罪纵向状态是指犯罪纵向发展过程中的停顿状态，如犯罪预备、未遂和中止。由于刑法分则关于具体犯罪的规定是以犯罪既遂为标本的，刑法分则规定的法定刑是犯罪既遂的法定刑。而犯罪在其发展过程中，并未都能达到犯罪的既遂状态，而且还可能发生犯罪的预备、未遂和中止等情形。这些情形在罪责上都轻于犯罪既遂，表现出犯罪在纵向发展上的罪责程度的递进。刑法总则对犯罪预备、未遂和中止规定了比照犯罪既遂从轻、减轻或者免除处罚的原则，对于实现罪刑均衡具有重要意义。

（3）犯罪横向状态的规定。犯罪横向状态是指数人犯一罪与一人犯数罪等与共犯和罪数相关的犯罪状态。由于刑法分则关于具体犯罪的规定是以一人犯一罪为标本的，刑法分则规定的法定刑是一人犯一罪的法定刑。而在犯罪活动中，经常发生数人犯一罪或者一人犯数罪的情形。这些情形的罪责显然不同于一人犯一罪。例如，共犯问题，由于是数人犯一罪，各共同犯罪人在共同的犯罪活动中的地位与作用都有所不同，应当予以区别对待。刑法总则规定了各种共同犯罪人的处罚原则，对于实现罪刑均衡具有重要意义。

2. 刑罚梯度的设立

刑罚的梯度性是实现罪刑均衡的重要条件，刑罚的梯度性是建立在刑罚的可分性的基础之上的。对刑罚的可分性的追求自古皆然。

在中国古代刑法中，笞杖以次数区分，但由于在打击力度、打击工具及打击部位上未作规定，因而其严厉性程度往往取决于刽子手，因而出现笞杖使人毙命的情形。后来立法者对笞杖的执行作了限制性规定，才使笞杖的严厉性程度受到控制。即使是生命刑这样以剥夺生命为内容的刑罚，因为人的生命具有不可逆转性，本来是具有不可分性的，但是立法者通过死刑的执行方法，将生命刑区分为不同的种类，以显示严厉性程度的不同。唐律将生命刑分为斩与绞两种，斩者身首异处，绞者可得全尸，因而斩重于绞。直至清末。沈家本提出"死刑唯一说"，认为死刑的执行方法，只应当有一种，不应当有多种，即不应当有等差，不应当再分轻重。①沈家本批评了所谓"斩重绞轻"的观点，指出："主张斩重绞轻者，恒谓斩者身首异处，故重，绞者身首不异处，故轻。然而斩与绞同为断人生命之工具，身首异处何以重？身首不异处何以轻？要亦不外中国古来之陋习迷信耳。"②从斩绞之本质都在于剥夺生命这一点上来说，斩绞确实无分轻重。但从斩绞在执行时给死刑犯带来的痛苦以及对他人的威慑作用上来看，又不能不承认客观上存在轻重之别。从罪刑均衡上来说，根据死刑执行方法再分出轻重，似乎更能实现罪与刑的对称性。但之所以应当实现死刑唯一，甚至废除死刑，关键在于死刑的残酷性有悖于人道主义的基本精神。因此，罪刑均衡并非绝对的，而要受到各种因素的制约，人道主义就对罪刑均衡具有制约性。我国现行刑法虽然只有一种死刑，但根据执行方法不同，又把死刑区分为立即执行的死刑与缓期执行的死刑。从这个意义上来说也是根据死刑是否立即执行区分出轻重等级，但死缓制度是为限制死刑而存在的，又能够在罪大恶极、罪该处死的犯罪人中再加区分，有利于罪刑均衡的实现，因而是可取的。

至于当前世界各国广泛采用的自由刑与财产刑，都具有可分性。例

---

① 参见李光灿：《评〈寄簃文存〉》，群众出版社1985年版，第37页。
② 参见沈家本：《历代刑法考》，中华书局1985年版，第2009–2114页。

如，自由刑是一种具有时间性的刑罚，它用时间来表明刑罚的轻重程度，时间越长，刑罚越重。时间的单位因具体刑种和国家而存在差别，包括小时、日、周、月、年乃至人的自然生命等。同时，时间有起点和终点以表明刑罚的开始和结束。所以，对于自由刑来说，时间是一个至关重要的量的要素。[①] 正因为自由刑存在这种时间上的可分割性，它能够适应千差万别的犯罪及不同的犯罪情节，真正实现了罪刑均衡。又以罚金为例，罚金刑是以剥夺犯罪人的金钱为内容的刑罚方法，而金钱是可以计量的，因而罚金刑具有可分性。罚金刑的可分性使得它对犯罪人科处时可根据犯罪的不同性质、情节、危害程度以及犯罪人的个人特征决定不同数额的罚金，做到罪刑适应。[②] 当然，罚金刑的判处是以犯罪人拥有一定的金钱为前提的，否则就难以执行。从这一点来说，自由刑更为优越，因为一个人可以没有钱，却不可能没有人身自由。

  刑罚的梯度性不仅表现在各种刑罚的可分割性上，而且还体现在各种轻重不等的刑罚排列而成的刑罚体系上。刑罚体系是指刑法所规定的并按照一定次序排列的各种刑罚方法的总和。刑罚体系是由多种而不是一种刑罚构成的，这些刑罚方法按一定原则顺序排列，轻重有致，主次分明，具有严谨的内部结构，从而形成一个有机的整体，有效地发挥刑罚的功能，最终实现刑罚的目的。因此，刑罚体系的效用远远大于单个刑种，也大于各个刑种简单相加的总和，因为它具有优化组合的结构力量。刑罚体系要求具有结构合理性，这种合理性主要体现在：（1）不同的刑种的严厉性上应该有轻重等级之分，呈现出鲜明的层次性。如果两个或数个刑种在严厉性上无轻重之分或差别不明显，势必导致刑罚体系内部层次紊乱，难以正确适用。（2）相邻的刑种在严厉性上应该上下衔接不留空当，便于适用。（3）各刑种在地位上应有主次之分。处于刑罚

---

① 参见李贵方：《自由刑比较研究》，吉林人民出版社1992年版，第7页。
② 参见孙力：《罚金刑研究》，中国人民公安大学出版社1995年版，第85页。

体系中主导地位的刑种必须其本身具有轻重之别，具有较大的可适用性。（4）刑罚的性质应具有多样性。刑罚的特征之一是剥夺犯罪人一定的权益，权益的性质多种多样，刑罚的性质也应具有多样性。现今世界各国一般设置有生命刑、自由刑、财产刑和资格刑，从而有可能针对不同的犯罪和犯罪人适用不同的刑罚方法，最大限度地发挥刑罚惩罚和教育功能。① 刑罚体系之所以要求具有这种结构合理性，主要是由犯罪行为多样性决定的。犯罪行为形形色色，轻重有别，与之相对应的刑罚方法也应该多种多样，宽严相济。如果刑罚方法十分单一，互不协调，那就无法适应犯罪情况的变化，无法做到重罪重罚轻罪轻罚，相同之罪相同处罚，不同之罪不同处罚，因而无法实现罪刑之间的均衡性。

3. 量刑情节的规定

量刑情节，是指法律规定的定罪事实以外的，与犯罪行为或犯罪人有关的，体现行为的社会危害性程度和行为人的人身危险性程度，因而在决定处刑从宽从严或者免除处罚时必须予以考虑的各种事实情况。各国一般都规定了累犯、自首等量刑情节，这些量刑情节对于实现罪刑均衡也具有重要意义。

（三）罪刑均衡的分则确认

如果说，罪刑均衡的总则确认是在宏观上为罪刑均衡奠定了基础，那么，罪刑均衡的分则确认就是在微观上为罪刑均衡创造了条件。罪刑均衡的分则确认主要体现在以下方面。

1. 犯罪分类的确立

犯罪分类主要是指刑法分则中类罪的划分，指以犯罪行为侵害的同类客体为标准对犯罪所进行的分类。因此，犯罪分类是建立刑法分则体

---

① 参见樊凤林主编:《刑罚通论》，中国政法大学出版社1994年版，第143页。

系的基础,也是实现罪刑均衡的前提。

自从有了刑法,就存在犯罪分类。古代与中世纪刑法中的犯罪分类,由于当时立法水平所决定,尚不够精确。就我国古代刑法而言,唐律的犯罪分类堪为典范。唐律对犯罪分类的原则与标准,基本上沿用秦汉魏晋以来的法例,只作了个别性的调整。唐律将犯罪分为11类:(1)卫禁律,关于宫殿警卫以及关津要塞保卫的规定,违反这方面规定的犯罪皆归入此类,如宫殿内作罢而不出,向宫殿内射箭,私度关者等。(2)职制律,规定了各种官吏职务上的犯罪,如官吏超编,举责非其人,玩忽职守,漏露机密,奏事犯讳,制书误,指示乘舆,贪赃枉法等。(3)户婚律,规定了各种违反婚姻、家庭、继承等封建伦理要求的犯罪,如脱户,祖父母、父母在而子孙别籍异财,立嫡违法,放部曲为良等。(4)厩库律,主要规定了杀伤公私牛马、借用官物不还,损坏公库积聚物等犯罪。(5)擅兴律,主要规定了擅发兵,乏军兴,放弃城守,临阵先退,私有兵禁等军事方面的犯罪。(6)贼盗律,主要规定了谋反叛逆,谋杀府主官吏和尊长,略诱买卖人口,偷窃,抢夺,抢劫公私财物等侵犯人身和财产的犯罪。(7)斗讼律,主要规定了斗殴杀伤人,殴詈府主官吏,殴詈祖父母、父母等侵犯人身的犯罪以及因违反诉讼法而构成的犯罪,如诬告反坐,告祖父母、父母,告期亲尊长,投匿名书告人罪等。(8)诈伪律,主要规定了伪造皇帝御玺和官府文书印信,诈欺官吏财物,妄认良人为奴,诈冒官司等伪造和诈骗方面的犯罪。(9)杂律,主要起拾遗补阙的作用,规定了其他篇章所不能包纳的犯罪,如国忌作乐,私铸钱币,医师配药不如本方,在市人众中惊动,失修或盗决堤防,食官私田园瓜果,通奸,犯袓,失火等。(10)捕亡律,主要规定了在追捕罪人、逃兵和在逃官府奴婢时可能发生的各种犯罪,如受命追捕而不行及逗留,追捕时非法杀死罪人,邻里被盗及杀人告而不救,官府奴婢逃跑,知情藏匿罪人等。(11)断狱律,主要规定了刑讯、判决、刑罚执行、囚犯管理时可能发生的犯罪，如官司出入人罪，决罚不如法，诸囚在禁妄引人为徒侣者等。由于唐律在立法体例上的限制，关于犯罪分类的标准及内容上还存在一定的不甚合理之处，但仍然反映了中国古代刑法对犯罪分类的最高水平，并被后世刑律所沿用。

一直到清末刑法改革，《大清新刑律》以德国和日本的刑法为蓝本，采用了大陆法系的立法体例，吸收其犯罪分类法，按照侵犯国家利益，侵犯社会利益，侵犯个人利益的犯罪分类三分法，为刑法分则各章排列了顺序。大陆法系的犯罪分类，可以追溯到古罗马法中公罪与私罪的区分。经过贝卡里亚的倡导，根据罚刑阶梯的思想，以犯罪所侵犯的客体即法益的不同，将犯罪分为侵害公共利益的公罪和侵害私人利益的私罪，或者将犯罪分为侵害国家法益的犯罪、侵害社会法益的犯罪和侵害个人法益的犯罪三类，并据此建立起刑法分则体系，是大陆法系刑事立法的一般模式。应当指出，犯罪分类不仅是一个刑法分则体系建构的问题，还涉及刑法价值取向问题。而且排列有序、互相衔接的犯罪分类，能够反映犯罪的性质轻重，为合理地分布刑罚，最终实现罪刑均衡提供了条件。

2. 法定刑罚的配置

法定刑罚，即法定刑，是指由刑法分则对各种犯罪规定的刑种和刑度的总称。罪刑均衡主要通过法定刑的配置得以体现。根据古今中外的立法例，法定刑有绝对确定的法定刑、绝对不确定的法定刑和相对确定的法定刑之分，这些法定刑在体现罪刑均衡上有所不同，下面分别加以考察。

（1）绝对确定的法定刑。绝对确定的法定刑是指在条文上只规定单一的刑种和确定的刑度，司法机关没有自由裁量的余地。例如，规定对某罪"处死刑"或者规定对某罪"处有期徒刑10年"等。这种绝对确定的法定刑虽然使刑罚确定化，限制了法官自由裁量权，能够防止刑罚权的滥用，但由于它缺乏弹性，法官无法根据每一犯罪的具体情节判处轻重适当的刑罚，不利于实现罪刑均衡，因而除个别情形外，各国刑法一般均不采用绝对确定的法定刑。

（2）绝对不确定的法定刑。绝对不确定的法定刑是指在法律条文中只抽象地规定对某种犯罪判处刑罚，但并不具体规定刑种和刑度的情形。我国在1979年《刑法》颁布以前，由于法制不完备，曾经在某些法律中采用这种绝对不确定的法定刑。这种绝对不确定的法定刑对刑罚未作任何规定，将处罚权完全交给司法机关。如果法官能够秉公执法，固然可以实现罪刑均衡。但由于这种绝对不确定的法定刑过于灵活，缺乏明确具体的处罚标准，对同一种犯罪可能由于各地司法机关掌握的标准不同，容易发生量刑上的偏差，更容易导致罪刑擅断。总的来说，绝对不确定的法定刑不利于实现罪刑均衡。应当指出，中国古代刑法中的反坐原则，与绝对不确定的法定刑还是有所不同的。因为反坐是指以其所诬告之罪入罪并处罚。例如，唐律规定的诬告反坐，《唐律疏议》曰："凡人有嫌，遂相诬者，准诬罪轻重，反坐告人。"由此可见，诬告罪处刑的基本原则就是反坐，即依照诬告罪的性质与轻重，反坐诬告者。[①] 因而在反坐的情况下，法定刑并非绝对不确定，而是只依照诬告罪的法定刑处罚而已。

（3）相对确定的法定刑。相对确定的法定刑是指在法律条文中对具体犯罪规定了一定的刑种和刑度。这种相对确定的法定刑既有明确的限度，又在此限度内赋予法定刑一定的幅度，以供法官选择适用，有利于实现罪刑均衡，因而为世界各国所普遍采用。相对确定的法定刑，不仅适用于自由刑，也适用于罚金。罚金数额的规定上，可以分为以下四种：①限额罚金制，指刑法中规定罚金的一定数额，在法定的数额幅度内，由法院根据具体案件情况而作出裁量的罚金制度。②倍比罚金制，指刑法规定以某个与犯罪有关的数额为基数，然后以其一定的倍数或比例来确定罚金的制度。作为基数的数额，往往是犯罪数额或者犯罪所得数额，

---

① 参见乔伟：《唐律研究》，山东人民出版社1985年版，第212页。

这种罚金刑制度通常适用于具有一定犯罪数额的财产犯罪或经济犯罪。③日额罚金制,指按照所确定应缴纳罚金的数额天数和每天应交付罚金的数额,逐日交付罚金的制度。④无限额罚金制,指刑法典中不规定罚金的数额限度,而由法院根据犯罪人的犯罪行为、个人表现、经济状况等,自由裁量罚金数额的制度。在以上四种罚金制中,只有无限额罚金制的刑度绝对不确定,完全听凭法官自由裁量。其他几种罚金制都采用了相对确定的法定刑,有利于实现罪刑均衡。

法定刑的配置,还有一个刑度确定的问题。刑度是指法定刑的限度,保持法定刑的质的稳定性的数量界限。① 刑度表现出法定刑的轻重,是实现罪刑均衡的基础。刑度配置的合理化,要从纵向与横向两个方面加以说明:从纵向方面来说,个罪的制度要合理,即根据具体犯罪的不同情节和社会危害性程度,充分运用基本构成和加重构成的立法技术,设立法定刑的刑度,规定几个轻重有别而又合理衔接或交叉的法定刑的刑度,并在每个刑度内设立可供选择的刑种幅度。只有这样,才能避免刑度大小失当,可以适应犯罪与犯罪人的不同情况,恰如其分地适用刑罚,从而有效地实现罪刑均衡。从横向方面来说,个罪之间的刑度要平衡,即危害性质和危害程度近似的犯罪,它们的法定刑的刑度要大体相同。当对某种犯罪行为适用某种刑罚基本相当时,立法者就没有必要处以他种更为严厉的刑罚,并使得相近犯罪之间刑度协调统一。

四、罪刑均衡的司法体认

罪刑均衡不仅是刑事立法的原则,更是刑事司法的指针。只有通过有效的司法活动,罪刑均衡才能真正实现。

---

① 参见高格:《定罪量刑的理论与实践》,吉林人民出版社1994年版,第185页。

（一）罪刑均衡的司法发展

刑事立法所确认的罪刑均衡是抽象的、普遍的，因而是一般均衡。而刑事司法是以个案处理为内容的，因而将刑事立法所确认的一般均衡适用于具体案件，得以实现个别均衡。因此，个别均衡与一般均衡不同。我国学者李贵方认为，罪刑相称性可以分为整体的相称性与具体的相称性。[①] 整体相称性指有关评价的宏观一致性，包括：（1）对罪行严重性评价的一致性，对不同严重性层次的犯罪，应该有一个共同的评价，保持基本的一致性。（2）对刑罚严厉性评价的一致性。（3）罪与刑之间比例上的相称性，实现重罪重罚，轻罪轻罚，相似犯罪相似刑罚，就实现了罪与刑比例上的相似性。也就是说，无论在哪个国家，只要对普遍公认的较重犯罪适用了比较轻犯罪更重的刑罚，对相似的犯罪适用相似的刑罚，这个判决就是合理的、相称的。具体相对性指对于一个孤立的具体案件，罪与刑是否相称，也就是说，刑罚是否恰当地反映了罪行的严重性。具体的相对性表现为：（1）不同法官之间适用刑罚的相称性。（2）不同法官对不同罪犯适用刑罚的相称性。应该说，整体的相称性更多地表现在立法上，它是具体的相称性的基础；而具体的相称性则更多地表现在司法上，它是整体的相称性的个别化。由于立法具有一次性的特征，刑法典总是相对稳定的，因而整体的相称性在立法上的确认相对来说容易一些，而司法对个案的处理，却是一个对法条的反复适用的过程，而且由于个案千姿百态极为复杂，因而具体的相称性的判断更为困难。

法国学者魁奈指出：一般来说，中国的刑法是相当宽大的。如果说刑事审理过程中的重复讯问拖延了审判，那么最终的审判决定却是确实

[①] 参见李贵方：《自由刑比较研究》，吉林人民出版社1992年版，第179–185页。

可靠的，始终是按照法律的规定，做到量刑与所犯的罪行相适合。① 如果说对中国古代刑法是否宽缓尚存不同看法，那么，在中国古代的司法中，对于罪刑均衡的追求应该说是确实的。中国古代司法活动中奉行罪刑均衡原则，其理论基础是儒家思想，儒家的"中庸"的说教表达了"均衡"与"和谐"的观点。例如，中国古代思想家荀子就把爵贵和贤德，刑罚和罪过视为一种对等的报偿关系，不能随意轻重，而应该贵必当功，刑必称罪。荀子指出："凡爵列官职赏庆刑罚，皆极也，以此类从者也，一物失称，乱之端也。德不称位，能不称官，赏不称功，罚不当罪，不详莫大矣。"（《荀子·正论》）荀子还指出："刑当罪则威，不当罪则侮。"（《荀子·君子》）因为罪刑失衡，轻罪重罚或重罪轻罚，人们对犯罪的痛恨转变为对法律的仇视。在这种情况下，法律不仅不得其威，反招其侮。因此，在中国古代的司法活动中，不仅重法理，而且重情理，情理成为衡平因素。正如美国学者金勇义指出：在中国古代的所有案件中，实在法是判案的标准，而习惯和伦理也得到同样的运用。受儒家思想影响的中国官府有时倾向于以基本的人性（"情"和"理"）来断案。在没有特殊条款可适用的案件中，绝大部分是根据人的情感以及想当然来作出衡平判决的。以这个更高的公平和正义的标准来断案，有时候甚至取代了成文法的严格适用。但也应当注意，这种修正和判决大多数是由高级官府作出的。另外，下级法院的法官几乎没有自由裁量权，他们在定罪量刑时十分小心和谨慎。因为，他们在断案时如果受个人情感支配的话，他们很可能要为此遭受刑罚。对他们来说法律（成文法）是衡量事实与具体情况，平衡罪与罚的指南，既不能过之，亦不能不及。中国法律中罪与罚的平衡或者公平的概念，可以见之于对诬告的惩罚，"反坐"这个词，意味着转换判决，就是要把被诬告者因诬告而可能判处的

---

① 参见［法］魁奈：《中华帝国的专制制度》，谈敏译，商务印书馆1992年版，第87页。

刑罚转换给诬告者。① 显然在中国古代刑事司法活动中，罪刑均衡是一个主要的追求目标，甚至可以为此而牺牲罪刑的法定性。当然，由于各种因素的决定，罪刑均衡在司法活动中并非都能得到贯彻。尤其当社会矛盾激化，社会发生动荡的情况下，基于"治乱世用重典"的祖训，奉行严刑苛罚，轻罪重刑，罪刑失衡也就在所难免。

西方法律传统中的罪刑均衡的思想，可以追溯到古罗马法中"衡平"（equity）的概念。根据英国法学家梅因的考察，衡平是为了使法律和社会相协调而提出的命题。一般认为，衡平即平均或按比例分配的原则。衡平是以一定的法律存在为前提的。它是对一定法律的校正，使之更适应社会生活。因此，衡平不同于立法，它实际上具有司法的性质。但两者又具有密切的联系，正如梅因指出：如果衡平的名词可以用作是或非的标准，而立法机关所制定的法规恰巧是根据这些标准而调整的，则立法可以说是根据衡平而制定的；但即使是这样，这些法规所以能有拘束力，仍旧是由于立法机关本身的权力。② 衡平原则给了法官相当大的自由裁量权，使之能够根据公正的理念裁量刑罚。

自从罪刑法定主义确立以后，刑罚的公正性受到法律的制约，只有在法定的范围内才能实现罪刑均衡。在这种情况下，罪刑均衡被视为罪刑法定主义的原则之一，它必须合乎罪刑法定主义。因此，不能把罪刑法定与罪刑均衡两个概念并列起来，罪刑均衡原则从属于罪刑法定主义，罪刑法定是罪刑均衡的上位概念。罪刑均衡是关于犯罪与刑罚两者相关规定的原则。犯罪是假设规范，而刑罚是法律评价的效果（犯罪的后果）规范，两者是直接而必然的关系规范，无犯罪即无刑罚，这是关于犯罪与刑罚两种法律规范的必然联系和必然均衡关系的表述，并且体

---

① 参见［美］金勇义:《中国与西方的法律观念》，辽宁人民出版社1989年版，第100页。
② 参见［美］金勇义:《中国与西方的法律观念》，辽宁人民出版社1989年版，第100页。

现在司法活动全过程。①在这种情况下，罪刑均衡受到罪刑法定主义的严格限制。即使在实行判例法的国家，也实行量刑指南制度。

美国于1984年颁布《量刑改革法》（即1984年《犯罪综合控制法》第二篇），该法规定，指南的制定与不断完善将促进以下刑事惩罚基本目的的实现：威慑，剥夺犯罪能力，公正惩罚罪犯和帮助罪犯复归社会。该法包括如何作出这一决定，指导委员会如何规定犯罪行为的种类和罪犯特征的种类的详细指示。例如，一种犯罪行为的种类可以包容这些要素："抢劫银行，持枪，抢走了2500美元。"一种罪犯特征种类可以包容："罪犯曾被定过罪，但未受过监禁。"该法要求委员会在指南中规定出各种量刑幅度，指出在综合考虑犯罪行为和罪犯特征后确定的对各个等级的有罪的人应当判处的适当的刑罚。指南要求判决监禁时，适用的幅度应当是狭窄的，该幅度的最大值不能超过最小值的25%或6个月。根据该法，作出判决的法院必须在指南规定的幅度内进行判决。但是，如果特定案件具有该指南未包含的特征，该法允许法院偏离指南并且在所规定的幅度之外判处刑罚。在这类案件中，法院必须详细说明偏离指南的理由。如果法院是在指南范围内作出判决，那么上诉法院可以审查该判决是否正确地适用于指南。如果法院偏离指南的幅度，上诉法院可以审查这种偏离指南的理由是否适当。②判决指南制度使量刑法定化、规范化，能够保证罪刑均衡的实现。它在保持刑法典内容、体系、结构不变的前提下，为刑事判决提供了切实、有效、详尽、具体的标准，把复杂的行为现象用数量关系显示出来，整个体系较为严谨、完整，具体内容十分精细、明确。既可以有效控制因法官主观专断而造成的判决差异，

---

① 参见［美］美国量刑委员会：《美国量刑指南》，量刑指南北大翻译组译，北京大学出版社1995年版，第1—2页。

② 参见［美］美国量刑委员会：《美国量刑指南》，量刑指南北大翻译组译，北京大学出版社1995年版，第1—2页。

又留给法官一定的裁量余地,且在提出充足理由时,允许背离指南。这就可以在整体上提高判决水平,使判决趋向于精确化、严密化、科学化,更好地实现罪刑相称,公平合理。① 因此,美国的量刑指南制度是值得借鉴的,它对于罪刑均衡的实现具有重要意义。

罪刑均衡从一种公正的理念到司法的原则,从贝卡里亚与边沁提出的一般原理到量刑指南这样十分精细的操作规范,其间的发展是十分显著的,也是令人感叹的。尽管在中外刑法史上,都存在过罪刑失衡、刑罚残酷的记录。但历史总是向前发展的,追求罪刑均衡是刑事司法活动的永恒主题。黑格尔指出:"由于文化的进步,对犯罪的看法已经比较缓和了,今天刑罚早已不像百年前那样严峻。犯罪和刑罚并没有变化,而是两者的关系发生了变化。"② 因此,刑法的发展史就是一个从罪刑失衡到罪刑均衡这样一个无限演进的历史,这是一部刑法进化史。

(二)罪刑均衡的思想体认

在司法活动中坚持罪刑均衡的原则,首先要解决的是思想认识问题,即罪刑均衡应当得到思想上的体认。

1. 平等与区别

司法活动中实现罪刑均衡,面临一个平等与区别的关系问题。正确地解决平等与区别的关系,对于实现刑事司法中的罪刑均衡具有重要意义。

平等是指法律面前人人平等,即在适用法律上要求对于不同的人予以平等无差别的待遇,法律面前人人平等是法律公正性的必然要求,也是罪刑均衡的题中应有之义。中国古代春秋战国时期,法家就提出了法律面前人人平等的主张,即法不阿贵,刑无等级。商鞅指出:"所谓壹刑

---

① 参见李贵方:《自由刑比较研究》,吉林人民出版社1992年版,第235页。
② [德]黑格尔:《法哲学原理》,张企泰、范扬译,商务印书馆1997年版,第99页。

者，刑无等级，自卿相将军以至大夫庶人，有不从王令，犯国禁，乱上制者，罪死不赦。有功于前，有败于后，不为损刑。有善于前，有过于后，不为亏法。忠臣孝子有过，必以其数断。"（《商君书·壹刑》）这里的"壹刑"就是统一刑度，刑无等级，一断于法。韩非指出："法不阿贵，绳不挠曲。法之所加，智者弗能辞，勇者弗敢争。刑过不避大臣，赏善不遗匹夫。"（《韩非子·有度》）这就是说，不论任何人犯罪，都应当绳之以法。

但是，这种法律面前人人平等的要求，在中国古代社会并没有真正实现。法家的上述主张，也只能是成为建立新的法律特权的工具而已。正如我国学者瞿同祖指出：封建政治解体以后，大一统的中央集权政治消灭了原有的许多封建单位，各自为政的政治制度、法律制度有了新的需要，这就不能保持原有的形态和机构。不再容许各个政治单位不同的法律的存在，而代之以大一统的同一法典。这法典是国家的，或者是皇帝的，而不再属于贵族了。这时只有他是立法法律之外的唯一的人，法律是他统治臣民的工具，主权命令全国所有的臣民——治人者和治于人者，贵族和平民——都遵守这部法典，一切人都在同一司法权以下，没有任何人能例外。这样便打破了某一种人不受法律拘束，刑不上大夫的传统习惯。我们只能说法律在秦、汉以后有进一步的平等，贵族不再能置身法外，却断不能夸张地说，秦、汉以后的法律由不平等而进至绝对的平等。武断地说，贵族与平民处于同等法律地位。古代的法律始终承认某些人在法律上的特权；在法律上加以特殊的规定，这些人在法律上的地位显然是和吏民迥乎不同的。① 中国古代存在的法律特权，使得罪刑均衡所要求的同罪同罚，即犯罪之间的刑罚均衡始终没有实现。在一个没有法律特权的社会，法律面前人人平等，即不因身份的差别而影响犯

---

① 参见瞿同祖：《中国法律与中国社会》，中华书局1981年版，第207-208页。

罪的大小及其刑罚的轻重，但是，法律面前人人平等并不是无差别的绝对的同等待遇。

事实上，罪刑均衡本身也是建立在区别的基础上的。不考虑差别的、绝对的同罪同罚，并不是罪刑均衡的全部内涵。因此，为实现罪刑均衡，就要求在司法过程中，对各种情况作出细致的区分，使其各得其所。对此，孟德斯鸠有过十分精辟的论述，他指出：在我们国家里，如果对一个在大道上行劫的人和一个行劫而又杀人的人，判处同样刑罚的话，那便是很大的错误。为公共安全起见，刑罚一定要有些区别，这是显而易见的，在中国，抢劫又杀人的处凌迟，对其他抢劫就不这样。因为有这个区别，所以在中国抢劫的人不常杀人。在俄罗斯，抢劫和杀人的刑罚是一样的，所以抢劫者经常杀人。①应当指出，刑事古典学派注重对犯罪行为的区别，将各种不同的行为予以类型化，据此体现罪刑的均衡性。但这种均衡只是一般均衡，更多的是表现为立法上的均衡。因此，刑罚个别化也是罪刑均衡的基本意蕴。由于个别化原则的贯彻，就出现了同罪异罚并不违反罪刑均衡原则，而是在更为公正的基础上实现罪刑均衡。由于刑事实证学派以人身危险性为根据建立刑罚个别化理论，因而更为关注司法上的罪刑均衡。笔者认为，在司法活动中，为了实现罪刑均衡，刑罚的一般化与个别化具有同样的意义。正如日本学者指出：量刑被广泛地委于裁判所的裁量，这是因为存在多种多样的犯罪形态和行为者特有的情况。但是这绝不意味着可以允许法官主观的随意性，量刑必须是具有客观性、合理性的过程。如果量刑仅仅依存于法官主观的裁量，就会产生量刑的不均衡，从而有违反形式的平等之虞。②

在司法活动中，正确地处理平等与区别的关系是一个极为复杂的问

---

① 参见［法］孟德斯鸠：《论法的精神》（上册），张雁深译，商务印书馆1961年版，第92页。
② 参见［日］曾根威彦：《量刑基准》，载苏惠渔、西原春夫等：《中日刑事法若干问题——中日刑事法学术讨论会论文集》，上海人民出版社1992年版，第50页。

题,在裁量刑罚的时候,平等要求刑罚一般化,实现形式上的公正性;而区别要求刑罚个别化,实现实质上的公正性。应该说,形式上的公正与实质上的公正并非对立而是辩证统一的,唯此才能实现科学意义上的罪刑均衡。

2. 感情与理智

罪刑均衡是通过司法活动实现的,而司法活动的主体是人——法官。人不是机器,具有感情和理智。那么,在刑事司法中,如何认识感情与理智的关系呢?这个问题对于罪刑均衡的实现也具有一定的意义。

在司法活动中,法官的感情与理智的因素都是客观存在的。那么,是掺杂感情好,还是更为理智一些好?对于这个问题,理论上存在不同的认识。刑事古典学派所要求的法官,是一个理性人,因而反对法官在审理案件时掺杂感情因素。尽管贝卡里亚承认我们的知识和我们的观念是相联系的,知识越是复杂,观念的差距也越大。每个人都有自己的观点,在不同的时间里,会从不同的角度看待事物,但贝卡里亚主张法官应该摒弃感情因素,甚至认为法官应当逐字遵守法律。[①] 而刑事实证学派则主张给予法官更大的自由裁量权,并不反对法官个性对于判决的影响。菲利指出:从总体上看,法官个人品性对政府的质量具有很大的影响。如果没有好的法官来实施,最有学术价值和崇高的法典也不会产生多大的效果。但是,如果有好的法官来实施,即使法典和法令不尽完美也不要紧。[②]

笔者认为,法官在裁量刑罚的时候,理智无疑是重要的,但感情也具有一定的意义。当然,这里的感情不是个人的偏见和偏执,更不是法官的任性。特拉伊宁在批评法官的法权意识应当成为法院判决的基础这一观点时,引用了马克思关于对克里恩联盟的主席哥特沙尔克和他的同

---

① 参见[意]贝卡里亚:《论犯罪与刑罚》,黄风译,中国大百科全书出版社1993年版,第13页。
② 参见[意]菲利:《犯罪社会学》,郭建安译,中国人民公安大学出版社1990年版,第120页。

伙的审判案的一段精辟评论：良心，是以人的意识和他的整个生活方式为转移的。主张共和政体者的良心是一种，主张君主政体者的良心则又是一种；有产者的良心是一种，无产者的良心则又是一种；好思考的人的良心是一种，而从来不假思索的人的良心则又是一种。被邀请担任陪审官义务的人只有一种资格，那就是经审查合格的良心。特权者的"良心"，就是特权的良心，问题也就在这里。[①]在此，马克思指出了良心的相对性以及良心是受社会生活条件制约的，这无疑是正确的。当然，我们不能得出结论，认为法官良心在司法活动中毫无价值。实际上，在法律的范围之内，尊重法官的良心的选择，承认案件审理中法官感情的作用，还是很有必要的，这有利于实现罪刑均衡。现在开发一种电脑量刑的方法，如果量刑电脑化，那么，法官个人感情因素就会完全排除。这种设想虽然很好但实行起来相当困难。更为重要的是，电脑是人操作的，不能完全取代人脑。而且，即使采用电脑量刑，也很难保证判决结果完全公正合理。因为电脑的软件是以一般情况为基础设计的，它不能像法官那样去直接感悟个别情况，因而难免机械。更何况，罪刑均衡虽然是一种客观状态，但它是由人来体认的，因而具有主观感受性。只有法官依照自己的切身体认作出的判决，才更合乎情理，也更能体现罪刑均衡。

3. 定罪与量刑

定罪与量刑是刑事审判前后衔接的两个环节。当我们提到罪刑均衡，更多的人会把它仅仅理解为一个量刑的问题。实际上，罪刑均衡贯穿于定罪与量刑的整个过程。我国学者王勇在论及定罪对量刑的作用时指出：定罪是以犯罪构成为根据的，但犯罪构成的要件并不仅仅是作为定罪的根据或标准而存在的，它们同时也是作为量刑的情节而存在的。但是，同样是一个事实，当它作为犯罪构成要件时，则和当它作为量刑情节时

---

① 参见［苏］A.H.特拉伊宁：《犯罪构成的一般学说》，王作富等译，中国人民大学出版社1958年版，第24页。

所要说明的角度是不同的。犯罪构成着重于事实的存在，如果这一事实是存在的，那就足以说明对之定罪的缘由了。而量刑情节则主要着眼于事实如何，也即事实的具体表现。可见，犯罪构成要件是量刑情节中最重要的组成部分，这也正是定罪决定量刑的基本理由之一。① 因此，定罪既是量刑的前提，也是量刑的基础。罪刑均衡既涉及定罪，又涉及量刑，是定罪与量刑的统一。如果不能正确地定罪，那么量刑也就必然失当。所以，不能把罪刑均衡仅仅理解为是一个量刑的问题，也不能将之归结为仅是一个量刑原则。而是应当看到定罪对于实现罪刑均衡的意义，同样罪刑均衡原则也制约着定罪。因此，罪刑均衡是刑法的基本原则，是刑法的精髓之所在。

（三）罪刑均衡的裁量体认

罪刑均衡是在司法裁量中实现的，这里的司法裁量包括定罪与量刑两个方面。在定罪量刑中，为实现罪刑均衡，以下问题值得研究。

1. 禁止重复评价

刑法作为一种以国家强制力为后盾的行为规范，具有对人的行为的评价机能。正如日本刑法学家指出：刑法在法律上具有明确规定无价值行为应受刑罚处罚的机能，预先规定出犯罪与刑罚的关系，可对一定的行为进行价值判断，这就是刑法的评价机能。② 禁止重复评价就是在刑法评价时应当遵循的主要原则，对于实现罪刑均衡具有重要意义。

对同一行为禁止重复评价的观念，可以追溯到古罗马法。在古罗马法中，禁止重复评价的问题，从诉讼竞合的意义上予以解决。例如，古罗马著名法学家乌尔比安在《论告示》第18编指出：数个针对同一

---

① 参见王勇：《定罪导论》，中国人民大学出版社1990年版，第262页。
② 参见［日］木村龟二主编：《刑法学词典》，顾肖荣等译，上海翻译出版公司1991年版，第10页。

事实相竞合的诉讼，尤其是刑事诉讼，相互吸收。[1]古罗马另一著名法学家保罗在《论诉讼竞合》单编本中更为具体地指出：某人以侵辱方式殴打他人奴隶，因同一事实，他触犯阿奎利亚法并卷入侵辱之诉（actio iniuriarum），因为，侵辱产生于意愿，损害产生于过错。所以两者都可以管得着。但是，选择一者以后，另一者则被吸收。[2]这里的诉讼竞合虽然涉及的是程序法问题，但内容却是同一事实，尽管触犯两个法律，只得选择其一起诉，也就是不能予以重复评价。当然，这里使用吸收一词，给人以模糊的感觉。我们还看到，古罗马法中有对此更为确切的说明。例如，盖尤斯在《论行者告示》第76编中指出：如果某人伤害了一个奴隶然后又将其杀死，那么他既要以伤害又要以杀害负责，因为实际上是两个不法行为：这种情况不同于某人在一次攻击中将一个人多处击伤致死，这时实际上是因杀害提起诉讼。[3]这里明确区分了一个不法行为与两个不法行为，两个不法行为应受两次否定评价，一个不法行为则只受一次否定评价。

古罗马法关于禁止重复评价的思想在现代刑事立法中得以贯彻。例如，《德国刑法典》第46条明确规定："已成法定构成要件要素之行为情状，不得再予顾及。"这一规定的要旨在于禁止对法条所规定之构成要件要素，在刑罚裁量中再度当作刑罚裁量事实，重加审酌，而作为加重或减轻刑罚之依据。这里的禁止重复评价，是就量刑的意义而言的。其实，禁止重复评价不仅体现在量刑上，而且还贯穿于定罪之中。在某种意义上说，禁止定罪中重复评价甚至较之禁止量刑中的重复评价更为重要。

---

[1] 参见《民法大全选译：司法管辖权·审判·诉讼》，中国政法大学出版社1992年版，第73页。

[2] 参见《民法大全选译：司法管辖权·审判·诉讼》，中国政法大学出版社1992年版，第74页。

[3] 参见《民法大全选译：债·私法之债·阿奎利亚法》，中国政法大学出版社1992年版，第36页。

在刑法评价中,之所以应当禁止重复评价,是由罪刑均衡的原则所决定的。因为罪刑均衡要求一罪一罚,罪刑相当。而重复评价则有悖于罪刑均衡原则,因而应予禁止。

禁止重复评价,是指在定罪量刑时,禁止对同一犯罪构成事实予以两次或两次以上的法律评价。禁止重复评价首先体现在定罪之中。定罪是司法机关对某一行为是否有罪的确认。这里所谓确认,又称为认定,即确定地认为从质的规定性上对某一现象作出分析认识、判断与确定。在定罪活动中,所谓确认主要是指对某一行为与刑法所规定的犯罪构成之间进行相互一致的认定。因此,定罪的评价内容表现为将某一行为确定为犯罪。在定罪过程中,禁止重复评价主要是指:一个行为只能定一个罪名,或者说一个行为只能在构成要件中使用一次,不能在定罪中重复使用。因为如果一行为重复使用认定为两个犯罪,就违反了一罪一罚原则,必然导致罪刑失衡。量刑是在认定犯罪的基础上,根据事实与法律,对犯罪人裁量适用刑罚。如果说定罪是对犯罪行为的质的评价,那么,量刑就是对犯罪行为的量的评价。在量刑中禁止重复评价,主要涉及犯罪情节的裁量问题。犯罪情节可以分为定罪情节与量刑情节。作为禁止重复评价原则的重要体现,定罪情节不得在量刑时再次使用。因为定罪情节在确定某一行为是否构成犯罪的时候,已经使用过一次;如果在量刑的时候再使用一次这个情节,就是重复评价,因而应予禁止。

2.量定犯罪情节

在刑事司法中,量定犯罪情节是实现罪刑均衡的基本途径。为此,必须做到量刑的综合平衡。我国学者认为,量刑的综合平衡是指审判机关在对刑事案件进行处罚时,应综合考虑案件各方面的情节,判处适当的刑罚,避免量刑偏轻偏重甚至畸轻畸重、罚不当罪的不公正现象;同时,对于情节相同(或相类似)的案件应处以相同或相近的刑罚,避免量刑此轻彼重、忽重忽轻的不一致现象,以实现执法的公正性、统一性,取得刑罚最佳的社会效果。①一般来说量刑的综合平衡具有以下两个方面的含义：(1) 案件自身情节与量刑的平衡，即量刑时应对全案件所有的情节作综合分析，全面审度，在法定范围内选定适当的刑种、刑度，以达到罪与刑的相互平衡，相互适应。(2) 案件与案件之间的量刑互相平衡，即对同种性质，情节相同或相似的犯罪案件，在无地区差别、形势差别，法律没有修改的情况下，应处以无差别适度的刑罚，各法院的判决应保持前后连贯，左右均衡。因此，量刑的综合平衡是量定犯罪情节的最佳结果。唯有如此，才能重罪重罚，轻罪轻罚，刑罚的轻重与罪责的大小相适应。

犯罪情节是一个十分概括的术语，例如日本学者指出：它只是片断地使用"情状"（情节）这一概括性的概念来泛指左右量衡判断的各种因素。例如，规定"根据情节"及"尤其在情节上有应予同情、原谅的"。再如，作为酌情减轻的主要条件，提出了"犯罪情节值得同情、原谅的"这种词句。但是，关于什么样的情节属于"情节"，刑法却没有作任何规定。②在这种情况下，正确地量定犯罪情节就成为司法机关责无旁贷的任务。犯罪情节一词在刑法典中的频繁使用，使得刑法条文在一定程度上"空白化"，这一空白的填补应由司法机关来完成。在传统上，犯罪情节的量定往往采用估量法，这是一种经验型的量刑方法，缺乏精确性，并且具有一定的随意性。为此，要正确地量定犯罪情节。

在刑法理论中，量刑情节有酌定情节与法定情节之分。酌定情节是指刑法虽未明文规定，但根据刑事立法和刑事政策的精神，从审判经验中总结出来，在刑罚裁量时应当灵活掌握酌情适用的情节。法定情节是指刑法明文规定量刑时应当予以考虑的情节。无论是酌定情节还是法定

---

① 参见柯葛壮、林荫茂：《略论量刑综合平衡》，载《政治与法律》1989年第3期。
② 参见[日]曾根威彦：《量刑基准》，载苏惠渔、西原春夫等：《中日刑事法若干问题——中日刑事法学术讨论会论文集》，上海人民出版社1992年版，第52页。

情节，都存在一个正确地量定的问题，即在具体案件中是否存在足以影响刑之轻重的酌定情节。接下来是一个量化的问题，即评估该情节对于刑罚轻重之影响。法定情节的量定首先也应当正确地认定法定情节的存在，由于法定情节是由刑法明文规定的，因而较之酌定情节更容易认定。其次是法定情节的量化，即在个案中法定情节对于刑罚轻重的影响。应当指出，尽管酌定情节与法定情节是相同的，但在不同的案件中，它们对刑罚轻重的影响是不相同的。例如，同是自首情节，由于每个案件的案情不同，因而其对刑罚轻重的影响也就有所不同，在这一点上，立法不可能作出统一的规定，只能由法官根据案情正确地适用。

3. 确定宣告刑罚

宣告刑罚，即宣告刑，是指司法机关就特定的犯罪事实以裁判所宣告的刑罚，宣告刑是在法定刑的范围内量定适度的刑罚（刑种和刑度）后而为宣告。宣告刑不同于法定刑，法定刑是立法者对某一犯罪所确定的刑罚，在实行相对确定的法定刑的制度中，法定刑均有一定的幅度，即上下限，可供司法裁量选择。而宣告刑则是司法适用法定刑的结果，它是根据特定的犯罪事实经过裁判而宣告的，除实行不定期刑以外，宣告刑一般都是确定的，没有一定的幅度。司法裁量的最终结果，是宣告某一犯罪所应当受到的刑罚处罚。因此，在司法活动中，罪刑均衡最终就是要看宣告刑与被告人所犯罪行是否相称。因而，宣告刑确定的过程，也就是罪刑均衡的实现过程。

确定宣告刑的过程，实际上是一个量刑的过程。量刑过程一般表现为以下依次经过的操作程序：（1）确定基础刑期。在刑法理论上，所谓基础刑，是指排除各种法定和酌定的量刑情节，对某种仅抽象为一般既遂状态的犯罪构成的基本事实所判处的刑罚。因此，确定基础刑期是量刑的第一步，它只考虑定罪情节，而未及考虑量刑情节。由于确定基础刑期是刑罚的第一次量定，因而还是十分精确的，往往表现为一个幅度。

（2）调整基础刑期。根据犯罪构成的基本事实确定基础刑期后，即应根据法定或酌定的量刑情节对基础刑期进行调整，经过调整后的刑期即为宣告刑。因此，调整基础刑期就是确定宣告刑的最后程序。在调整基础刑期的时候，涉及各种量刑情节的选择适用。在这种情况下，应当根据量刑均衡的原则实现量刑的综合平衡。

五、罪刑均衡的中国命运

在我国，罪刑均衡与其说是一个理论问题，不如说是一个实践问题。因为罪刑均衡确定为刑法基本原则，并不意味着大功告成。罪刑均衡的原则只有贯彻到刑事立法与刑事司法中去，才能发挥作用。

（一）罪刑均衡的现状考察

罪刑均衡是刑法法制的一种理想状态，是人主观设定的一种标准。在现实生活中，司法活动只能接近这一目标。十全十美的罪刑均衡状态是不存在的，因而罪刑均衡具有相对性。应当看到，在司法活动中，由于受各种主观和客观因素的制约，总会产生量刑偏差。应该说，量刑偏差是世界各国都有的普遍性现象。

在美国，量刑偏差的现象十分严重，为此，美国联邦政府于1984年制定了犯罪综合法案。该法案有两个重要内容：一是实行"强制量刑"，创设许多法官必须遵守的纲领，以免除法官的许多自由裁量权，使审判工作不再过于麻烦和累赘；二是设立联邦审判委员会，希望借此提高审判的公平性与同一性，以消除各法院判决上的严重差异性。

在苏联，同样存在量刑非公正合理的现象。调查研究表明，刑罚的严厉性程度在不同的地区呈现出巨大的差别。一些地区剥夺自由刑的比例比另一些地区高得多，而且在期限方面的差别有时达到30%至40%，上述差别并非基于犯罪结构（比如严重犯罪的增多）和犯罪人情况（比如基于惯犯和逃避从事有益于社会劳动者的数量）的不同，而是由于法官的不同形成的。为此，苏联除了进一步贯彻量刑公正原则，保障公正地运用刑罚外，还开始了司法机关的改革工作，其主要内容是严格判案的个人责任，增强司法的独立性，减少外来的干涉，加强司法队伍的建设，完善司法干部的培训。

在英国，刑罚的适用不被看作一个由立法机关解决的问题。立法机关除了给每种犯罪规定最高刑期外，不会再以其他任何方式限制法官的自由裁量权。然而，鉴于量刑偏差的情况日趋严重，改革量刑的呼声也随之而起。1978年刑罚制度顾问委员会公布了一份报告，在这份报告里包含有对严重犯罪的最高限度法定刑期实行根本改革的建议，同年由大法官办公室设立的一个工作小组公布了对法官和其他判刑官员实行正式训练的一系列建议。此外，在加拿大、澳大利亚、新西兰等国也先后对量刑偏差的情况进行了规模不等的调查，揭示了在许多类似案件里刑罚不一致的现象。

量刑偏差的程度之严重，迫使许多国家纷纷建立司法解决委员会、量刑委员会等协调量刑的组织，为量刑的自由裁量权的统一行使制定一些指导原则和实施细则。[①]量刑问题之所以引起世界各国的重视，主要是因为在正确地解决了定罪问题以后，量刑问题就显得格外突出。正如日本学者指出："对于被告人来说，法官将如何量定刑罚，是与有罪还是无罪同样最为关心的问题。尤其是我国，刑法所定的法定刑幅度与其他国家相比范围非常之广，因此裁判所关于宣告刑的决定有着不亚于犯罪认定的实际意义。不仅如此，由于在日本，检察官起诉的案件被认定无罪的比率极其低下，所以多数被告的关心毋宁说主要集中于刑罚量定之上，

---

① 参见苏惠渔等：《量刑与电脑——量刑公正合理应用论》，百家出版社1989年版，第1-5页。

这样说也决不会言过其实。"① 在这个意义上可以说，对于量刑问题的重视恰恰是法治发展的必然表现。

在我国，量刑偏差的问题同样存在。这里首先有一个思想认识问题。在司法实践中，定罪问题往往受到重视，而量刑问题在一定程度上被忽视，没有把量刑适当提到与定罪准确同样重要的地位。随着法治的发展和司法实践经验的积累，量刑问题也应予以高度重视。

我国学者对量刑偏差的原因作了分析，认为量刑偏差的现象是主客观因素互相渗透、互为条件合力作用的结果。客观原因是指造成量刑偏差的客观条件以及主体对客观对象的反映。在这方面导致量刑偏差的主要因素有：（1）法律方面的因素，即刑法对量刑的规定弹性较大或太大，使审判人员难以把握。（2）判例方面的潜在因素。在大量的、未经有权威的审判机关整理汇编的判例面前，如果选择和识别不当，就容易影响审判人员的准确量刑。（3）审判体制方面的因素。决定被告人的刑罚时，熟悉案情的人没有量刑决定权，有量刑决定权的人不熟悉案情，即所谓"审者不判，判者不审"，审、判分家，导致量刑失衡。（4）其他机关、团体的不正当干扰。（5）社会舆论的因素。社会舆论有时有失偏颇，如果审判人员完全受社会舆论左右，容易产生量刑偏差。主观方面的因素主要是指审判人员的个体素质。量刑虽与刑法对各种犯罪所规定的刑罚和各种社会因素有关，然而实际上对于量刑予以支配者乃是审判人员。故审判人员的素质对量刑的影响最直接。素质上的差异，必然会导致量刑上的差异。从目前的现状来看，审判人员的素质差异主要是：（1）政治素质上的差异。（2）业务素质上的差异。（3）心理素质上的差异。② 应该

---

① 参见［日］曾根威彦：《量刑基准》，载苏惠渔、西原春夫等：《中日刑事法若干问题——中日刑事法学术讨论会论文集》，上海人民出版社1992年版，第50页。

② 参见苏惠渔等：《量刑与电脑——量刑公正合理应用论》，百家出版社1989年版，第11-21页。

说，以上对于量刑偏差的原因分析是全面深刻的，这些问题不解决，量刑适当很难实现，罪刑均衡也只能成为一句空话。

（二）罪刑均衡的立法改进

罪刑均衡首先体现在法律上，没有立法上的均衡，也就不可能实现司法上的均衡。我国当前量刑偏差现象的存在，与立法的不完备具有密切的关系。因此，最大限度地抑制量刑偏差，应当从刑法的完善开始。

1.罪刑关系的合理化

刑法体系是一个有机的统一，其内部的有序协调乃是刑事立法的基本要求。对于实现罪刑均衡来说，罪刑关系的合理化显得尤为必要。所谓罪刑关系的合理化，就是犯罪与刑罚的设立与配置及其两者关系的均衡的一种理想状态。首先，从个罪来说，配置的法定刑应当与这种犯罪的性质相适应：重罪重刑，轻罪轻刑。在现行刑法中，还存在立法上的罪刑失衡。既有对于轻罪规定了较重的法定刑，也有对重罪规定了较轻的法定刑。在这种情况下就很难实现量刑上的罪刑均衡。为此，我国刑法学界曾经提出过在法条竞合的情况下，按照特别法优于普通法的原则适用特别法定罪难以做到罪刑相适应，因而能否按照重法优于轻法的原则以普通法定罪判处与之相适应的法定刑的问题。由于这种司法上的罪刑均衡是以牺牲罪刑法定为代价的，而罪刑法定具有优于罪刑均衡的价值，因而我们并不赞同这种观点。当然这种观点本身的提出是有立法背景的，主要就是对于某些犯罪的法定刑的设置不合理。因此在对每一种犯罪的性质作出科学估价的基础上配置合理的法定刑，是刑法完善的当务之急。其次，不仅存在个罪的刑罚配置合理化的问题，还存在罪与罪之间刑罚分配的协调问题。现行刑法中，犯罪之间刑罚的不协调也是存在的。由于在刑法的补充修改中，对个别犯罪的法定刑作了调整。这种调整对个别犯罪来说是合理与必要的。但在调整个别犯罪的法定刑的时候，缺乏全局的观点，往往牵一发而动全身引起罪刑之间新的失衡。为此，在修改刑法的时候，要统筹考虑罪刑关系的设置，实现立法上的罪刑均衡。

2.犯罪情节的细密性

犯罪情节对于定罪与量刑都有重大影响，对于实现罪刑均衡也事关重大。刑法条文的粗疏，严重地影响司法机关正确地适用刑法。为给司法机关提供一套严密的规范体系，在刑事立法上使犯罪情节细密化就显得十分重要。

犯罪情节的细密化分为以下两个方面的内容：（1）减少模糊性，增加确切性。现行刑法大量采用情节严重、情节较轻这样一些缺乏确切内容的规定。这些规定虽然赋予了司法机关较大的自由裁量权，以便于灵活掌握。但这种模糊规定也极易使量刑失去统一的标准，由于法官对各种情节的不同理解而造成量刑上的偏差。因此，立法机关应当及时总结司法实践经验，更多地采用列举性规定或作出相应解释，增加犯罪情节的确切性，便于司法机关一体遵守。（2）减少酌定性，增加法定性。量刑情节有酌定情节与法定情节之分，两者相比较，法定情节是由立法者认可并明文规定的，对于法官量刑更有制约性。而酌定情节由于法无明文规定，因而在适用上具有一定的随意性。笔者认为，在条件成熟以后，应当尽可能地把那些定型的酌定情节予以法定化。应当说，量刑情节的法定化，也是各国刑法发展的共同趋势。例如，日本在对刑法进行全面修改的过程中，也提出了关于设定刑罚量定基准的建议。日本量刑基准的立法化始于1931年的刑法修改试案，该试案列举了单就量刑而言应被考虑的8个项目的情节。战后以来，1961年的刑法修改准备草案本17条，提出了量刑的一般基准，1974年的刑法修改草案48条也大致蹈袭了试案47条。草案48条展示了关于刑罚适用的一般基准。该条第1项规定"犯人的责任"作为量刑基准而给予最大的重视。接着，第2项规定:"在适用刑罚时,必须考虑犯人的年龄、性格、经历和环境,犯罪的动机、方法、结果及对社会的影响,犯罪后犯人的态度及其他情况,必须以有利于犯罪的抑制和犯人的改恶从善及更生为目的。"明确提出了刑罚适用应加进关于一般预防、特殊预防的刑事政策的目的考虑。①借鉴外国经验,我国也应加速酌定情节法定化的立法进程,为罪刑均衡的实现提供法律保障。

3. 法定刑罚的精确化

由于犯罪的复杂性,绝对确定的法定刑是不可取的,它不可能实现个案的罪刑均衡。因此,在采取相对确定法定刑的情况下,存在一定的量刑幅度,以便适应各种案件的具体情况。但从我国现行刑法的规定来看,存在量刑幅度过大的问题,而且从重、从轻及减轻处罚的规定也过于笼统,缺乏精细性。为此,可以通过建立量刑格的办法解决,即在法定刑的刑种间或幅度内划分出一定数量的等级,使原来的跨度过大的刑种或刑度被划分成若干的刑格,以便于法官根据犯罪的实际危害程度来选择某一刑格作为宣告刑。由于量刑格在一定程度上限制了法官自由裁量权的任意发挥,法官只能根据犯罪的社会危害性的严重程度逐格选择适当的宣告刑。当法官的自由裁量权失控,最后选择确定的宣告刑便会在量刑格上出现跳跃性的现象。这里的量刑格,主要是针对刑度较大的有期徒刑而言的,实际上就是指有期徒刑的等级。有期徒刑的刑期,中国刑法史上首创于北魏。北魏定律,以徒刑为五刑之一,分为五等,刑期一年至五年。以后相沿不改,只是等差有所别。及至唐律,徒刑分为五等:一年、一年半、二年、二年半、三年。在唐律中不仅徒刑,而且其他刑种也分等。于是,唐律中就有"加"(罪加一等)或"减"(罪减一等)之分。根据唐律之规定,诸称"加"者,就重次;称"减"者,

---

① 参见[日]曾根威彦:《量刑基准》,载苏惠渔、西原春夫:《中日刑事法若干问题——中日刑事法学术讨论会论文集》,上海人民出版社1992年版,第51-52页。

就轻次。笔者认为，我国刑法也应该借鉴唐律的立法例，对有期徒刑设立一定的等级即所谓量刑格。刑法在规定减轻或加重时，可以根据各种不同的情节，分别规定减轻或者加重一定的等级，从而使量刑更加精确化，以便实现罪刑均衡。

（三）罪刑均衡的司法改革

当前我国出现的罪刑偏差，除立法上的原因以外，更重要的是司法上的原因。从司法上来看，既有过于机械地适用刑罚而导致的罪刑失衡，也有过于灵活地适用刑罚而导致的罪刑失衡。前者如在数额犯中唯数额论，即根据数额机械量刑而不考虑数额以外的其他情节，往往导致量刑偏差。后者如在情节犯中，对情节理解偏颇，也往往导致量刑偏差。为实现罪刑均衡，有必要对司法机关的量刑体制进行改革。在此，我们重点对量刑方法的改革加以研究。

我国的量刑有时采用传统的经验作业法，这是一种经验型的量刑方法。根据这种量刑方法，法官首先审理案件，掌握案情，在法定刑的范围内，参照司法实践的经验，大致地估量出对该案应判的刑罚，接着再考虑案件中存在的加重、从重、减轻、从轻等各种量刑情节，最后综合地估量出应当执行的刑罚加以宣告。应该说，这种量刑方法具有简便易行的优点。但是，这种经验作业法也存在较大的缺陷。因为犯罪是一种非常复杂的社会现象，形形色色，各不相同。刑法条文只能作原则性的抽象规定，而不可能作具体详细的规定。法官仅靠主观估量的方法量刑，不可避免地会产生主观随意性与客观偶然性，因而这种量刑方法可能会使量刑发生偏差，违背罪刑均衡的原则。

经验作业法这种传统的量刑方法存在以下主要缺陷：(1)缺乏客观性。量刑必须以事实为根据，而犯罪事实是一种客观存在，因而量刑方法只是借助一定的手段反映这种客观存在，并且使之成为刑罚量定的基础。经验作业法作为一种较为原始的量刑方法，缺乏应有的客观性。因为经验作业法是根据以往的办案经验来指导量刑，而经验作为一种主观的知识形态显然在一定意义上能够反映现实，但它具有很大的主观性。每个法官的经验不同就会导致量刑偏差。（2）缺乏标准性。量刑作为一种刑事司法活动，具有公正性与权威性，这种公正性与权威性又往往体现为一定的标准性。这里的标准性是指量刑应当达到一种综合平衡，但经验作业法囿于法官个人的经验，没有形成统一的量刑标准，因而量刑出入很大，影响法制统一。（3）缺乏科学性。经验作业法作为一种量刑方法可以说是十分原始的，量刑不够精确，基本上是估堆式的，缺乏应有的科学性。

随着我国法治现代化的发展，这种经验型的量刑方法越来越不能适应需要。为此，我国学者对量刑方法的科学化作了有益的探讨，提出了以下量刑方法：

1.层次分析法。层次分析法又称为多层次加权分析决策法，是系统工程中对非定量事件作定量分析的一种简便方法，也是对人的主观判断作客观描述的有效手段。它有助于将决策人对复杂对象的决策思维过程系统化、模型化、数学化。这个方法体现了人们思维的一些基本特征，即分析、判断、综合。层次分析法已成功地运用于规划、预测、决定优先级、资源分配、多目标决策等问题中。量刑是一种决策活动，它是审判人员依据犯罪事实及法律规定，对具体案件进行分析、判断、综合，并最终以定量形式决定其刑罚的思维活动。而量刑所面临的是一些呈现为层次结构状态的、非定量的社会、政治和法律因素。这就是说，量刑本身所要求的定量化，与决定量刑诸因素的非定量之间，形成了尖锐的矛盾。为了正确地解决这个矛盾，科学的办法是运用数学模型，对复杂的问题进行抽象和概括，进而进行系统分析，作出量刑选择。由此可见，量刑作为一种决策活动,也可以采用层次分析法。[1] 运用层次分析法来解决量刑问题,实际上是把量刑视为一种决策活动,根据各种量刑因素,确定最佳量刑结果。当然,我们还应当注意到量刑的特点,它与一般的决策有所不同,这在运用层次分析法时尤其应当注意。

2. 数学模型法。数学模型法,是指建立量刑的法律系统模型,以使量刑数学化。量刑的法律系统模型,是指建立在犯罪构成理论之上,由犯罪构成所决定的认定犯罪的诸要件之和,同时包括犯罪概念、犯罪的社会危害性程度及情节等所组成的集合体。不仅如此,在这一模型中,尤其注重考察各具体犯罪认定中的微观差异,以便在量刑上使罪与非罪、此罪与彼罪、同类犯罪中的不同具体犯罪得到鲜明体现。然后从这一系统模型出发,以此对犯罪进行定量分析。

建立量刑的数学模型,需要经过以下步骤:第一,初步建立以量刑的结果为目标函数的数学模型,并确定模型中相应的变量及其含义,定量之间相互独立。变量与目标函数之间关系是准确反映犯罪各方面因素与量刑结果之间所具有的内在规律性的关系。第二,建立变量数据库。将各变量的数据值与实际犯罪现象加以对照说明,并可根据社会的发展所出现的新的犯罪现象加以类比,确定其数据值。变量数据库就是量刑法律系统模型的具体化,通常可以制成计算机文件予以存储和调取。第三,组织司法专家和数学家挑选各类最优案例,案例的类型和量刑范围应当具有很大的覆盖面和良好的均衡性,根据案例中的案情分别从变量数据库抽取数据送入数学模型中进行调试,以确定反映目标函数与变量之间内在规律关系的权数。第四,对调试后的数学模型从刑法理论上进一步进行论证、评估和修改,并可用于实际案件中进行尝试,直至臻于完善。[2] 数学

---

[1] 参见郑昌济、郑楚光:《刑罚量化的决策分析》,载《中南政法学院学报》1989 年第 1 期。
[2] 参见余亚勤:《建立量刑数学模型初探》,载苏惠渔等编:《量刑方法研究专论》,复旦大学出版社 1991 年版,第 43–45 页。

模型的量刑方法，使罪刑关系完全数量化，对于实现量刑结果的精确化具有重要意义。

3.定量分析法。量刑的定量分析法，是指人民法院在刑事审判实践中，依照我国刑法的规定，在对罪犯量刑时，以系统思想为指导，对犯罪事实、情节和法定刑幅度，通过定量分析进行较为科学、准确的决策分析，使所确定的宣告刑达到最佳期望值。我国目前提出的定量分析法又有以下几种：

第一种是加权平均测评法。这是将某一犯罪全部量刑情节分为特别量刑情节和基本量刑情节两大类。基本量刑情节根据加权平均测评法或模糊综合测评法分为6个等级，与该罪法定刑所区分的6档中的每一档相对应。如果有加重或减轻情节的，则把法定刑的上限或下限相应地升降调整为标准法定刑，也把其分为6个档次。这样基本量刑情节的每一个等级便与法定刑或准法定刑中相应档次相对应，该罪基本量刑情节即代表了与其相对应的刑罚量。如有特别量刑情节中的从重、从轻情节的，就把基本量刑情节决定的刑罚量（称为基础刑）略作调整，即为宣告刑。没有从重、从轻情节的，基础刑即为宣告刑，这种量刑法还对酌定情节加以量化：把酌定情节归纳为犯罪手段、行为动机、犯罪结果等9种类型，每一种类型均区分为1至6等情形，如犯罪手段依具体情况可分为轻微、较轻、一般、较恶劣、恶劣、特恶劣6等，每一等与一定的标准分值相对应；然后依每一酌定情节对社会危害程度的决定力和对量刑轻重所起的作用大小确定各自权数（即对量刑的侧重程度），如犯罪结果权数为0.5，犯罪手段权数为0.15；最后把分值与权数相乘得出该情节的加权平均分。所有酌定情节加权平均分之和与《犯罪情节等级确定表》确定其情节等级，以与该等级所代表的法定刑相对应。这种量刑情节量化法即为加权平均测评法，其关键是先界定酌定情节具体属于哪一情形，以与一定分值对应并人为将每一酌定情节规定权数，两者之积体现了该情节在所有本酌定情节体系中的地位与作用。最后综合所有酌定情节，量化成一定之刑罚量。①

第二种是指数确定法。这种方法是把法定刑折算成统一的量的指数，如 15 日拘役指数为 0.5（月），3 年有期徒刑为 3（年），2 年管制为 1（年徒刑），无期徒刑量的指数则设定为 16—20（年），死刑设定为 21（年），每一法定刑幅度中最高限和最低限的中线为基本法定刑。然后把量刑情节分为一般性从重情节，如累犯、主犯等；决定性从重情节，如动机特别恶劣，后果特别严重等；特定犯罪的决定性从重情节，如轮奸等；一般性从轻情节，如未遂犯、从犯等；决定性从轻情节，如未成年人犯罪、因义愤犯罪等。由于决定性情节与一般情节对量刑影响程度有大小、主次之分，因此，把基本法定刑指数和最高或最低法定刑相减之差再乘以 75％，确定为决定性从重或从轻情节的指数，75％即为决定性从重、从轻情节之增减率；同样，设定一般性从重、从轻情节的增减率为 10％，可以计算出一般情节的指数。最后把基本法定刑指数与量刑情节指数相加或相减，即为宣告刑指数，宣告刑指数与法定刑幅度中的指数相呼应，即可换算出刑罚量。这种量刑方法主要在于把量刑情节区分依一定之增减率折算成相应的从重或从轻指数，然后换算成为相应的刑罚量。②

第三种是积分量化法。这种量刑方法是将法定刑幅度设定为 100 个刻度，有多个刑种的，均折算为统一刻度。拘役、管制可与有期徒刑折算，罚金则占 33 个刻度（单处罚金的），附加剥夺政治权利也与罚金一样可确定相应刻度，死刑、无期徒刑则均以 15 年至 20 年为标准确定刻度。在此基础上，依量刑情节在量刑中所处的地位和作用，把量刑情节

---

① 参见高冬竹：《论数量化的量刑方法》，载中国法学会刑法学研究会：《全国刑法硕士论文荟萃（1981-1988 届）》，中国人民公安大学出版社 1989 年版，第 503-507 页。

② 参见陆翼德：《刑事审判中量刑的定量分析方法初探》，载苏惠渔等：《量刑方法研究专论》，复旦大学出版社 1991 年版，第 133-141 页。

分为最轻、较轻、中平、较重、最重的 1 至 5 档五个分量"等级",又根据每一具体量刑情节在案件中的不同表现,把其影响量刑从轻或从重处罚的程度分为略重(轻)、轻重(轻)、一般重(轻)、很重(轻)、最重(轻)的 1 至 5 个档次,最后把分量"等级"和"处罚轻重程度"相乘(1 档 1 分,2 档 2 分,依此类推),即得出该情节积分。据此每一量刑情节均可划分为 25 种不同情节,按 100 个刻度计算,1 个积分等于 4 个刻度。然后将量刑情节之积分按其轻、重性质反向表现在量刑幅度内,如果犯罪人既有从宽情节又有从严情节,可将轻重情节积分等量抵消,这样可以将原来较宽的法定刑幅度缩小为一个相对较窄的幅度,这一幅度中间线的刻度即为量刑的最佳的适度。①

以上量刑的定量分析方法,在方法论上是以系统论思想为指导,但是并未达到综合运用现代化系统论、控制论和信息论的理论成果的程度;适用了数学手段,但是也尚未达到使用现代化数学方法的先进手段的程度。而只是以系统论为指导,按现行刑法的规定,抛弃了传统量刑方法的弊端,概括了传统量刑方法中数列系统的客观规律,对传统方法予以改革。由此可见,定量分析具有简便可行的特点。

4. 电脑量刑法。电脑量刑法,又称为电子计算机的量刑方法。电脑量刑属于人工智能的专家系统,它是综合运用现代系统论、控制论和信息论的理论成果,采用数学模型的技巧和电子计算机技术,集法律有关规定和专家审判人员的经验以及他们正确适用法律定罪量刑的案例于一身的产物;它根据审判人员提供的案情事实信息,运用系统存储的法律和有关知识进行推理判断,为审判人员审理刑事案件提供准确定罪与最佳量刑的方案。电脑量刑法的关键是研制电脑辅助量刑的专家系统。

从初步研究成果来看,电脑辅助专家系统大致可由以下几部分组成:

---

① 参见赵廷光:《电脑辅助量刑系统的一般原理》,载《中国法学》1993 年第 5 期。

第一，知识获取系统。把有关量刑的知识转换并加工为电脑的内部表示。第二，知识库。其中包括法规库、经验库、判例库三大部分。法规库存储与定罪量刑有关的所有法律、法规、立法解释和司法解释。经验库主要存放专家型审判人员汇总的、如何正确适用法律量刑的经验，以及表现为论文形式的、对法律的正确理解和对审判经验的理论概括。判例库主要存储经最高人民法院或最高人民法院委托的高级人民法院审定证明定罪准确、量刑适度的典型案例。知识库可以由设计人员根据法律的废、改、立情况，伴随经验的进一步积累和判例数量的增多，进行修改和补充。第三，推理判断网络。即把犯罪事实和所有与量刑有关的法定量刑情节、酌定情节以及专家型审判人员具体运用量刑情节的专业知识和经验整理归纳为千万个"如果出现这一情况，那该怎么办"的形式表示的规则。这个过程一直继续下去，直到构成能处理任何一种排列组合形式的复杂规则网络。这套规则体现了所有能够得到的证据和能从信息中得到符合逻辑的结论之后的关系。当把审判人员提供的案件事实信息送入系统后，该网络在一定策略控制下，从知识库里搜索相关知识，进行推理判断并得出结果。第四，人机对话系统。即接受需要量刑的案情信息，输出量刑结果。[①]量刑方法的计算机化，使得量刑彻底从经验作业方法中解脱出来，不仅实现量刑的精确化，而且实现量刑的自动化。

我国传统的量刑方法——经验作业法已经不适应法治建设的需要，亟待改革，这一点已经成为我国刑法学界的共识。我国刑法学界借助于决策学、数学、电脑技术以及其他科学方法与技术对量刑的方法进行了十分有益的探讨，取得了可喜的成果。当然，如何将这些量刑的科研成果运用于司法实践，还有大量的工作要做。换言之，现在还不可能马上废除经验作业法，采用新的量刑方法。因为，第一，受司法人员素质的

---

① 参见苏惠渔等:《量刑与电脑——量刑公正合理应用论》，百家出版社 1989 年版，第 136-137 页。

制约。由于科学的量刑方法采用了数学等科学方法，对司法人员文化素质的要求比较高。第二，受物质条件的制约。科学的量刑方法需要大量的物质投入，因此，笔者认为量刑方法的改革应该是一个渐进的过程，科学的量刑方法的推行也不可一蹴而就。在前面介绍的科学量刑方法中，前三种属于数学量刑法，它与电脑量刑法有一定区别，又有密切联系。实际上，电脑量刑法是建立在数学量刑法基础上的，是数学量刑法的高级形态。因此，量刑方法科学化作为一个发展过程，可以先试行数学量刑法，在此基础上逐渐探讨罪刑之间的数量关系的内在规律，从而为电脑量刑法的运用奠定基础。在条件成熟的时候，再推行电脑量刑法。应当指出，电脑只是量刑的辅助系统，即使采用电脑量刑法，量刑的主体也不是电脑而是人，因此，罪刑均衡在司法中的实现虽然可以借助于一定的技术手段，但却永远离不开法官自身素质的提高。

第七章 从威吓到忠诚：一般预防的话语转换

刑法的一般预防目的，尽管尚需某种理论上的辩护，但承认其存在大体上已成共识。关键在于：如何实现一般预防？毫无疑问，从专制社会到法治社会，一般预防的内涵发生着重大的变化。从威吓到忠诚，笔者将勾勒出从消极的一般预防向积极的一般预防的转化过程。

一、以威吓为特征的消极的一般预防主义

威吓是借助于刑罚的惩罚性对社会成员产生的一种威慑阻吓效应。威吓作为刑罚所内涵的一种属性早已被统治者所认识，并为追求威吓效应的最大化而极尽能事。可以说，古代社会的刑罚史，就是一部威吓史。当然，古代社会刑罚的威吓是建立在恐怖之上的，并以人的肉体为祭坛，此可谓感性的威吓。近代以降，刑罚的威吓发生了一场革命性的变化，这就是从肉体的威吓到心理的威吓的转换，此可谓理性的威吓。肉体的威吓和心理的威吓，尽管在形式上存在差别，但注重刑罚的威吓性是其所共有的性质。

中国古代刑法的残酷是人所共知的，尤其是法家所阐述的以"以杀

去杀，以刑去刑"为核心的功利主义刑罚观，更是为这种刑罚威吓涂上了一层理论的色彩。法家代表人物韩非云："刑盗，非治所刑也。治所刑也，是治胥靡也。故曰重一奸之罪而止境内之邪，此所以为治也。重罚者，盗贼也；而悼惧者，良民也。欲治者奚疑于重刑。"此言可以说是为刑罚威吓提供了理论根据，并成为中国古代刑法的原则。中国古代刑法中的种种酷刑：弃市、枭首和凌迟等，无不以人的肉体为道具，上演了一幕幕以恐怖为内容，以追求威吓效果为目的的刑罚戏剧。在欧洲大陆的封建专制社会，刑罚的恐怖同样笼罩着社会。在当时经常使用的死刑执行方式有火刑（即把人绑在火刑柱上烧死）、绞刑、砍头、轮刑（即把人绑在车轮上压死）等。统治者为了加强刑罚的威吓性，不断变换着花样，竭力把死刑搞成一种残酷的、令人毛骨悚然的表演。① 刑罚成为一种恐怖的表演景观，如同罗伯斯庇尔所说，死刑是整个民族进行的隆重的谋杀行为。在我们今天听来，颇有些耸人听闻，但却是活生生的历史真实。

  以恐怖为特征的刑罚威吓是专制社会的性质所决定的。专制是少数人对多数人的统治，这种统治需要以恐怖来维持。孟德斯鸠精辟地将恐怖视为专制政体的原则。因为在专制之下，君主把大权全部交给他所委任的人们。那些有强烈自尊心的人们，就有可能在那里进行革命，所以就要用恐怖去压制人们的一切勇气，去窒息一切野心。一个宽和的政府可以随意放松它的权力，而不致发生危险。它是依据它的法律甚至它的力量，去维持自己的。但是在专制政体之下，当君主有一瞬间没有举起他的手臂的时候，当他对那些居首要地位的人们不能要消灭就消灭的时候，那一切便都完了，因为这种政府的动力——恐怖——已不再存在，所以人民不再有保护者了。② 当这种专制社会需要以恐怖来维持的时候，

---

  ① 参见黄风:《贝卡里亚及其刑法思想》，中国政法大学出版社1987年版，第17页。
  ② 参见［法］孟德斯鸠:《论法的精神》（上册），张雁深译，商务印书馆1961年版，第26页。

刑罚就成为制造恐怖的合法工具,刑罚就成为残酷、血腥、镇压的代名词。刑罚之恶远远超过犯罪之恶,使专制政权成为一种暴政。

专制不仅是少数人对多数人的统治,而且以"使人不成其为人"为特征。在专制社会里,专制者的意志就是国家意志,具有至高无上的绝对权威,而其他人则都是没有意志的生物。孟德斯鸠指出:在专制的国家,绝无所谓调节、限制、和解、条件、等值、商谈、谏诤这些东西;完全没有相等的或更好的东西可以向人建议;人就是一个生物服从另一个发生意志的生物罢了。在那里,人们不得不把坏的遭遇归咎于命运之无常,也不得表示对将来厄运的畏惧。在那里,人的命运和牲畜一样,就是本能、服从与惩罚。① 刑法成为使人屈从的工具,为了达到这一目的,刑罚以极其暴虐的形式表现出来。其中,死刑之残酷最甚。法国学者指出:一直以来,我们都从政治的、宗教的、世俗的、经济的或者别的什么角度去研究死刑——研究穷极人类想象的最可怕、最残忍、最恐怖的种种行刑手段,并且这类研究与探索从未中断过。这种研究往往与死刑的主要目的紧密相连,亦即刑罚的杀一儆百性,对胆敢超越权力与秩序的人进行警告。人类几乎将所有的科学与智慧都用于这类致死的艺术中。的确,这是一种真正的艺术,有规则、技术、发明、革新和各种各样的方式,独树一帜、花样迭出。各族人民的创造天赋被充分运用到对个人的侮辱、损毁和破坏上。死刑,这是一种惩罚,但同时也是上千种巧妙的折磨,一种比一种可怕。人类天生的残忍从未得到过这般广泛的运用,而数世纪以来,它却被称为"合法死亡"。② 在这种刑罚暴虐面前,人类丧失了尊严,丧失了主体性,而只是刑罚威吓的客体。

---

① 参见[法]孟德斯鸠:《论法的精神》(上册),张雁深译,商务印书馆1961年版,第27页。

② 参见[法]马丁·莫内斯蒂埃:《人类死刑大观》,袁筱一等译,漓江出版社1999年版,第14页。

专制社会刑罚的暴虐是以人的肉体为施展对象的，肉体是人的生物性的载体，肉体具有疼痛性，而刑罚就是要创造这种生理上的疼痛，将其发挥到超越忍受的限度。人均具有惧怕疼痛、排拒疼痛的本能。对犯罪人的疼痛性的展示，产生一种恐惧感，从而通过同病相怜的示范作用，使他人形成对刑罚的畏惧心理。因此，专制社会的刑罚威吓性是通过肉体这一中介而达到的。福柯提出了"以肉体史为背景来撰写一部惩罚史"的命题，指出：酷刑是以一整套制造痛苦的量化艺术为基础的。不仅如此，这种制造痛苦的活动还是受到调节的。酷刑将肉体效果的类型、痛苦的性质、强度和时间与罪行的严重程度，罪犯的特点以及犯罪受害者的地位都联系起来。制造痛苦有一套法律准则。在用酷刑进行惩罚时，绝不会不加区别地同等地对待肉体。人们会根据具体的规则进行计算：鞭笞的次数、打烙印的位置、在火刑柱或刑轮上制造死亡痛苦的时间（由法庭决定，罪犯应被即刻处死还是慢慢处死，在何处表现恻隐之心）、戕残身体的方法（断手或割嘴、割舌）。这些各种不同的因素扩大了惩罚方式，并根据法庭情况和罪行而加以组合。总之，这是肉体刑罚知识中一门需要长期学习的课程。①

对肉体施展的这种暴虐不仅贯穿在刑法惩罚当中，而且扩展到整个刑事追诉过程，这就是刑讯，贝卡里亚称之为一种合法的暴行。刑讯使作为犯罪后果的刑罚痛苦提前到发现犯罪的刑事追诉活动，从而使整个刑事司法活动弥漫着血腥。贝卡里亚指出：刑讯想让痛苦成为真相的熔炼炉，似乎不幸的筋骨和皮肉中蕴藏着检验真相的尺度，其结果是使强壮的罪犯获得释放，并使软弱的无辜者被定罪处罚。因为每一个人的气质和算计都随着本人体质和感觉的差异而各不相同，刑讯的结局正体现着个人气质和算计的情况。因此，一位数学家大概会比一位法官把这个问题解

---

① 参见［法］福柯：《规训与惩罚》，刘北成、杨远婴译，生活·读书·新知三联书店1999年版，第37页。

第七章 从威吓到忠诚：一般预防的话语转换

决得更好：他根据一个无辜者筋骨的承受力和皮肉的敏感度，计算出会使他认罪的痛苦量。① 因此，刑事司法活动就成为一种利用肉体的艺术。

专制社会建立在肉体痛苦之上的刑罚威吓理念表现出来的残暴性，似乎并非以简单的道德评价就可以得到清算。笔者认为，这种刑罚威吓理念的根源还是要到专制社会的权力结构中去寻找。至少，有以下几点可以作为我们分析的切入点：

其一，君权的神圣性。专制政权并非来自民选，因而不具备建立在民主之上的权力的合法性。在这种情况下，专制政权的合法性往往追诉到神意。神授的观念使君权披上了一层神圣的外衣。刑罚，作为君主的重要权力之一，同样在神的名义下行使。世俗的秩序与神界的秩序视同一体，前者只不过是后者的摹本，因而前者具有了后者的性质。正如苏联学者指出：世间的法律秩序是世界的、宇宙的秩序的组成部分，个别人对规则、礼仪、法律的任何违反，都会使天地间的和谐受到损害，并且孕育着世界性的灾难。因此也就产生了关于人类行为的十分详尽的规定，出现了众多的宗教伦理的禁忌和对违禁行为（不管是在世间还是阴间）的严厉惩罚。既然现在的秩序和法律是来源于神并且是不可侵犯，所以破坏它们就被看作是对神的挑衅。② 在这种情况下，犯罪被视为是对圣物的亵渎，是违反神意的行为。对犯罪的惩罚，是所谓替天行罚，是神意的显现。因此，刑罚被赋予了某种神圣性。

其二，君权的至上性。专制社会中，君主的权力是至高无上的。犯罪，作为法律所禁止的行为，不仅侵害了直接受害者而且还冒犯了君主，侵犯了君权。对犯罪的惩罚，按照福柯的表述，是重建一时受到伤害的君权的仪式。以公开形式进行了行刑场面，通过展现君权最壮观时的情

---

① 参见［意］贝卡里亚：《论犯罪与刑罚》，黄风译，中国大百科全书出版社1993年版，第32-33页。

② 参见［苏］涅尔谢相茨：《古希腊政治学说》，蔡拓译，商务印书馆1991年版，第7-8页。

景来恢复君权,因而是一种表现权力失而复得的重大仪式。① 在这种情况下,刑罚就成为显示与炫耀君权的最佳场景,因而君主不会放过任何一个这样的机会。

其三,君权的唯一性。在专制社会,君权是权之本源,是社会中所有权力的终极渊源。刑罚权被视为是君主个人的权利,一切惩罚都是以君主的名义实施的。尽管在某些专制社会,刑罚权的实际行使者——法官,会滥用这种权力,享有独断专行的权力。但这种司法权仍然只是君权的象征,它不可能替代君权。

上述君权的神圣性、至上性、唯一性,表明在专制社会,君权是一种不受限制的绝对权力,刑罚威吓只不过是这种君权行使所追求的实际效果而已。当然,君权的这种专断性的形成,是有社会历史经济原因的。但无论如何,专制政治对刑罚的残酷性是负有主要责任的。因为,在专制社会,统治的合法性并不来自社会的赋予,宗教神学、道德禁忌、风俗习惯虽然在维持这种合法化方面具有一定的作用,但主要还是采用暴力加以维持。当有权者陷入绝境时,他们的特征就是求助于压制机制。②在这种情况下,刑罚残暴是必然的,刑法只能是政治维护的柔顺工具。

以肉体威吓为特征的专制社会刑罚的一般预防目的,在18世纪经由启蒙运动的努力,导致以心理威吓为特征的法治社会刑罚的一般预防理念的建立。

对于专制社会的刑罚残酷,启蒙学者进行了深刻的批判与猛烈的抨击。其中,以贝卡里亚最具代表性。贝卡里亚在论及封建专制的残酷刑罚时指出:综观历史,目睹由那些自命不凡、冷酷无情的智者所设计和

---

① 参见[法]福柯:《规训与惩罚》,刘北成、杨远婴译,生活·读书·新知三联书店1999年版,第53页。
② 参见[美]诺内特、塞尔兹尼克:《转变中的法律与社会》,张志铭译,中国政法大学出版社1994年版,第36页。

第七章 从威吓到忠诚：一般预防的话语转换

实施的野蛮而无益的酷刑，谁能不触目惊心呢？目睹帮助少数人、欺压多数人的法律有意使或容忍成千上万的人陷入不幸，从而使他们绝望地返回到原始的自然状态，谁能不毛骨悚然呢？目睹某些具有同样感官，因而也具有同样欲望的人在戏弄狂热的群众，他们采用刻意设置的手续和漫长残酷的刑讯，指控不幸的人们犯有不可能的或可怕的愚昧所罗织的犯罪，或者仅仅因为人们忠实于自己的原则，就把他们指为犯罪，谁能不浑身发抖呢？[①] 在抨击专制刑法的残酷性的同时，启蒙运动解构了专制权力，将一种人道的精神注入法治社会的刑罚之中，由此导致以罪刑法定主义为基础、以心理威吓为特征的一般预防主义的诞生。在此，我们同样以权力作为分析框架，审视启蒙学者视野中的刑罚权的理念。

其一，刑罚权的世俗性。将权力从宗教神学中解放出来，恢复其世俗的本来面目，这是启蒙学者的重要努力之一。在贝卡里亚那里，虽然没有完全否定宗教神学，但他明显地将神明启迪与自然法则和社会契约相区分，认为前者与后二者之间是不可比拟的。贝卡里亚指出：宗教、自然、政治，这是善与恶的三大类别。这三者绝不应相互对立。然而，并不是由一者所得出的所有结论和义务，也同样由其他两者那里得出。并非启迪所要求的一切，自然法同样要求；也并非自然法所要求的一切，社会法也同样要求。不过，把产生于人类契约即人们确认或默许的公约的东西分离出来，倒是极为重要的，因为，它的力量足以在不肩负上天特别使命的情况下，正当地调整人与人之间的关系。[②] 在这种情况下，世俗权力的正当性不再是由神所赋予的，刑罚权也只是根据社会契约设定的一种权力，它的基础是现实的而非神学的。推翻神授法以后，需要为法重新寻找本源。这一本源被认为是社会契约，它同样是刑罚权的根据。

---

① 参见 [意] 贝卡里亚：《论犯罪与刑罚》，黄风译，中国大百科全书出版社 1993 年版，第 42 页。

② 参见 [意] 贝卡里亚：《论犯罪与刑罚》，黄风译，中国大百科全书出版社 1993 年版，第 2—3 页。

其二，刑罚权的合理性。启蒙学者力图将野蛮的刑罚改造成为合理的刑罚。这种合理的刑罚是建立在理性与科学的基础之上的，其中犯罪与刑罚之间的比例关系的确定是核心命题之一。孟德斯鸠指出：刑罚的轻重要有协调，这是很重要的，因为我们防止大罪应该多于防止小罪，防止破坏社会的犯罪应该多于防止对社会危害较小的犯罪。[①] 犯罪与刑罚之间的比例性，在贝卡里亚的罪刑阶梯概念中得以更加充分的表现。贝卡里亚指出：如果说，对于无穷无尽、暗淡模糊的人类行为组合可以应用几何学的话，那么也很需要有一个相应的、由最强到最弱的刑罚阶梯，我们就有了一把衡量自由和暴政程度的潜在的共同标尺，它显示着各个国家的人道程度和败坏程度。[②] 这里的罪刑阶梯，就是根据理性原则而设计的犯罪与刑罚的比例关系，它具有刑事政策的意蕴。

其三，刑罚权的分立性。权力的分立，是启蒙思想家为防止没有限制的权力的专制政权的出现而提出的一个重要的政治原理，其中以孟德斯鸠的三权分立最为著名。基于这种分权的理念，贝卡里亚将刑罚权分解为立法权与司法权，分别由立法机关与司法机关行使，从而为罪刑法定主义奠定了政治理论基础。按照贝卡里亚的构想，立法机关只能制定约束一切成员的普遍性法律，即规定犯罪与设置刑罚，但不能判定某一成员的行为是否构成犯罪并处以刑罚。这一使命只能由司法机关来承担，法官只能严格遵守法律，其唯一使命就是判定公民的行为是否符合成文法律。[③] 只有这样，才能使公民免受专制的统治。

可以说，启蒙学者，尤其是贝卡里亚为法治社会的刑法设计了蓝图，

[①] 参见［法］孟德斯鸠：《论法的精神》（上册），张雁深译，商务印书馆1961年版，第91页。

[②] 参见［意］贝卡里亚：《论犯罪与刑罚》，黄风译，中国大百科全书出版社1993年版，第66页。

[③] 参见［意］贝卡里亚：《论犯罪与刑罚》，黄风译，中国大百科全书出版社1993年版，第13页。

第七章　从威吓到忠诚：一般预防的话语转换

从而使专制刑法转变为法治刑法。不过，仔细分析贝卡里亚的刑法思想，在一般预防这一刑罚目的上，关注的仍然是威吓。贝卡里亚指出：什么是刑罚的政治目的呢？是对其他人的威慑。① 这种威吓是建立在对人的本性的心理分析之上的。根据贝卡里亚的观点，欢乐和痛苦是支配感知物（这里的感知物指人——引者注）的两种动机。因此，立法者可以利用奖赏和刑罚来支配人的行为。刑罚显然是一种痛苦，它使人们远离犯罪。贝卡里亚指出：促使我们追求安乐的力量类似重心力，它仅仅受限于它所遇到的阻力。这种力量的结果就是各种各样的人类行为的混合；如果它们互相冲突、互相侵犯，那么笔者称之为"政治约束"的刑罚就出来阻止恶果的产生，但它并不消灭冲突的原因，因为它是人的不可分割的感觉。立法者像一位灵巧的建筑师，他的责任就在于纠正有害的偏重方向，使形成建筑物强度的那些方向完全协调一致。②

贝卡里亚认为，刑罚具有对人的行为的纠偏功能，就是通过刑法规诫其他人，使之不去犯罪。刑罚对于犯罪的这种威吓性，仍然是刑罚存在的根据，它与专制刑法的刑罚威吓性的区别仅仅在于：前者只追求威吓的效果而后者追求威吓的效益。威吓效果主要体现在行刑上，通过行刑的残酷场景渲染犯罪的下场，从而烘托刑罚的威慑力。并且，一切能够产生刑罚威吓效果的手段都被认为是正当的，从而导致刑罚的滥用。而在威吓效益中，包含着某种功利性的考虑。例如，贝卡里亚指出了刑罚的残酷造成同预防犯罪的宗旨相违背的有害结果，而应当适用什么样的刑罚预防犯罪，这是一个可以用几何学的精确度来解决的问题。③ 而边沁更是基于功利主义原理，将刑罚视为一种必要的恶，排除滥用之刑、

---

① 参见［意］贝卡里亚：《论犯罪与刑罚》，黄风译，中国大百科全书出版社1993年版，第31页。

② 参见［意］贝卡里亚：《论犯罪与刑罚》，黄风译，中国大百科全书出版社1993年版，第66页。

③ 参见［意］贝卡里亚：《论犯罪与刑罚》，黄风译，中国大百科全书出版社1993年版，第7页。

无效之刑、过分之刑与昂贵之刑，以获取刑罚遏制犯罪的最大效益。① 这种刑罚效益原则，被福柯认为是一种精心计算的惩罚权力经济学。福柯认为，这些原则引起了权力（刑罚权——引者注）作用点的变化：不再是通过公开处决中制造过度痛苦和公开羞辱的仪式游戏运用于肉体，而是运用于精神，更确切地说，运用于在一切人脑海中谨慎地但也是必然地和明显地传播着的表现和符号的游戏。② 福柯将痛苦与痛苦的观念加以区分，由此提出充分想象原则，指出：如果说犯罪的动机是为了从中获取好处，那么刑罚的有效性就在于它会造成痛苦。这就意味着，处于刑罚核心的"痛苦"不是痛苦的实际感觉，而是痛苦、不愉快、不便利的观念，即"痛苦"观念的痛苦。惩罚应该利用的不是肉体，而是表象（repesentation）。更准确地说，如果它利用肉体的话，那么肉体主要是某种表象的对象而不是痛苦的对象。痛苦的记忆应该能够防止罪行重演。因此，应该尽量扩展惩罚的表象，而不是刑罚的现实。③

从运用犯罪人的肉体进行威吓，到通过心理强制进行威吓，从而使刑罚不再专注于对犯罪人的肉体摧残和折磨，而是注重对社会上一般公民的精神上的威吓，刑罚威吓论完成了从古代到现代、从专制到法治的历史性转变。

对于以心理强制为特征的一般预防主义贡献最大的当推费尔巴哈，以至于其刑法学被称为心理强制主义的刑法学。费尔巴哈以威吓解读刑罚，认为市民刑罚是因为实行了权利侵害由国家所加用刑罚予以威吓的感性的恶害。因此，威吓是刑罚的题中之义。费尔巴哈将人视为自然的

---

① 参见［英］边沁：《立法理论——刑法典原理》，孙力等译，中国人民公安大学出版社1993年版，第66页以下。
② 参见［法］福柯：《规训与惩罚》，刘北成、杨远婴译，生活·读书·新知三联书店1999年版，第111页。
③ 参见［法］福柯：《规训与惩罚》，刘北成、杨远婴译，生活·读书·新知三联书店1999年版，第104页。

第七章 从威吓到忠诚：一般预防的话语转换

存在者，具有趋利避害的本能。人不仅追求快乐而逃避痛苦，而且为获得较大的快乐而放弃较小的快乐，为避免较大的痛苦而忍受较小的痛苦。这就是所谓两利相衡取其大，两害相权取其轻。将这一原理适用于刑法，就必然得出结论：为了防止犯罪，必须抑制行为人的感性的冲动，即科处作为恶害的刑罚，并使人们预先知道因犯罪而受刑的痛苦，大于因犯罪所能得到的快乐，才能抑制其心理上萌发犯罪的意念。[1]因此，费尔巴哈提出了"用法律进行威吓"这句名言。用法律而不是用行刑的恐怖场面进行威吓，这也正是费尔巴哈的立法威吓论与费兰基里（Filangieri）、格麦林（Gmelin）等人的司法威吓论的主要区别。

司法威吓论，又称行刑威吓论，主张利用刑罚的执行，使社会上一般人知道刑罚的恐怖而不敢犯罪，即凭借对犯罪人行刑威吓未犯罪的人以预防犯罪。这种司法威吓论实行的恐怖政策，是为酷刑进行辩护的一种学说。正如福柯指出：他们对法律规定的刑罚的肉刑残酷性作了一种限制性的"现代派的"解释。他们认为，严刑峻法之所以必要，是为了杀一儆百，使人铭记在心。福柯明确地将这种理论与启蒙思想加以区别，指出：实际上，维持着这种酷刑实践的并不是示范经济学——后者是在"启蒙思想家"的时代所理解的那种经济学（即刑罚表象应该大于犯罪兴趣）——而是一种恐怖政策，即用犯罪的肉体来使所有的人意识到君主的无限存在。公开处决并不是重建正义，而是重振权力。[2]

费尔巴哈的心理强制说，是基于法律的一种威吓，这种威吓是通过实行罪刑法定主义，为公民提供一张罪刑价目表而实现的。为使这种威吓现实化，需要强化的不是行刑的血腥场面而是法律规定的明确性和必然性，导致法律禁止性规范的完善。正如挪威学者安德聂斯指出：当揭

---

[1] 参见马克昌主编：《近代西方刑法学说史略》，中国检察出版社1996年版，第83页。
[2] 参见［法］福柯：《规训与惩罚》，刘北成、杨远婴译，生活·读书·新知三联书店1999年版，第53页。

露出的犯罪危险性和罪刑的可能性超过犯罪的诱惑性时，一般预防就取决于刑罚的恫吓及遏制作用。这也正是费尔巴哈所建立的著名理论，即刑罚是针对公民的心理强制的理论。此后，他的理论开始去注意刑法在建立或加强另一种禁令时的效能。① 这样，刑罚的威吓就被限制在法律规范之内，具有充分的法律根据，因而获得了某种法的正当性。可以说，费尔巴哈以法治的精神重新建构了刑法威吓的一般预防主义。

以心理强制为特征的一般预防主义，相对于封建专制以肉体威吓为特征的一般预防主义而言，其历史进步意义是不言而喻的。从残暴到人道，从无限制到有节制，从愤怒发泄到理性安排，体现了刑罚文明的进化。当然，以心理强制为特征的一般预防主义也受到某种诘难，这种诘难大体表现在以下三个方面：

其一，心理根据。以心理强制为特征的一般预防主义借助的是某种心理上的强制作用，因而必然有其心理根据。这种心理根据就是18世纪流行于欧洲大陆的联想主义心理学。联想主义心理学把人的一切心理现象都归结为"观念的联想"，它把观念分为简单观念和复杂观念，复杂观念是由简单观念联合而成的，观念联合的纽带被解释为"吸引力"。因此，在联想主义心理学看来，心理现象同样是力的相互作用的结果，寻找人心理活动的规律就是寻找观念之间相互吸引的特殊的力学规则。例如，休谟在论述简单观念之间的连接或结合时指出：这是一种吸引作用（Attraction），这种作用在精神界中正像在自然界中一样，起着同样的奇特作用，并表现于同样多的、同样富于变化的形式中。② 休谟把产生观念间联想的规律总结为三条：（1）相似律（Law of Similarity），指我们的思维过程很容易从一个观念转到任何一个和它类似的观念。（2）时空接近

---

① 参见［挪威］约翰尼斯·安德聂斯：《刑罚与预防犯罪》，钟大能译，法律出版社1983年版，第4-5页。

② 参见［英］休谟：《人性论》（上册），关文运译，商务印书馆1980年版，第24页。

第七章 从威吓到忠诚：一般预防的话语转换

律（Law of Space-time Contiguity），指由于感官在变更它们的对象时必须作有规律的变更，根据对象的互相接近的次序加以接受，所以想象时必须作有规律的变更，根据对象的互相接近的次序加以接受，所以想象也必然因在长期习惯之力获得同样的思想方法，并在想它的对象时依次经过空间和时间的各个部分。（3）因果律（Law of Causality），指由一种事物观念想到与它有因果关系的另一种事物观念。①

以心理强制为特征的一般预防主义就是建立在这种联想主义心理学之上的，正如我国学者指出：要想发挥刑罚的心理威慑作用，关键是要让人们一想到犯罪就自然而然地联想到刑罚，也就是让犯罪和刑罚成为一对相互联系、不可分割的统一观念。②然而，这种理论是以"心理的即意识的"命题为基础的，具有强烈的理性主义性质。因此，这种理论容易忽略犯罪动机中的非理性因素，而在心理学上作出肤浅表面的解释。③实际上，人的犯罪动机是十分复杂的，尤其是冲动性犯罪与突发性犯罪，其中非理性的、无意识的心理因素起到了很大的作用。如果无视这些心理因素，从"人是具有意志自由的理性动物"这样一个简单的前提出发，论证刑罚威吓的有效性，缺乏充分的心理根据。

其二，人性解释。刑罚威吓的对象是人，因而威吓论包含着对人性的理解。专制社会的刑罚威吓是以对人的肉体摧残为手段的，具有使人不成其为人的性质。那么，以心理强制为特征的一般预防主义是否尊重人之为人的尊严了呢？费尔巴哈曾经批评司法威吓论，指出：按照这种威吓论，把人只是当作事物对待，违反人的权利。即引用康德的"法哲学"说："犯罪人也是人。"④言下之意，费尔巴哈本人的心理强制说是建

---

① 参见车文博：《西方心理学史》，浙江教育出版社1998年版，第107页。
② 参见黄风：《贝卡里亚及其刑法思想》，中国政法大学出版社1987年版，第121页。
③ 参见［挪威］约翰尼斯·安德聂斯：《刑罚与预防犯罪》，钟大能译，法律出版社1983年版，第4页。
④ 参见马克昌主编：《近代西方刑法学说史略》，中国检察出版社1996年版，第84页。

立在"犯罪人也是人"的原则之上的。然而，黑格尔对此予以了断然的否定，指出：费尔巴哈的刑罚理论以威吓为刑罚的根据，他认为不顾威吓而仍然犯罪，必须对犯罪科以刑罚，因为他事先已经知道要受罚的。但是怎样说明威吓的合法性呢？威吓的前提是人不是自由的，因而要用祸害这种观念来强制人们。然而法和正义必须在自由和意志中，而不是在威吓所指向的不自由中去寻找它们的根据。如果以威吓为刑罚的根据，就好像对着狗举起杖来，这不是对人的尊严和自由予以应有的重视，而是像对待狗一样对待他。威吓固然终于会激发人们，表明他们的自由以对抗威吓，然而威吓毕竟把正义甩在一旁。心理的强制仅仅跟犯罪在质和量上的差别有关，而与犯罪本身的本性无关，所以根据这种学说所制定的法典，就缺乏真正的基础。①黑格尔从报应主义出发，抨击费尔巴哈的心理强制说是否定了人的尊严和自由。确实，单纯的强制并不能为刑罚提供正当性根据，刑罚的正当性根据还是应当到人的自由中去寻找。

其三，国家立场。刑罚威吓论，无论是肉体威吓还是心理强制，都是将公民当作威吓的客体，因而具有一种明显的国家主义立场，即基于国家本位的立场，对刑罚威吓功能的实现加以论证。在"朕即国家"的专制社会，国家立场具有明显的私人性。正如福柯指出：在中世纪以来的西方社会里，法律思想的研究主要围绕着王权来进行。正是应王权的要求，为了它的利益，作为它的工具或为它辩护，建立起了我们社会的法律大厦。西方社会的法律是满足国王要求的法律。②在这种情况下，法律是独断的，刑法是恣意的。随着启蒙运动的勃兴，民主观念的推行，一种人的联合体——国家取代了君主。君主的法律转变为国家的法律，王权转变为国家权力。在这种情况下，统治权发生了根本性的变化。福柯指出：法律体系，无论它是理论还是法典，都应允了统治权的民主化，

---

① 参见［德］黑格尔：《法哲学原理》，范扬、张企泰译，商务印书馆1961年版，第102页。
② 参见［法］福柯：《必须保卫社会》，钱翰译，上海人民出版社1999年版，第34页。

第七章 从威吓到忠诚：一般预防的话语转换

以及与集体统治权铰接在一起的公共权利的实现，同时也因为惩戒强制的机制深深地进入了这种统治权的民主化。以一种更紧凑的方式，我们可以这样说：从惩戒约束作为统治机制运转，并作为权利的实际运用隐藏自己开始，就需要在法律机器中加入统治权理论，并通过法律规则使其复兴和完成。这样，在从19世纪到当今的现代社会里，人们一方面有了公共权利的合法化、话语和组织，他们紧密围绕着社会实体至高无上的原则，每个人的最高权利通过国家的代表来实现；同时另一方面，人们有了惩戒强制严格的区分控制，它事实上保证这一个社会内聚力。[1]在这种情况下，国家权力具有公共性，权力是有限制的，法律是规范化的。在刑法领域，从罪刑擅断走向罪刑法定。然而，以国家法律面貌出现的刑罚规范，其国家立场不仅没有弱化而且得以强化。在国家立场的关照下，片面强调刑法威吓。在这种情况下，刑罚威吓是形式上合法的却未必是实质上合理的。

古典的刑罚威吓论存在如上缺憾，以后发展起一种多元遏制论，被认为是一般预防的当代形态。[2]多元遏制论不再把刑罚威吓当作一般预防的唯一手段，而是追求多元的一般预防作用。例如，挪威学者安德聂斯就认为，刑罚的一般预防作用有三：恫吓；加强道德禁忌（道德作用）；鼓励习惯性的守法行为。安德聂斯指出：必须强调后者，因为，不少怀疑一般预防的人只看到恫吓效果。此外，即使有时不存在对刑罚的恐惧心理，也不能认为刑罚的次要作用是无足轻重的。对立法者来说，最重要的不仅要达到恫吓目的，而且要树立道德禁忌和习惯。[3]这种多元遏制论，看到了道德与习惯在预防犯罪中的作用，论述了刑罚不仅在于通过威吓获得预防犯罪的直接效果，更重要的是通过支持道德、强化习惯获

---

[1] 参见［法］福柯：《必须保卫社会》，钱翰译，上海人民出版社1999年版，第34页。
[2] 参见邱兴隆：《关于惩罚的哲学——刑罚根据论》，法律出版社2000年版，第88页以下。
[3] 参见［挪威］约翰尼斯·安德聂斯：《刑罚与预防犯罪》，钟大能译，法律出版社1983年版，第5页。

得预防犯罪的效果。这种效果也许是间接的,但效应是更为持久的。多元遏制论虽然在使一般预防合理化方面作出了巨大的努力,但由于它以遏制为特征的一般预防基点未变,仍然属于一种消极的一般预防主义。

二、以忠诚为内容的积极的一般预防主义

英国学者赫伯特·斯宾塞指出:强制性的约束是消极性的,而不能是积极主动的。斯宾塞表达的是一种自由主义的理念,即使使公民自由,也不实行强制,否则奴役就将来临。斯宾塞指出:一个公民享有的自由不是由他生活其下的国家机器的本质决定,无论是代议制的还是其他的,而是由强加于他之上的限制数量决定的。而且,无论这种机器是不是他曾参与组织的,除了为防止该机器或直接或间接地侵犯国民——即维护国民的自由,防止其受到侵略所必需外,只要它使人民受到更多的约束,其行动就不合乎自由主义的精神。① 在刑法中也是如此,单纯追求外在强制效果的一般预防仍然是消极的,那么,什么是积极的一般预防呢?

德国学者格吕恩特·雅科布斯提出了积极的一般预防(Positive General Prevention)的命题。雅科布斯指出:刑罚清楚地并且高度地使用刑罚后果所归属的行动承受了一种可能性,一种必须普遍地把这种行动作为不值一提的行动选择来学习的可能性。这种选择的无价值性是如此理所当然,以至于它要作为不可经历的选择而被排除掉。这不是威吓意义上的一般预防,而是学会对法律的忠诚意义上的一般预防。② 在雅

---

① 参见[英]赫伯特·斯宾塞:《国家权力与个人自由》,谭小勤等译,华夏出版社2000年版,第17页。

② 参见[德]格吕恩特·雅科布斯:《行为责任刑法——机能性描述》,冯军译,中国政法大学出版社1998年版,第10页。

第七章 从威吓到忠诚：一般预防的话语转换

科布斯看来，这种积极的一般预防与消极的一般预防是存在区别的：在积极的一般预防这里，刑罚——与在消极的一般预防那里（Negative General Prevention）不同——不是指向被认为是必须被威吓的作为潜在的未来的犯罪人的生产源的群体，刑罚更多地要以忠诚于法的市民为对象。① 由此可见，积极的一般预防是以确立公民对刑法的忠诚为特征的，我国学者称之为忠诚论。周光权博士指出：德国当代有影响的机能主义刑法学派代表人物雅科布斯指出：刑罚的运用应当有助于确立公民对法律的忠诚。因此，合理的刑法正当根据应当是确立公民对刑法的忠诚。循此思路，我们完全可以说刑法的正当性既不在于满足报应，也不在于实现功利，而在于确立忠诚。能够确立公民的忠诚信念的刑法是正当的刑法；一部足以动摇公民对刑法的忠诚信念而只会导致恐惧心理和厌恶情绪的刑法则是不正当、不合理的。这种解说刑法正当根据的理论可以称为忠诚论。② 笔者认为，忠诚论是不是一种超越报应与功利的刑法正当性根据尚可探讨。按照雅科布斯本人的表述，这是一种积极的一般预防，因此，仍可在一般预防语境中找到其理论定位。积极的一般预防概念的提出，笔者认为是具有重大意义的。它表明刑罚观念上的一个重大转折。积极的一般预防具有以下内容：

其一，社会立场。消极的一般预防主义由其国家立场所决定，都"先验地"将刑法确定为是正当的，由此形成对犯罪行为的评判标准。质言之，刑法的权威来自某种政治权力的赋予，刑罚权是从国家权力派生出来的，不具有可考量性。专制社会的刑法具有宗教的神圣性，是君主意志的显现，臣民只能臣服，处于绝对的受支配的地位。而法治社会的刑法是以社会契约作为刑罚权来源的，因而不同于专制刑法。在社会契

---

① 参见[德]格吕恩特·雅科布斯：《行为责任刑法——机能性描述》，冯军译，中国政法大学出版社1998年版，第39页。

② 参见周光权：《刑法诸问题的新表述》，中国法制出版社1999年版，第28页。

约论的理论框架中，包含着公民的意志。刑法是以人权保障为宗旨的，但建立在社会契约之上的国家具有其独立的意志，这种国家意志是凌驾于个人与社会之上的。刑法作为国家权力机关制定的法律规范，其权威性也是绝对的，公民以服从为义务。在上述情况下，都谈不上对刑法本身的批评。

而积极的一般预防主义，通过刑罚适用确立对刑法的忠诚，这种刑法应当具有可接受性。这里的可接受性是指它是以公众认同为基础。这里的认同是以理解为基础的。德国学者哈贝马斯指出：达到理解的目标是导向某种认同。认同归于相互理解、共享知识、彼此信任、两相符合的主观实际相互依存。认同以对可领会性、真实性、真诚性、正确性这些相应的有效性要求的认可为基础。① 刑法不是异己的力量，而是社会的一部分，建立在维持社会同一性的需要之上的。雅科布斯指出：通过刑罚来解决社会问题，无论如何要通过作为社会的部分系统的法系统来实现。这就是说，问题的解决是在社会中进行的，应当排除使刑法和社会相分离的做法。刑法给社会制作了一张非常有说明力的名片，正如也可以从社会的其他部分相当可靠地逆推出刑法一样。② 这种从刑法的国家立场向社会立场的转变，表明刑法不再是社会的对立物，而是社会进化本身的产物，使刑法获得一种社会的定位，一种非国家的立场。在这种情况下，刑法的恐怖感与疏远感逐渐消退，其亲和力日益增加。

其二，规范确证。基于机能主义的刑法理论，雅科布斯指出：刑法的机能主义（Strafrechtlicher Funktionalismus）在此指的是这样一种理论，即刑法要达到的效果是对规范同一性的保障、对宪法和社会的保

---

① 参见［德］哈贝马斯:《交往与社会进化》，张博树译，重庆出版社1989年版，第3页。
② 参见［德］格吕恩特·雅科布斯:《行为责任刑法——机能性描述》，冯军译，中国政法大学出版社1998年版，第105页。

障。①雅科布斯指出，刑罚的功能在于，从另一方面与对具有同一性的社会规范的对抗相对抗。刑罚确证了社会的同一性，也就是说，犯罪既不能被视为一种进化的开始，也不能被归结为一种认识上就能消除的结果，而是应被视为一种有缺陷的交往，并且，这种缺陷要作为其罪责归于行为人，换句话说，社会坚持这些规范，而且拒绝自己被重新理解。根据这种认识，刑罚不只是一种维持社会同一性的工具，而已经是这种维持本身。尽管可以把对社会的或者个人心理的结果的种种希望，如维护或者确证对法的忠诚与刑罚联系起来，但是，刑罚已经不依赖这些结果，而意味着一种自我确认。②

根据雅科布斯的观点，规范是在社会交往中产生的，法的构造是通过规范实现的。因此，在这样的社会里，社会同一性是建立在规范之上的。而犯罪是对规范的违反，刑罚通过惩罚犯罪，以获得规范确证，从而维持社会同一性。因此，刑罚的一般预防就不再是消极的威吓，使人不得不服从规范；而是通过排除违反规范的行为，确证规范的有效性，使人学会对法律的忠诚。这里的忠诚，也可以理解为信仰。在这种情况下，服从法律不再是外在强制的产物，而是内心信仰的结果，刑法也不再是强迫的工具，而具有了某种终极的目的的意义。

对此，美国学者伯尔曼提出这样一个问题：一种不可能唤起民众对法律不可动摇的忠诚的东西，怎么可能又有能力使民众普遍愿意遵从法律？如果法律仅仅是一种试验，如果司法判决也不过是执法者种种预觉（Hunches），为什么个人或者团体应该遵守与他们的利益相悖的法律条文或命令？对于这个问题，会有不同的回答。伯尔曼介绍了工具论的回答：

---

① 参见［德］格吕恩特·雅科布斯：《行为责任刑法——机能性描述》，冯军译，中国政法大学出版社1998年版，第101页。

② 参见［德］格吕恩特·雅科布斯：《行为责任刑法——机能性描述》，中国政法大学出版社1998年版，第103页。

人们一般要服从法律,因为他们害怕不这样就会招致司法当局的强力制裁。显然,伯尔曼是不同意这样的答案的,认为这个回答绝不能令人信服。正如心理学研究现在已经证明的那样,确保遵从规则的因素如信任、公正、可靠性和归属感,远较强制力更为重要。伯尔曼指出:法律只在受到信任,并且因而并不要求强力制裁的时候,才是有效的;依法统治者无须处处都仰赖警察。今天,这一点已为一有力的反证所证实:在我们的城市里,惩罚最为严厉的那部分法律,也就是刑法,在它以其他手段不能引人尊敬的地方,也没有办法让人畏惧。如今,每个人都知道,没有任何警察可以夸耀他的力量能够制止城市的犯罪。总之,真正能阻止犯罪的乃是守法的传统,这种传统又根植于一种深切而热烈的信念之中,那就是,法律不仅是世俗政策的工具,而且还是生活终极目的和意义的一部分。①因此,刑法不能仅靠威吓使人遵从,而是要通过对规范有效性的确证,使人学会忠诚,刑罚的有效性应当建立在信仰之上。

其三,责任归属。一种能够使人产生信仰的刑法,本身应当是公正合理的。为此,雅科布斯提出责任刑法的概念,使责任与刑罚目的相联系。雅科布斯指出:责任与目的的联系表现为,目的使责任变成有色的。因为责任刑法作为不应是无目的的刑法而应该是有益于维持秩序的刑法,需要长期存在,为此也需要这种性质的责任,使它即使考虑到责任时也能够长期存在。假如在目的充足和责任量定之间存在一种先天稳定的和谐,责任刑法也将长期存在,那么,它就不再需要为提供根据和划定界线而存在的责任。②责任概念之引入刑法,使刑罚的分配正当化,从而使刑罚目的与刑事责任保持一种合理的关系。关于刑罚目的与刑事责任的关系,大多是将两者分离,或者以目的确定责任,或者以责任限定目的。

---

① 参见［美］伯尔曼:《法律与宗教》,梁治平译,生活·读书·新知三联书店1991年版,第43页。

② 参见［德］格吕恩特·雅科布斯:《行为责任刑法——机能性描述》,冯军译,中国政法大学出版社1998年版,第6页。

第七章 从威吓到忠诚：一般预防的话语转换

雅科布斯则将目的与责任贯通，指出：进入责任之中的目的不可能被责任来限定，只有目的进入其中的责任才能给刑罚奠定根据。但是，被充分符合目的的确定的责任可以限定为实现没有进入到责任中去的目的所要求的东西。作为一般预防派生物的责任限定了为实现特殊预防所要求的刑罚，并且，责任只有作为与目的相联系的因素才提供一个尺度，才首先适合于发挥限定刑罚的作用。①一般预防的目的如果脱离了责任的限定，就会成为无限制地发动刑罚的驱动力，以目的的正当性证明手段的正当性。而责任如果没有一般预防目的的引导，又会变成机械的与盲目的。唯有贯彻了目的的责任，刑法才是合理的，才能为刑罚提供当然的界限。

积极的一般预防建立在使公民学会忠诚的基础之上，公民不再是威吓的客体，而获得了某种人格体的存在。雅科布斯认为，刑法的行动者是人格体（Personen）——主体的人格化（Personalisiemng Der Subjekte）。雅科布斯指出：人格体就意味着必须表演一个角色。人格是一个面具，不只是带有该面具者主体性的表现，更是一个社会能够理解的能力（Kompetenz）的描述。②雅科布斯区分了两种交往的形态：工具性交往与人格性交往。工具性交往意味着，交往可能是符合目的的或者不是，无论如何，参加者不与任何东西发生联系（因此在这种交往中也不是人格体），正如同与机器的交往：机器没有被正确地使用的权利。在人格性交往中，他人正好不只是一个战略性谋算的对象物，而是一个平等者——因为他被爱，在法的交往中因为他作为理性者或者掺入了社会契约的缔结或者出于一个其他的原因——必须有一个什么原因——是法

---

① 参见［德］格吕恩特·雅科布斯：《行为责任刑法——机能性描述》，冯军译，中国政法大学出版社 1998 年版，第 34-35 页。

② 参见［德］格吕恩特·雅科布斯：《行为责任刑法——机能性描述》，冯军译，中国政法大学出版社 1998 年版，第 123 页。

律上的人格体（Person in Recht）。①在消极的一般预防视野中，公民处于被威吓的客体地位，因而刑罚与公民是一种工具性交往。而在积极的一般预防理念中，公民因责任而被刑罚处罚，法律把公民当作一个人格体来看待。通过这种处罚，激发公民对法律的忠诚，因而刑罚与公民是一种人格性交往。刑法只有从工具性交往发展到人格性交往，它才能得到自觉的遵从。

三、积极的一般预防主义的意义

美国学者诺内特、塞尔兹尼克将我们社会中的法律区分为三种类型：（1）压制型的法律：作为压制性权力的工具的法律；（2）自治型的法律：作为能够控制压制并维护自己的完整性的一种特别制度的法律；（3）回应型的法律：作为回应各种社会需要和愿望的一种便利工具的法律。②上述三种法律类型的区分，为我们建立了一种法律的分析框架。

刑法是一个基本法律部门，在任何社会中都存在。而且，刑法的法律强制性是其他法律所不能比拟的。然而，刑法的这种强制性，在不同类型的法律中表现形态是各不相同的。对此，美国学者诺内特、塞尔兹尼克指出：虽然强制存在于所有三种类型的法律中，但其意义却不一样：它在压制刑法中是居支配地位的，在自治刑法中是有节制的，而在回应刑法中是潜在的。③确实，在专制社会，法是压制型的，刑法威吓是以肉体为中介实现的，具有赤裸裸的暴力性。而在法治社会，法是自治型的，

---

① 参见[德]格吕恩特·雅科布斯：《行为责任刑法——机能性描述》，冯军译，中国政法大学出版社1998年版，第135页。
② 参见[美]诺内特、塞尔兹尼克：《转变中的法律与社会》，张志铭译，中国政法大学出版社1994年版，第16页。
③ 参见[美]诺内特、塞尔兹尼克：《转变中的法律与社会》，张志铭译，中国政法大学出版社1994年版，第16-17页。

第七章　从威吓到忠诚：一般预防的话语转换

刑罚威吓是以心理强制为特征的，具有节制性。法治社会发展到一定程度，从自治型的法向回应型的法转变，强制更退居幕后，刑罚是以忠诚与信仰来维持的。如果说，上述三种类型法的区分，不是简单的历史发展的描述，而是按照理想型（Idealtypus）的方法建立的用以分析和判断同一社会的不同法律现象的工具性框架，① 但我们还是可以根据这三种法的类型在一个社会中的支配性地位，勾勒出法的历史演变过程。

中国是一个具有漫长的封建专制历史的国家。中国古代的刑罚主要是由肉刑与死刑构成的，这两种刑罚都是以肉体强制为特征。在中国历史上，肉刑废除得较早，汉文帝下诏废除肉刑，此后虽然不断发生肉刑的废复之争，但肉刑始终没有在法律上恢复。② 但中国的死刑则一直在刑罚体系中占据主要地位。至清末，根据沈家本的统计：死罪凡八百四十余条。不唯外人所骇闻，即中国数千年来亦未有若斯之繁且重也。③ 清末修律，删除了凌迟、枭首、戮尸三项酷刑，死刑则依然保留下来。对此，我国学者指出：随着社会的发展，特别是17世纪以后，世界上许多国家从黑暗的中世纪逐步走向资本主义社会，其刑法的惩罚手段日趋于轻。而明、清"盛世"，其刑法则越来越野蛮。刑罚名目之繁多，方式之酷烈，闻之令人丧胆，成为中国传统文化积淀中最污秽的渣滓。④ 显然，刑罚的这种残酷性是与中国古代的专制政体有关的，虚弱的政权需要用暴力才能维持。在这种情况下，对于建立在肉体折磨之上的刑罚威吓效应的追求，也就是自然而然的了。这种残酷的刑罚，虽然能收一时之效，但长久地实施却使人的心灵逐渐麻木，从而抵消刑罚的威慑力。为唤醒麻木的心灵，又需要采用更严厉的刑罚，由此陷入重刑主义的恶性循环。

---

① 参见季卫东：《法治秩序的建构》，中国政法大学出版社1999年版，第297页。
② 参见陈兴良：《刑法的价值构造》，中国人民大学出版社1998年版，第450页以下。
③ 参见李贵连：《沈家本与中国法律现代化》，光明日报出版社1989年版，第88页以下。
④ 参见林剑鸣：《法与中国社会》，吉林文史出版社1988年版，第227-228页。

由此可见，刑罚是有限度的，刑罚威吓效果的发生也并不是单纯地取决于严刑峻法。

随着中国社会的现代化进程的启动，同样伴随着法治现代化的发生。在法治现代化过程中，刑罚威吓同样面临着从肉体威吓到心理强制。由于我国当前处在社会转型当中，在这种情况下，刑罚对于维持社会秩序、维护社会稳定发挥着重要作用。然而，一味的重刑，尤其是过度地追求刑罚的警戒效应并非长久之计。笔者认为，在刑事法治的社会背景下，一般预防的威吓效应应当通过下述途径"合法地"获得：

其一，刑法严密。以心理强制为特征的一般预防主义，是要通过规范实现刑罚威吓，这就意味着应当在罪刑法定原则的指导下，建立严密的刑法规范体系。美国学者在论及自治刑法的特征时指出，自治刑法是以规则为中心的。规则是使权力合法化的一种有效方法。他们准确地确定官方权威的范围和界限，因而就提供了表面上看来是清晰的检验责任的标准。同时，一项规则狭窄的程度足以限制法律批评和划定司法所涉及的范围。准确的规则虽然加强了控制，将它们也使注意力聚集于形式和细节，从而使公共政策的本质和更广泛的模式保持完整。[①] 在罪刑法定原则下的刑罚威吓，只能是一种以心理强制为内容的规范的威吓。因此，一种建立在理性之上的刑法规范体系的建立，是实现这种规范威吓的前提与基础。规范的威吓要求以规范限制威吓，通过规范实现威吓。任何超规范的刑罚威吓都是非法的，是不允许的。

其二，刑罚宽缓。法治社会的刑法，面临着双重的任务，正如德国学者拉德布鲁赫指出：刑法不只是反对犯罪人，也保护犯罪人。它的目的不仅在于设立国家刑罚权力，同时也要限制这一权力；它不只是可罚性的缘由，也是它的界限，因此表现出悖论性：刑法不仅要面对犯罪人

---

① 参见［美］诺内特、塞尔兹尼克：《转变中的法律与社会》，张志铭译，中国政法大学出版社1994年版，第68页。

第七章 从威吓到忠诚：一般预防的话语转换

保护国家，也要面对国家保护犯罪人。不单面对犯罪人，也要面对检察官保护市民，成为市民反对司法专横和错误的大宪章。[①] 在这种情况下，刑罚不再是国家单方面镇压犯罪的工具，同时也具有人权保障的机能。因此，刑罚的逐渐宽缓是符合时代发展趋势的。刑罚的宽缓，就是要理性地设计刑法的实施过程，使轻缓的刑罚最大限度地发挥威吓效果，并逐渐地走出重刑，使刑罚威吓效果贬值乃至归于无效的怪圈，向轻刑化过渡。

其三，刑法合理。刑罚威吓效果的获得，并不简单地依赖残暴的刑罚，而是要在严厉之中蕴含着情理。唯有如此，才能使犯罪人内心接受，使普通公民也获得某种正义感。为此，应当引入刑事政策的思想，使刑罚不再被机械地适用，而是一个有目的的过程。刑法合理，在很大程度上取决于刑罚设置上的合理，这是一个立法问题；还取决于刑罚分配上的合理，这是一个司法问题。

对于目前中国刑事法治的实践来看，一般预防主要是应当完成从肉体威吓到心理威吓的转变。当然，心理威吓仍然属于消极的一般预防。在这个转变中，我们也应当引入积极的一般预防观念。这就是通过理性的刑法制度的建构，使之从社会认同中获得正当性，对公民产生亲和力，使之不再是在刑罚威吓力的作用下恐惧的对象，而是能够从中感受到正义的信赖，乃至于信仰的对象。这是一个刑法融入社会，融入公民心灵的漫长过程，我们不能指望朝发夕至一日抵达。关键在于刑法需要不断地根据社会文明的发展重新塑造其自身的形象，真正使刑法成为蕴含着人性的刑法：不再是恐怖物，而是公民自由的圣经。

---

① 参见［德］拉德布鲁赫：《法学导论》，米健、朱林译，中国大百科全书出版社1997年版，第96页。

第八章 刑法教义学与刑事政策的关系

劳东燕教授曾在其论文中作出了以下这一判断:"在晚近以来我国的刑法学研究中,刑法与刑事政策之间关系的话题正日益引起关注。"[①] 对于这个判断,笔者是赞同的。在我国以往的研究中,刑法与刑事政策是分别作为两个学科进行研究的,因此在刑法教义学与刑事政策之间存在较大的隔阂与疏离。现在,刑法与刑事政策的关系进入理论研究的视野,表明了刑法教义学与刑事政策之间的融会贯通,这对于刑法与刑事政策的研究来说,是两全其美、各得其所,值得充分肯定。对于刑法教义学与刑事政策的关系,本章追踪到德国学者李斯特,描述其刑法教义学与刑事政策分立的李斯特鸿沟,并阐述德国学者罗克辛对李斯特鸿沟的贯通。李斯特鸿沟及罗克辛贯通都属于德国问题,这个德国问题在中国语境下如何展开,并从中探寻中国意识,这是笔者所要重点关切的问题之所在。

一、李斯特鸿沟

刑法教义学与刑事政策是如何从相互隔离到相互融通的?对此,笔者必须提到德国学者罗克辛教授在论及李斯特关于刑法教义学与刑事政

[①] 劳东燕:《刑事政策与刑法解释中的价值判断——兼论解释论上的"以刑制罪"现象》,载《政法论坛》2012年第4期。

策关系的界定时提出的一个学术标签：李斯特鸿沟。

德国学者罗克辛教授使用德语的"Lisztsche Trennung"一词描述李斯特区分刑法教义学与刑事政策的做法。蔡桂生将"Lisztsche Trennung"一词形象地翻译为"李斯特鸿沟"，指出："这里简译为'李斯特鸿沟'一词，是为了表达罗克辛教授对于这种区分的批判性倾向，即这种区分有割裂刑法与刑事政策之间联系的倾向。"①蔡桂生的这一译法可谓神来之笔，生动地表达了罗克辛教授对李斯特关于刑法教义学与刑事政策之间关系的思想所持有的批判性倾向。

德国学者李斯特不仅是著名的刑法学家，而且是刑事政策的重要倡导者。在论及刑法与刑事政策的关系时，李斯特提出了一个至今仍然广为流传的命题："刑法是刑事政策不可逾越的屏障。"这句话也被译为："罪刑法定是刑事政策不可逾越的藩篱。"李斯特关于刑法与刑事政策关系的这一命题，在一定程度上揭示了（对于李斯特来说）刑法与刑事政策之间的紧张关系。李斯特的意思是：刑法具有保护法益的功能，这种法益是一种生活利益，因而也是一种公共利益。刑法正是通过惩治犯罪而达致保护法益的目的。与此同时李斯特又指出："不得为了公共利益而无原则地牺牲个人自由。在法治国家，只有当行为人的敌对思想以明文规定的行为表现出来，始可科处行为人刑罚。"②因此，在李斯特看来，刑事政策的实现应当受到罪刑法定原则的限制。由此可见，李斯特是从外部视角去理解刑法与刑事政策之间的关系，揭示了两者之间的对立性。李斯特关于刑法与刑事政策关系的观点为刑法教义学与刑事政策的关系提供了现实法律基础。可以说，李斯特关于刑法教义学与刑事政策之间

---

① ［德］克劳斯·罗克辛：《刑事政策与刑法体系》（第二版），蔡桂生译，中国人民大学出版社2011年版，第7页。

② ［德］李斯特：《德国刑法教科书》（修订译本），徐久生译，法律出版社2006年版，第23页。

二元分立的观点恰恰是其刑法与刑事政策二元区分观点的理论投影。因此，这两个命题之间具有密切相关性，以至于合为一体而不分彼此。在此，笔者也并不刻意地区分上述两个命题，只是在特别需要的地方才加以分别。

基于这种对于刑法教义学与刑事政策关系的外在化的理解，形成了李斯特的二元性构想。[①] 这里的二元性构想，是指以罪刑法定原则为归依的刑法教义学与以惩治犯罪的必要性与合目的性为归依的刑事政策的相互分立。对此，德国学者对李斯特的古典刑法体系所具有的二极结构作了如下描述："一方面通过客观主义和形式主义，为处罚的先决条件提供最为可靠的法安全；另一方面通过以犯罪之人为中心的制裁体系，实现最高度的目的性。"[②] 当然，李斯特关于刑法教义学与刑事政策的二元结构并不是为了强调二者之间的敌对，而是基于其各自性质的不同，将刑法教义学与刑事政策尽量地予以疏离。尽管如此，李斯特还是在整体刑法学的框架内实现了刑法教义学与刑事政策的外在统一。对此，德国学者指出："为了克服专业的片面性，实现各部分的有机统一，是冯·李斯特所追求的伟大目标，他将之称为'整体刑法学'（gesmte Strafrechwissenschaft）。由于各专业的任务和方法的不同，在这一领域并没有出现一个统一的学科，但它促进了各学科的相互了解和专业上的合作。"[③] 以下，笔者对李斯特整体刑法学视野中的刑法教义学与刑事政策分别加以叙述：

---

① 参见［德］克劳斯·罗克辛：《刑事政策与刑法体系》（第二版），蔡桂生译，中国人民大学出版社2011年版，译者注，第53页。
② ［德］汉斯·海因里希·耶赛克、托马斯·魏根特：《德国刑法教科书》，徐久生译，中国法制出版社2001年版，第252页。
③ ［德］汉斯·海因里希·耶赛克、托马斯·魏根特：《德国刑法教科书》，徐久生译，中国法制出版社2001年版，第53页。

（一）李斯特：刑法教义学的古典派学者

李斯特是古典的犯罪论体系的创始人，而以古典的犯罪论体系为基础建立起来的刑法教义学，使近代刑法学进入了一个划时代的发展阶段。关于刑法教义学，李斯特曾经指出："刑法学的下一步任务是：从纯法学技术的角度，依靠刑事立法，给犯罪和刑罚下一个定义，把刑法的具体规定，乃至于刑法的每一个基本概念和基本原则发展成完善的体系。作为实用性很强的科学，为了适应刑事司法的需要，并从司法实践中汲取更多的营养，刑法学必须自成体系，因为，只有将体系中的知识系统化，才能保证有一个站得住脚的统一的学说，否则，法律的运用只能停留在半瓶子醋的水平上。它总是由偶然因素和专断所左右。"[①] 在此，李斯特提出了纯法学技术的分析方法，这就是法教义学方法。此外，李斯特还特别强调了刑法知识的体系化与系统化，由此建立刑法的教义学体系。可以说，正是李斯特指明了近代刑法学的发展路径，将刑法学从政治、宗教和意识形态的纠葛中解脱出来，形成自成一体的知识体系。在刑法教义学的知识体系中，罪刑法定原则是根本的价值追求。在罪刑法定的框架范围之内，刑法教义学应该遵循实证主义的分析方法，而这种实证主义是排除价值判断的。这里应当指出，李斯特所说的刑法教义学，其实就是犯罪论而并不包括刑罚论，并且以三阶层的犯罪论体系为其理论形态。

在李斯特的三阶层的犯罪论体系中，每个阶层都体现了这种实证主义的思想。对此，德国学者曾经生动地将李斯特的古典犯罪论体系中的三个阶层，分别描述为客观—叙述性的构成要件论、客观—规范限制的

---

① ［德］李斯特：《德国刑法教科书》（修订译本），徐久生译，法律出版社2006年版，第4页。

违法性论和主观—叙述性的罪责论。① 而这也正是李斯特的古典派犯罪论体系的特征之所在。

1. 客观—叙述性的构成要件论

在以行为为中心的构成要件阶层,李斯特主张因果行为论,将行为界定为引起外在变化的意思活动。李斯特指出:"表明意思活动特征并进而表明行为特征的'意欲',在这里仅意味着意志冲动(Willensimpuls)。可将其规定为心理学上的神经支配(Innervation),可将其理解为心理学上的'确定其原因的意思过程'。"② 由此可见,在李斯特那里,意思活动是一种心理学的现象,应当采用心理学方法进行分析。至于意思活动所引起的外在变化,就是指结果。结果是任何一种行为必须具备的,因此没有结果的行为犯对于李斯特来说是不可想象的。李斯特认为,即使是危险,其本身也是一种结果,一种产生于外界的状况。③ 对于结果,则应当适用物理学的原理进行描述。至于刑法中的因果关系,也是一种行为与结果的客观联系。在因果关系的判断上,李斯特采用条件说,也称为全条件同价值说。在李斯特看来,因果关系是纯客观的,并不涉及评价问题。李斯特指出:"我们应当坚持这样的观点,'因果律'(Kausalsatz)只涉及事件前的时空,不涉及概念的逻辑关系或对行为的社会伦理评价;此外,我们还应当特别引起注意的是,因果关系涉及一个思维方式问题,借助这个思维方式我们将实际存在的情况联系在一起,而不对导致事件过程的力量作出任何评价。"④ 李斯特以上对于行为、结果及其因果关系

---

① 参见[德]汉斯·海因里希·耶赛克、托马斯·魏根特:《德国刑法教科书》,徐久生译,中国法制出版社2001年版,第251–252页。

② [德]李斯特:《德国刑法教科书》(修订译本),徐久生译,法律出版社2006年版,第177页。

③ 参见[德]李斯特:《德国刑法教科书》(修订译本),徐久生译,法律出版社2006年版,第180页。

④ [德]李斯特:《德国刑法教科书》(修订译本),徐久生译,法律出版社2006年版,第185页。

的论述充分反映了其实证主义的思想。对此，罗克辛评价道："在所有规范性的构成要件中，采取因果的方式会导致不法的客观内容的完全扭曲。这方面有个非常著名的例子，亦即，侮辱罪的不法被理解成：发出声波震动的时候，造成了对当事人听觉的感官刺激。由于这种自然主义的现象也完全可以同样理解成是在赞美；而侮辱罪的不法到底是什么，则根本没有在这里得到阐述。"①

2. 客观—规范限制的违法性论

在违法性问题上，在李斯特时代存在主观违法论与客观违法论之争。主观违法性论以命令说为其基础而将该法律性质解释为法律上之命令，并主张命令只对于可理解命令意义能力之人方有其意义，故唯有理解命令意义能力之人（即责任能力人）之行为方认定为违法命令之法律而解释为违法。反之，客观违法性论则主张解释为法律上之客观评价规范，违反视为客观评价规范之法律行为即属违法。依次，则行为人是否有理解法律规范意义之能力（特别是责任能力）则在所不问。在此所谓客观之评价，一般认为应具备两种客观性，即"违法性判断"之客观性与判断对象之客观性。②因此，主观违法性论与客观违法性论的根本区分就在于违法与责任的关系如何建构：主观违法性论否认"没有责任的违法"，而客观违法性论则肯定"没有责任的违法"。李斯特当然是站在客观违法性论的立场上的，宣称"客观是指否定评价的作出不取决于行为人的主观能力"。李斯特在批判主观违法性论时指出："该理论的不正确性源于它的武断的片面性。它忽视了法律的双重功能，即法律不只是命令，即命令规范，而且，从逻辑上的必要性出发，法律也是评价规范。仅就此

---

① ［德］克劳斯·罗克辛：《刑事政策与刑法体系》（第二版），蔡桂生译，中国人民大学出版社 2011 年版，第 65 页。根据古典派的构成要件来描述侮辱罪，还有这样的版本："一连串的喉结抖动，血脉贲张，引致他人不愉快的情绪者，为侮辱罪。处一年以下有期徒刑。"这里加入了"引起不愉快的情绪"这一负面内容，似乎不至于理解为是在赞美他人。

② 参见余振华：《刑事违法性理论》，台北元照出版社 2001 年版，第 79-80 页。

点而言，法律以抽象的价值标准的面目出现，其适用可能性完全不取决于被评价的对象、人的行为所发生的方式（有责或无责）。"① 相对于主观违法性论，李斯特所主张的客观违法性论具有明确的规范标准，更符合实证主义的逻辑。客观的违法性论也为李斯特的古典派的犯罪论体系奠定了基础，它正是建立在"违法是客观的，责任是主观的"这一命题基础之上的。

在客观违法性论的基础上，李斯特还提出了形式违法与实质违法这对范畴。这里的形式违法是指符合构成要件的行为，其具有形式主义的特征并不难理解。而实质违法是指对法益的侵害或者破坏，显然，这是一种实质性的价值判断。那么，李斯特如何在实质违法的判断上坚持形式主义的标准呢？这简直是无法理解的。我们可以来看一段李斯特的论断："这种违法行为的实体（反社会的）内容不取决于立法者的正确评价（该内容是前法学的）。法律只能发现它，而不能制造它。形式违法和实体违法可能相互重叠，但也可能分开。我们不得推测行为的实体内容和对行为的积极评价之间的这种矛盾。但这种矛盾并未被排除，它还是存在的。如果它存在，那么，法官受法律的约束；现行法的修改超然于其任务范围。"② 李斯特在此对形式违法与实体违法的关系进行了阐述，可以看出李斯特的实体违法并非只是为了在具备构成要件以后起到消极地排除机能，而是强调了在构成要件设立的时候，立法者就是根据实体违法来设置违法行为的。正是在这个意义上，李斯特才会说，实体违法的概念是前法学的，它不是被制造的而是被发现的。

李斯特也论及形式违法与实体违法之间的矛盾，即未能完全一致的

---

① ［德］李斯特:《德国刑法教科书》(修订译本)，徐久生译，法律出版社2006年版，第198-199页。
② ［德］李斯特:《德国刑法教科书》(修订译本)，徐久生译，法律出版社2006年版，第201页。

状态,这个矛盾是指行为具有实体违法性但却没有被立法者规定为犯罪,对此李斯特认为基于罪刑法定原则,法官受法律的约束不得将其入罪。那么,是否存在另一种形式违法与实体违法的矛盾,即行为具备构成要件但却不具有实质违法性呢?对此,李斯特当然也是承认的。但李斯特认为这种情形主要是指正当化事由,而只有法定的正当化事由才被承认,超法规的违法性事由是此后的新古典派的犯罪论体系才创立的。由此,李斯特在违法性阶层仍然采取了形式的判断标准。德国学者许乃曼在论及李斯特实证主义的犯罪论体系中的违法性概念时,曾经采用了"规范的异形"一词,认为这是一个破绽。那么,这个破绽是如何钉补的呢?按照李斯特实证主义的概念法学,法(Recht)和实定法是等同的,不经由法官根据精密的价值判断所做的诠释,也能认识法律的意义。因此,一个符合构成要件的行为违法,表示这个行为与实定法不一致,在个案中确定违法性,原则上即是违法,只有为了确定例外情形时,才必须彻底检验规定在实定法中的阻却违法事由。① 因此,在李斯特的犯罪论体系中,违法性阶层也是一种形式判断。

3. 主观—叙述性的罪责论

罪责是在违法性判断之后,将某种客观上的罪行归之于行为人的主观根据。在"违法是客观的,责任是主观的"这一古典学派命题的支配下,以主观心理为内容的责任主义的罪责论取得了主导性的地位。例如,德国学者罗克辛教授曾经描述了建立在自然主义基础之上的心理性罪责概念,指出:"19世纪末期的自然主义思想,试图将所有的法律概念都归结为在自然科学上可以清楚地理解的经验性事实,并且从这个角度发展出那种直到20世纪初还居于统治地位的'心理性罪责概念';根据这个概念,罪责被理解为是行为人在主观上与结果的关系。故意与过失被看

---

① 参见[德]许乃曼:《刑法体系导论》,载许玉秀、陈志辉合编:《不移不惑献身法与正义——许乃曼教授刑事法论文选译》,台北新学林出版股份有限公司2006年版,第265-266页。

成是'罪责的种类',同时,人们大多把归责能力表示为'罪责条件'或者'刑罚条件'。"[1]罗克辛教授将李斯特列为心理性罪责概念的代表人物之一。当然,晚年的李斯特受到规范性罪责概念的影响。例如李斯特叙述了从心理性罪责概念向规范性罪责概念发展的趋势,指出:"罪责概念的发展不得不取决于针对内心之人(人的内心世界)的义务概念和本质,也只有如此,罪责所特有的规范性特征才能被理解。在新近的刑法文献中此点被明确地得到承认,且越来越抛却自然主义的和形式主义的罪责论,如果仅仅从特定的心理特征来解释罪责,则该罪责概念就越来越明显地得到承认。"[2]在此,李斯特论及规范性罪责概念的发展。李斯特虽然承认规范性要素在罪责判断中的必要性,但仍然坚持心理事实对于罪责判断的重要性,认为罪责不纯粹是一个心理事实,也不是简单的价值判断;它更多的是一责任能力的先决条件为基础的心理存在和价值判断之间的一种评价关系;在这一意义上,罪责的本质可简单表述为:基于造成违法行为的心理活动过程的缺陷,罪责是指违法行为的可责性。[3]

从以上李斯特关于犯罪论体系的三个要件分析来看,其刑法教义学的知识体系已然形成一个具有封闭性的结构。这个刑法知识体系力图避免法官在定罪过程中的擅断,确保刑法的保障人权的大宪章功能的实现。因此,在刑法教义学的语境中,李斯特是一个古典派学者。

(二)李斯特:刑事政策学的实证派学者

在建构以古典的犯罪论体系为核心的刑法教义学的同时,李斯特开

---

[1] [德]克劳斯·罗克辛:《德国刑法学总论》(第1卷),王世洲译,法律出版社2005年版,第561页。

[2] [德]李斯特:《德国刑法教科书》(修订译本),徐久生译,法律出版社2006年版,第251-253页。

[3] 参见[德]李斯特:《德国刑法教科书》(修订译本),徐久生译,法律出版社2006年版,第257页。

创了刑事社会学派,其以个别预防为中心的刑事政策思想也得以彰显。在此基础上,李斯特建立了以特殊预防为目的的刑罚论,刑事政策正是这一刑罚论的主要内容。

刑事政策思想当然古已有之,例如中国古已有之的"刑期于无刑"的命题就具有十分强烈的刑事政策色彩。然而,作为体系化的刑事政策学说则是近代的产物。一般认为,费尔巴哈是刑事政策的首倡者。日本学者正木亮指出:"刑事政策一词,在18世纪末的德国便开始使用,但现在意义上的刑事政策的称呼则始于费尔巴哈,他将心理学、实证哲学、一般刑事法及刑事政策作为刑事法的辅助知识,赋予了刑事政策的独立地位。"① 费尔巴哈的刑事政策以心理强制说为标志,主张以法律威吓为内容的一般预防,对于此后的刑事政策理论的发展起到了开启先河的作用。费尔巴哈是刑事古典学派的代表人物之一,其刑法理论的核心是一般预防,也称为消极的一般预防,一般预防构成费尔巴哈关于刑法与刑事政策关系理论的基石。当然,在费尔巴哈的理论中刑事政策在多大程度上独立于刑法,这还是一个可以商榷的问题。

费尔巴哈认为,刑事政策是国家据以与犯罪作斗争的惩罚措施的总和。并且,费尔巴哈主要是把刑事政策当作一种立法政策,强调了刑事政策对于刑事立法的指导作用。这种指导作用主要体现在通过制定刑法,确立罪刑价目表,对国民进行法律威吓。费尔巴哈的法律威吓包括立法威吓与司法威吓,指出:"在法律上将这种恶作为行为的必然后果加以规定(法定的威吓)。为了实现法律规定的理想联系,被所有人理解,法律规定的原因上的联系一定会出现在现实生活中,因此,一旦发生违法行为,就应当立即给予法律规定的恶(执行判决)。威吓目的的执行权和

---

① 转引自[日]大谷实:《刑事政策学》(新版),黎宏译,中国人民大学出版社2009年版,第8页。

立法权的协调有效，构成了心理强制。"① 值得注意的是，费尔巴哈同时还是罪刑法定原则的倡导者，而罪刑法定原则的实际功能之一就在于以刑法的确定性发挥其应有的威吓效果。因此，在费尔巴哈这里，刑事政策与刑法之间具有一种外在的关系。在一定意义上，刑法是实现刑事政策的工具。正因为如此，费尔巴哈将刑事政策与实定刑法联系起来，揭示了刑法与刑事政策在所追求的价值目标上的一致性，形成其具有特色的刑法与刑事政策关系。罗克辛在评价费尔巴哈关于刑法与刑事政策的观念时指出："自费尔巴哈时代以来，通过罪刑法定原则来实现的威吓性预防就是刑事政策的基础原则；构成要件的动机机能和保障机能（die Motivationsund die Garantiefunktion）则是同一刑事政策之目标构想（Zielvorstellung）的两个方面。"② 可以说，费尔巴哈初步界定了刑法与刑事政策的关系，但并没有对此进行深入的研究。

李斯特也是刑事政策的重要推动者，其刑事政策思想在欧洲大陆曾经产生过广泛影响。但李斯特的刑事政策思想与费尔巴哈已经存在较大的差别。李斯特是站在刑事社会学派的立场上，基于实证主义的方法，阐述刑事政策的内容。李斯特关于刑事政策的思想与费尔巴哈关于刑事政策的思想之间存在较大区别，李斯特的刑事政策思想也可以看作是对费尔巴哈刑事政策思想的一种发展。李斯特对于费尔巴哈刑事政策思想的发展体现在以下三个方面：

1. 从以刑罚为中心的刑事政策到以追求更多样的犯罪抗制为目的的刑事政策

在刑事政策的理解上，费尔巴哈采取的是较为狭义的概念，即把刑

---

① ［德］安塞尔姆·里特尔·冯·费尔巴哈：《德国刑法教科书》（第十四版），徐久生译，中国方正出版社2010年版，第28页。

② ［德］克劳斯·罗克辛：《刑事政策与刑法体系》（第二版），蔡桂生译，中国人民大学出版社2011年版，第54页。

事政策直接与刑法相联系，刑法是唯一的刑事政策手段，并且主要把刑事政策看作一种立法政策。虽然费尔巴哈也强调司法及行刑对于实现刑事政策的作用，但因为费尔巴哈将法律威吓视为刑事政策的主要目标，而心理强制是法律威吓的根本手段，因此立法威吓就是心理强制的主要形式，它对于刑事政策的实现具有保障功能。

日本学者曾经指出："1800 年左右德国的刑法学家费尔巴哈等使用'刑事政策'这个词的时候，它主要是指刑事立法政策，而现在这个概念有更宽泛的含义，即刑事政策是由国家或者社会团体以预防和镇压犯罪为目的所采取的各种措施。"[1] 这里的赋予刑事政策更宽泛含义的主要就是李斯特。李斯特将刑事政策的含义分为以下三个层次：一是最广义上的刑事政策，刑事政策不仅包括对犯罪原因及刑罚作用的研究，还包括犯罪对策以及社会对策。二是广义的刑事政策，既包括刑罚以及类似刑罚的各种制度，又包括与犯罪作斗争的各种原则的整个体系。三是狭义的刑事政策，将刑事政策与社会政策明显地区分开来，强调刑事政策首先是通过犯罪人个体的影响来与犯罪作斗争。[2] 可以说，李斯特在很大程度上拓展了刑事政策的范围。当然，李斯特提出的"最好的社会政策即最好的刑事政策"的命题，尽管具有一定的合理性，还是受到批评，即将刑事政策与社会政策混为一谈。李斯特主要是将刑事政策的主体从国家扩展到社会，将刑事政策的手段从刑罚扩展到保安处罚等类似刑罚的制度，将刑事政策的功能从威吓性的预防扩展到抗制性的抗制。

2. 从以法律威吓为中心的刑事政策到以犯罪人的矫正为中心的刑事政策

日本学者曾经将从费尔巴哈到李斯特的刑事政策的发展描述为从以

---

[1] ［日］森本益之等：《刑事政策学》，戴波等译，中国人民公安大学出版社 2004 年版，第 1 页。

[2] 参见严励：《中国刑事政策的建构理性》，中国政法大学出版社 2010 年版，第 2-3 页。

刑罚为中心的传统刑事政策发展到以追求更多样的犯罪防止为目的的刑事政策,[①]是十分正确的。在这当中,以法律威吓为中心的刑事政策,主要是指费尔巴哈的学说。而以追求更多样的犯罪防止为目的的刑事政策是指李斯特的学说,其中对犯罪人的个人矫正观念具有十分重要的地位。

应该说,费尔巴哈与李斯特在刑罚目的上都摆脱了报应主义,而主张功利主义。然而,费尔巴哈主张的是以规则功利主义为基础的一般预防;而李斯特主张的是以行为功利主义为基础的特殊预防。事实上,李斯特并不否定一般预防,但李斯特强调刑罚的功能表现为在符合目的地适用刑罚情况下可以获得的刑罚效果的多样性。[②]当然,在刑罚的一般预防与特殊预防这两个方面,李斯特无疑是更注重特殊预防的。李斯特在论及现阶段刑事政策的要求以及其对最新法律发展的影响时指出:"刑事政策首先是通过对犯罪人个体的影响来与犯罪作斗争的。一般来说,刑事政策要求,社会防卫,尤其是作为目的刑的刑罚在刑种和刑度上均适合犯罪人的特点,这样才能防止其将来继续实施犯罪。从这个要求中我们一方面可以找到对现行法律进行批判性评价的可靠标准,另一方面我们也可以找到未来立法规划发展的出发点。"[③]在此后的相当长的一个时期,以矫正为核心的刑事政策思想始终主导着各国刑事立法与刑事司法。

3. 从依附于刑法的刑事政策到独立于刑法的刑事政策

在费尔巴哈时代,刑事政策虽然已经被提出,但它还不具有独立性,只是依附于刑法的一种思想观念。费尔巴哈的刑事政策思想具有明显的启蒙色彩,是理性主义刑法观的产物。例如日本学者在阐述近代启蒙思

---

① 参见[日]森本益之等:《刑事政策学》,戴波等译,中国人民公安大学出版社2004年版,第1页。

② 参见[德]李斯特:《德国刑法教科书》(修订译本),徐久生译,法律出版社2006年版,第8页。

③ [德]李斯特:《德国刑法教科书》(修订译本),徐久生译,法律出版社2006年版,第15页。

想对刑事政策的影响时指出:"特别是费尔巴哈,他最初使用了'刑事政策'一语,认为人是在对刑罚产生的痛苦和犯罪产生的快乐进行合理计算,觉得痛苦更甚的话就会打消犯罪念头的'理性人',因此,刑罚应当通过事先预告痛苦,威吓一般人不要犯罪。这种见解就是所谓'心理强制说'。他们从对防止犯罪来说,所有的刑罚制度,只有在有效并且必要的时候才能被看作正当的,超过了基于心理强制说的一般预防限度的刑罚是不正当的观念出发,提出了提倡树立合理主义的、功利主义的刑罚观,主张以消除不合理的非人道的犯罪人处遇为基本宗旨的刑事政策。"① 因此,在费尔巴哈那里,刑事政策的唯一目的就是改善刑法,并且以威吓为核心的刑事政策也只能依靠刑法来实现。正是在这个意义上,费尔巴哈的刑事政策被归结为立法政策。

李斯特则在很大程度上拓展了刑事政策的范围,将一切有助于抗制犯罪的措施都纳入刑事政策的范畴。根据这种广义的刑事政策概念,刑事政策并不限于直接的以防制犯罪为目的的刑罚诸制度,而间接的与防制犯罪有关的各种社会政策,例如居住政策、教育政策、劳动政策(失业政策)及其他公共保护政策等均属之。② 在这种情况下,刑事政策所要研究的并不仅仅是刑法对于犯罪的抗制作用,而且是,或者说更重要的是除刑法以外关涉犯罪防制的各种措施。随着李斯特所倡导的广义的刑事政策观念的传播并被接受,刑事政策出现了与刑法渐行渐远之势,逐渐地从刑法的束缚中解脱出来,这在客观上促使刑事政策独立于刑法而形成一门学科。

(三)刑法教义学与刑事政策的疏离化:李斯特鸿沟的形成

在李斯特那里,刑法作为规范科学是一种教义学,其所遵循的是逻

---

① [日]大谷实:《刑事政策学》(新版),黎宏译,中国人民大学出版社2009年版,第9-10页。

② 参见许福生:《刑事政策学》,中国民主法制出版社2006年版,第3页。

辑规律，并且以罪刑法定为其边界。而刑事政策作为一种经验科学是一种事实学，其所贯彻的是科学原则，并且以惩治犯罪与预防犯罪为目标。显然，在李斯特看来，在刑法教义学与刑事政策之间是存在各自疆域的，不可互相侵扰。如前所述，在李斯特那里，刑法教义学是指犯罪论，而刑事政策是指刑罚论。因此，刑法教义学与刑事政策的分立，也可以说是以罪刑法定原则为根基的犯罪论体系与以目的性为导引的刑罚论之间的二元分裂。本书也是在上述意义上使用刑法教义学与刑事政策概念的，这是李斯特意义上的一种话语的延续。李斯特对刑法教义学与刑事政策关系的这样一种处理方式，在很大程度上受到了休谟关于实然与应然、事实与价值的二元区分观念的影响，认为刑法教义学讨论的是刑法的实然问题与事实问题，刑事政策讨论的是刑法的应然问题、价值问题。因此，刑法教义学是价值中立的，刑事政策才是价值关联的。刑法教义学是以司法为中心的，罪刑法定原则是其最高准则。至于刑法的价值内容应当通过立法输入刑法之中，因此，刑事政策是以立法为中心的。由此，李斯特将刑法教义学与刑事政策加以分立，使之各自独立，分别发挥功能。

　　罗克辛将李斯特对于刑法教义学与刑事政策关系的观点称为李斯特鸿沟，当然是具有其根据的，也在一定程度上正确地反映了李斯特对于刑法教义学与刑事政策关系的界定。不过，即使是在李斯特那里，刑法教义学与刑事政策也不是风马牛不相及的，两者之间仍然存在重大的关联性。例如李斯特在论及刑事政策对刑法适用的影响时指出："刑事政策给予我们评价现行法律的标准，它向我们阐明应当适用的法律；它也教导我们从它的目的出发来理解现行法律，并按照它的目的具体适用法律。"[①] 因此，所谓李斯特鸿沟并不意味着对于李斯特来说，刑法教义学与

[①] ［德］李斯特：《德国刑法教科书》（修订译本），徐久生译，法律出版社2006年版，第4页。

刑事政策毫无关联，而是这种关联仅仅是一种外在的关系。

二、罗克辛贯通

发现李斯特鸿沟并不是罗克辛的目的，其目的在于消除这一鸿沟，这就是要贯通刑法教义学与刑事政策的关隘。如前所述，李斯特鸿沟是指将刑法教义学与刑事政策界定为一种外在的关系，而罗克辛的贯通也主要是指将刑法教义学与刑事政策的这种外在关系转变为内在关系。德国学者许乃曼教授在评论罗克辛的目的理性的犯罪论体系时指出："此种刑法体系的再规范化在近20年来促成了许多或是较基础的或是较细节的研究，它们尝试超越刑法体系与刑事政策互为对立之构想（笔者称其为鸿沟构想'Grabenkonzept'），并以一个两概念之间贯通的推导与关系结构之想法来取代，换言之即发展一种架桥构想（Brückenkonzept）。"[1] 这里的鸿沟构想与架桥构想，十分形象地描述了李斯特与罗克辛在刑法教义学与刑事政策关系问题上的不同立场。那么，从李斯特的鸿沟到罗克辛的贯通，罗克辛做到了吗？又是怎么做到的呢？

（一）李斯特鸿沟的批判性解构

罗克辛教授对李斯特鸿沟进行了批判，因为根据李斯特的思想，刑法与刑事政策是两个完全不同的学术领域，应当予以相对隔离。李斯特鸿沟就是这种刑法教义学与刑事政策二元结构的产物。如果考虑到在李斯特时代，刑事政策尚未获得独立地位，刑法教义学与刑事政策纠缠不清并不利于刑事政策的发展，那么，将刑事政策与刑法教义学进行适度

---

[1] ［德］许乃曼：《刑法体系与刑事政策》，载许玉秀、陈志辉合编：《不移不惑献身法与正义——许乃曼教授刑事法论文选译》，台北新学林出版股份有限公司2006年版，第47页。

的区隔是具有一定合理性的。当然,这种刑法教义学与刑事政策的分立也带来以下三个方面的问题:

1. 刑法教义学的体系性与刑事政策的个案性难以兼顾

刑法教义学具有体系性的特征,正是这种体系化的知识所形成的具有封闭性的结构,对于法官的偶然与专断具有限制性与约束性。因此,刑法教义学的体系性自有其优越性。对于刑法教义学的优越性,罗克辛也是充分肯定的。罗克辛甚至提出了"体系是一个法治国不可缺少的因素"的命题。① 罗克辛曾经引述西班牙学者金贝尔纳特·奥代格的以下这段话说明体系性思考的优点:"在刑法信条学设定了界限和规定了概念的情况下,它就可以使刑法在安全和可预见的方式下得到运用,并能够避免非理性化、专横性和随意性(Improvisation)。"② 因此,体系性的刑法教义学知识对于实现罪刑法定主义来说是必不可少的保障。但是,体系性的知识体系存在着缺陷,甚至是危险。关于这种危险,德国学者称为非常抽象的程式化的刑法解释学(Strafrechtsdogmatik)的危险,指出:"该危险存在于法官机械地信赖理论上的概念,从而忽视具体案件的特殊性。"③ 因此,这里的危险是指个案公正难以周全兼顾。因为在刑法教义学的体系内,更强调的是对于各种行为与行为人的平等对待。在这种情况下,行为的特殊情境与行为人的特殊个性就无法在法律评价中得到体现。因此,在将刑法教义学与刑事政策完全分离的状态之下,刑法教义学无法顾及个案情况,而刑事政策则不能进入刑法体系。

---

① 参见[德]克劳斯·罗克辛:《德国刑法学总论》(第1卷),王世洲译,法律出版社2005年版,第132页。

② [德]克劳斯·罗克辛:《德国刑法学总论》(第1卷),王世洲译,法律出版社2005年版,第126页。

③ [德]汉斯·海因里希·耶赛克、托马斯·魏根特:《德国刑法教科书》,徐久生译,中国法制出版社2001年版,第242页。

2. 刑法教义学的教条性与刑事政策的灵活性不能两全

刑法教义学是以刑法条文为中心建立起来的知识体系，具有先天的教条性。这种教条性不可避免地使其教义规则具有某种僵硬性。而刑事政策是为抗制犯罪所设计的各种措施，具有对策性，是更为灵活的应对举措。这两者之间存在一种紧张关系。当刑法教义学与刑事政策分立的情况下，教义规则的教条性与刑事政策的灵活性各自存在。只有当刑事政策进入刑法体系，才能以刑事政策的灵活性对教义规则的教条性起到一种补救的作用。罗克辛指出："针对'李斯特鸿沟'所延伸出来的刑法教义学方法，还会导致另一个问题，即：若刑事政策的课题不能够或不允许进入教义学的方法中，那么从体系中得出的正确结论虽然是明确和稳定的，但是却无法保证合乎事实的结果。"[①] 之所以如此，主要是因为刑法教义的僵硬性决定的，因此，罗克辛提出了"我们必须从刑事政策上主动放弃那些过于僵硬的规则"这一命题。

3. 刑法教义学的逻辑性与刑事政策的价值性无法并存

刑法教义学作为一个知识体系，具有自身的逻辑结构，例如，三阶层的犯罪论体系就是如此。罗克辛指出："自实证主义的开端以后，阶层体系就如同一个概念金字塔（Begriffspyramide），有着林奈式（Linnéschen）植物分类体系那样的形状：通过阶层化的步步推进的抽象（阶层）直到内涵广泛的上位概念——行为，人们从大量的犯罪特征中归纳出了这种构造。"[②] 这样一个阶层式的刑法教义学体系当然具有其优越性，这就是以其严密的逻辑演绎推理在相当程度上保障了刑法教义的正确性。但是，刑法并不仅仅是逻辑现象，它更是社会现象。对于社会问题需要进行价值判

---

① ［德］克劳斯·罗克辛：《刑事政策与刑法体系》（第二版），蔡桂生译，中国人民大学出版社2011年版，第7页。

② ［德］克劳斯·罗克辛：《刑事政策与刑法体系》（第二版），蔡桂生译，中国人民大学出版社2011年版，第16页。

断,而这正是刑事政策的功能之所在。在李斯特鸿沟中,刑法教义学与刑事政策之间互相隔绝,导致刑法体系中价值判断的缺失。

(二)刑事政策进入刑法教义学体系

在李斯特—贝林的古典派的犯罪论体系之后,又先后出现过新古典派的犯罪论体系、目的行为论的犯罪论体系。罗克辛认为,以上体系都未能妥善地解决刑法教义学与刑事政策的关系问题。

新古典派犯罪论体系在刑法体系中引入所谓新康德哲学,而这一哲学又称为价值哲学。对于新古典派犯罪论体系将刑事政策应用到刑法教义学中,罗克辛是充满期待的,他同时指出了新古典派犯罪论体系对三阶层的学术贡献:在构成要件阶层按照被保护法益进行解释、在违法性阶层发展出超法规紧急避险等正当化事由和在罪责阶层提出了期待可能性思想等。但罗克辛批判新古典派犯罪论体系虽然试图将刑事政策上的目标设定引入刑法教义学,可只是对体系从个体—价值上进行瓦解,而没有揭示作为超法规紧急避险或罪责阻却事由的期待不可能背后的目的理论并加以普遍认可的论证。①

对于目的行为论犯罪论体系,罗克辛肯定了其试图重新建立刑法教义学与现实之间的联系的努力,指出:"通过考察本体论的构造和社会现实,目的行为论试图重新建立刑法教义学与现实之间的联系,从根本上看,这种努力也并非毫无结果。"但罗克辛又认为:"我们前面提到的体系推导和直接价值评判之间的紧张关系,在目的主义那里,也还是没有得到消除。"② 在此,罗克辛所说的体系推导与价值评判之间的紧张关系,

---

① 参见[德]克劳斯·罗克辛:《刑事政策与刑法体系》(第二版),蔡桂生译,中国人民大学出版社 2011 年版,第 19 页。

② [德]克劳斯·罗克辛:《刑事政策与刑法体系》(第二版),蔡桂生译,中国人民大学出版社 2011 年版,第 19 页。

也就是刑法教义学的逻辑—概念建构与推导和刑事政策的价值—利益判断与衡量之间的对立关系。

罗克辛将自己创立的犯罪论体系，当然罗克辛更喜欢称为刑法体系，标识为目的理性的犯罪论体系。应该说，罗克辛所谓目的理性的犯罪论体系中的目的与目的行为论的犯罪论体系中的目的，是有所不同的：前者的目的是行为目的，目的的主体是行为人，因此这是一种存在论意义上的目的。而后者的目的是规范目的，目的的主体是刑法，因此这是一种规范论意义上的目的。例如，我国学者在比较上述两种体系时指出："在今日之规范论体系论者看来，由于目的行为论者没有将行为本体目的与法规范的目的性区分开来，或者是偏重于行为的目的而没有足够地强调刑法（罚）的目的对犯罪论体系的指引而并非真正的规范论体系。"① 这里的规范论体系，就是指罗克辛的目的理性体系。因此，尽管罗克辛也强调目的，但此目的非彼目的。

目的理性的犯罪论体系的根本标志就是刑事政策进入刑法体系，罗克辛指出："实现刑事政策和刑法之间的体系性统一，在我看来，是犯罪论的任务，也同样是我们今天的法律体系的任务。"② 那么，在罗克辛的目的理性的犯罪论体系中，刑事政策是如何进入刑法教义学的呢？事实上，罗克辛仍然保持了古典派犯罪论体系的三阶层构造，只是对三阶层的内容都进行了刑事政策的改造。罗克辛提出了以刑事政策作为各种犯罪类型的基础的命题，指出："罪刑法定原则的前提、利益对立场合时社会进行调节的利益衡量和对于刑法之目的的探求，就是我们所常见的各个犯

---

① 方泉：《犯罪论体系的演变——自"科学技术世纪"至"风险技术社会"的一种叙述和解读》，中国人民公安大学出版社2008年版，第65页。

② ［德］克劳斯·罗克辛：《刑事政策与刑法体系》（第二版），蔡桂生译，中国人民大学出版社2011年版，第16页。

罪类型的刑事政策之基础。"① 也就是说，犯罪论体系的三阶层分别应该以罪刑法定原则、利益衡量原则和刑法目的原则作为其刑事政策的基础。

1. 构成要件的实质化

在三阶层的犯罪论体系中，古典派犯罪论体系最被人所诟病的就是形式化的构成要件。根据古典派学者的观点，构成要件的记述性、中立性，都是排斥了价值判断的，而这又被认为是罪刑法定主义的基本要求。罗克辛则认为构成要件具有体系性、刑事政策性和信条性这三个功能。罗克辛在论述构成要件的刑事政策性功能时指出："这方面的意义存在于《德国刑法典》第103条第2款要求的'保障功能'之中。刑法只有在行为构成中准确地规定了所禁止的举止行为时，才能对'法无明文规定不为罪'这个原理作出完整的正确的说明。如果说，我们的刑法是行为构成的刑法而不是态度的刑法，或者说它主要是行为刑法而不是行为人刑法，那么，在使用这些关键词进行表述的背后，总是有着行为构成的刑事政策意义的基础。"② 罗克辛将刑事政策意义上的构成要件称为保障性的构成要件，并认为罪刑法定原则是构成要件的刑事政策基础。

那么，如何理解罗克辛将罪刑法定原则作为构成要件的刑事政策基础这一命题呢？笔者认为，这里涉及罗克辛所确立的刑法与刑事政策的关系和李斯特所确立的刑法与刑事政策的关系究竟存在何种区分的问题。在我看来，可以作出这样的区别：

李斯特是将罪刑法定原则置于构成要件之外，作为抵御刑事政策侵入的边界。归根结底，李斯特还是把罪刑法定原则与刑事政策对立起来。因此，李斯特在罪刑法定原则的理解上更注重的是通过其形式性特征性

---

① ［德］克劳斯·罗克辛:《刑事政策与刑法体系》(第二版)，蔡桂生译，中国人民大学出版社2011年版，第22页。
② ［德］克劳斯·罗克辛:《德国刑法学总论》(第1卷)，王世洲译，法律出版社2005年版，第181页。

质司法权的滥用。

而罗克辛则将罪刑法定原则与刑事政策统一起来，认为罪刑法定原则所具有的保障功能本身就是刑事政策所要求的。因此，在刑事政策机能之视角下，罪刑法定原则不仅具有将法无明文规定的行为排除在构成要件之外的功能，而且应该根据罪刑法定原则所具有的保障功能对构成要件进行实体审查，将那些没有处罚必要性的行为排除在构成要件之外。罗克辛指出："从罪刑法定原则的角度来看，其相反的做法反而是正确的：也就是说，落实刑法之'大宪章'机能和刑法之'不完整性'（fragmentarische Natur）的限制性解释，基于保护法益的思想，只能抽象地限制在不可放弃的可罚性领域。这里达到这个目的，就需要一些调节性（regulativ）的规则，比如，威尔泽尔所引入的社会相当性，这个社会相当性并不是构成要件要素，而更似乎是在针对包含了社会容忍的举止方式的各种字词含义进行限制时，为了解释的方便而得出的东西。进一步地，还有所谓的'轻微性原则'（Geringfügigkeisprinzip），亦即在大多数构成要件中，是可以一开始就排除那些轻微的损害的，而被排除的这些轻微损害也属于社会容忍的内容。"① 这样，罪刑法定原则就具有了实质性的积极功能，这就是罗克辛所说的罪刑法定原则所具有的指导人们举止的目标。在这个意义上，罗克辛认为，罪刑法定原则就成为变革社会的工具，而且是具有重要意义的根据。② 显然，这与李斯特对罪刑法定原则之功能的消极理解是完全不同的，罗克辛主要是强调了罪刑法定原则的实质侧面，并且为构成要件的实质化提供了正当性的根据。

根据以上考察，我们可以看到罗克辛是在一定程度上恢复了费尔巴

---

① ［德］克劳斯·罗克辛：《刑事政策与刑法体系》（第二版），蔡桂生译，中国人民大学出版社 2011 年版，第 30-31 页。

② 参见［德］克劳斯·罗克辛：《刑事政策与刑法体系》（第二版），蔡桂生译，中国人民大学出版社 2011 年版，第 12 页。

哈的罪刑法定思想。因为费尔巴哈主要是从一般预防角度论证罪刑法定原则的正当性的，刑法的合理性不仅来自惩罚的必要性，而且来自预防的必要性。这里的预防，就是指费尔巴哈所主张的心理强制。费尔巴哈指出："刑法的必要性的根据以及刑罚存在的根据（既包括法律中规定的刑罚，也包括刑罚的运用本身），是维护所有人彼此之间的自由的必要，其途径是消除人们内心的违法动机。"[1]因此，罪刑法定在费尔巴哈那里，本身就具有一般预防的功能。及至李斯特开始注重特殊预防，罪刑法定的一般预防功能被忽视，而其人权保障功能备受重视。罗克辛则在注重罪刑法定的人权保障功能的同时，也强调罪刑法定的一般预防功能。由此，刑法目的与罪刑法定获得了一致性，并在构成要件阶层得以体现。

在构成要件的实质化中，罗克辛的正犯理论，尤其是义务犯理论，具有不容忽视的重大意义。正犯虽然与共犯相对应，但它更涉及对构成要件行为的理解。在实证主义的观念指导下，古典派犯罪论体系所主张的物理性的行为概念使得对不作为的解释显得捉襟见肘，更不用说对忘却犯，简直就是无能为力。目的行为论的犯罪论体系虽然添加了行为的目的性这一要素，使得行为概念的内容更为丰富。但对于过失犯的行为性，目的行为论的犯罪论体系仍然束手无策。罗克辛在刑事政策观念的指引下，将构成要件行为分与法益损害之间的关系区分为支配关系与义务关系，由此引申出支配犯与义务犯这一对范畴。支配犯的本质是对犯罪行为的因果流程的支配，这种支配既可以是行为支配（Handlungsherrschaft），即以直接实施构成要件行为的方式构成的直接正犯；也可以是意志支配（Willensherrschaft），即行为人虽未亲自实施构成要件行为，但利用自己的意志力量支配了犯罪的因果流程；还可以是机能支配，即行为人通过和其他犯罪人的分工合作，机能性地支配了犯

---

[1] ［德］安塞尔姆·里特尔·冯·费尔巴哈：《德国刑法教科书》（第十四版），徐久生译，中国方正出版社2010年版，第29页。

罪，因而拥有机能的犯罪支配（funktionelle Tatherrschaf）。① 应该说，罗克辛的支配犯尚可在传统的行为论加以理解。那么，义务犯则具有强烈的价值论色彩，在很大程度上超越了传统的行为论。罗克辛指出："还存在着这样的犯罪，在这些犯罪中处于实现行为构成的中心位置的人，是那些违反特定的不是每个人都要履行的义务的人。我称之为'义务犯罪'。"② 义务犯的行为不像支配犯那样，是通过实在的外在举止的方式所能够把握的，而是通过违反构成要件特别规定的特定义务而加以描述的。在论及义务犯的特定义务时，罗克辛指出："在义务犯中，构成要件所保护的是那些生活领域的功效（Funktionsfähigkeit），而这些生活领域是人们在法律上精心构建过（durchgeformt）的。"③ 随着义务犯理论的建构，构成要件的行为极大地超越了存在论的疆域，越来越具有规范论的性质，这也被认为是罗克辛的目的理性的犯罪论体系的特色之一。

在构成要件的实质化中，罗克辛所做的最为重要的贡献还在于提出了客观归责理论。客观归责是在形式地具备构成要件之后，再进一步对符合构成要件的行为进行实质审查。客观归责的基本原理是："法秩序必须禁止人们创设对于受刑法保护的法益而言不被容许的风险，而且，如果行为人在某个侵害法益的结果中实现了这种风险就要作为一种符合构成要件的行为归属到该行为人身上。"④ 客观归责理论所要解决的是：在什么样的前提条件下将结果归责于行为人所实施的行为？这个问题，在古典派的犯罪论体系中，是通过因果关系理论来解决的，将其视为是一个

---

① 参见何庆仁：《义务犯研究》，中国人民大学出版社2010年版，第11页。
② ［德］克劳斯·罗克辛：《德国刑法学总论》（第2卷），王世洲主译，法律出版社2013年版，第11页。
③ ［德］克劳斯·罗克辛：《刑事政策与刑法体系》（第二版），蔡桂生译，中国人民大学出版社2011年版，第23-24页。
④ ［德］克劳斯·罗克辛：《刑事政策与刑法体系》（第二版），蔡桂生译，中国人民大学出版社2011年版，第72页。

事实上的归因问题。此后，目的行为论的犯罪论体系强调了意志的归责（die voluntative Zurechnung），而罗克辛则在规范的归责（die normative Zurechnung）的基础上，形成了客观归责理论，完成了从存在论的归因到规范论的归责的转变。[①] 随着客观归责理论的创立，构成要件的实质判断得以强化。在这种情况下，构成要件从存在论走向价值论或者规范论。刑事政策所具有的目的性的观念在构成要件中得以贯彻，而客观归责只不过是其中的一个篇章。

2.违法性的价值化

在三阶层的犯罪论体系中，违法性主要是对符合构成要件的行为进行实质审查。但在李斯特的古典派的犯罪论体系中，违法性虽然可以分为形式违法性与实质违法性，构成要件是形式违法性的凭证，主要依靠构成要件的推定。而实质违法性也在很大程度上取决于正当化事由的判断：凡是存在正当化事由的，则否定实质违法性的存在；只有在否定正当化事由的情况下，才肯定实质违法性的存在。因此，违法性的有无取决于正当化事由是否存在，无须单独进行判断。而且，否定实质违法性的存在，也不能否定形式违法性，这是基于三阶层递进式逻辑的必然结论。因此，根据李斯特的古典派的犯罪论体系，违法性的功能极为有限，只是根据法律规定认定正当化事由。只是在新古典派犯罪论体系中，才真正引入实质违法性的判断，使违法性阶层发挥实质审查功能。对此，德国学者许乃曼在论及新古典派犯罪论体系对违法性阶层的贡献时指出："在贝林—李斯特的体系里，违法性原来是一个纯粹形式的、完全由立法者以权威命令充实内涵的范畴。在此透过违法性理论即发生了一个大转变：无论如何，在实质的违法性被定义为'侵害社会的行为'，并且对于阻却违法发展出'目的手段相当原则'或'利多于害原则'等调节公式

[①] 关于德国客观归责理论的形成，参见吴玉梅：《德国刑法中的客观归责研究》，中国人民公安大学出版社2007年版。

之后，人们才可能开始对无数被立法者所忽视或未予解决的违法性的问题，借由体系处理寻求解决的方法。"①

罗克辛则进一步将违法性要件所要承担的作用从构成要件中排除不具有实质违法性的行为的消极功能转化为解决社会冲突的积极功能。罗克辛指出："在违法性层面，人们探讨的是相对抗的个体利益或社会整体利益与个体需求之间产生冲突时，应该如何进行社会纠纷的处理。也就是在一般人格权（allgemeines Persönlichkeichkeitsrecht）与公民行为自由之间有矛盾时，是否有必要进行公权力的干预，以求得矛盾的消除，以及在实现的、难以预见的紧急状态的情况下，是否要求作出进行干预的决定：在这里，人们经久不衰地讨论的是，社会如何才能对利益以及与之相对立的利益实现正确的管理。"② 在此，罗克辛提出了一个与违法性的本质相关的重要概念，这就是干预权。

这里的干预权是指法律，确切地说，是刑法对于个人行为的干预权。如果干预，则意味着某种行为应当作为犯罪处理；如果不予干预，则该行为可以不作为犯罪处理。而是否干预，就直接决定了犯罪的范围与特征。例如，对于安乐死是否构成故意杀人罪的问题，就涉及法律是否赋予公民个人以尊严死的权利这一较为敏感的问题。在正当化事由中，除了刑法明文规定的正当防卫、紧急避险等法定事由以外，还存在大量的超法规的正当化事由。对于这些超法规的正当化事由的认定，就涉及在相对立的利益之间如何权衡与取舍的选择。根据罗克辛的观点，这里关系到整体法秩序，也是刑法中最为活跃的内容。通过正当化事由的范围调节，刑法能够及时与灵活地反映社会现实。这对于刑法来说，可以在

---

① ［德］许乃曼：《刑法体系思想导论》，载许玉秀、陈志辉合编：《不移不惑献身法与正义——许乃曼教授刑事法论文选译》，台北新学林出版股份有限公司2006年版，第271-272页。

② ［德］克劳斯·罗克辛：《刑事政策与刑法体系》（第二版），蔡桂生译，中国人民大学出版社2011年版，第21页。

对社会作出有效的反应的同时，又能够保持刑法的稳定性。正如罗克辛指出："干预权是源自整个法的领域的，而且正如超法规紧急避险的例子所表现的那样，其是可以从实在法的一般原则推导出来的，也并不需要用刑法法条来固定化，因此，不受罪刑法定原则影响的其他法领域的发展变化可以在正当化事由方面直接影响到案件是否可罚，而并不需要刑法作出同步修改。"① 在这种情况下，违法性就成为一种否定性的价值判断，它以干预权为依归，由此而充分发挥了违法性的出罪功能。

3. 罪责的目的化

如前所述，李斯特的古典派犯罪论体系在罪责上所持的是心理性的罪责概念，此后新古典派犯罪论体系发展出了规范性的罪责概念，在罪责概念中引入了价值评价。目的行为论的犯罪论体系则进一步对规范性罪责概念进行了修正，将故意、过失这些单纯的心理性内容从罪责概念中抽掉，将之归入构成要件，在罪责概念中保留下来的仅仅是可谴责的标准。可以说，从心理性的罪责概念到规范性的罪责概念，罪责要件已经在很大程度上完成了从存在论的罪责观到价值论的罪责观的转变。但罗克辛认为，上述规范性罪责概念仍然是一种形式性的罪责概念，指出："规范性罪责概念仅仅是说，一种有罪责的举止行为必须是'可谴责的'。但是，这个概念仅仅具有形式上的性质，而还没有回答这个问题：这种可谴责性应当取决于哪一些内容上的条件。这是一个关于实质性罪责概念的问题。"② 在此，罗克辛提出了实质性罪责概念的命题。

那么，实质性罪责概念到底包含哪些要素呢？罗克辛认为，罪责主要是回答"构成要件该当、违法的行为具备什么条件才配得上动用刑罚"

---

① ［德］克劳斯·罗克辛：《刑事政策与刑法体系》（第二版），蔡桂生译，中国人民大学出版社2011年版，第39-40页。
② ［德］克劳斯·罗克辛：《德国刑法学总论》（第1卷），王世洲译，法律出版社2005年版，第562页。

的问题。罗克辛指出:"刑罚同时取决于两个因素,其一,用刑罚进行预防的必要性;其二,犯罪人罪责及其大小。如果人们赞同我的观点,那么,也就意味着,刑罚受到了双重的限制。刑罚之严厉性不得超过罪责的严重性,同时,也不能在没有预防之必要性的情况下科处刑罚。也就是说,如果有利于对犯罪人实行再社会化的话,那么,是可以科处比罪责之严重程度更为轻缓的刑罚的;如果没有预防必要的话,甚至可以完全不科处刑罚。"① 因此,在罗克辛的实质性的罪责中,包含了两个要素,这就是规范性要素与预防必要性;并且,在这两者之间存在着逻辑上的位阶关系:规范性要素在前,预防必要性在后,后者以前者为前提。罗克辛还提出了答责性(Verantwortlichleit)作为上述两个概念的上位概念。规范性要素解决的是非难可能性(Vorwerfbarkeit)的问题,它只是答责性的必要条件,只有加上预防必要性,才能为答责性提供充分条件。②

对于罗克辛实质性罪责概念中的规范性要素,不必着墨过多,因为并无特别之处。这里重点需要讨论的是预防必要性。罗克辛的预防必要性是从刑罚目的中引申出来的,这里的刑罚目的就是预防犯罪。罗克辛是报应主义的坚定反对者,因为报应主义使刑罚完全脱离了社会,没有考虑刑罚处罚的社会必要性。而基于刑事政策之机能的视角,在刑罚目的上只能选择预防主义。罗克辛指出:"刑罚的目的只能是一种社会治理(soziale Steuerung)和社会控制的机制,它也就只能谋求社会目标。"③ 这里的刑罚的社会目标就是指预防犯罪,这也是刑事政策的目标。

预防犯罪有一般预防与特殊预防之分,在以往德国学者中,费尔巴

---

① [德]克劳斯·罗克辛:《刑事政策与刑法体系》(第二版),蔡桂生译,中国人民大学出版社 2011 年版,第 78—79 页。
② 参见李文健:《罪责概念之研究——非难的实质基础》,春风煦日论坛 1998 年版,第 222 页以下。
③ [德]克劳斯·罗克辛:《刑事政策与刑法体系》(第二版),蔡桂生译,中国人民大学出版社 2011 年版,第 76 页。

哈是主张一般预防的,但李斯特则转向特殊预防。但是,无论是费尔巴哈还是李斯特都没有将犯罪预防的观念引入罪责之中。在将预防观念引入罪责概念的理论中,有两种理论:第一种是作为必须为自身个性负责的罪责,这一罪责概念具有明显的人格责任论的性质,将罪责标记成"为这种人格必须承担责任(Einstehenmüssen)",因此,特殊预防成为刑罚必要性的考量因素。第二种是作为根据一般预防需要归咎的罪责,这是德国学者雅科布斯所主张的,这种理论将罪责理解为一种一般预防性的归咎(Zuschreibung),一般预防成为刑罚必要性的考量因素。[1]对于这两种关于刑罚必要性的罪责理论,罗克辛都是反对的。罗克辛在刑罚目的问题上是一个双重预防论者,指出:"刑罚还要有特殊预防和一般预防的目标。通过刑罚的安排,必须实现让被处罚者尽量不为再犯的目标;我们的刑事执行最好能够努力促进犯罪人在刑法上的重新塑造,促进他的再社会化,以此来让他不为再犯。同时,刑罚也要对公众产生作用,具体也就是,刑罚要能促进人民的法律意识,并且让他们注意到可罚举止的后果。"[2]因此,在罗克辛的预防性的罪责概念中,既包括了特殊预防,又包括了一般预防,罗克辛称为作为不顾规范可交谈性的不法行为的罪责。

(三)刑法教义学与刑事政策的一体化:罗克辛贯通的径路

罗克辛将李斯特关于刑法教义学与刑事政策的关系描述为李斯特鸿沟,这当然是一种贬义,反映了在这个问题上罗克辛的倾向性立场,即要打通刑法教义学与刑事政策之间的关系。罗克辛明确地将其刑法教义

---

[1] [德]克劳斯·罗克辛:《德国刑法学总论》(第1卷),王世洲译,法律出版社2005年版,第565、567页。

[2] [德]克劳斯·罗克辛:《刑事政策与刑法体系》(第二版),蔡桂生译,中国人民大学出版社2011年版,第76-77页。

学称为以刑事政策为导向的刑法学，指出："建立这个刑法体系的主导性目的设定，只能是刑事政策性的。刑事可罚性的条件自然必须是以刑法的目的为导向。"① 罗克辛将刑事政策贯彻到构成要件、违法性和罪责这三个阶层之中，成为其目的理性的犯罪论体系的一根红线。

罗克辛将刑事政策贯穿于整个刑法教义学，是否会发生李斯特所担忧的刑事政策对刑法的侵扰呢？回答是否定的。之所以如此，是因为罗克辛引入刑法教义学的刑事政策与罪刑法定这两者始终处于一种复杂的牵制关系之中。事实上，罗克辛不仅将刑事政策贯穿于构成要件、违法性和罪责这三个阶层，而且也把罪刑法定主义同时贯穿于这三个阶层。

第一，构成要件与罪刑法定。

在构成要件阶层，罪刑法定原则主要体现为明确性的要求。然而，这种明确性并非绝对的，需要进行价值的填充。这种填充在很大程度上受到刑事政策的指导。罗克辛在论及构成要件对行为的描述时就认为，如果人们想通过行为的描述来满足罪刑法定原则的要求，那么就会产生一个无法解决的矛盾：人们要怎样才能够用精确的行为描述（Tatbeschreibung）来处理没有的行为（Nichthandeln）呢？这里的"没有的行为"可以理解为缺乏物理性特征的行为，对此建立在实证主义基础之上的行为论是无能为力的。只有采用刑事政策的方法，才能对此进行合理的价值建构。罗克辛认为，正确的做法本该是：在行为犯的场合，只有在该行为犯之构成要件包含义务犯的情况下，才可以允许不作为取得与积极作为同等的地位。② 因此，在构成要件上，罗克辛通过义务犯之义务关系填补了空隙。因为，从罪刑法定原则的角度来讲，这个对义务

---

① ［德］克劳斯·罗克辛：《德国刑法学总论》（第1卷），王世洲译，法律出版社2005年版，第133页。

② ［德］克劳斯·罗克辛：《刑事政策与刑法体系》（第二版），蔡桂生译，中国人民大学出版社2011年版，第25页。

的违反是通过作为的方式来实现的,还是通过不作为的方式来实现,并不重要。在罗克辛看来,立法者对构成要件只能作出较为粗疏的规定,这是一种框架式的规定。这是一种被罗克辛称为"粗略描绘的现行法的形象",只有依靠刑事政策"在一切细节上进行设想和加工"。① 由此,罗克辛在构成要件的解释上将刑法教义与刑事政策统一起来。

第二,违法性与罪刑法定。

在违法性阶层,罗克辛将之视为核心概念的干涉权,罗克辛认为它并不违反罪刑法定原则,因为它限制了司法权的定罪范围。而且,罪刑法定原则在正当化领域也是有其功能的,例如正当防卫类型的教义学体系化处理方法本身就受到立法的限制。至于超法规的正当化事由也并不能认为是违反罪刑法定原则的。因为罪刑法定原则只是限制入罪,但并不限制出罪。而且,对于正当化事由,无论是法定的正当化事由还是超法规的正当化事由予以出罪,也并不与罪刑法定的一般预防精神相抵触。因为,正当化事由不仅没有刑罚必要性,也没有预防必要性。

第三,罪责与罪刑法定。

在罪责阶层,刑事政策主要体现在引入了预防必要性的概念,但它是在具有心理性要素和规范性要素的基础上,进一步要求具备预防必要性才能动用刑罚,因此预防必要性起到的是限制刑罚发动的作用,而不是扩张刑罚范围。在论及罪责方案的设计时,罗克辛指出:"除此之外,还要提一下罪刑法定原则:这是个同时也适用于罪责要素和被用于确定可罚的范围的原则,同样,该原则也必须适用于我们所提的这个方案。"② 因此,罪刑法定原则也是贯穿于罗克辛的目的理性的犯罪论体系,

---

① [德]克劳斯·罗克辛:《德国刑法学总论》(第1卷),王世洲译,法律出版社2005年版,第137页。

② [德]克劳斯·罗克辛:《刑事政策与刑法体系》(第二版),蔡桂生译,中国人民大学出版社2011年版,第48页。

一如刑事政策。

在刑法与刑事政策的关系这个标题下,这里的刑法,罗克辛也称为刑法体系,也就是所谓犯罪论体系,或者教义刑法学,这是没有疑问的。但是,这里的刑事政策到底是指什么,却是值得仔细推敲的。李斯特的刑事政策是指实体上的刑事政策,即抗制犯罪的各种措施。事实上,李斯特并不排斥刑事政策对实体刑法的影响,例如在刑罚规定中,就应该根据犯罪人的个体特征针对性设置刑事处罚措施。但是,在关于犯罪的规定中,李斯特坚持罪刑法定原则,竭力避免刑事政策的侵入。可以说,在刑法与刑事政策的关系上,李斯特在犯罪论与刑罚论这两个领域是存在一定程度分裂的:犯罪论坚持罪刑法定原则,而刑罚论坚持刑罚目的论。这也就是罗克辛所说的刑法典作为"犯罪人的大宪章"的人权保障观念与刑事政策作为"刑法的目的性思想(Zweckgedanke)"的实现工具之间互相疏离。

在罗克辛那里,虽然到处都出现刑事政策这个概念,但没有见到其对刑事政策的确切定义。罗克辛的刑事政策概念与李斯特的刑事政策概念是一致的吗?如前所述,李斯特的刑事政策是一种实体性或者本体论的刑事政策。显然,罗克辛的刑事政策概念则并非如此,而毋宁说是一种价值性或者方法论的刑事政策。罗克辛的刑事政策具有更为抽象的特征而不是实体性的具体措施。揭示李斯特的刑事政策与罗克辛的刑事政策之间的根本差别,具有重要意义。事实上,罗克辛只是从李斯特的刑事政策中提取了目的性思想这个理论资源,将其上升到价值论与方法论的程度,以此进入刑法教义学。至于李斯特所定义的那种实体性或者本体论意义上的刑事政策,则完全可以在刑法教义学之外,作为一门独立的学科进行专门性的研究。

根据笔者的观察,罗克辛的刑事政策可以与以下这些概念相等同:

第一,实质。在罗克辛的刑法词典中,"刑事政策"也成为"实质"

的同义语。这里的实质是在与形式相对应的意义上使用的,在此,刑法规范的形式性与刑事政策的实质性就成为一对范畴。与此同时,实质也在与实证相对应的意义上使用,具有价值的含义。例如,罗克辛在论及犯罪论时指出:"犯罪论,是人们对所有刑事政策立场进行提取和归纳,并以描述性、实证化(positivistisch)的方式进行形式上的归类,才设计出来的。"[1] 罗克辛在这里所定义的犯罪论,是指其目的理性的犯罪论,其中包含了刑事政策作为实质性的基本立场与具有形式性与实证性的刑法教义规则这两个层次的内容。因此,在罗克辛的犯罪论体系中,刑事政策可以视为是其实质性内容。

第二,价值。罗克辛还往往把刑事政策作为价值性的工具使用,刑事政策是一个价值性的概念而与事实性概念形成一种对应关系。在罗克辛看来,刑事政策就是一种价值判断。例如罗克辛在指出:"要将价值评价性各种分散的观点,放到其刑事政策的合法性上来考察——具体举例来讲,也就是,对构成要件进行法益上的、宽泛的目的性(teleologisch)上的解释,不可以盖过罪刑法定原则的保障功能。"[2] 在此,罗克辛是把价值评价性吸纳到刑事政策的概念之中。在罗克辛的目的理性的犯罪论体系中,刑事政策主要承担着价值性判断的职责。

第三,目的。罗克辛将其犯罪论体系称为目的理性体系,这里的"目的",在很大程度上是可以等同于"刑事政策"的。例如,罗克辛在论证刑法与刑事政策并不是对立而是统一的时候,指出:"更确切地说,刑法是这样一种形式,在这种形式中,人们将刑事政策的目的设定转化

---

[1] [德]克劳斯·罗克辛:《刑事政策与刑法体系》(第二版),蔡桂生译,中国人民大学出版社2011年版,第13页。
[2] [德]克劳斯·罗克辛:《刑事政策与刑法体系》(第二版),蔡桂生译,中国人民大学出版社2011年版,第58页。

到法律效力的框架之内。"① 在此，刑事政策就是一种目的。其实，在刑事政策是一种目的性思想这一点上，罗克辛是继承了李斯特的学说。李斯特最早提出了刑法的目的性思想，首次赋予目的这一概念以刑事政策的意蕴。但是，李斯特的刑事政策仍然是实体性的抗制犯罪的具体措施，而没有直接将刑事政策等同于目的。在罗克辛这里，则将刑事政策从实体性内容中抽离出来，因此刑事政策才可能等同于目的。

基于以上分析，在罗克辛的目的理性的犯罪论体系中，并没有一个统一的、完整的、确定的刑事政策概念，而是在各种不同的犯罪论阶层，具有不同的刑事政策概念。例如，在构成要件阶层，相对于对行为的实证性描述，刑事政策就是指对构成要件的实质性评判。在违法性阶层，相对于对正当化事由的形式性叙述，刑事政策就是指对违法性的价值性判断。在罪责阶层，相对于对罪责的心理性要素、规范性要素的论述，刑事政策就是指对罪责的目的性分析。这里还应当作出，贯穿罗克辛的目的理性的刑法体系的还有另一个重要概念，这就是功能，也译为机能，由此罗克辛的目的理性的刑法体系也称为功能性的（funktionalen）的刑法体系。这里的功能性，是与实证性相对应的一个概念是指主观上的目的设定性与客观上的功效呈现性。实证性的刑法体系是建立在所谓物本逻辑基础之上的；而功能性的刑法体系则是建立在价值选择基础之上的。在刑法体系中的功能性因素，也就是刑事政策因素。因此，罗克辛的刑事政策本身也不是存在论意义上的，而是价值论意义上的，是一种所谓观念性的刑事政策。

罗克辛还不是从存在论的犯罪论体系向价值论或者规范论的犯罪论体系演变这一历史过程的终点，这个终点是雅科布斯的机能主义刑法学。

---

① ［德］克劳斯·罗克辛：《刑事政策与刑法体系》（第二版），蔡桂生译，中国人民大学出版社2011年版，第49页。

如果说，李斯特—贝林的古典派犯罪论体系是纯粹的存在论的犯罪论体系，那么，目的行为论的犯罪论体系就是非纯粹的存在论的犯罪论体系；目的理性的犯罪论体系是非纯粹的规范论的犯罪论体系，雅科布斯的机能主义的犯罪论体系则是纯粹的规范论的犯罪论体系。① 在这个意义上说，罗克辛的目的理性的犯罪论体系仍然具有存在论与规范论并和的折中性质，只不过更偏向于规范论。

三、中国意识

李斯特鸿沟以及罗克辛贯通，对于中国刑法学者来说，究竟意味着什么？这是一个值得严肃思考的问题。

我国对于刑法和刑事政策的研究，在国家法治建设的召唤下，取得了令人瞩目的成绩，这是不容否定的。对于刑法学来说，我国正处在向刑法教义学转型的一个关键时期。严格来说，我国还没有建立起体系化的刑法教义学。就此而言，我国还处在李斯特时代。与此同时，我国的刑事政策研究已经形成了独立的学科。在我国刑事政策作为一个学科不仅独立于刑法学，而且独立于犯罪学，这在各个刑事法的理论格局中也是独具特色的。我国的刑事政策除了对刑事政策的基本原理的研究② 以外，还有对我国实际奉行的刑事政策的研究。③ 这些研究都在一定程度上促进了我国刑事政策的理论发展。就刑法与刑事政策的关系而言，我国刑法学界在以下三个方面的研究值得重视：

第一，刑法的刑事政策化研究。

---

① 参见方泉：《犯罪论体系的演变——自"科学技术世纪"至"风险技术社会"的一种叙述和解读》，中国人民公安大学出版社2008年版，第100页。
② 参见严励：《中国刑事政策的建构理性》，中国政法大学出版社2010年版。
③ 参见陈兴良：《宽严相济刑事政策研究》，中国人民大学出版社2007年版。

刑法的刑事政策化就是我国较为热门的一个话题。我国学者指出："所谓'刑法的刑事政策化'，就是在刑法的制定和适用过程中，考虑刑事政策，并将其作为刑法的评价标准、指引和导向。"① 根据学者的观点，刑法的刑事政策化可以分为两个环节：一是刑事立法的刑事政策化；二是刑事司法的刑事政策化。应该说，我国无论是刑事立法还是刑事司法都在很大程度上受到刑事政策的左右：从 1983 年起是严打的刑事政策，从 2005 年开始是宽严相济的刑事政策，都对我国的刑事立法与刑事司法产生了重大的影响。对于这种影响如何评价，当然不是在此笔者所要讨论的。这里只是指出，这种刑法的刑事政策化并不是李斯特以及罗克辛的话语体系中的刑法与刑事政策关系的内容。

第二，刑法与刑事政策的功能界分研究。

我国学者还从功能界分上对刑法与刑事政策的关系进行了探讨，指出："刑事政策与刑法关系应有正确定位。就刑事政策是刑法立法指针而言，刑事政策应优位于刑法；二者有各自发挥作用的界域，应各就各位，互不替代；刑事政策与刑法应相互制约，协调发展；相互推动，共同进步。二者关系的核心是在区别二者前提下的互动的制约、促进关系。刑法（主要通过其基本原则）对刑事政策的制约主要涉及刑事政策的制定和实施，这是法治的要求，是权利保障的要求；刑事政策对刑法的指导主要体现在法律的制定、实施和法律变革上，这是时代发展的要求，也是社会防卫的要求。而无论如何，倡行法治、保障人权是刑事政策和刑法都应该奉行的基本原则，是已为现代法治国家的刑事司法实践所证实的理性选择。"② 这一对刑法与刑事政策关系的讨论，是对作为实在法的刑法与实体性的刑事政策之间关系的一种理论分析，它和李斯特、罗克

---

① 黎宏：《论"刑法的刑事政策化"思想及其实现》，载《清华大学学报（哲学社会科学版）》2004 年第 5 期。

② 卢建平：《刑事政策与刑法关系的应然追求》，载《法学论坛》2007 年第 3 期。

辛讨论的作为教义学的刑法与作为方法论的刑事政策之间关系的话语体系也是完全不同的。

第三，刑事一体化研究。

在我国刑法学界，刑事一体化是一种具有学术影响力的思想，储槐植教授作为首位提出这一思想的学者，对我国刑法理论的发展作出了重要的贡献。储槐植教授在1989年发表在《中外法学》第1期题为《建立刑事一体化思想》一文中，首次提出了刑事一体化的概念，认为刑事一体化的内涵是刑法和刑法运行内外协调，即刑法内部结构合理（横向协调）与刑法运行前后制约（纵向协调）。[①]这一刑事一体化的思想主要还是就刑法的立法与司法而言的，并未涉及刑法作为一种理论及其与刑事政策之间的关系。此后，储槐植教授又对刑事一体化思想作了进一步的阐述，认为刑事一体化可以分为研究方法的刑事一体化和作为刑法运作的刑事一体化。其中，作为研究方法的刑事一体化，储槐植教授强调对刑法的全方位的研究，包括在刑法之中研究刑法、在刑法之外研究刑法、在刑法之上研究刑法。而作为观念的刑事一体化，储槐植教授旨在建造一种结构合理和机制顺畅（即刑法和刑法运作内外协调）的实践刑法形态。在此，储槐植教授论及刑事一体化与刑事政策的关系，指出："作为观念的刑事一体化与刑事政策的关系极为密切，一方面它要求良性刑事政策为之相配，同时在内涵是哪个又与刑事政策兼容并蓄，因为刑事政策的基本载体是刑法结构和刑法机制。"[②]在此，储槐植教授已经从刑法与刑事政策的理论形态上加以考察，追求两者的契合，从而触摸到了李斯特鸿沟，就其试图将刑事政策引入刑事一体化而言，在一定程度上跨越了李斯特鸿沟。当然，刑事一体化思想虽然在我国刑法学界得以广泛

---

① 参见储槐植：《刑事一体化与关系刑法论》，北京大学出版社1997年版，第294页。
② 储槐植：《刑事一体化论要》，北京大学出版社2007年版，第28页。

传播，但对刑法与刑事政策的具体研究却未能发生实质性的影响，存在"只见开花，不见结果"的令人遗憾的局面。笔者以为，这主要是因为我国尚未建立起严格意义上的刑法教义学，缺乏承接刑事一体化思想的理论载体。

近些年来，也是随着李斯特、罗克辛的学术著作传入我国，刑法与刑事政策这个德国问题也开始引起我国学者的关注，并进行了研究。[①] 在这其中，劳东燕教授的成果较为突出。劳东燕教授较早期以风险社会与风险刑法为题强势进入刑法学领域，[②] 在风险刑法的分析中已经采用了刑事政策的方法，这是对刑法问题分析采用刑事政策方法与视角的一种尝试。此后，劳东燕又发表专文讨论如何将刑事政策引入规范刑法学之中，[③] 这里的规范刑法学其实就是指具有刑法学。劳东燕教授肯定了在刑法教义学中引入刑事政策的必要性，指出："德日刑法学者将刑事政策引入刑法教义学的研究之中，绝不是学者一时兴起的闭门造车，而是代表着刑法理论发展的走向。将刑事政策弃之不顾的做法，已经难以获得基本的正当性。缺乏刑事政策这一媒介，不仅刑法与社会现实之间的联系通道会全面受阻，刑法教义学的发展也会由于缺乏价值导向上的指引而变得盲目。"[④] 劳东燕教授还用这一方法，对刑法教义学中的有关问题进行了示例性的分析。尤其值得肯定的是，劳东燕教授注意到了刑法教义学与刑事政策、李斯特与罗克辛之间的这种学理上的差异，对刑法体系与刑事政策的关系，从费尔巴哈，经由李斯特，再到罗克辛的学术演变路

---

① 参见谢望原：《论刑事政策对刑法理论的影响》，载《中国法学》2009 年第 3 期。
② 参见劳东燕：《公共政策与风险社会的刑法》，载《中国社会科学》2007 年第 3 期。
③ 参见劳东燕：《罪刑规范的刑事政策分析——一个规范刑法学意义上的解读》，载《中国法学》2011 年第 1 期。
④ 劳东燕：《罪刑规范的刑事政策分析——一个规范刑法学意义上的解读》，载《中国法学》2011 年第 1 期。

径进行了梳理。① 这是我国学者最先对刑法教义学与刑事政策关系这一问题予以关注，并将其转换为中国问题，这为我们正确地认识刑法教义学与刑事政策的关系奠定了基础。

当前，我们已经来到李斯特鸿沟之前，并且目睹了罗克辛的贯通。在这种情况下，我国刑法学意欲何为，去向何方？这是一个决定着我国刑法学发展的命运之问，也是李斯特鸿沟以及罗克辛贯通的中国意识之所在。笔者认为，李斯特鸿沟以及罗克辛贯通对于我国刑法学具有启迪意义，使我们对刑法教义学的基本问题进行重新审思。

（一）从四要件到三阶层犯罪论体系转变

如前所述，我国尚处在李斯特时代，严格意义上的刑法教义学还没有建立起来。在这种情况下，建构刑法教义学体系可以说是我国刑法学界的当务之急。四要件的犯罪论体系与三阶层的犯罪论体系之争，就是刑法教义学建构中涉及的一个发展路径问题。

四要件是以社会危害性为其逻辑出发点的，在此基础之上建立起来的犯罪论体系，并不是一个刑法教义学的体系。例如，苏联学者在论述社会危害性与犯罪构成的关系时，认为社会危害性是犯罪构成的属性，两者是统一的，犯罪构成是犯罪的法律形式，而社会危害性是犯罪的社会政治内容，犯罪是法律形式与社会政治内容的统一体，两者不可分割。苏联学者皮昂特科夫斯基指出："作为一种法律概念的犯罪构成，应该表现出犯罪的实质，揭露犯罪的政治内容及其对社会主义制度基础或社会主义法律秩序的危害性。每一个犯罪行为，按其客观特征来说，就是行为的一定的事实特征和行为的社会属性——对苏维埃制度或社会主义法律秩序的危害性。行为的社会危害性，这就是对行为的社会政治评

---

① 参见劳东燕：《刑事政策与刑法体系关系之考察》，载《比较法研究》2012年第2期。

价。因此，不仅应该把每一犯罪行为的事实特征列为犯罪构成的特征，而且也应该把它的社会属性，即行为的社会危害性也列为犯罪构成的特征。"[①] 在这种观点看来，犯罪构成是犯罪的事实特征与社会政治内容的统一。如果把事实特征理解为是犯罪的存在论意义上的特征，那么，社会政治内容就是价值论意义上的特征。显然，这一犯罪构成体系已经完全不是李斯特那种实证主义的犯罪论体系，而是将价值判断引入了犯罪构成体系之中。这种具有强烈政治色彩的价值内容是从犯罪的实质概念中引申出来的，具有对于犯罪的事实特征明显优势，在没有建立事实与价值之间的位阶关系的情况下，这种四要件的犯罪构成就沦为社会危害性的构成。因此，苏联的四要件的犯罪论体系具有实质主义的性质。

这一点也体现在苏联学者对德国古典派犯罪论体系的批判当中。例如，苏联学者指出："资产阶级刑法并不运用社会危害性这一概念，而只运用犯罪构成及违法性的概念，同时也未揭露出它们的阶级本质。资产阶级借抽象的结构，将犯罪构成的概念与违法性的概念截然对立起来。他们宣称：这些概念是完全独立的和互相隔离的。"[②] 这里的资产阶级刑法就是指李斯特—贝林的犯罪论体系，指责这一犯罪论体系将犯罪构成视为一种纯粹描述性质的抽象的法律上的结构。此外，苏联学者特拉伊宁也对古典派的犯罪论体系的客观性—形式性特征进行了批判，指出："贝林把犯罪构成同那种作为犯罪构成而不具有任何主观色彩的行为混为一谈，使主体的抽象行为达于极限。犯罪构成是犯罪的无形的反映。这样一来，贝林就把犯罪构成由日常生活中的事实变成了脱离生活实际的抽

---

① [苏] A.A.皮昂特科夫斯基：《社会主义法制的巩固与犯罪构成学说的基本问题》，孔钊译，载中国人民大学刑法教研室编译：《苏维埃刑法论文选译》（第1辑），中国人民大学出版社1955年版，第82页。
② [苏] T.B.采列捷里、马卡什维里：《犯罪构成是刑事责任的基础》，高铭暄译，载中国人民大学刑法教研室编译：《苏维埃刑法论文选译》（第1辑），中国人民大学出版社1955年版，第63页。

象的东西,变成了'时间、空间和社会以外的'一个概念。"① 特拉伊宁是从行为人刑法、实质主义刑法的角度对古典派的犯罪论体系的责难,实际上也就是对作为古典派的犯罪论体系之根基的罪刑法定原则的否定性评价。

当犯罪构成突破了罪刑法定限制的时候,刑事政策就如同脱缰的野马,对公民权利与自由所主宰的市民社会肆意践踏的危险就会随之而来。正是在这个意义上,笔者曾经提出"回到贝林"的学术口号,指出:"我国犯罪论体系的转型,除了应当对特拉伊宁的犯罪构成一般学说进行批判性反思,还必须重新审视贝林的构成要件论,甚至在一定意义上回到贝林,并以贝林为理论起点重新出发。"② 笔者在这里所说的"回到贝林",是指从特拉伊宁回到贝林,是在拨乱反正意义上的回到贝林。因此,这里的"回到贝林"只是一种学术上的象征或者姿态,并非真要全盘接受李斯特—贝林的古典派犯罪论体系。我们已经回不到贝林,也已经回不到李斯特,因为他们创立的存在论的犯罪论体系已经被规范论的犯罪论体系所超越。但这一点也不妨碍我们回望李斯特鸿沟,遥想当年李斯特在刑法教义学与刑事政策之间划河为界的英姿。

苏联学者对古典派的犯罪论体系的批判,在某种意义上似乎与罗克辛的批判具有相似之处,都是揭示了古典派犯罪论体系的形式—实证主义的叙述缺乏价值性内容。但是,两者之间又存在着根本的差异。这种差异就表现在:苏联的四要件犯罪论体系将以社会危害性为标志的实质性价值概念作为整个刑法体系的基石范畴,而这种实质性价值概念凌驾于学术性的构成要件之上,难以避免定罪过程中的主观任性与专断。换言之,李斯特通过建构实证主义的犯罪论体系以抵御刑事政策侵入的意

---

① [苏] A.H. 特拉伊宁:《犯罪构成的一般学说》,王作富等译,中国人民大学出版社1958年版,第16页。
② 陈兴良:《构成要件论:从贝林到特拉伊宁》,载《比较法研究》2011年第4期。

图完全落空。而罗克辛则在保留了李斯特的阶层性的犯罪论体系结构的前提下，将刑事政策引入犯罪论体系。在三阶层的框架内，刑事政策仍然受到罪刑法定原则的限制。对于罗克辛的目的理性的犯罪论体系来说，罪刑法定原则仍然是其犯罪论体系的边界。通过对罪刑法定原则功能的实质化阐述，罪刑法定原则不仅具有形式上的排除不具有构成要件的行为的消极出罪功能，而且具有实质上的限缩符合构成要件的行为的积极出罪功能。因此，苏联学者对李斯特犯罪论体系的政治性批判与罗克辛对李斯特犯罪论体系的功能性超越，具有完全不同的性质，两者不能混为一谈。

在我们今天，李斯特的古典派犯罪论体系所具有的形式—实证主义的特征仍然具有参考意义。从四要件到三阶层的犯罪论体系的转变，是我国借鉴德日犯罪论体系的必由之路。在犯罪论体系的建构中，罪刑法定原则作为刑法教义学的出发点。刑法教义学不是一种以应然性的价值为研究对象的学科，而是一种以实然性的法条为研究对象的学科。在这一点上，刑法教义学与刑事政策之间是存在重大区别的。例如罗克辛在论及刑事政策学时指出："刑事政策学的研究对象不是那些已经存在（ist）的法律的形成，而是那些根据目的的要求本来应当存在（sein sollen）的法律的形成。"① 这里的已经存在就是指实然，而本来应当存在就是指应然。在罗克辛看来，刑事政策学是应然性的学科；与此对应，教义刑法学就是实然性的学科。这种实然性表现在它以现行法条为其逻辑出发点，这也是罪刑法定原则的应有之义。德国学者在论述教义学时，提出了既有给定（ex datis）概念，指出："教义学的思想经常被视为一种不能批判思想的典范。这就表明：教义学是以自身已经确定而无须再作任何检验的信条为前提的，而且通过对这些前提的深入思考可以进一步

---

① ［德］克劳斯·罗克辛：《德国刑法学总论》（第1卷），王世洲译，法律出版社2005年版，第133页。

认识教义学。这种理解其实是以预先给定的内容和权威为前提，而不是对该前提进行批判性检验。"[1] 因此，刑法教义学具有对刑法文本的解释性的特征，这种解释又不能超越法律的语义边界。正是在这种罪刑法定原则的限制之下，刑法教义学获得了其合法性与正当性。

刑法教义学虽然以刑法文本为对象，并受到罪刑法定原则的限制。但刑法教义学又不是对刑法文本的简单诠释，而是根据一定的内在精神演绎成一个知识体系。在此，阶层式结构作为刑法教义学的框架，起到了至关重要的作用。李斯特首先奠定了不法与罪责的位阶关系，提出了刑法制度中的罪责只能在违法性学说之后来探讨的命题。[2] 此后，贝林提出并完善了构成要件的理论，由此形成三阶层的犯罪论体系。这种犯罪论体系的阶层式构造，可以说是德国刑法学的标志性成果。例如目的行为论的创始人威尔泽尔指出："将犯罪分为构成要件符合性、违法性和罪责三个阶层，是过去两三代人所取得的最为重要的学理成果。将犯罪分解为互相组合的三个评判和评价阶层，给法律适用带来了高度的理性和安全性；而且，借诸评价阶层之区分，还使获得正义的最终结论成为可能。因此，贯彻这一区分的法律体系就比不存在这种区分的法律体系更为优越（überlegen）。德国的法律科学普遍接受了这种三分法，德国的实践也以它作为判决的基础。"[3]

如果说，阶层是这一犯罪论体系的框架；那么，体系化的知识就是这一体系的内容。框架是较为稳定的，但内容却是变动的。这里的知识就是指各种刑法的教义学原理，它构成了刑法教义学的最为活跃的部

---

[1] ［德］沃尔福冈·佛里希：《法教义学对刑法发展的意义》，赵书鸿译，载《比较法研究》2012年第1期。

[2] 参见［德］李斯特：《德国刑法教科书》（修订译本），徐久生译，法律出版社2006年版，第168页。

[3] ［德］汉斯·威尔泽尔：《进百年的德意志刑法学理与目的行为论（1867—1966）》，蔡桂生译，载陈泽宪主编：《刑事法前沿》（第六卷），中国人民公安大学出版社2012年版，第233–234页。

分。罗克辛指出:"刑法信条学并不满足于把各种理论原理简单地合并在一起,并且一个一个地对它们加以讨论,而是努力要把在犯罪行为的理论中产生的全部知识,有条理地放在一个'有组织的整体'之中,通过这种方法,使人们能够清楚地认识各个信条(Dogmen)之间的内在联系。"① 这样一个阶层式的犯罪论体系形成以后,尽管此后随着各个刑法学流派的演变,刑法教义学的具体内容发生了重大的变化,但这个体系本身并没有根本性的变动。即使是罗克辛的目的理性的犯罪论体系,也还是承接了这一体系结构。而在我国,阶层式的犯罪论体系虽然开始受到重视,结合中国刑法规定进行本土化改造的学术努力也始终没有停止,但平面式的四要件体系仍然占据着重要位置。

从李斯特鸿沟到罗克辛贯通,我们首先需要面对的是李斯特的刑法教义学体系。只有具备了这一阶层式的犯罪论体系的基本框架,我国的刑法教义学才能获得发展的基础。我们应当看到,从李斯特—贝林的古典派的犯罪论体系,经过新古典派的犯罪论体系、目的行为论的犯罪论体系,最后到罗克辛的目的理性的犯罪论体系,这是一个将近百年的演变过程。罗克辛的体系并不是对李斯特体系的简单否定,而是以其为学术嬗变的起点所进行的长达百年、历经数代刑法学人的努力所达致的学术境界。因此,我们也应该将学术起点确定在李斯特,当然不是重复从李斯特到罗克辛的跋涉过程,而是充分关注这一过程所涉及的问题,并在中国的语境下解决这些问题。

(二)刑事政策对刑法教义学的目的引导

如前所述,李斯特的形式—实证主义的犯罪论体系是其特定历史条件下的产物,对于张扬罪刑法定主义,防止司法权的滥用,具有不可低

---

① [德]克劳斯·罗克辛:《德国刑法学总论》(第1卷),王世洲译,法律出版社2005年版,第118页。

估的历史意义。当然，李斯特体系本身具有先天的不足，这主要表现在李斯特似乎过分夸大了立法者的立法能力。因为，李斯特的体系是一个纯粹形式的体系，这一体系要发挥积极作用，完全取决于立法者在立法过程中，已经将犯罪毫无遗漏地规定在刑法当中。在这种情况下，司法者只要形式地根据刑法法条认定犯罪，就能够实现刑法的目的。例如，李斯特指出："根据现今的法律观，成文法（广义上的法律）是刑法规范的惟一渊源。刑法的所有规范都同属于制定法（gesetztes Recht）。当代的刑法立法从假定其完整性出发，并在此假设的基础上提出排他性要求。刑法立法反映了1789年和1791年《法国宪法》反复强调的、1919年《帝国宪法》第116条明确规定的要求：'刑罚之科处，应以行为实施前，可罚性明定于法律者为限'（Nullum crimen sine lege, nulla poena sine lege）。只有那些被法律明确规定科处刑罚的行为才受到刑法处罚，而且，所科处之刑罚只能是法律明文规定之刑罚。"[1]请注意在李斯特以上这段话中的这两个词：完整性与排他性。这里的完整性，是指立法者对犯罪作了完整的规定，法律规范本身已经体现了实质合理性。在这种情况下，司法活动只要坚持形式合理性就足以实现法律正义。立法的实质理性与司法的形式理性的完美结合，造就了其形式—实证主义的犯罪论体系。也只有如此，才能具有罪刑法定原则对法无明文规定的行为进行排他性的处置。

对于法无明文规定不为罪的原则当然是要坚持的，但罪刑法定原则只是设立了对外抵御司法权滥用的防线，却没有考虑进入构成要件的行为本身仍然需要进行实质合理性的审查。李斯特的思想具有明显的立法中心主义和立法完美主义的特征，这是一种古典学者所坚持的法律乌托邦思想，并不符合立法的现实。事实上，任何法律都不是完美无缺的，刑法也不例外。在刑法中，除了超法规的违法阻却事由刑法典不能一一

---

[1] [德]李斯特：《德国刑法教科书》（修订译本），徐久生译，法律出版社2006年版，第126页。

明文列举以外，刑法规定的概然性与粗疏性，都有必要进行价值补充。在这种情况下，具有实质价值性的刑事政策进入犯罪论体系，尤其是进入构成要件，具有其合理性。例如，我国目前的刑法中，存在所谓兜底条款，甚至口袋罪，这与罪刑法定主义所要求的明确性原则是存在较大距离的。但在我国尚不存在对刑法的违宪审查制度的情况下，只能依靠刑事政策进行价值填补。例如德国学者许乃曼认为在刑法总则中，立法者所使用的专有名词，经常有广阔的概念回旋空间，对此，司法者有权并且有义务发挥造法机能，将立法者所留下的迂回空间予以填满。许乃曼指出："在这里，透过目的手段限缩（Zweck-mittel-Reduktion），亦即借着审查符合特定法律体制目的的事实，所进行的除规范化，即具有极重大的意义。"① 在罪刑法定原则限度内的刑事政策填补，具有目的性的限缩功能，并不会扩张犯罪的范围，反而会限制犯罪的范围。

在我国的刑法教义学体系中，也同样应当以刑事政策为引导。当然，刑事政策在刑法教义学中作用的发挥应当以一定的教义学原理为中介，而不是生硬地直接采用刑事政策进行解释。在我国以往的司法解释中，存在对刑法相关问题根据刑事政策所做的解释。例如，1984年4月26日最高人民法院、最高人民检察院、公安部《关于当前办理强奸案件中具体应用法律的若干问题的解答》规定："第一次性行为违背妇女的意志，但事后并未告发，后来女方又多次自愿与该男子发生性行为的，一般不宜以强奸罪论处。"在这一解释中，第一次违背妇女意志与之发生性关系的行为已经构成强奸罪，其性质并不以此后情况的变化而改变。但前引司法解释规定，对此不以强奸罪论处，不是刑法教义学的结论，而是刑事政策的判断。又如，1996年12月16日最高人民法院《关于审理诈骗案件具体应用法律的若干问题的解释》规定："对于多次进行诈骗，

---

① ［德］许乃曼：《刑法体系思想导论》，载许玉秀、陈志辉合编：《不移不惑献身法与正义——许乃曼教授刑事法论文选译》，台北新学林出版股份有限公司2006年版，第295页。

并以后此诈骗财物归还前次诈骗财物,在计算诈骗数额时,应当将案发前已经归还的数额扣除,按实际未归还的数额认定,量刑时可将多次行骗的数额作为从重情节予以考虑。"这是对诈骗犯罪中所谓拆东墙补西墙现象的数额认定问题的规定,这种以归还他人诈骗款为动机的诈骗,影响诈骗罪的成立。因此,根据刑法教义学的推理,多次诈骗的数额本来应该累计计算。但前引司法解释却规定对于案发前已经归还的诈骗数额不计入诈骗数额,这也只能理解为是一种刑事政策的考量。这些规定都是有利于被告人的,因此具有合理性。

当然,如果将刑事政策的精神借助于刑法教义学原理进行解释,则可以取得更好的效果。例如,罗克辛的客观归责就是对构成要件进行刑事政策的实质化判断的重要理论,通过深入研究,罗克辛创制了一系列的教义学规则,从而将刑事政策与刑法教义学完美地融合在一起。在罗克辛的客观归责理论中,包含具有强烈的刑事政策色彩的目的性解释方法的运用。这种目的可以分为规范保护目的与构成要件的规范目的,对此罗克辛作了严格的区分。[①] 规范保护目的中的规范是指前刑法规范,例如,在罗克辛所举的脚踏车案中,因为前后两个脚踏车的行车人都没有点灯,结果前一个脚踏车的行车人将他人撞伤。如果后一个脚踏车的行车人点灯,就可以避免前一个脚踏车的行车人将他人撞伤的事故发生。在这种情况下,后一个脚踏车的行车人没有在夜间行车时点灯,创设了法所不允许的风险。但夜行时脚踏车要点灯这一规范是为了避免行车人本人与他人发生交通事故,而不是要骑车人点灯照亮公共道路,防止别人发生交通事故。根据这一规范保护目的原理,前一个脚踏车的行车人将他人撞伤的结果不能归责于后一个脚踏车的行车人。而构成要件的保护目的则是指刑法对某一犯罪的构成要件的设置所要达致的立法目的。

[①] 参见[德]克劳斯·罗克辛:《德国刑法学总论》(第1卷),王世洲译,法律出版社2005年版,第256、262页。

在这一构成要件的保护目的之内的行为与结果,称为构成要件的效力范围。例如我国学者冯军采用这种构成要件的规范目的的原理对我国《刑法》第133条之一规定的危险驾驶罪进行了分析,在论及这种规范目的分析方法时,冯军教授指出:"对任何一个刑法条文的解释和适用,都必须从其规范的目的出发,刑法分则中每一个规定了犯罪构成要件和法定刑的条文,都具有自己特定的规范目的。如果已经存在的刑法条文足以实现某一目的,就不需要为实现这一目的而另外设立新的具有罪刑构造的刑法条文。"① 显然,这种以刑法教义为依托的刑事政策更能够在刑法教义学体系中获得合理定位并实现其应有的功能。

我国刑法对于犯罪的规定具有罪量要素,这是一个极具中国立法特色的问题。关于罪量要素在犯罪论体系中的地位问题,我国刑法学界展开了广泛而深入的讨论,成为我国刑法教义学研究中十分突出的一个刑法热点问题。关于罪量要素的体系性地位的探讨,当然涉及何种犯罪论体系这一前提条件:是指在四要件的犯罪论体系中的地位,还是指在三阶层的犯罪论体系中的地位,或者是指在笔者所主张的罪体、罪责与罪量这一三位一体的犯罪论体系中的地位?以往较多的是在四要件的犯罪论体系中讨论,现在较多的是在三阶层的犯罪论体系中讨论。在采用三阶层的犯罪论体系中讨论的时候,对罪量要素的性质提出了各种观点,例如处罚条件说、构成要件要素说、区分对待说等。② 其中,较有影响的观点包括王莹博士提出的在构成要件基本不法量域基础上的类构成要件复合体的学说。③ 以上观点大多是在构成要件的范畴内为罪量要素提供栖身之所。因为构成要件要受刑法教义学原理的支配,罪量要素的构成要件要素说或多或少地存在某些逻辑上的障碍。

---

① 冯军:《论〈刑法〉第133条之一的规范目的及其适用》,载《中国法学》2011年第5期。
② 参见王强:《罪量因素:构成要件抑或处罚条件》,载《法学家》2012年第5期。
③ 参见王莹:《情节犯之情节的犯罪论体系定位》,载《法学研究》2012年第3期。

值得注意的是，梁根林教授在其论文中，从但书的刑事政策机能这一命题出发，将罪量要素分为消极罪量要素与积极罪量要素，认为消极罪量要素是指但书关于"情节显著轻微危害不大的，不认为是犯罪"的规定，而积极的罪量要素是指刑法分则以明示或者暗示的方式规定的反映行为不法程度的罪量要素，是但书这一消极罪量要素规定在刑法分则罪状中的正面展开。梁根林教授指出："消极罪量要素与积极罪量要素，分别对应于刑法总则侧重出罪机能的发挥与刑罚分则强调入罪机能的发挥。"① 在此，存在一个矛盾，既然所谓积极罪量要素是消极罪量要素在刑法分则的正面展开，那么，两者的机能应该是相同的，又怎么能够得出结论说消极罪量要素的机能是出罪而积极罪量要素的机能是入罪呢？正是从积极罪量要素的机能是入罪这一观念出发，梁根林教授指出："就其功能而言，罪量要素都可以被解读为刑罚扩张事由。因此，在区分不法与罪责的阶层犯罪论体系中，为了贯彻责任主义原则，不宜将这些与不法和责任及其程度直接相关的罪量要素，简单地置换为客观处罚条件，使其游离于罪责的规制之外，成为决定犯罪成立的纯粹客观事实情况。既然罪量要素与不法和罪责相关，不是客观处罚条件，就可能将其分别纳入不法构成要件要素和责任要素。"②

笔者认为，无论是消极罪量要素还是积极罪量要素，都具有出罪功能而非入罪功能。换言之，刑法分则规定的罪量要素相对于没有规定罪量要素的立法语境而言，其是刑罚限缩事由而非刑罚扩张事由。在这种情况下，笔者认为对于我国刑法中的罪量要素应当采用刑事政策的解释。在《规范刑法学》一书的第三版，笔者在论及罪量要件的性质时指出："罪量作为犯罪构成的要件之一，具有明显的刑事政策色彩。刑事政策对于刑法具有指导意义，对于犯罪构成具有制约功能。我国刑法对罪量要

---

① 梁根林：《但书、罪量与扒窃入罪》，载《法学研究》2013 年第 2 期。
② 梁根林：《但书、罪量与扒窃入罪》，载《法学研究》2013 年第 2 期。

素的规定,表明我国刑法限制犯罪范围,因而限制司法权,同时赋予公安机关较大的治安处罚权。"① 因此,从刑事政策的观念出发,将罪量要素看作是刑罚限缩事由,从而把罪量要件界定为客观处罚条件,在逻辑上并无太大问题。

(三) 刑法教义学对刑事政策的边界控制

刑事政策作为一种价值判断,在刑法体系中的功能发挥,应当受到刑法教义学的有效限制,这也是罪刑法定原则的应有之义。但是,我们在这里所说的刑法教义学对于刑事政策的功能限制,与李斯特将刑事政策拒之于刑法教义学大门之外的鸿沟战术是完全不同的。正如罗克辛所做的那样,刑事政策应当引入刑法教义学,但基于形式判断先于实质判断的阶层构造,刑法教义学完全可以约束刑事政策,使之发挥人权保障的实质合理性功能。例如罗克辛指出:"从信条学与立法者的刑事政策目标想象的联系中,可以得出这样一种结论,例如,在利益冲突状态下,在详细说明那种决定举止行为的社会有益性或者有害性并因此决定该行为的违法性的秩序原则时,起决定作用的是这个根据法律制度可以看得见的基本原则而不是那种解说者个人的价值想象。同样,在人们根据刑罚目的理论的刑事政策观点来解释责任范畴并加以体系化时,也不是根据学者或者法官在刑罚目的方面所具有的想法,而是应当以从法律规定的免责根据和可能过分塑造的宪法方面能够赢得的目标为基础的。"② 在刑法教义学框架之内,刑事政策的价值判断不会导致主观武断与专横,而是具有其边界。因此,只要通过刑罚教义学原理正确地加以限制,刑事政策只能发挥其出罪的功能而不可能发挥其入罪的功能。德国学者金

---

① 陈兴良:《规范刑法学》(第三版)(上册),中国人民大学出版社 2013 年版,第 198 页。
② [德]克劳斯·罗克辛:《德国刑法学总论》(第 1 卷),王世洲译,法律出版社 2005 年版,第 138 页。

德豪伊泽尔教授提出了用教义学来控制刑事政策的边界的命题，指出："对于自己根基的自我反思以及由此而引发的更尖锐的意识，即刑罚是一种亟需正当化的恶，使得持有完全不同的政治立场和完全不同的世界观的刑法学者在基本态度上取得了一致，亦即：必须指出刑事政策的边界。"[1] 刑法教义学对于刑事政策的限制主要是通过罪刑法定原则实现的，该原则所派生的"刑法的不完整性特征"（fragmentarischer charakter）成为体系性工作的限制。

在我国刑法学界，存在以社会危害性为中心的、具有强烈的实质冲动的思想基础，这主要体现在四要件的犯罪论体系之中。随着四要件的犯罪论体系的逐渐消解，三阶层的犯罪论体系得以传播。但在传统的社会危害性观念没有得到有效清算的情况下，社会危害性会以法益侵害性、处罚必要性以及刑事政策等实质性的判断根据而出现在刑法体系中，这只不过是社会危害性观念的替身而已。对此，我们必须保持足够的警惕。在这当中，存在一个如何正确处理价值判断与法教义学的关系问题。法教义学并非不要价值判断，而是要限制价值判断。刑法更是如此。正如我国学者劳东燕教授指出："在刑法体系中，基于罪刑法定的制约，并非任何法外的价值判断都允许被引入。因为罪刑法定原则是形式合理性与实质合理性的统一体，它将实质合理性的内容即法律之目的及刑事政策的影响，严格限制在该刑事政策对于法律条文文字明示而确实表达的范围内。由此，在法无明文规定时，一项入罪性的决定即使属于合理的价值判断，在刑法中也并无存在的空间。"[2]

对于这种将法教义学背景之下的价值判断分为法外价值判断与法内

---

[1] ［德］沃斯·金德豪伊泽尔：《适应与自主之间的德国刑法教义学——用教义学来控制刑事政策的边界》，蔡桂生译，载《国家检察官学院学报》2010年第5期。

[2] 劳东燕：《刑事政策与刑法解释中的价值判断——兼论解释论上的"以刑致罪"》，载《政法论坛》2012年第4期。

价值判断的分析进路，笔者是赞同的。德国学者金德豪伊泽尔教授所说的"刑法的不完整性特征"观念就是禁止法外价值判断的合适理由。法内价值判断当然是不可或缺的，这也毋庸置疑。对于概然性条款、兜底式罪名，都存在价值填充的必要性。但是，法内价值判断也存在一个限度的问题，在进行这种法内价值判断的时候，仍然需要遵循法教义学规则。例如，在我国引起广泛关注的"以刑制罪"的问题，就是值得慎思的。我国学者高艳东教授较早提出了所谓量刑与定罪的互动论，认为为了量刑公正可以变换罪名。① 这里的变换罪名通常是指选择较重之罪名。劳东燕教授也指出："由于应受刑罚处罚必要性以及程度具体乃是通过刑罚的严厉性程度来体现，这意味着，解释犯罪成立要件时必须考虑刑罚问题，确切地说是应当以相关法条所规定的法定刑及其适用作为解释的基点。不妨把这种现象称为'以刑制罪'。顾名思义，它指的是应予适用的刑罚的严厉程度反过来会制约与影响犯罪成立要件解释。"② 以刑制罪，其实就是重法优于轻法，也就是较重的刑罚决定罪名。在法条竞合等情况下，均有此类观点。就在法律范围内而言，进行这种价值判断似乎有益无害，而且有助于罪刑相适应原则的实现。笔者认为，以刑事政策为基础的价值判断即使在法律范围内，也还是要遵循法教义学的规则，这是对立法者的尊重，而立法者是法条背后的价值决定者。因此，对于以刑制罪这样一些充满实质性内涵的方法论，还是要予以警觉。

如何用刑法教义学限制刑事政策，涉及我国存在重大争议的一个理论问题，这就是形式解释论与实质解释论之争。③ 如果仅仅看表象，似乎

---

① 参见高艳东：《量刑与定罪互动论：为了量刑公正可变换罪名》，载《现代法学》2009年第5期。

② 劳东燕：《刑事政策与刑法解释中的价值判断——兼论解释论上的"以刑致罪"》，载《政法论坛》2012年第4期。

③ 这一争议的主要文献，参见陈兴良：《形式解释论的再宣示》，载《中国法学》2010年第4期；张明楷：《实质解释论的再提倡》，载《中国法学》2010年第4期。

形式解释论就是不要实质判断，因此十分容易造成对形式解释论的误解。其实，这种误解也是对形式法治的经典误解，例如我国法理学者陈金钊教授指出："对形式法治的经典误解是认为其不问法之善恶，其实，情况并不是这样。形式法治论者只是更多地关心法律之内的善，而疏于关心法律之外的善；要用法律祛除立法者认定的恶，而没有顾及法律本身也可能产生恶，对于善恶这种基于主观评判的结论采取了漠视的姿态，而钟情于法律已经明确的标准。"①

对于坚持罪刑法定原则的刑法来说，所谓法律本身产生的"恶"，无非有以下两种情形：一是应当入罪而没有规定入罪；二是应当出罪而没有规定出罪。对于前者，基于法无明文规定不为罪的原理，无论如何也不能入罪，这是罪刑法定原则的代价。对于后者，完全可以通过实质性的价值判断予以出罪而并不违反罪刑法定原则。因为，罪刑法定原则只是限制对法无明文规定的行为入罪，但并不禁止对法有明文规定的行为出罪。在法有明文规定的行为出罪这一点上，完全可以进行实质判断。因此，形式解释论意图通过形式特征限制对法无明文规定的行为入罪。实质解释论一般是以实质法治思想为其依归的，但这种实质法治论本身也隐藏着危险性，对此陈金钊教授提出了实质法治带有毁灭法治的倾向的命题，并进行了论证。② 这并不是危言耸听。当然，实质解释论也不是完全否定形式的功能，但在实质性价值内容的逼迫之下，形式的疆域难以坚守。目前，我国赞同实质解释论的学者为数不少，只不过出现一些具有折中色彩的实质解释论，例如所谓保守的实质解释论、③ 修正的实质

---

① 陈金钊：《实质法治思维路径的风险及其矫正》，载《清华法学》2012年第4期。
② 参见陈金钊：《实质法治思维路径的风险及其矫正》，载《清华法学》2012年第4期。
③ 参见魏东：《保守的实质刑法观与现代刑事政策立场》，中国民主法制出版社2011年版，第8页以下。

解释论①等。其实，这些观点与笔者所宣称的形式解释论已经相去不远。笔者认为，形式解释论与实质解释论之争的关键，还是如何理解罪刑法定原则的精神的问题，更是如何在刑法教义学中利用教义学规则限制刑事政策的问题。

这里特别需要说明的是，德国问题在中国语境下展开的时候，我们必须要关注中国与德国在刑事法治发展阶段上的差异，正是这种差异，决定了要从中国法治现实出发选择理论观点。可以说，我国刑法面临的是双重的使命：既要坚定地站稳罪刑法定主义的立场，因此需要扎紧形式法治的篱笆，抵御法外价值判断的侵入。在这个意义上，李斯特鸿沟对我们仍然具有启迪。同时，我们毕竟已经来到21世纪，刑法教义学也已经完成了从存在论到价值论的历史性跨越。刑事政策进入刑法教义学在其体系框架内可以发挥实质性的功能，从而使刑法不仅成为消极的人权保障的工具，而且成为积极的实现正义的武器。因此，罗克辛贯通对于我国刑法学界也是具有现实意义的。我们无须回到李斯特，也没有必要重新跨越李斯特鸿沟，我们可以直接享受罗克辛贯通的成果。然而，我们还是必须在思想上经历一遍从李斯特鸿沟到罗克辛贯通的学术历程。

也许，这是一种学术上的忆苦思甜。

---

① 参见王海桥：《刑法解释的基本原理——理念、方法及其运作规则》，法律出版社2012年版，第93页以下。

第九章 刑事政策视野中的刑罚结构调整

面临体制转轨与社会转型带来的巨大的犯罪压力，如何调整刑罚结构，以实现刑法的保障人权与保护社会的双重机能，这是摆在我们面前的一个重大课题。在此，笔者将从刑事政策的基本理念出发，就刑罚结构调整问题略抒己见，求正于学界同仁。

一、刑罚结构调整的刑事政策根据

刑事政策意味着一种"选择"，法国刑法学家马克·安赛尔（Marc Ancel）曾言："刑事政策是由社会，实际上也就是由立法者和法官在认定法律所要惩罚的犯罪，保护'高尚公民'时所作的选择。"[1] 在安赛尔此言中，尽管关于刑事政策的内容尚可商榷，但将刑事政策视为一种"选择"，确是精当之论。这种选择的结果将在极大程度上影响刑事立法，包括刑罚结构的构筑。

意大利著名刑法学家贝卡里亚指出："刑罚的规模应该同本国的状况相适应。在刚刚摆脱野蛮状态的国家里，刑罚给予那些僵硬心灵的印象应该比较强烈和易感。为了打倒一头狂暴地扑向枪弹的狮子，必须使用闪击。但是，随着人的心灵在社会状态中柔化和感觉能力的增长，如果

---

[1] ［法］马克·安赛尔《社会防卫思想》，卢建平译，香港天地图书有限公司1988年版，第12页。

想保持客观与感受之间的稳定关系,就应该降低刑罚的强度。"①贝卡里亚这段话阐明了一个刑事政策的基本理念:刑罚的轻重不是一成不变的,而是以时间与地点为转移,尤其是犯罪的态势在很大程度上决定着刑罚的规模和强度。正因为如此,刑罚结构,即刑罚的规模和强度应当根据社会环境和犯罪态势的变动而及时进行调整。这种调整,就是一种选择:对刑罚规模与刑罚强度的选择。

基于刑事政策而对刑罚结构的调整,涉及对犯罪与刑罚这两种社会现象本身的分析。因为作为刑事政策的选择,总是有所凭据的。而没有对犯罪与刑罚的深刻认识,就不可能在刑事政策上对刑罚结构作出科学的选择。

在刑事政策的视野中,犯罪是作为一种对象物而存在的,一切刑事政策均围绕犯罪而展开。因此,对犯罪现象的正确认识是确立科学的刑事政策的前提与基础。正如我国台湾地区学者张甘妹指出:"刑事政策乃达到犯罪预防目的之手段,而此手段要有效,须先对犯罪现象之各事实有确实之认识,如同医生的处方要有效,首先对疾病情况所为之诊断要正确。"②对于犯罪的认识,存在一个演变过程。古代社会,曾经把犯罪看作魔怪作祟,以一种超自然的神学观点去理解犯罪。而在现代社会,犯罪越来越被看作一种社会现象,它与一定的社会结构有着密切的联系。尤其是法国著名社会学家迪尔凯姆从社会学的观点出发,把犯罪视为一种正常的社会现象,它的存在及其变化都决定于一定的社会形态与社会结构。迪尔凯姆指出:犯罪不仅见于大多数社会,不管它是属于哪种社会,而且见于所有类型的所有社会。不存在没有犯罪行为的社会。虽然犯罪的形式有所不同,被认为犯罪的行为也不是到处一样,但是,不论在什么地方和什么时代,总有一些人因其行为而使自身受到刑罚的镇

---

① [意]贝卡里亚:《论犯罪与刑罚》,黄风译,中国大百科全书出版社1993年版,第44页。
② 参见张甘妹:《刑事政策》,台北三民书局1974年版,第11页。

压。如果随着社会由低级类型向高级类型发展，犯罪率（即每年的犯罪人数占居民人数的比例）呈下降趋势，则至少可以认为，犯罪虽然仍是一种正常现象，但它会越来越失去这种特性。然而，我们没有任何理由相信犯罪确实会减少。许多事实都在证明，好像情况正与此相反。自20世纪以来，统计资料为我们提供了观察犯罪行为的动向的手段，实际上，犯罪行为到处都有增无减。迪尔凯姆由此得出结论：犯罪是一个社会的必然现象，它同整个社会生活的基本条件联系在一起，由此也就成为有益的，因为与犯罪有密切联系的这种基本条件本身是道德和法律的正常进化所必不可少的。[1]

迪尔凯姆反对把犯罪看作一种病态现象，肯定其是社会生活的正常成分。基于功能主义分析，迪尔凯姆甚至认为犯罪在一定条件下对社会是有利的。这种对犯罪的理性分析，是刑事政策的基础，也是人类对犯罪现象认识上所能达到的一个思想高峰。尽管犯罪是一种极为复杂的社会——生物——心理现象，尤其是犯罪的生物性、心理性，即犯罪人的人身因素对于确立刑事政策也至关重要，刑事政策究竟是建立在对犯罪的社会分析基础之上从而成为对犯罪的社会治理对策，还是建立在对犯罪人的人身分析基础之上，从而成为对犯罪人的人身矫正对策，刑事古典学派与刑事实证学派存在不同看法。贝卡里亚刑事政策思想的中心是借助刑罚的心理威慑作用预防犯罪，因而偏重于一般预防。[2]李斯特则认为，刑事政策并非对社会的，而是对个人的，是以个人的改善教育为其任务，因而偏重于个别预防。[3]其实，两者并不矛盾，前者可谓宏观刑事政策，后者可谓微观刑事政策。本书偏重于探讨宏观刑事政策。但刑罚

---

[1] 参见[法]迪尔凯姆：《社会学方法的准则》，狄玉明译，商务印书馆1995年版，第83、87页。

[2] 参见黄风：《贝卡里亚及其刑法思想》，中国政法大学出版社1987年版，第124页。

[3] 参见张甘妹：《刑事政策》，台北三民书局1974年版，第12页。

结构的调整，主要涉及在对整体犯罪趋势预测的基础上，根据一定的刑事政策，对刑罚的规模和强度进行重新安排与定位。因此，作为一种社会现象的犯罪，更是我们关注的重点。

基于对犯罪现象的上述社会学分析，我们可以得出结论：犯罪存在的客观必然性，决定了它只能被抑制在一定的限度之内，而不可能被彻底消灭。因此，刑事政策只是抑制犯罪，将其控制在社会所能容忍的限度之内的策略，而不应希冀消灭犯罪。同时，犯罪不是孤立的现象，而是由一定的社会形态与社会结构决定的社会现象。因此，犯罪问题仅依靠刑罚是难以解决的，只有消除导致犯罪产生与存在的社会条件，才是治本之道。

正由于犯罪现象的这种复杂性，决定了在此基础上形成的刑事政策界定上的歧义性。在学理上，刑事政策存在广义与狭义之分。广义说认为，刑事政策是指国家预防及镇压犯罪为目的的一切手段与方法。依广义说，刑事政策之防止犯罪目的不必是直接、积极的或主要的，而凡与犯罪之防止有间接或从属的目的之方法亦可属之。申言之，广义的刑事政策并不限于直接地以防止犯罪为目的之刑罚诸制度，而间接地与防止犯罪有关的各种社会政策，例如居住政策、教育政策、劳动政策（失业政策）及其他公共保护政策等亦均包括在内。狭义说认为，刑事政策是指国家以预防及镇压犯罪为目的，运用刑罚以及具有与刑罚类似作用之诸制度，对于犯罪人及有犯罪危险人发生作用之刑事上之诸对策。在狭义说中，刑事政策之范围，不包括各种有关犯罪的社会政策在内，而仅限于直接的，以防止犯罪为主要目的的刑事上之对策。[1] 在学理上，还有广义刑事政策学派、狭义刑事政策学派及折中学派之分，这一区分主要标准是刑事政策学研究范围的宽窄，但与刑事政策的广义与狭义理解存

---

[1] 参见张甘妹：《刑事政策》，台北三民书局1974年版，第2页以下。

在一定联系。①

笔者认为，刑事政策与社会政策是有所区别的，某些社会政策确有预防犯罪之作用，例如英国著名经济学家亚当·斯密指出："建立商业和制造业是防止犯罪的最好政策，因为商业和制造业有助于增进人们的自立能力。"② 但还是不能把这些社会政策混同于刑事政策。李斯特曾言："最好的社会政策，就是最好的刑事政策。"这也说明，社会政策毕竟不能等同于刑事政策。两者的区别在于：刑事政策是在既定社会条件下为遏制犯罪而专门设置的刑事措施。而社会政策虽然会在无形中对犯罪发生抗制作用，但不是专门为遏制犯罪而存在的。换言之，其存在根据不在于遏制犯罪，而是另有其社会经济目标的追求。就此而言，我们倾向于对刑事政策作狭义上的理解。

尽管在刑事政策的理解上，笔者赞同狭义说，但刑事政策的广义说仍有启发意义。这是因为，犯罪是一种复杂的社会现象，因而仅依赖专门的刑事措施是无法抑制的，刑罚只是治标之策。这就引起我们对刑罚功能有限性的思考。无疑，在刑事政策的视野中，刑罚具有十分重要的地位，它是刑事政策得以实现的必要手段。刑事政策的手段具有多样性，刑事罚是重要手段，但不是唯一手段，还必须有一系列非刑罚处遇手段，诸如行政手段、经济手段、教育手段等相互配合。③ 值得一提的是，在刑事政策的手段中，保安处分占有相当重要的地位。保安处分在刑法中的确立，被认为刑法刑事政策化的主要标志之一。但刑罚的功效是极其有限的，而正是在这一点上，往往存在理解上的误区。

对刑罚的迷信是当代各种迷信中根深蒂固者，其由来已久。古代

---

① 参见卢建平：《刑事政策学研究的几个基本问题》，载中国人民大学法学院刑法专业组织编：《刑事法专论》（上卷），中国方正出版社1998年版，第228-229页。

② 参见［英］坎南编：《亚当·斯密关于法律、警察、岁入及军备的演讲》，陈福生、陈振骅译，商务印书馆1997年版，第173页。

③ 参见储槐植：《刑事一体化与关系刑法论》，北京大学出版社1997年版，第368页。

社会，由于对犯罪缺乏正确认识，因而将抗制犯罪的希望完全维系在刑罚身上，甚至将刑罚视为一种美好的事物。在专制社会，刑罚的扩张与滥用司空见惯，成为专制的工具，不仅没有给人民带来福祉，而且其恶更甚于犯罪。换言之，刑罚不仅没有消灭犯罪，而且在制造犯罪。在刑事古典学派那里，刑罚的必要性与人道性得以一再强调。但在刑罚威慑论的理论构造中，刑罚的效用还是被夸大了，以至于被认为是刑罚存在的主要根据。对此，意大利刑法学家加罗法洛指出："威慑只不过是一种有助于社会自身的有益效果，这种效果伴随着对缺乏适应能力的被告需要采取全部或部分的排斥。如果威慑被认作是惩罚的主要目的，社会就可以处死那些仍可以适应社会的被告，或者可以对他们实施无益的拷打；而且，侵犯被告权利所导致的损害小于被告违法行为所产生的自然结果。"[1]因此，加罗法洛认为，威慑只是作为一种反射性的效果而予以产生，不必特别关注这个问题。

刑事实证学派在一定程度上破除了对刑罚功效的迷信，用一种较为科学的观点分析刑罚。菲利指出：刑罚的效力很有限这一结论是事实强加给我们的，并且就像边沁所说的，恰恰因为从前适用惩罚性法规没有能够成功地预防犯罪，所以每一个惩罚性法规的适用证明了这一点。不过，这一结论与公众舆论，甚至与法官和立法者的观点直接对立。在犯罪现象产生和增长的时候，立法者、法学家和公众只想到容易但引起错觉的补救办法，想到刑法典或新的镇压性法令。但是，即使这种方法有效（很可疑），它也难免具有使人忽视尽管更困难但更有效的预防性和社会性的补救办法。菲利强调指出，刑罚只是社会用以自卫的次要手段，医治犯罪疾患的手段应当适应导致犯罪产生的实际因素。而且，由于导致犯罪产生的社会因素最容易消除和改善，因此笔者同意普林斯顿的观

---

[1] 参见［意］加罗法洛：《犯罪学》，耿伟、王新译，中国大百科全书出版社1996年版，第222页。

点:"对于社会弊病,我们要寻求社会的治疗方法。"①菲利以伪造货币的个例断然否定刑罚威吓在罪犯心理上的有效性,似有过激之嫌。②由此可见,刑罚的威慑力是有限的。

刑法进化的一个重要特征就是从单纯的惩罚到预防的发展。而且,预防观念本身也有一个重要的变化,就是从刑罚威慑到刑罚矫正,从单纯依靠刑罚预防到采用多种措施进行社会预防。随着刑事政策概念的普遍推广,狭窄的刑法观念被突破了。换言之,出现了刑法刑事政策化的趋势。基于刑事政策一体化的考虑,刑法与其他制裁法,例如侵权行为法、行政处罚法共同构筑防范犯罪的法律堤坝。在这一堤坝中,刑法是最后一道防线。在犯罪预防中,不再是单纯地依赖刑罚,而是与侵权行为法、行政处罚法互相协调,各显其能,以达到防范犯罪之目的。在这种情况下,刑罚表现出最后手段性的性质,即只有在侵权行为法与行政处罚法不足以抗制犯罪的情况下,才动用刑罚加以抗制。应当指出,刑罚的最后手段性并不是指在控制犯罪中居于次要地位。毫无疑问,刑罚仍然是抗制犯罪的主要法律手段。刑事政策的观念,使我们在动用刑罚的时候,更关注刑罚的社会效果,而这一点离不开刑罚结构的合理配置。

刑事政策始终是与刑罚的功利追求联系在一起的,因而具有明显的目的性。事实上,虽然刑罚古已有之,但合理运用刑罚以期实现一定的功利目的的刑事政策观念却产生在近代。尽管中国古代亦存"刑期于无刑"之类的带有一定目的性的刑罚观念,但还只是只言片语,不能视为刑事政策的原理。德国著名刑法学家李斯特曾经从目的刑出发,对刑罚的进化史作出以下描述:"在我们能够认识的最早的人类文化史时期的原始形态下,刑罚是对于从外部实施侵犯个人及个人的集团生活条件行为

---

① 参见[意]菲利:《犯罪社会学》,郭建安译,中国人民公安大学出版社1990年版,第70–71页。

② 参见[意]菲利:《实证派犯罪学》,郭建安译,中国政法大学出版社1987年版,第26页。

的盲目的、本能的、冲动的一种反动行为。它没有规定任何目的象征，而它的性质是逐渐演变的。即这种反动行为从当初的当事人集体转移至作为第三者的冷静的审判机关，客观地演化成刑罚，有了刑罚的机能才可能有公正的考察，有了经验才可能认识刑罚合乎目的性，通过观念目的理解了刑罚的分量和目的，使犯罪成为刑罚的前提和刑罚体系成为刑罚的内容，刑罚权力在这种观念目的下形成了刑法。那么以后的任务是把已经发展起来的进化在同一意义上向前发展，把盲目反动向完全有意识地保护法益方向改进。"[1] 从盲目到目的，从机械到能动，从冲动到理性，这就是李斯特为刑罚的历史演进所勾勒的线索，同样也是刑事政策的发展轨迹。时至今日，刑法的刑事政策化，也就是合理化，已经成为一个基本理念。在这种情况下，刑事政策的价值取向，就成为一个十分重要的问题。

刑事政策的制定首先涉及的一个问题就是理性与情感的问题：刑事政策是基于对犯罪现象的理性认识的产物，还是对犯罪现象的朴素情感的反映？笔者认为应当是前者而非后者。在一定意义上说，刑事政策是建立在对犯罪发展规律的科学认识之上的。这种科学认识是排斥情感因素的，唯理性才能达到。对于犯罪的痛恨，是人皆有之的情感，这种情感的凝聚就成为民愤。民愤这种情感具有强烈的感情色彩。它虽然在个案的处理上具有一定的作用，但不能将刑事政策建立在民愤的基础之上。黑格尔曾经论述了原始社会的复仇与法律规定的刑罚之间的重要区别之一，就在于复仇具有主观任意性，而刑罚具有客观理智性。黑格尔指出："在无法官和无法律的社会状态中，刑罚经常具有复仇的形式，但由于它是主观意志的行为，从而与内容不相符合，所以始终是有缺点的。固然法官也是人，但是法官的意志是法律的普遍意志，他们不愿意把事物本

---

[1] 参见［日］木村龟二主编：《刑法学词典》，顾肖荣等译，上海翻译出版公司1991年版，第407页。

性中不存在的东西加入刑罚之内。反之，被害人看不到不法所具有的质和量的界限，而只把它看作一般的不法，因之复仇难免过分，重又导致新的不法。"①

在此，黑格尔指出了原始社会的复仇是一种个人任性的主观意志，这种主观意志没有质与量的限制，在每一次侵害中都可体现它的无限性，因而是一种新的侵害。由此形成世仇，陷于无限进程，世代相传以至无穷。为使复仇转化为刑罚，根据黑格尔的观点，就要求解决在这里扬弃不法的方式和方法中所存在的这种矛盾，就是要求从主观利益和主观形态下，以及从威力的偶然性下解放出来的正义，这就是说，不是要求复仇的而是刑罚的正义。因此，黑格尔认为，要使复仇转化为刑罚，就要克服复仇的主观性与偶然性，使刑罚成为一种客观的扬弃犯罪的形式。刑事政策就是建立在对犯罪的客观性与必然性的理性认识之上的。唯有如此，才能实现其有效地制止犯罪的功利目的。

在此，有一个如何对待民众对于犯罪的情绪的问题，实质上也就是如何对待民愤的问题。刑法作为在一定社会中发生作用的行为规范，不仅在于通过其强制性使人民遵从；更为重要的是，还要得到人民的内心认同，这种内心认同表明，刑法对于社会不是一种外力强加的规则，而是从事物本身引申出来的规则，是得到人民确信的。这种内心认同是刑法的基础之一，也是刑事政策的制定不可忽视的一个因素。但刑事政策又不能完全以民众的情绪为转移，立法者应当从民众的刑法意识中分离出情感的、偶然的反映与理性的、客观的意志，而不是一味地顺从与迁就。事实上，立法本身就具有一种引导民意的作用，立法机关应当把民意向正确的方向上引导，这是立法机关义不容辞的任务。其他国家的经验充分说明了这一点。例如，在废止死刑之国家中，因凶恶犯罪增加而

---

① 参见［德］黑格尔:《法哲学原理》，范扬、张企泰译，商务印书馆1961年版，第104、107页。

民众要求恢复死刑之声不断。例如，根据英国及加拿大的民意调查，赞同恢复死刑者恒达50%以上，但国会仍否决了死刑的恢复。议员认为民意代表之责任应是理性的指导民意尊重生命权，而非顺从情绪性报应诉求。人人应珍惜自己的生命，一样亦须尊重他人的生命。①笔者认为，犯罪与刑罚具有一种互动关系。在这种互动关系中，犯罪是一种活跃的、变动的因素，刑罚是由犯罪而产生的并以遏止犯罪为使命的。相对于犯罪来说，刑罚是滞后的与消极的。犯罪的表现是无穷尽的，而刑罚的功能则是有限的。犯罪往往是无理性的、情绪性的产物，但刑罚却是立法者深思熟虑的结果。刑事政策作为刑罚运用的指导思想，必须立足于犯罪的规律性，而不能随着犯罪而盲动。

刑事立法是刑事政策的法律化，在创制刑法规范的时候是否基于理性分析，在很大程度上反映刑事立法是否受一种理性思维的指导。但恰恰在立法上，情绪的与想象的因素还在作祟。例如，设置某一犯罪的死刑，到底以什么为依据？在此，个案思维起到了重要的作用。我国学者储槐植在论及立法方式时，提出了典型立法与特例立法这两个概念。典型与特例是相对的两个概念。典型立法是，法定刑下限和上限均以典型为准，典型即在同类中最具代表性的意思。法定刑幅度的典型立法方式，有利于收到宏观合理的功效，但也可能出现个案不合理（主要是刑罚过轻）的现象。特例立法的思路是，法定刑上限的依据是生活中发生概率极小的案件，即特例决定刑罚上限。这样做的结果是，特例（个案）可能符合罪刑相适应原则，但由于上限提得很高，整体刑罚量必然增加。②两相比较，特例立法是微观合理宏观不合理，典型立法是宏观合理微观不合理。权衡得失，典型立法优于特例立法。这种特例立法就是个案思维的产物。立法公正是立法者的必然追求，但公正又有个别公正与一般

---

① 参见张甘妹：《死刑存废的国际趋向》，载台北《现代法律》1990年第8期。
② 参见储槐植：《刑事一体化与关系刑法论》，北京大学出版社1997年版，第480页。

公正之分。那么，立法上能否实现每一个案件的公正呢？笔者认为是不可能的。立法只能提供一般公正的规则。立法如果追求个别公正，势必在无形之中提高法定刑。这里的个别，是指发生概率极小的个案。任何一种犯罪，都存在这种发生概率极小的个案或者可以设想会出现这种发生概率极小的情形。如果所有犯罪的法定刑都以这种个案的公正作为设置标准，那么，个别公正就会以牺牲一般公正为代价，这显然是得不偿失的。因此，刑事政策应当以理性而不是情绪、以一般而不是个别为根据。

二、刑罚结构调整的发展规律

刑事政策追求刑罚的社会效果，但这一刑罚效果的追求又不能滥用刑罚，侵夺公民个人的自由与权利。对此，李斯特曾言：刑法是刑事政策不可逾越的樊篱。尽管李斯特十分重视刑事政策，首倡刑事政策学，但他仍然认为罪刑法定是刑事政策无法逾越的一道屏障，保护公民免受国家权威、多数人的权利、利维坦的侵害。[①] 由此可见，为实现刑事政策所预期的刑罚社会效果，在对刑罚结构进行调整的时候，受到功利性与人道性的双重制约。这里所谓功利性，是指刑法对犯罪的有效抑制，在调整刑罚结构的时候，应当使之适应遏制犯罪的需要。这里所谓人道性，是指刑法对人权的有效保障，在调整刑罚结构的时候，应当尽可能地使

---

① 参见［日］庄子邦雄：《刑罚制度的基础理论》，载《国外法学》1979年第3、4期。日本学者曾经描述了一种二律背反的刑事政策的价值取向：一方面，强调受刑者、犯罪者的人权及作为人的尊严，另一方面是追求符合预防犯罪目的的犯罪对策。不难看出，这两个方面的政策要求在方向上是不能同一的。要达到预防犯罪、保卫社会的目的，牺牲某些个人利益是不可避免的，而强调受刑者的人权和尊严则必然要制约犯罪对策方向，两者形成二律背反式的紧张关系。但从日本现代整个社会政策的要求来说，刑事政策的这两方面的基本内容都不能放弃。因此，为调和两方面内容的关系，如何能够以最小限度地对犯罪者的侵害达到保全社会性利益的目的，就成了刑事政策的重要课题。参见何鹏主编：《现代日本刑法专题研究》，吉林大学出版社1994年版，第129页。

刑罚轻缓。要而言之，刑罚结构应当是在功利性与人道性的双重制约下，轻重搭配，科学合理。

当前世界各国刑事政策的趋向是两极化，也就是所谓"轻轻重重"。日本学者森下忠指出：第二次世界大战后，世界各国的刑事政策朝着所谓"宽松的刑事政策"和"严厉的刑事政策"两个不同的方向发展，这种现象称为刑事政策的两极化。[①] 由于刑罚结构是受刑事政策影响的，因而两极化的刑事政策趋向对于刑罚结构的调整具有重要意义。

"轻轻"，是指对轻微犯罪，包括偶犯、初犯、过失犯等主观恶性不重的犯罪，处罚更轻。采取这种宽松的刑事政策，一方面是为了改善犯罪者更新和重返社会的条件，另一方面也是为了减轻执法机关的负担，特别是避免刑事设施和矫正设施人满为患的现象而采用微罪处分、缓刑起诉、保护观察等非拘禁的刑事处分来代替自由刑的开放性的处遇政策。这种宽松的刑事政策在有关国际会议中得以肯定并进一步推行。

1955 年在日内瓦召开的第一届预防犯罪及罪犯待遇的会议上通过了《囚犯待遇最低限度标准规则》（*United Nations Standard Minimum Rules for the treatment of the Prisoners*），这一标准规则在各国提高被拘禁者的处遇方面作出了重大贡献。例如，标准第 57 条规定，监禁和使犯人同外界隔绝的其他措施因剥夺其自由、致不能享有自决权利，所以使囚犯感受折磨。因此，除非为合理隔离和维持纪律等缘故，不应加重此项情势所固有的痛苦。第 58 条规定，判处监禁或剥夺自由的类似措施的目的和理由毕竟在保护社会，避免受犯罪之害。唯有利用监禁期间在可能范围内确使犯人返回社会时不仅愿意而且能够遵守法律、自食其力，才能达到这个目的。第 59 条规定，监所应该利用适当可用的改造、教育、道德、精神和其他方面的力量及各种协助，并设法按照囚犯所需的个别待

---

① ［日］森下忠：《犯罪者处遇》，白绿铉等译，中国纺织出版社 1994 年版，第 4 页。

遇来运用这些力量和协助。①

　　1975年第五届联合国预防犯罪和罪犯待遇大会通过并提交第三十届联合国大会以第3452号决议批准通过了《保护人人不受酷刑和其他残忍、不人道或有辱人格的待遇或处罚宣言》，该宣言第1条明文规定：（1）为本宣言目的，酷刑是指政府官员或在他怂恿之下，对一个人故意施加的任何使他在肉体上或精神上极度痛苦或苦难，以谋从他或第三者取得情报或招认，或对他做过的或涉嫌做过的事加以处罚，或对他或别的人施加恐吓的行为。按照囚犯待遇最低限度标准规则施行合法处罚而引起的、必然产生的或随之而来的痛苦或苦难不在此列。（2）酷刑是过分严厉的、故意施加的、残忍、不人道或有辱人格的待遇或处罚。②

　　这些国际公约促进了罪犯处遇的人道化，推动了刑事政策向宽松方向发展。为此，各国采取了非刑罚化、非司法化等各种措施。尤其是非刑罚化的发展，使刑罚体系发生重要变动。因为非刑罚化的重要形式之一是非监禁化，也就是回避自由刑的执行，由此而大量采用缓刑、假释等行刑制度。此外，非司法化也是宽松的刑事政策的重要表现，它表明单凭国家强制手段已不足以应付日趋严重的违法犯罪现象，而不得不求助于社会各界，求助于公众。例如，美国的"转处"，就是争取公共的和私人的帮助以及利用协调和调解程序，并且通过某些非官方机构和团体的介入，避免使冲突诉诸刑事诉讼。

　　"重重"，是指对严重犯罪更多地、更长期地适用监禁刑。之所以采用这种严厉的刑事政策，主要是由于当前各国犯罪问题突出，尤其是恐怖犯罪、毒品犯罪、经济犯罪严重地影响社会的稳定。在这种情况下，

---

① 参见张燕玲编著：《联合国预防犯罪领域活动概况及有关文件选编》，法律出版社1985年版，第21页。

② 参见张燕玲编著：《联合国预防犯罪领域活动概况及有关文件选编》，法律出版社1985年版，第146页。

明知刑法不是对付犯罪唯一的甚至不是主要的方法,刑法的作用是有限的,但在没有其他有效措施的情况下,国家只有通过加重刑事处罚对此作出反应。因此,"重重"倾向反映了一种无奈、一种困惑、一种现实与理想的冲突,这也显示出刑罚目的观的现实主义倾向在西方国家重新抬头。

"重重"主要表现在对重罪的重罚,强调犯罪人的责任。既然没有其他方法来防止犯罪,既然刑罚的改造作用发挥不了,则退而求其次,利用刑罚的惩罚作用和隔离作用。① 不仅如此,有关西方国家甚至还出现了要求恢复死刑或者恢复死刑执行的公众要求。例如,美国从 1967 年 7 月起全国实际上停止了死刑执行,但在 1977 年 2 月犹他州对一名死刑犯执行了死刑,结束了美国刑事司法史上连续 10 年不执行死刑的时期。死刑执行的恢复,主要原因是社会治安问题严重,犯罪率增长,特别是严重罪案犯罪率直线上升。在治安形势恶化的情况下,有必要强调刑罚的威慑功能。一般认为,死刑是所有刑罚方法中威慑力最大的一种。民意调查也反映出这种动向。1966 年盖洛甫民意测验表明,全美国赞成死刑的占 42%,反对死刑的占 47%。1981 年又作了一次民意调查,赞成死刑的上升为 70%,反对的下降为 25%。治安情况和公众意向是立法机关制定法律和司法部门执行法律时必然关注的基本依据。20 世纪一段时期内,美国死刑执行数有回升趋势,尽管增长的绝对数极为有限。② 应当说,刑罚的这种反弹是正常现象,它是对刑罚过度轻缓化的一种反应。因此,这种"重重"现象的出现并非是对刑法的人道性的否定与向重刑化的回归,而只是说明刑罚轻重受到各种因素的制约,人道性只是其中一个因素,不可将这种人道性予以绝对化。

在我国刑法学界,究竟应奉行何种刑事政策,"重重"抑或"轻轻",

---

① 参见杨春洗主编:《刑事政策论》,北京大学出版社 1994 年版,第 398 页以下。
② 参见储槐植:《美国刑法》,北京大学出版社 1987 年版,第 358 页。

还是"重重轻轻"？这是一个十分现实的问题。我国学者储槐植曾经提出"严而不厉"的政策思想：严指刑事法网严密，刑事责任严格；厉主要指刑罚苛厉，刑罚过重。①因此，严而不厉，实际上是指扩大犯罪圈（即犯罪化），从而增加刑罚规模，降低刑罚强度。应该说，在增加刑罚规模这一点上，争议不大，因为随着市场经济的发展，各种新型犯罪大量出现，而在1979年《刑法》中对此未能反映，因而亟待予以犯罪化，扩大刑罚的干预面。但在是否降低刑罚强度上，则存在轻刑化与重刑化之争。

我国1979年制定的刑法，基本上是一部较为轻缓的刑法。此后，随着社会变革的开展，犯罪态势发生了一定的变化，严重的刑事犯罪与经济犯罪大幅度上升，大案要案居高不下，治安形势十分严峻。在这种情况下，立法者通过单行刑法与附属刑法的立法方式加重了刑罚。在刑法修订过程中，对刑罚应当如何进行调整？对此，我国刑法学界主要存在三种观点：

第一，轻刑化。这种观点认为，我国现行刑事法律体系存在重刑化的倾向，其突出表现是挂有死刑、无期徒刑的条款过多，涉及罪名过广、适用对象过宽；而挂有罚金、缓刑、管制的条款过少，适用对象过窄，且多为选择刑种。为此，有些学者主张刑罚应当向轻刑化方向发展，通过立法降低一些犯罪的法定刑幅度，从而达到整个刑事制裁体系的缓和化。其主要理由是：其一，轻刑化是历史发展的必然，也与我国国家性质、任务及文明发展的客观进程相一致。其二，轻刑化是商品经济的需要，它有利于创造一个适合社会主义商品经济发展的宽松环境。其三，轻刑化是社会主义民主的保障，从历史发展情况来看，重刑主义往往和专制主义是紧密联系的。其四，轻刑化是刑法科学化的要求，轻刑化的刑法就有可能促使人们在刑罚之外寻找更多的科学方法，以便从根本上

---

① 参见储槐植：《严而不厉：为刑法修订设计政策思想》，载《刑事一体化与关系刑法论》，北京大学出版社1997年版，第306页。

治理犯罪。①

第二，重刑化。这种观点认为，我国现行刑法中的刑罚体系并非重刑主义。为了适应同犯罪作斗争的需要，应当修改刑法，使刑罚更趋严厉。其主要理由是：其一，就总体而言，我国刑法规定的刑罚种类还不够严厉。主要表现在还有拘役、管制等轻刑；并且，这些轻刑可适用于刑法分则规定是大多数犯罪。其二，有些犯罪的法定刑偏低。其三，刑罚应当充分发挥其威慑功能，稳定我国目前的治安情况，遏止经济犯罪的增长势头，创造一个安定的社会环境。其四，轻刑化作为刑罚发展的总趋势不能取代在某个国家的某个特定时期根据需要适当加重刑罚，以适应同犯罪作斗争的需要。②

第三，适度化。这种观点认为，重刑化与轻刑化是两个极端，是片面的观点，是不符合我国的立法与司法的实际的。任何国家的刑罚体系都是由性质不同、轻重不同的刑罚种类构成，因为犯罪是一种复杂的社会现象，有的罪行重，有的罪行轻，决定对付犯罪的刑罚手段也必须有重有轻，一个科学的刑罚体系不能没有重刑与轻刑。从司法实践看，对犯罪一定要区别对待，有针对性地判处轻重不同的刑罚。因此，作为刑事立法与司法的指导思想，应该是宽严相济，轻重适当，既防止重刑化，又防止轻刑化。③由上可知，我国刑法学界对于刑罚的发展方向上还存在较大的分歧。

刑罚适度化的观点，既反对轻刑化又反对重刑化，态度折中，貌似

---

① 参见王勇：《轻刑化：中国刑法发展之路》，载赵秉志、张智辉、王勇：《中国刑法的运用与完善》，法律出版社1989年版，第323页以下。

② 参见何秉松：《我国犯罪趋势、原因与刑事政策》，载《政法论坛》1989年第6期。

③ 参见高格：《刑法思想与刑法修改完善》，载马克昌、丁慕英主编：《刑法的修改与完善》，人民法院出版社1995年版，第21-22页。类似的观点还见于：刘华：《论调整法定刑的适度与协调原则》，载杨敦先、曹子丹主编：《改革开放与刑法发展》，中国检察出版社1993年版，第157页；赵国强：《我国刑罚改革的理论探讨》，载《法学》1989年第7期；梁根林：《刑法改革的观念定向》，载《刑事法评论》（第1卷），中国政法大学出版社1997年版，第137页。

有理,其实并非在同一个基础上探讨问题。轻刑化与重刑化是指刑罚轻重的发展趋势,涉及的是刑罚的整体调整。因此,轻刑化与重刑化是对刑罚的一种动态分析。而刑罚适度化的观点是对刑罚的一种静态分析,指出在一个已经确定的刑罚体系中,应该罪刑适度、相当,区别对待。显然,刑罚适度化的观点是正确的,但它不能代替轻刑化与重刑化的讨论,更不能以此作为否定轻刑化与重刑化的理由。因为无论在轻刑化还是在重刑化的刑罚体系中,同样都存在一个刑罚适度问题。例如,在一个废除死刑的国家,其刑罚体系可以说是轻刑化的,最重之罪只能判处无期徒刑,依照罪行轻重分配刑罚分量,形成罪刑均衡的刑罚体系。在一个重刑化的刑罚体系中,只要不是对所有犯罪一律判处死刑,同样还存在一个罪刑均衡的问题。因此,轻刑化与重刑化是就刑罚的基准而言的,而刑罚适度化则是在这一基准给定的情况下某一刑罚体系内部的罪刑协调问题,两者不能混为一谈。在这个意义上,如果有第三种折中观点的话,应该是认为现在的刑罚已经轻重适宜,既没有必要向轻刑化调整,也没有必要向重刑化调整。但到目前为止,我们还没有发现这种观点。因此,这个问题只存在轻刑化与重刑化两种观点的对峙。

"刑罚世轻世重",这是中国古代刑法的一条重要原则。所谓"治乱世用重典,治平世用轻典",说明世之治乱决定刑之轻重,刑应当与世相宜。正如韩非所言:"法与时转则治,治与世宜则有功。"(《韩非子·心度》)毫无疑问,刑罚的轻重不是一成不变的,而是随着社会生活的发展而变化的,应当及时调整。关键问题在于如何把握社会生活的变化,这对于轻刑化还是重刑化具有决定性意义。我主张轻刑化的观点,主要理由如下:

(一)轻刑化的政治基础

法国著名启蒙学家孟德斯鸠曾经对政体的性质与刑罚的轻重之间的

关系作了研究,指出:严峻的刑罚比较适宜于以恐怖为原则的专制政体,而不适宜于以荣誉和品德为动力的君主政体和共和政体。在政治宽和的国家,爱国、知耻、畏惧责难,都是约束的力量,能够防止许多犯罪。对恶劣行为最大的惩罚就是被认定为有罪。因此,民事上的法律可以比较容易地纠正这种行为,不需要许多大的强力。在这些国家里,一个良好的立法者关心预防犯罪多于惩罚犯罪,注意激励良好的风俗,多于施用刑罚。在专制国家里,人民是很悲惨的,所以人们畏惧死亡甚于爱惜其生活。因此,刑罚便要严酷些。在政治宽和的国家里,人们害怕丧失其生活,甚于畏惧死亡,所以刑罚只要剥夺他们的生活就够了。① 由此可见,刑之轻重与政体的性质有着密切的联系。政治民主是一种承认少数服从多数的国家政权,与专制制度的国家相对立,它实行人民主权原则。只有在专制国家,由于少数人掌握国家政权,因而需要用严酷的刑罚维护其统治,重刑化是其必然结果。而在民主国家,法律体现人民的意志,因而实行轻刑化是可能的。我国政治民主化的程度越来越高,这就为刑罚的轻缓化提供了政治条件。政治民主化的一个重要标志就是人民群众以各种形式对国家政治生活的广泛参与,国家各项政策的制定都在相当程度上考虑到人民群众的意愿。在这种情况下,社会的整合力得以加强,各种社会矛盾得以及时化解。目前我国处于社会转型时期,随着社会转型的逐渐完成,社会结构的逐渐磨合,我国社会必将进入一个稳定发展时期。在这种情况下,刑罚不再是主要的,更不是唯一的调整社会矛盾的手段。刑罚的重要性日渐消退,从而为轻刑化创造一定的社会条件。

(二)轻刑化的经济基础

市场经济是一种按照市场经济规则自律调节的国民经济。在市场经

---

① 参见[法]孟德斯鸠:《论法的精神》(上册),张雁深译,商务印书馆1961年版,第82页以下。

济的条件下,一切经济生活都发生于市场上,市场是商品生产、流通、分配的自由场所,体现了市场经营者之间或经营者与消费者之间根据平等自愿原则而发生的经济关系。虽然由于市场经济的发展,各种新型的经济关系出现,刑事干预的范围有所扩大,但刑事干预的力度却应当有所节制。这里所谓刑事干预的力度的节制,主要就是指轻刑化。只有轻缓化的刑罚,才能为市场经济的发展提供宽松的社会法治环境。在市场经济以外的经济制度下,超经济的强制成为推动或者阻碍经济发展的手段。而这种超经济的强制往往采取刑罚的形式。而在市场经济制度下,刑事调整虽然仍是必不可少的,但从根本上来说,各种经济关系与经济矛盾主要还是通过市场的自发调整得以解决。在这种情况下,过分严厉的刑罚与市场经济的内在逻辑本身是矛盾的。因此市场经济必然呼唤轻缓化的刑罚。

（三）轻刑化的法律基础

刑事政策是刑法的灵魂与核心,刑法是刑事政策的条文化与定型化。因此,刑事政策对于刑法的发展具有直接的指导意义。刑事政策总是基于一定的犯罪态势提出来的,并且应当根据社会发展与犯罪变化的实际情况,及时地进行调整与校正,而不存在一成不变的刑事政策。我国20世纪80年代初提出过从重从快刑事政策。应该说,这一刑事政策的提出有其特定的历史背景及其当时历史条件下的合理性。依法从重从快政策提出并实施,使我国刑法趋于重刑化,这对于维护当时的社会治安起到了一定的积极作用,使犯罪的发案率有所降低。但对于社会治安来说,刑事镇压毕竟只是治标的办法,而不能治本,即从根本上铲除犯罪产生的社会土壤。而且,在当时提出社会治安的根本好转这一目标,从现在来看也值得反思。事实上,社会治安应当争取的是一种动态的平衡。只要犯罪活动不造成社会动乱,社会变革与发展的活力仍然保持,社会治安就应当视为基本上正常。而根本好转缺乏量化的具体指标，只是人们的一种主观愿望而已。笔者认为，调整的方向应当是刑罚的轻缓化，通过切实有效的刑事法律活动，力求将犯罪控制在社会所能够容忍的限度之内。

最后应当指出，轻刑化是一个过程，一种趋势。不顾实际情况骤然大幅度地降低刑罚分量，可能会产生一些消极的后果。因此，应当逐渐实行轻刑化。而且，轻刑化是一个相对的概念，并且是同一定的犯罪态势相适应的。如果不顾客观实际地追求轻刑化，就必然使轻刑化归于无效，重刑化又卷土重来。更为重要的是，轻刑化只是指刑罚基准的趋轻发展态势，它与刑罚的适度性并不矛盾。因此，以轻刑化的情况下，仍然应该坚持区别对待这一原则，根据犯罪的严重程度适当地分配刑罚，以实现立法与司法的罪刑均衡。

三、刑罚结构调整的理论评价

根据刑事政策的理念，我国刑法的改革或曰现代化，一个重要的问题就是对刑罚结构进行合理调整。在调整刑罚结构的时候，应当注意以下问题：

（一）重刑结构还将继续存在

我国学者曾经对刑罚结构的类型作过论述，指出从过去到未来，刑罚结构可能有五种类型：死刑在诸刑罚中占主导地位；死刑和监禁共同在诸刑罚方法中为主导；监禁在诸刑罚方法中为主导；监禁和罚金共同在诸刑罚方法中为主导；监禁替代措施占主导地位。第一种已成为历史的过去，第五种尚未到来，中间三种在当今世界中存在。死刑和监禁占主导的可称重刑刑罚结构，监禁和罚金占主导的可称轻刑刑罚结构。监禁刑为主导的刑罚结构，法律上平均刑期在 3 年以上的归属重刑类，称次重刑；平均刑期在 3 年以下的归轻刑类。① 根据以上标准，我国当前的刑罚结构是以死刑和监禁刑为主导的，因而毫无疑问属于重刑结构。但笔者认为，中国之重刑结构，有其存在的社会历史根源。尤其是中国当前处于经济转轨、社会转型的现代化发展时期，在这种情势下，中国当前的重刑结构的存在是必然的，不必大惊小怪，更不能简单地以轻刑结构来指责或否定中国的重刑结构。

（二）防止刑罚继续趋重

我国当前的重刑结构虽然具有存在的客观必然性，但并不能由此认为越重越好或者重刑有理。重刑，是不得已的。在许可的情况下，刑罚尽量要轻。这是一个具有人道主义信念的刑法学家应当具有的理念。应该说，要提防我国的刑罚结构继续趋重。因为刑罚存在一个攀比问题，过多过分地使用重刑，必将使重刑贬值，从而引起进一步趋重，这是十分危险的。对此，孟德斯鸠曾经提出：经验告诉我们，在刑罚从轻的国家里，公民的精神受到轻刑的影响，正像其他国家受到严刑的影响一样。人们对严刑峻法在思想上也习惯了，正如对宽法轻刑也会习惯一样；当人们对轻刑的畏惧减少了，政府不久便不能不事事都用严刑。有的国家时常发生拦路抢劫，为了消除这种祸害，他们便发明了车轮乱杀刑。这个刑罚恐怖，使抢劫暂时停止。但是不久之后，在大路上拦路抢劫又和从前一样。由此，孟德斯鸠得出结论：治理人类不要用极端的方法，我们对于自然所给予我们领导人类的手段，应该谨慎地使用。② 孟德斯鸠的

---

① 参见储槐植：《试论刑罚机制》，载杨敦先、曹子丹主编：《改革开放与刑法发展》，中国检察出版社 1993 年版，第 148 页。

② 参见［法］孟德斯鸠：《论法的精神》（上册），张雁深译，商务印书馆 1961 年版，第 85 页。

话应该引起我们深思，一味地使用重刑，其威慑力必然随着时间的推移而减损。而重刑化又是有限度的，不可能无限度地趋重。因此，防止刑罚攀比从而继续趋重，具有重要意义。

（三）刑罚结构尽量科学合理

任何刑罚结构中，总有轻重刑种搭配；说是重刑结构，无非是指重刑占主导地位或者比重较大而已，并非要否定轻刑，恰恰相反，更应当注重发挥轻刑的作用。为此，要使刑罚结构协调化。结构协调是指刑罚之间比例适度。例如死刑（终身监禁）与监禁刑之间、监禁刑内部长期刑与短期刑之间、监禁刑与罚金刑之间的比例要适度。[1]这里的适度，主要指应该轻重上互相衔接，不可畸轻畸重。从我国当前的刑罚结构来看，死刑与死缓及无期徒刑不够协调：一生一死，过于悬殊。死缓减刑之后的上限相当于有期徒刑26年，无期徒刑减刑之后上限为有期徒刑24年，难以与死刑衔接。根据行刑实践，判处无期徒刑的罪犯往往经过2年可以减刑，一般减为22年有期徒刑。因此，无期徒刑实际上相当于有期徒刑24年。死缓依法在2年期满以后减刑，即使减为无期徒刑，2年以后又减刑，因而相当于有期徒刑26年。[2]为了限制死刑的适用，就有必要加强死缓与无期徒刑的严厉性。同时，对于3年以下有期徒刑等刑罚应进一步完善。虽然我国刑罚结构以重为主，但也应"重重轻轻"，合理配置。

（四）为轻刑化创造条件

轻刑化是一种历史发展的趋势，也是刑法人道性的必然要求。我国

---

[1] 参见储槐植：《试论刑罚机制》，载杨敦先、曹子丹主编：《改革开放与刑法发展》，中国检察出版社1993年版，第149页。

[2] 参见陈兴良：《刑法哲学》（第2版），中国政法大学出版社1997年版，第402页。

当前不可能马上实现刑罚宽缓，并不是宽缓不好，而是我国应当逐渐创造刑罚宽缓的氛围，为将来条件成熟的时候实现轻刑化奠定基础。

我国第一部刑法是1979年制定的，此后随着犯罪态势与社会生活的剧烈变动，立法机关通过颁行单行刑法与附属刑法对1979年《刑法》作了重大的修改、补充，其中重要内容之一就是提高了刑罚的惩治强度。在这种情况下，我国刑法形成了一种重刑结构。1997年3月14日，我国完成了刑法修订。从修订后的刑法来看，对刑罚结构虽然作了一定程度的调整，但调整力度不大，基本上属于"微调"的性质。在此，对修订后的刑法的刑罚结构作一评述：

1. 死刑的削减

在1997年《刑法》的刑罚结构中，死刑占有十分重要的地位。在刑法修订中，死刑的削减始终是一个引人注目的问题。死刑是重刑的主要表现，它的存在将在相当大的程度上决定着一个国家的刑罚结构的性质。一般认为，我国1979年《刑法》虽然有15个条文规定了28个死刑罪名，但总体上是一部比较宽和的刑法，是一部"不严不厉"的刑法。从20世纪80年代开始，为适应惩治严重刑事犯罪和经济犯罪的需要，增设了50多个死刑罪名。在这种情况下，我国刑法成为一部"厉而不严"的刑法。在刑法修订中，我国面临着选择：是制定一部"又严又厉"的刑法还是制定一部"严而不厉"的刑法？我国学者相当一致的观点是：应当大幅度地削减死刑。但从1997年《刑法》关于死刑的规定来看，距离学者的期望还存在一定的距离。立法机关明确表示：考虑到目前社会治安的形势严峻，经济犯罪的情况严重，还不具备减少死刑的条件。这次修订对现行法律规定的死刑，原则上不减少也不增加。①

由此可见，在1997年《刑法》修订中，对于死刑之所以没有进行大

---

① 参见1997年3月6日王汉斌在第八届全国人民代表大会第五次会议上《关于〈中华人民共和国刑法（修订草案）〉的说明》。

幅度的削减，主要是考虑到以下因素：(1) 社会治安的形势严峻。当时我国社会上还存在严重的刑事犯罪，有些地方甚至出现了带有黑社会性质的犯罪组织为害一方，人民群众对此深恶痛绝。在社会治安形势没有根本好转的情势下对死刑作大幅度的削减，有可能使社会治安形势更趋恶化，不利于控制犯罪。(2) 经济犯罪的情况严重。在1997年《刑法》中，经济犯罪的死刑罪名占有很大的比重，在刑法学界对于经济犯罪废除死刑的呼声也比较高。但经济犯罪往往与职务犯罪联系在一起，例如贪污受贿等犯罪，其主体基本上是国家工作人员。随着我国经济体制上的转轨，经济犯罪的情况十分严重。尤其在惩治腐败的大背景下，过多地削减经济犯罪的死刑，难以被人民群众所认同。基于以上两点考虑，立法机关认为当时减少死刑的条件还不具备。由此可见，立法机关认为，并非死刑不应当削减，而仅仅是当时还不具备减少死刑的条件而已。

应该说，死刑问题既是一个理论问题又是一个现实问题。从理论上来说，死刑确实应当削减，否则与世界趋势背道而驰。但从现实上来说，死刑又确实不能大幅度地削减，这里存在一个中国的国情问题。但是，在1997年《刑法》修订中，对死刑完全维持现状，又似有保守之嫌。社会治安形势严峻，经济犯罪情况严重，这种社会现实确实给死刑减少带来极大的困难。但是，死刑一点削减余地也没有吗？回答是否定的。

实际上，有些死刑规定本来就是虚置的，予以适当削减，对于犯罪控制并无重大影响。其中最为典型的是1997年《刑法》第295条规定的传授犯罪方法罪，这是1983年9月2日全国人大常委会《关于严惩严重危害社会治安的犯罪分子的决定》第2条新设的一个死刑罪名。传授犯罪方法罪在刑事审判中案件稀有，判处死刑更是十分罕见。而且，对于某些罪行严重的传授犯罪方法的犯罪分子按照共同犯罪中的教唆犯也能得到恰当的处理。在这种情况下，在1997年《刑法》中，保留传授犯罪方法罪，并维持其死刑规定，是典型的法律虚置现象。又如，非法集资罪、金融票据诈骗罪、信用证诈骗罪等金融犯罪与虚开增值税专用发票或其他发票罪、伪造或出售伪造的增值税发票等税收犯罪都保留了死刑，而这些犯罪的发生和金融管理秩序混乱、税收管理体制缺陷存在极大关系，主要应当通过加强社会经济管理、填补漏洞来防止这些犯罪的发生，而不能简单地施以重刑，乃至于死刑作为管理不善的补偿。事实上，如果金融管理和税收管理的正常秩序没有建立并健全，犯罪就不可避免，死刑也无济于事。

这里存在一个思想上的认识问题：死刑对于解决犯罪问题是否就那么灵验。由于这个问题很难通过社会实验来加以检测，因而重刑论者与轻刑论者各执一词。重刑论者指出：刑罚这么重，死刑这么多。犯罪尚且这么严重，如果轻刑化，犯罪将更趋严重。其逻辑结论是：为控制犯罪，刑罚还要进一步趋重。而轻刑论者指出：刑罚这么重，死刑这么多，犯罪仍然如此严重，可见刑罚对于犯罪不是万能的。其逻辑结论是：应当轻刑化。由此可见，从犯罪形势严峻、刑罚已经很重这样同一个事实出发，重刑论者与轻刑论者却得出了截然不同的结论。问题就是这样复杂。笔者认为，限制死刑乃至于废除死刑，这是一个总趋势，中国也不例外。刑罚不是越重越好，死刑不是越多越好，这应当成为我们的一个基本信念。在此基础上，又不能不承认削减死刑是要具备一定条件的，而这种条件又是逐步具备并且是要人去认识的。在条件已经具备的情况下，我们要正确地认识这种条件，并转化为削减死刑的实际行动。

应当指出，1997年《刑法》对死刑罪名虽然基本没有削减，但在适用死刑的条件上有所限制，主要表现在盗窃罪、故意伤害罪上。在刑法修订中，1996年10月10日的刑法修订草案曾经取消了这两个罪的死刑。但受个案思维（个案思维，是指在立法中不是以一般公正为设置刑罚的标准，而是考虑个别案件的个别公正。例如，在盗窃罪死刑存废上，故宫盗宝案影响很大，在故意伤害罪死刑存废上，毁容致残案影响很大，由此影响立法上的取舍）的影响，最终盗窃罪和故意伤害罪还是保留了死刑，但在死刑适用条件上作了严格限制：盗窃罪适用死刑限于盗窃金融机构数额特别巨大和盗窃珍贵文物情节严重两种情形；故意伤害罪适用死刑限于致人死亡和以特别残忍手段致人重伤造成严重残疾两种情形。上述限制，尤其是盗窃罪的死刑，可谓"虽存犹废"，对死刑的实际适用产生重大影响。

2. 管制的存废

管制是限制自由刑。其不予关押的特点，使之显而易见地具有轻刑的性质。但在刑法修订中，对于是否保留管制刑却存在较大的争议。管制的存废之争中，[①]废除管制的主要理由之一是管制在司法实践中使用率很低，基本上是"名存实亡"。但大多数学者主张保留管制。从刑罚结构的合理构造上考虑，保留管制的好处是十分明显的：[②]

（1）保留管制适应了世界范围内刑罚体系发展变化的趋势。刑罚体系是一个动态结构，当代刑罚体系发展的趋势是以财产刑、资格刑、名誉刑代替剥夺自由刑，一种多层次、多中心的刑罚体系正在形成和建立。承认管制在我国未来刑罚体系中应有的地位，适当扩大管制的适用范围，以降低剥夺自由刑的使用量，是大势所趋，也是历史的必然。

（2）保留管制还符合刑罚方法发展变化的趋势。刑罚方法向开放性发展，是当今世界刑法变化发展的一个新趋势。这一趋势的实质是强调自由刑执行中注意发挥受刑人的主动性。自由刑既然以改造为目的，那么其执行便不能简单地依靠国家单方面地、强制性地实施，也不能单纯要求罪犯无条件地、全面地服从和接受。我国刑法中的管制与代表世界刑法发展趋势的开放性措施，在基本精神上是不谋而合的。而且，我国刑法规定的管制，吸收广大群众参加刑罚的执行，这对刑罚功能的发挥

---

① 参见陈兴良：《刑法哲学》，中国政法大学出版社 1997 年版，第 410 页以下。
② 参见周道鸾等主编：《刑法的修改与适用》，人民法院出版社 1997 年版，第 135 页以下。

极为重要,这一点是国外开放性措施所无法比拟的。

(3)管制属于轻刑,在我国刑法体系中,轻刑不是规定多了,而是规定少了。管制存废的争论本身足以引起我们的反思。从实践的情况来看,管制适用确实很少。但能否以此为理由取消管制?刑罚结构是一个具有内在逻辑的系统,轻重刑罚合理搭配,使之能够在较长时间内适应各个时期各种情况的需要。其中,难免有个别刑种是备而不用或少用的。重刑不可能持久,轻刑化是必然趋势,管制作为轻刑在刑罚结构中的存在有其必要性。

3. 罚金的扩大

罚金作为一种附加刑,体现的是对犯罪人的经济制裁。在1979年《刑法》中,罚金的适用范围是极其狭窄的,主要适用于一些轻微的经济犯罪。随着经济犯罪的日益增多,罚金刑在刑罚体系中的地位与作用越来越受到重视。在扩大罚金适用范围这一点上可以说已达成共识。我国著名刑法学家高铭暄对罚金的优越性作了以下论述:罚金刑适用规定的增加,反映了维护社会主义市场经济秩序和社会管理秩序的迫切需要,也表明罚金是对付经济犯罪、妨害社会管理秩序犯罪以及其中所包括的单位犯罪的有效方法。判处罚金刑,对于国家来说无疑具有很佳的经济性;同时对于谋取非法经济利益的犯罪人也是一剂苦药,给予他们一定的金钱上的剥夺,可使他们在经济上不仅捞不到便宜,而且有可能丧失再犯罪的"资本"。因此,罚金也具有重要的预防犯罪的作用,对其价值不可低估。关于罚金刑适用范围的扩大,高铭暄教授建议,凡是挂拘役的法定刑,一般都可以考虑增设单处罚金,作为供选择的刑种,这样可以使拘役有所分流,既可以少关一些人,减少自由刑场所的开支,同时也可以避免在某些场合下短期自由刑所带来的交叉感染的弊端。[①]在刑法

[①] 参见高铭暄:《论我国刑法改革的几个问题》,载高铭暄主编:《刑法修改建议文集》,中国人民大学出版社1997年版,第10页以下。

修订中，扩大罚金刑适用范围的意见为立法机关采纳。1979年《刑法》规定适用罚金的条文只有20个。其中，可以单处适用罚金的有5条，并处的有8条，单处或者并处的有7条。刑法修订前，单行刑法新设可处罚金的条文已达85条之多。而1997年修订后的刑法中，挂罚金刑的条文达139个，使罚金刑的适用范围明显扩大。应该说，罚金刑适用范围的扩大，是刑法修订中较为成功之举，它对于刑罚结构合理化具有重要意义。

毫无疑问，1997年《刑法》中的刑罚结构仍然属于重刑结构。而且，在相当长的时间内，这一重刑结构还将继续存在下去。在这种情况下，我们寄希望于刑事司法。在法律现存的刑罚结构下，司法机关的刑罚适用活动应当体现刑事政策的精神。唯有如此，才能通过卓有成效的刑事司法活动，使刑罚结构在动态中趋向合理化。

第十章 宽严相济刑事政策研究

刑事政策是刑事立法与刑事司法的灵魂，它对于一个国家的刑事法治建设具有重要意义。在此，笔者拟从打击犯罪与保障人权的双重刑法价值出发，基于刑事法治的一般原理，对宽严相济的刑事政策进行学理上的论证。

一、宽严相济刑事政策：反思与调整

刑事政策是一定社会对犯罪反应的集中体现。因此，对刑事政策的正确解读，一是离不开犯罪，它是刑事政策得以确立的客观前提；二是离不开社会，尤其是作为公共权力行使者的国家，它是刑事政策的制定者与实施者。从这个意义上说，刑事政策并非只是单纯的刑法问题，而是一个社会公共政策的问题。对刑事政策的研究，也不能局限在法规的视域内，而是应当进行超法规的考察。在对宽严相济的刑事政策进行分析的时候，我们应当首先将它置于我国刑事政策的体系之中，使其获得正确的定位。

我国1979年《刑法》第1条将惩办与宽大相结合刑事政策确认为刑法的制定根据。我国著名刑法学家高铭暄教授指出：惩办与宽大相结合是我们党和国家同犯罪作斗争的基本政策。这项政策是从无产阶级改造世界、改造人类的使命出发，根据反革命分子和其他刑事犯罪分子中存在不同情况而制定的。它对于争取改造多数、孤立打击少数、分化瓦解敌人，有着重大的作用。① 高铭暄教授对惩办与宽大相结合的刑事政策内容的阐述，强调对犯罪分子区别对待，既包括惩办的一面，同时又兼顾宽大的一面，从而取得与犯罪作斗争的积极效果，这完全符合立法精神。因此，宽严相济是惩办与宽大相结合刑事政策的题中之义。

当然，我国对惩办与宽大相结合刑事政策在认识上经过了一个复杂的转变过程。因为从20世纪80年代初期开始，我国进入了一个社会转型时期，犯罪浪潮汹涌而来。在这种情况下，我国进入了一个"严打"时期。我国学者曾经将"严打"的内涵界定为：党和国家在社会治安形势严峻时为打击某几类严重刑事犯罪而制定的，由司法机关为主要执行主体的，以从重从快为基本要求的一种具体刑事政策，其以运动、战役的形式存在。② 从1983年到2001年将近20年的时间里，我国先后进行了三次全国性的"严打"。在这种"严打"的背景下，如何看待它同惩办与宽大相结合刑事政策之间的关系，就成为一个无法回避的问题。对此，我国传统观点认为依法从重从快这一具体政策同惩办与宽大相结合基本刑事政策的精神是完全一致的，不是对立相悖的。那种认为我国基本刑事政策已经改变的观点，是没有根据的错误认识。③ 这种观点将惩办与宽大相结合理解为基本刑事政策，而"严打"是具体刑事政策。因此，在一个时期强调依法从重从快，并不会导致对惩办与宽大相结合的基本刑事政策的根本否定。以基本刑事政策与具体刑事政策来阐明惩办与宽大相结合刑事政策与"严打"刑事政策之间的关系，其逻辑当然是可以成立的。

按照一般理解，基本刑事政策是全局性的、根本性的和长期性的刑事政策；而具体刑事政策是局部性的、个别性的和阶段性的刑事政策。

---

① 参见汪明亮：《"严打"的理性评价》，北京大学出版社2004年版，第33页。
② 参见汪明亮：《"严打"的理性评价》，北京大学出版社2004年版，第33页。
③ 参见杨春洗主编：《刑事政策论》，北京大学出版社1994年版，第245、251页。

在一个国家的刑事法律领域，存在各种各样的刑事政策，并且这些刑事政策是随着犯罪态势的变化而不断地进行调整的，绝不能认为刑事政策是一成不变的教条。刑事政策的变动性与刑事法律的稳定性之间形成一种互动关系，恰恰是刑事政策发挥作用的一个基本前提。当然，在一个国家的刑事政策体系中，各种刑事政策的地位并不等同。在这种情况下，基本刑事政策与具体刑事政策之分具有其合理性。但是，基本刑事政策与具体刑事政策之间具有内在性质上的符合性：具体刑事政策应当而且必须体现基本刑事政策，基本刑事政策在相当程度上制约着具体刑事政策。基于这种对基本刑事政策与具体刑事政策关系的界定，笔者认为惩办与宽大相结合刑事政策与"严打"刑事政策之间已经很难纳入基本刑事政策与具体刑事政策的分析框架。

尽管惩办与宽大相结合刑事政策包括了惩办与宽大两个方面，但它并不是惩办政策与宽大政策的简单相加，而是惩办政策与宽大政策的有机结合，这种结合才是它的本质之所在。"严打"虽然可以从逻辑上包含在惩办的范畴之内，但它过分强调了从重从快，将惩办政策的一面张扬到了一个极端，这势必会影响到宽大政策的落实。正如我国学者所言："严打"政策体现的只是惩办与宽大相结合政策中惩办的一面，或称为"重重"的一面，而远非犯罪控制策略的全部内容。对严重犯罪的严惩必须与对轻微犯罪的轻处辩证结合。唯有"轻轻"，方能"重重"，方能真正有效地实现对犯罪的控制。[①] 因此，"严打"刑事政策在其内容上与惩办与宽大相结合刑事政策是存在抵触的，采用"严打"刑事政策意味着在一定时期内惩办与宽大相结合刑事政策的搁置。事实上也是如此，可捕可不捕的不捕，可杀可不杀的不杀这些体现惩办与宽大相结合刑事政策的具体政策，在"严打"当中都不再适用。根据以上论述，笔者认为

---

① 参见侯宏林：《刑事政策的价值分析》，中国政法大学出版社2005年版，第325页。

以基本刑事政策和具体刑事政策的关系难以解释惩办与宽大相结合刑事政策与严打刑事政策之间关系。

随着1997年《刑法》删除了第1条中关于惩办与宽大相结合刑事政策的规定，我国刑法学界对于惩办与宽大相结合刑事政策到底还是不是我国奉行的基本刑事政策产生了质疑。关于在1997年《刑法》中删除惩办与宽大相结合刑事政策规定的立法理由，立法者作出了如下的解释：惩办与宽大相结合是我们党和国家同犯罪作斗争的基本刑事政策。这项政策对于争取改造多数，孤立打击少数，有着重要的作用。由于刑法已经根据犯罪的不同情况作了一系列的区别对待的规定，如对累犯、教唆未成年人犯罪规定了从重处罚，对从犯、胁从犯、未遂犯、中止犯和自首立功的犯罪分子规定可以从轻、减轻或者免除处罚，根据罪犯在执行刑罚中的表现还规定了减刑和假释，等等。这都是惩办与宽大相结合政策的具体体现，因为这一政策已体现在具体规定之中，因此，刑法中不再单独专门规定惩办与宽大相结合的政策。[①]这一解释维护了惩办与宽大相结合的基本刑事政策的这样一种说法，但1997年《刑法》修改的原则是"可改可不改的，不改"。刑法总则改动的只是个别不能不改的内容，而惩办与宽大相结合作为基本刑事政策既然是立法根据，那么这种删除就是没有实质必要性的。对此，我国学者作了以下解读：我国刑法不再规定惩办与宽大相结合刑事政策，并不意味着刑法对于这一刑事政策的否定——没有充分的理由否定。但是，我们也不应当忽视立法者在刑法当中删除这一规定的意义。

在笔者看来，1997年《刑法》删除这一规定并非毫无意义，不能简单地将这一变化理解为实质上"无变化"。因为"变化"是客观存在的，所以，立法者的政策性选择即"删除"本身应当是有意义的。[②] 笔者赞同

[①] 参见胡康生、李福成主编：《中华人民共和国刑法释义》，法律出版社1997年版，第2页。
[②] 参见曲新久：《刑事政策的权力分析》，中国政法大学出版社2002年版，第234页。

这一观点,在 1997 年《刑法》修订中之所以删除关于惩办与宽大相结合刑事政策的规定,主要还是为了给"严打"刑事政策让路。对于惩办与宽大相结合刑事政策而言,这是一种不是变化的变化。由此出发,笔者更为认同采用应然的刑事政策与实然的刑事政策之分析框架,以此解释惩办与宽大相结合刑事政策与"严打"刑事政策的关系。应然的刑事政策与实然的刑事政策的命题,是我国学者梁根林提出来的。根据梁根林教授的界定,应然的刑事政策是应当如此的刑事政策,是人类根据对犯罪现象客观规律的认识和把握而提出的合目的和合理的预防和控制犯罪的准则、方略或措施。而实然的刑事政策是实际如此、现实应用的刑事政策,即国家与社会针对犯罪问题实际所采用的刑事政策,包括以刑事司法为手段与刑事司法以外的其他措施为达致控制犯罪的目的所进行的国家活动。[①]梁根林教授虽然没有将惩办与宽大相结合理解为是应然的刑事政策,但明确地把"严打"解释为实然的刑事政策。对于我国刑事政策实际上曾以"严打"为中心的这样一种判断,当然是有事实根据的。在笔者看来,惩办与宽大相结合虽然没有被从法理上否定,但已经逐渐地演变成为应然的刑事政策。在"严打"的氛围之下,惩办与宽大相结合刑事政策对于刑事立法与刑事司法的影响与作用有所减弱,这是一个不争的事实。对于刑事政策的研究,以往我国学者虽是泛泛地讨论惩办与宽大相结合刑事政策,但没有回避"严打"刑事政策的实施使其虚置这样一个现实。对于刑事政策研究,我们不能满足于应当以何者为刑事政策,更应当关注实际上以何者为刑事政策,进一步考察这种应然刑事政策与实然刑事政策分离的原因,由此得出正确的结论。

应该说,我国曾实行"严打"刑事政策不是偶然的,它是我国对伴随着社会转型时期出现的大规模犯罪浪潮的一种反应。我国学者曾经对

---

① 参见梁根林:《刑事政策:立场与范畴》,法律出版社 2005 年版,第 23、42 页。

社会转型时期的社会控制问题进行了研究,认为在一定意义上,社会转型就是社会秩序的转型,而这一转型也就意味着社会控制机制的转型。[①]在改革开放以前,由于实行计划经济,我国不仅在经济领域实行严格的行政控制,而且在社会生活领域也是如此。在这种强有力的国家控制下,犯罪丧失了其生存的社会土壤。因此,当时我国犯罪率之低是举世闻名的。当然,这种低犯罪率与高安全感的获得,在一定程度上是以牺牲个人的权利与自由,牺牲经济的繁荣与社会的进步为代价的。在改革开放以后,我国开始了从计划经济向市场经济的转轨,同时也进入一个社会转型时期。在社会转型初期阶段,出现了社会的失范现象,社会控制力大为减弱。尤其是以往赖以依存的社会控制资源的减少,在一定程度上出现了社会失控状态。转型时期的犯罪问题就是这种社会失范与社会失控的产物,由此产生了巨大的犯罪压力。在这个时期,犯罪问题也就成为一个最为严重的社会问题。犯罪问题的根本解决,当然有赖于社会秩序的重建和社会控制模式的转换。这是一项需要较长时期才能达致的改革目标。但又必须对高发的犯罪作出及时应对,以保证经济体制改革的顺利进行和社会生活的正常开展。而"严打"就是这种应对方式,通过"严打"在短时间内有效地压制犯罪,为改革争取时间。从这个意义上来说,在20世纪80年代开始的"严打",是在当时历史条件下的一种无奈的选择,也是一种必然的选择。从实际情况来看,"严打"也确实起到了压制犯罪发展态势的作用。当然,我们也必须看到"严打"作为一种国家对犯罪的控制方式有其局限性。

从手段上来说,"严打"虽然强调的是依法从重从快,但在其暴风骤雨式的运作方式下,法治的底线可能会被突破,这里存在一个手段的合法化问题。因而,如何处理"严打"与法治之间的紧张关系始终是我

[①] 参见宫志刚:《社会转型与秩序重建》,中国人民公安大学出版社2004年版,第364页。

们在反思"严打"刑事政策时不得不面对的一个问题。我国学者指出了"严打"刑事政策本身存在的法治化程度不足的问题。[①]我国学者还揭示了"严打"与法治之间的紧张关系，指出：刑事政策主要以国家权力为中心展开，因而刑事政策与政治之间必然存在极为密切的联系，必定受到政治的深刻影响。"严打"政策与政治挂钩并密切联系，意味着这一政策首先是政治的工具，这就必然产生刑事政策与法律的冲突问题，如何处理好"严打"政策与法律的关系就自然地成为一个问题，而且始终是"严打"活动中的一个突出问题。在某种意义上，我国的民主与法治的发展是政治决策的结果，法治也是政治进步的表现。在执行"严打"政策的同时，如果法治不能获得同等地推进，就会自然而然地导致国家刑罚权与法治的紧张关系，刑罚权与法治原本就存在紧张关系的情况下，问题就会更加突出。[②]由此可见，"严打"与法治的关系应当引起我们重视。现在与1983年发动"严打"时相比，社会的法治化程度大有提高，除依法治国、保障人权入宪这样具有标志性的法治进步以外，在刑事法领域的法治也取得了重大的进展，这主要表现为1996年刑事诉讼法确立了无罪推定原则和1997年刑法确立了罪刑法定原则。无罪推定与罪刑法定都是刑事法治的题中之义，它们在我国刑事法中的确认，都表明法治的实质进展。在这样一个法治背景下，"严打"的手段合法化就是一个有待解决的问题。

基于以上对"严打"刑事政策的反思，笔者认为应当在总结经验教训的基础之上，在一定程度上回归惩办与宽大相结合的刑事政策。当然，惩办与宽大相结合的表述因其约定俗成而定型化，但这一命题蕴含着意识形态的成分。在传统话语中，一般认为惩办与宽大相结合刑事政策的内容是：首恶必办，胁从不问；坦白从宽，抗拒从严；立功折罪，立大

---

① 参见汪明亮:《"严打"的理性评价》，北京大学出版社2004年版，第44-45页。
② 参见曲新久:《刑事政策的权力分析》，中国政法大学出版社2002年版，第268-269页。

功受奖。① 但这些内容有些已经过时,例如抗拒从严,因其与无罪推定原则存在一定抵触,因而已经受到质疑。② 其他也不能完全反映惩办与宽大相结合刑事政策的基本精神。因此,笔者赞同以宽严相济取代惩办与宽大相结合。

二、宽严相济刑事政策:界定与阐述

宽严相济刑事政策是我国刑事政策中具有策略性的惩治政策。由于刑事政策是对犯罪采取的各种刑事措施和对策的总和,因此刑事政策的内涵是十分丰富的。而宽严相济刑事政策只是刑事对策中的一种,它主要体现的是对犯罪的惩治政策。

根据犯罪态势确定正确的应对措施,这是各国之通例。例如,我国学者在介绍西方国家的刑事政策趋向时,一般都认为是"轻轻重重"。这里的"轻轻"就是对轻微犯罪,包括偶犯、初犯、过失犯等主观恶性不重的犯罪,处罚更轻;"重重"就是对严重的犯罪,处罚较以往更重。③由此可见,"轻轻"是指轻者更轻,而"重重"是指重者更重。因此,"轻轻重重"也被称为两极化的刑事政策。这种"轻轻重重"的刑事政策,对轻者与重者加以区分,然后对轻者与重者采取不同的刑事措施,既符合预防犯罪的功利要求,又合乎罪刑均衡的刑法原则。

在我国古代刑法中,也存在"刑期于无刑"这样包含着丰富的刑事政策意蕴的思想,但在专制主义思想的支配下,引申出重刑主义的结论。例如商鞅就反对"轻轻重重",认为:"重重而轻轻,刑至事生,国削。"④

---

① 参见马克昌主编:《中国刑事政策学》,武汉大学出版社1992年版,第98页以下。
② 参见侯宏林:《刑事政策的价值分析》,中国政法大学出版社2005年版,第276页以下。
③ 参见杨春洗主编:《刑事政策论》,北京大学出版社1994年版,第397页。
④ 参见《商君书·去强》。

商鞅还进一步指出:"行刑,重其重者,轻其轻者,轻者不止,则重者无从止矣。"① 在商鞅看来,轻罪轻刑,重罪重刑,既然轻罪不止,重罪同样也无从遏止。因此,商鞅主张"行刑,重其轻者,轻者不至,重者不来,此谓以刑去刑,刑去事成"②。韩非也进一步地阐述了"重其轻者"的理由:"夫以重止者,未必以轻止也;以轻止者,必以重止矣。"③ 这种"重其轻者"的思想,就是一种典型的重刑主义。虽然在法家的观念中,"以刑去刑"的目的是正当的,但采用"重其轻者"的手段则是不正当的,其陷入重刑主义恰恰是"只要目的正当,可以不择手段"的逻辑演绎的必然结果。

在现代法治社会,人权保障成为一种终极价值,打击犯罪也要受到人权保障的限制。因此,重刑主义是应当绝对禁止的。"轻轻重重"的刑事政策有其合理性。根据"轻轻重重"的刑事政策,在不同犯罪态势下,"轻轻"与"重重"又具有不同的侧重。例如,在社会发展较为平稳的时期,更为强调的是"轻轻"刑事政策,即"轻轻重重,以轻为主"。

进入20世纪特别是第二次世界大战以后,在西方国家刑罚轻缓化成为一种普遍的理想。因此,"轻轻"的刑事政策不再是只包含"轻罪轻刑"这样一种简单的内容,而是包括非犯罪化、非刑罚化、非司法化。一般说来,刑事诉讼程序存在费时费力的弊端。监禁,特别是短期监禁更存在明显的弊端。所以,从简易、经济效率出发,符合现实的要求,将轻微的危害行为,如先前的违警罪,排除其刑事犯罪的性质,不诉诸刑事诉讼程序,只处行政罚款。美国的"转处"、加拿大的"非司法化"则使"非犯罪化""非刑罚化"更向前迈进一步。通过某些非官方机构和团体的帮助和调停,避免使违法或轻微的犯罪行为诉诸司法程序,进行

---

① 参见《商君书·靳令》。
② 参见《商君书·靳令》。
③ 参见《韩非子》。

社会化处理。[①]这种"轻轻"刑事政策的实行，表明了刑罚人道主义精神，同时也体现了刑事政策从国家本位向社会本位的演变的某种征兆。当然，随着犯罪的增长，尤其是出于反恐的需要，西方的刑事政策也有所调整，开始从"轻轻重重，以轻为主"向"轻轻重重，以重为主"转向。例如我国学者曾经对美国加州三次打击法进行了介绍，认为这是具有美国特色的严打法。[②]加州三次打击法，以橄榄球的"三振出局"为喻，提出了"三次打击然后出局"的口号，即三次实施暴力重罪的重罪犯应处以终身监禁且没有假释，以体现对重新犯重罪者的严厉惩治。在三次打击法下被判决的被告人，将在监狱中度过大幅度累加的刑期，他们所服的刑期将远远超过其他的犯罪行为人。因此，三次打击法具有明显的"重其重者"的倾向。当然，由于西方国家大多数已经废除死刑，保留死刑的国家对死刑适用也是严格限制的。因此，所谓"重重"，也是相对的，人权保障的法治底线是绝对不能突破的。

我国传统的惩办与宽大相结合刑事政策，本身也包含轻与重这两个方面的内容。因此，我国学者认为"轻轻重重"是惩办与宽大相结合政策的基本精神，指出：惩办与宽大相结合政策的基本精神（或称精神实质）就是对严重的罪犯施以更严重的处罚，对轻微的罪犯给予更轻微的处罚，即轻其轻者，重其重者。换言之，也即"轻轻重重"。[③]其实，在惩办与宽大相结合政策的原始含义中，并无"轻轻重重"的内容，而是强调轻重的区别对待，即轻者该轻，重者该重。当然，以"轻轻重重"解读惩办与宽大相结合政策的基本精神，不失为一种创新。

为正确理解我国刑法中宽严相济的刑事政策，我们需要对宽严相济

[①] 参见杨春洗主编：《刑事政策论》，北京大学出版社1994年版，第398页。
[②] 参见王亚凯、付立庆：《美国特色的严打法——加州三次打击法初论》，载陈兴良主编：《中国刑事政策检讨——以"严打"刑事政策为视角》，中国检察出版社2004年版，第351页。
[③] 参见侯宏林主编：《刑事政策的价值分析》，中国政法大学出版社2005年版，第270页。

刑事政策中的三个关键字："宽""严"和"济"加以科学界定。

宽严相济之"宽"，当然来自惩办与宽大相结合的"宽大"，其确切含义应当是轻缓。刑罚的轻缓，可以分为两种情形：一是该轻而轻；二是该重而轻。该轻而轻，是罪刑均衡的应有之义，也合乎刑法公正的要求。对于那些较为轻微的犯罪，就应当处以较轻之刑。至于轻罪及其轻刑如何界定，则应根据犯罪的具体情况加以判断。该重而轻，是指所犯罪行较重，但行为人具有坦白、自首或者立功等法定或者酌定情节的，法律上予以宽宥，在本应判处较重之刑的情况下判处较轻之刑。该重而轻，体现了刑法对于犯罪人的感化，对于鼓励犯罪分子悔过自新具有重要意义。在刑法中，轻缓的表现方式也是多种多样的，包括司法上的非犯罪化与非刑罚化以及法律上各种从宽处理措施。

宽严相济之"严"，是指严格或者严厉，它同惩办与宽大相结合中的惩办一词相比，词义更为确切。我国学者储槐植教授曾经提出"严而不厉"的命题，将"严"与"厉"分而论之，指出："严"与"厉"二字含义有相同的一面，常常一起连用；它们也有不同的一面，"严"为严肃、严格、严密之意，"厉"为厉害、猛烈、苛厉之意。储槐植教授之所谓"严而不厉"是在不同含义上使用这两个字。严，指刑事法网严密，刑事责任严格；厉，主要指刑罚苛厉，刑罚过重。① 宽严相济中的"严"，当然包括严格之意，即该作为犯罪处理的一定要作为犯罪处理，该受到刑罚处罚的一定要受到刑罚处理，这也就是司法上的犯罪化与刑罚化。与此同时，宽严相济之严还含有严厉之意。这里的严厉主要是指判处较重刑罚，当然是指该重而重，而不是指不该重而重，当然也不是指刑罚过重。

在宽严相济刑事政策中，该宽则宽，该严则严，对于"宽"与"严"

---

① 参见储槐植：《刑事一体化与关系刑法论》，北京大学出版社 1997 年版，第 305-306 页。

加以区分，这是基本前提。因此宽严相济是以区别对待或者差别待遇为根本内容的。区别对待是任何政策的基础，没有区别就没有政策。刑事政策也是如此，它是建立在对犯罪严重性程度的区别基础之上的。当然，宽严的区别本身不是目的，区别的目的在于对严重性程度不同的犯罪予以严厉性程度不等的刑罚处罚，由此而使刑罚产生预防犯罪的作用。刑事古典学派的经典作家们已经深刻地揭示了罪刑之间保持适当比例能够防止更大犯罪发生这一重要的刑法原理。例如孟德斯鸠指出："在我们国家里，如果对一个在大道上行劫的人和一个行劫而又杀人的人，判处同样的刑罚的话，那便是很大的错误。为着公共安全起见，刑罚一定要有一些区别，这是显而易见的。在中国，抢劫又杀人的处凌迟，对其他抢劫就不这样。因为有这个区别，所以在中国抢劫的人不常杀人。在俄罗斯，抢劫和杀人的刑罚是一样的，所以抢劫者经常杀人。"[①] 在此，孟德斯鸠阐述了对犯罪是应该有区别的，没有区别就会导致犯罪人犯较重之罪，有区别则能够使犯罪人倾向犯较轻之罪。对此，贝卡里亚也作了论述，指出："如果对两种不同程度地侵犯社会的犯罪处以同等的刑罚，那么人们就找不到更有力的手段去制止实施能带来较大好处的较大犯罪了。"[②] 由此可见，这些经典作家所倡导的罪刑均衡原则本身蕴含着刑事政策的精神。

宽严相济，最为重要的还是在于"济"。这里的"济"，是指救济、协调与结合之意。因此，宽严相济刑事政策不仅是指对于犯罪应当有宽有严，而且在宽与严之间还应当具有一定的平衡，互相衔接，形成良性互动，以避免宽严皆误结果的发生。换言之，在宽严相济刑事政策的语

---

① 参见［法］孟德斯鸠：《论法的精神》（上册），张雁深译，商务印书馆1961年版，第92页。

② 参见［意］贝卡里亚：《论犯罪与刑罚》，黄风译，中国大百科全书出版社1993年版，第65页。

境中，既不能宽大无边，严厉过苛；也不能时宽时严，宽严失当。在此，如何正确地把握宽和严的度以及如何使宽严形成互补，从而发挥刑罚最佳的预防犯罪的效果，确实是一门刑罚的艺术。

宽严相济刑事政策首先意味着应当形成一种合理的刑罚结构，这是实现宽严相济刑事政策的基础。关于刑罚结构，我国学者储槐植作了专门研究，认为刑罚结构是刑罚方法的组合（配置）形式。所谓组合（配置）形式，是指排列顺序和比例份额。排列次序是比重关系的表现，比重是量的关系，但量变会引起质变，比例不同，即结构不同，则性质不同。刑罚结构决定刑罚运行的内部环境，构成整体刑罚功能的基础。[①]刑罚结构概念的提出，表明我们对刑罚发生作用机制在理解上的深化。事实已经表明，刑罚是作为一个体系而存在的，正是刑罚的这种体系性构成特征，使各种刑罚方法形成一个具有内在逻辑结构的整体而发生作用。我国刑罚体系由主刑与附加刑构成，主刑包括管制、拘役、有期徒刑、无期徒刑和死刑；附加刑包括剥夺政治权利、罚金和没收财产。从这些刑罚方法的性质上来划分，资格刑、财产刑、自由刑（包括剥夺自由刑和限制自由刑）均齐全，而且主刑与附加刑之间的关系也较为协调。对于这样一个刑罚体系，我国刑法学界以往一般都持肯定的态度，认为我国刑罚体系是科学合理的，具有宽严相济的特征，指出：构成我国刑罚体系的刑种，无论是主刑还是附加刑，都是有轻有重，如主刑既有轻刑管制和拘役，也有较重的有期徒刑，亦有重刑无期徒刑，更有最重的死刑。附加刑的各个刑种也是轻重有别。这表明，我国刑罚体系具有宽严相济的特点。[②]这一评价从表面上看似乎言之成理，但从实质上分析则言之失当。笔者认为，从我国刑罚实际运作的状况来看，我国刑罚体系存

[①] 参见储槐植：《刑事一体化与关系刑法论》，北京大学出版社1997年版，第403页。

[②] 参见高铭暄、马克昌主编：《刑法学》，北京大学出版社、高等教育出版社2000年版，第240页。

在结构性缺陷，这就是死刑过重，生刑过轻，一死一生，轻重悬殊，极大地妨碍了刑罚功能的正常发挥。

为了说明我国刑法中的死刑过重，有必要对世界各国的死刑立法与司法的状况作一个描述。国际上存在一种限制死刑，乃至于废除死刑的趋势，这已是不争的事实。这主要表现在国际上已经有相当一部分国家完全废除了死刑，还有一部分国家虽然在法律上没有废除死刑，但在事实上废除了死刑。根据英国学者罗吉尔·胡德的统计，截至2001年，在全世界194个国家中，完全废除死刑的国家是75个，占39%；废除普通犯罪死刑的国家是14个，占7%；保留死刑的国家是105个，占54%。在保留死刑的国家中，又有34个国家在截至2001年的过去10年中没有执行过死刑，属于事实上废除死刑的国家。如果将废除普通犯罪死刑的国家和事实上废除死刑的国家都归入废除死刑的国家，那么，废除死刑的国家就有123个，保留死刑的国家只有71个。即废除死刑的国家占国家总数的63%，而保留死刑的国家只占国家总数的37%。① 在保留死刑的国家中，死刑的适用也受到严格限制。例如，日本从1979年至1994年共执行死刑28人，平均每年是2.5人左右。② 而韩国1987年至1997年共执行死刑101人，平均每年12.6人。③

所谓生刑过轻，是指我国刑罚体系中除死刑立即执行以外的刑罚方法过于轻缓。根据我的分析，我国的死缓相当于有期徒刑24年（不包括判决前羁押）。死缓是指死刑缓期执行，本来是我国死刑的一种执行方

---

① 参见［英］罗吉尔·胡德：《死刑的全球考察》，刘仁文、周振杰译，中国人民公安大学出版社2005年版，第11页。

② 参见［日］团藤重光：《死刑废止论》，林辰彦译，台北商鼎文化出版社1997年版，第267页。

③ 参见［韩］金仁善：《关于韩国执行死刑的现状与死刑制度的改善方向的再思考》，载赵秉志主编：《中韩刑法基本问题研讨——"首届中韩刑法学术研讨会"学术文集》，中国人民公安大学出版社2005年版，第168页。

法，但在司法实践中它往往被作为一种独立的刑种使用，而且被判处死缓的犯罪分子，除极个别在死缓考验期间故意犯罪的以外，基本上不再执行死刑。因此，死缓可以归入生刑的范畴。我国死缓制度设置的初衷是为限制死刑，例如，高铭暄教授指出：死刑缓期执行制度是我国刑事政策上的一个重大创造，是贯彻"少杀"政策的重要方法。死缓制度有力地说明，我们国家对那些犯有死罪，但还不是非杀不可的犯罪分子，没有放弃对他们进行改造的一线希望，这就可以把死刑的适用实际上缩小到最小的范围。① 但是，死缓相对于死刑而言，显得过轻。

根据我国《刑法》第50条规定："判处死刑缓期执行的，在死刑缓期执行期间，如果没有故意犯罪，二年期满以后，减为无期徒刑；如果确有重大立功表现，二年期满以后，减为二十五年有期徒刑。"因此，死缓的上限是"2年＋无期徒刑"。那么，无期徒刑又相当于多少年有期徒刑呢？根据2016年最高人民法院《关于办理减刑、假释案件具体应用法律的规定》第8条规定："被判处无期徒刑的罪犯在刑罚执行期间，符合减刑条件的，执行二年以上，可以减刑。减刑幅度为：确有悔改表现或者有立功表现的，可以减为二十二年有期徒刑；确有悔改表现并有立功表现的，可以减为二十一年以上二十二年以下有期徒刑；有重大立功表现的，可以减为二十年以上二十一年以下有期徒刑；确有悔改表现并有重大立功表现的，可以减为十九年以上二十年以下有期徒刑。无期徒刑罪犯减为有期徒刑后再减刑时，减刑幅度依照本规定第六条的规定执行。两次减刑间隔时间不得少于二年。罪犯有重大立功表现的，可以不受上述减刑起始时间和间隔时间的限制。"因此，无期徒刑的上限是"2年+22年=24年"。由于无期徒刑的上限为24年，因此，死缓的上限为26年。我国的有期徒刑上限为15年，数罪并罚最高为25年。

---

① 参见高铭暄：《中华人民共和国刑法的孕育和诞生》，法律出版社1981年版，第75页。

相比之下，外国刑法中的重刑比我国要重得多。由于外国刑法中没有死缓，死缓也就无从比较。以无期徒刑而论，其严厉性程度因各国刑罚现状的不同而有所差异。一般来说，各国的无期徒刑均不再是实际的关押终身，而是经过一段时间的监禁以后最终都能复归社会。因为无期徒刑存在剥夺罪犯的犯罪能力和复归改造罪犯这两个刑罚目标的互相冲突。[1]除个别国家存在不可假释的终身监禁以外，大多数国家被判处无期徒刑的犯罪分子关押10年以上即可获得假释。例如美国，被判处终身监禁的犯罪人，如果服刑中表现良好，一般执行10年（或15年）后可以获得假释。[2]就此而言，外国的无期徒刑与我国的无期徒刑在严厉性上似乎差别并不大，但考虑到外国刑法中的刑罚轻缓程度，其刑罚之间的轻重是协调的。但在我国刑法中，有些犯罪分子被判处死刑立即执行，而死缓与无期徒刑实际上平均只被关押15年左右，确有过轻之嫌。因此，刑罚轻重各国之间的横向比较是必要的，但更应当将其置于本国的刑罚体系之中，考察其与其他刑罚的衔接与协调。至于有期徒刑的上限，既有15年的（日本、德国等），也有24年的（意大利），更有30年的（法国）。在英美国家，当一个人犯有数罪时，因为在数罪并罚上经常采用并科原则，有时刑期长达数十年，甚至数百年，实际上相当于无期徒刑。相比较之下，我国有期徒刑上限为15年，数罪并罚不超过25年，是较为轻缓的。

如上所述，我国刑罚体系存在死刑过重、生刑过轻的结构性缺陷。如果将我国刑罚的威慑力用100分来衡量，在现在的刑罚体系中，80分是依靠大量适用死刑获得的，生刑只获20分。在这种情况下，在保持刑罚威慑力不变的情况下，应当进行刑罚的结构性调整，大量限制死刑适用，减少对死刑的依赖，使死刑获得的刑罚威慑力从现在的80分下降为

---

[1] 参见李贵方：《自由刑比较研究》，吉林人民出版社1992年版，第95页。
[2] 参见储槐植：《美国刑法》，北京大学出版社1987年版，第311页。

20分。相应地,加重生刑的严厉性,使生刑获得的刑罚威慑力从现在的20分上升为80分。我国学者曾经形象地指出"抓大放小"的刑事政策,指出:对待严重的有组织犯罪、暴力犯罪、国家工作人员的职务犯罪等严重危及社会生存与发展、民众安宁与秩序的犯罪,即不能矫治或矫治有困难的犯罪实行严格的刑事政策,即"抓大"。对于情节较轻的刑事犯罪、偶发犯罪、无被害人犯罪、与被害人"和解"的犯罪等,也就是不需矫治或者矫治有可能的犯罪实行宽松的刑事政策,即"放小"。"抓大放小"的本真含义是:"严"其应当严的、必须严的;"宽"其可以宽的、应当宽的。易言之,在刑事政策层面上,应当实行两极化的刑事政策。[1]笔者认为,这一观点是具有科学根据的。基于两极化的刑事政策,我们应当在严格限制死刑适用的前提下,按照重者更重、轻者更轻的思路对刑罚结构进行合理调整。

严格限制死刑,是当前我国刑罚结构调整的当务之急。通过司法减少死刑适用是势所必然的限制死刑之路。对于死刑的限制与废除,我们过去存在一种过分依赖立法的心理,在很大程度上忽视了司法对死刑的限制甚至于实际上废除的作用。从世界各国死刑废除历程来看,除个别国家出于某种特定的目的,例如加入欧盟以废除死刑为前提,为实现加入欧盟的目的而无条件地从法律上废除死刑,大多数国家都是从事实上废除,在条件成熟的情况下再从法律上废除。因此,事实上废除死刑是死刑废止的第一步。事实上废除死刑又不是一天之内实现的,有一个从死刑被大量适用到减少适用,最后过渡到不适用这样一个依次渐进的废止过程。因此,司法机关作为死刑的适用者,在实际废除死刑方面是大有可为的。

我国应当在司法中逐渐减少死刑适用,尤其是非暴力犯罪的死刑更

---

[1] 参见蔡道通:《中国刑事政策的理性定位》,载陈兴良主编:《刑事法评论》(第11卷),中国政法大学出版社2002年版,第51页。

是在首先严格限制乃至于废止之列。对于暴力犯罪,尤其是杀人罪,应当制定一些死刑适用规则。例如,我国《刑法》第48条规定:"死刑只适用于罪行极其严重的犯罪分子。"这是对死刑适用条件的严格限制。但《刑法》第232条关于故意杀人罪法定刑的规定与其他刑法条文均有所不同,不是由轻至重排列,而是由重至轻排列,表述为:"故意杀人的,处死刑、无期徒刑或者十年以上有期徒刑。"在这种情况下,应当对杀人罪适用死刑立即执行的条件加以明确。其实,最高人民法院1999年在《全国法院维护农村稳定刑事审判工作座谈会纪要》对于故意杀人犯罪适用死刑的标准曾经作过规定:"对故意杀人犯罪是否判处死刑,不仅要看是否造成了被害人死亡结果,还要综合考虑案件的全部情况。"这一规定表明,犯故意杀人罪并非只要没有法定或酌定从轻处罚的情节就应当判处死刑立即执行。但由于这一规定并非严格意义上的司法解释而只是一种会议纪要,其法律效力稍弱,具有适用范围上的局限性,因而并没有成为杀人罪适用死刑的一般规则。笔者认为,死刑复核权收归最高人民法院行使以后,最高人民法院应当对杀人罪等死刑适用量占前五位的罪名进行调查研究,制定死刑适用的细则。通过制定这样一些规则,为严格限制死刑适用提供法律根据。

在严格限制死刑适用的前提下,首先应当做到重者更重。这里所谓重者更重,是指那些严重犯罪,包括暴力犯罪与非暴力犯罪,由过去判处死刑立即执行改为判处死缓和无期徒刑以后,应当加重死缓和无期徒刑的处罚力度。被判处死缓的,原则上关押终身。个别减刑或者假释的,最低应关押30年以上。被判处无期徒刑的,多数应关押终身。少数减刑或者假释的,最低应关押20年以上。有期徒刑的上限提高到25年,数罪并罚不超过30年。通过加重生刑,从而为死刑的减少适用创造条件。现在社会公众之所以要求对严重的犯罪分子判处死刑,是因为生刑过轻。而加重生刑以后,虽未被执行死刑,但被判处了死缓,将会关押30年以上,甚至关押终身。这就会降低社会公众对死刑的依赖,认识到生刑的严厉性,从而在情感上能够接受死刑的大幅度减少,也使刑罚结构变得更为合理。随着生刑的加重,我国监禁成本将会大幅度增加。过去大量适用死刑,对犯罪分子一杀了之,就经济成本而言是最为节省的。现在改为死缓或者无期徒刑以后,每个犯罪分子增加的监禁期限在30年以上。而以往被判处死缓和无期徒刑的犯罪分子,执行18年或者15年获得自由,现在监禁的期间延长为30年以上,每个犯罪分子增加的监禁期限在12年以上。我国社会能否承受随着生刑加重而增加的监禁成本?这是一个我们不能不正视的问题。我国学者指出:按照财政部与司法部联合下达的监狱经费支出标准测算,全国监狱系统实际需要高达210亿元经费才能正常运转。若仅以纯国家财政拨款127.3亿元日常经费和30亿元基本建设经费与154万罪犯来计算,关押改造一个罪犯的年费用也已超过万元。这可能已经高于一个大学生一年的开销。这157亿多元的经费还不包括从军费渠道支出的武装警察看押的经费。[①] 由此可见,监禁成本是一个天文数字。监禁成本会不会成为社会不能承受的经济包袱?对这个问题,也只能通过刑罚结构调整加以解决,这就涉及刑罚结构调整的另一措施:轻者更轻。

在严格限制死刑适用的前提下,在重者更重的同时,还应做到轻者更轻。所谓轻者更轻,是指对较轻的犯罪,通常是指应处5年以下有期徒刑的犯罪,尽量减少关押,实行非监禁化。这就是要对轻罪从广泛适用监禁刑转变为尽量适用非监禁刑。以往,我国司法机关较为重视与强调监禁刑的适用。在传统思想的影响下,忽视了非监禁刑的适用。这里所谓传统思想的影响,是指中国人将刑罚与监狱相联系,将被判处刑罚诠释为牢狱之灾。因此,非监禁刑往往被排斥在刑罚的概念之外。此外,

---

① 参见郭建安:《社区矫正制度:改革与完善》,载陈兴良主编:《刑事法评论》(第14卷),中国政法大学出版社2004年版,第320页。

非监禁刑存在放纵之虞，因而往往适用率极低。当然，我国对非监禁刑缺乏行之有效的管理措施，也使得司法机关对非监禁刑的适用心有顾忌。在社区矫正取得初步成果并全面推广以后，将会使非监禁刑的管理走上正轨，从而为非监禁刑的扩大适用创造条件。通过适用非监禁刑，可以节省大量的监禁成本。虽然每个犯罪分子的关押期限只减少3年左右，但在全部刑事犯罪案件中，轻罪的绝对量是更大的，其节省的监禁成本也是可观的，将这些监禁成本转移支付给重罪，以弥补随着生刑加重而带来的监禁成本的缺口，笔者认为将不会使整个监禁成本大幅度增加。

刑罚的结构性调整，正如同经济结构调整一样，是一个系统工程，不能顾此失彼，而应有全盘打算和统筹规划。事实上，随着犯罪态势的变化而不断地调整刑罚结构，以取得最佳的刑罚效果，这已经成为各国之通例。例如中英量刑制度比较研究课题组通过对英国的量刑制度考察，得出如下结论：受刑罚理论的影响，英国刑罚近20年来的发展，有两个显著特点：一是监禁刑的立法和适用有"重刑化"的倾向；二是非监禁刑的大量采用。这里的非监禁措施，包括罚款、缓刑、保护观察令、社区服务等。[①]英国以及其他国家的经验是值得我国借鉴的。当然，在刑罚结构经过调整实现合理化以后，还应当进一步使我国刑罚趋于轻缓化。刑罚结构调整，为宽严相济刑事政策的实现提供了法律制度上的保障。

三、宽严相济刑事政策：理念与实现

宽严相济的思想在我国可谓源远流长，包含宽严相济思想的惩办与宽大相结合的刑事政策也曾经在我国长期实行。那么，在新的历史背景下，如何重新阐述宽严相济刑事政策的理论基础，这是一个需要深入研

---

① 参见中国政法大学刑事法律研究中心、英国大使馆文化教育处主编：《中英量刑问题比较研究》，中国政法大学出版社2001年版，第259页。

究的问题。

刑罚是一种社会治理方式。因此，刑罚并不仅是一个法律问题，刑罚轻重之选择，与一个社会的政治理念具有密切关系。从政治理念上来说，宽严相济刑事政策之提倡是从专政的政治理念到治理的政治理念转变的结果。在专政的政治理念主导之下，法律，尤其是刑法往往沦为专政工具，这样的社会是采用压制型法律控制的压制型社会。压制型法律，是美国学者诺内特、塞尔兹尼克在《转变中的法律与社会》一书中提出来的一个概念，与之相对应的是自治型法律和回应型法律。诺内特、塞尔兹尼克将法律区分为三种类型：（1）压制型的法律：作为压制性权力的工具的法律；（2）自治型的法律：作为能够控制压制并维护自己的完整性的一种特别制度的法律；（3）回应型的法律：作为回应各种社会需要和愿望的一种便利工具的法律。[①]实际上，一定的法律形态总是与一定的社会形态以及一定的政治形态相联系的。诺内特、塞尔兹尼克也是从法律与社会的相关性上进行考察的。因此，压制型的法律、自治型的法律和回应型的法律总是与压制型的社会、自治型的社会和回应型的社会相对应的。这三种法律形态以及与之相对应的三种社会形态，处于一种层递关系，这也正是诺内特、塞尔兹尼克以"迈向回应型法"作为该书副标题的原因之一。我国社会目前也正处在一个转变之中，这种社会转型的一个重要标志就是逐渐减少压制性，从而增加自治性与回应性。

在压制型社会，占据主导地位的是专政的政治理念。专政是以存在一个单一统治者为特征的一种统治模式。[②]因此，专政往往是与暴力相联

---

① 参见［美］诺内特、塞尔兹尼克：《转变中的法律与社会》，张志铭译，中国政法大学出版社1994年版，第16页。

② 参见［英］戴维·米勒、韦农·波格丹诺：《布莱克维尔政治学百科全书》，邓正来等译，中国政法大学出版社1992年版，第201页。

系的,包括合法的暴力或者非法的暴力。专政对社会实行的是统治,它是以统治者与被统治者的隶属关系为政治基础的,为了维护这种专政的统治秩序,往往需要对社会进行单方面的压制。这种社会是一个刚性的社会,各种社会矛盾都被暴力所掩盖和遮蔽,一旦社会矛盾爆发,社会就会处于一种崩溃状态。而摆脱了压制的社会,是一个自治型的或者回应型的社会,这种社会的最大特点是社会控制手段由单纯的暴力压制转变为协调和治理。尤其是治理的政治理念的提出具有重要意义。治理是与统治相对立的概念,它表明不再存在一种超越社会的至高无上的权力,不再存在建立在不平等之上的统治与被统治的政治关系。社会的治理应当由社会本身来完成,在这种治理的政治理念下,追求社会的协调发展,才能真正成为善治之道。在这种情况下,法律的功能也发生了重大的变化。法律,尤其是刑法不再是单纯的暴力强制,尽管刑法仍然具有强制性,但这种强制是具有节制性的,不能超过一定的界限。在这个意义上说,自治型社会或者回应型社会相对于压制型社会而言,就是一个和谐社会。当前,建设和谐社会已经成为某种政治目标。和谐社会要求通过各种方法,包括法律手段,化解各种社会矛盾,疏通各种社会怨愤,由此而获得社会的长治久安。目的决定手段,当我们确立了以和谐社会为建设目标以后,法律不再是专政的工具,而是各种社会关系的调节器,各种社会矛盾的化解器。在这种情况下,刑法的轻缓化就是势所必然。而宽严相济刑事政策虽然强调"轻轻"与"重重"相结合,但就其根本而言,更应当关注的是刑法的轻缓化。

  刑罚轻重不仅受到政治理念的影响,同时还受到刑法理念的制约。因此,我们还必须从刑法理念上揭示宽严相济刑事政策的理论根据。从刑法理念上来说,宽严相济刑事政策虽然具有一定的策略内容,但其刑法的理念基础应当是刑法谦抑。刑法谦抑是与刑法滥用相对立的,刑法的演进经历了一个从野蛮到人道的发展过程。我国学者储槐植在探讨西方刑法规律时曾经揭示了刑罚趋轻规律,认为这是一个不可抗拒的客观规律。储槐植教授认为刑罚趋轻规律的根据主要是以下三点:(1)刑罚目的认识进化,报应成分减少,教育成分增加。(2)犯罪原因认识深化,控制犯罪对惩罚犯罪的信息反馈。(3)刑罚在国家管理系统中的作用结构的变化。① 笔者认为,在上述三个根据中,第三个根据是决定性的,只有将刑罚纳入社会治理系统考察,才能深刻地揭示刑罚演变规律。法国学者涂尔干认为,刑罚演化存在两个规律:量变规律和质变规律。量变的规律可以阐述如下:"当社会属于更落后的类型时,当集权具有更绝对的特点时,惩罚的强度就越大。"质变的规律可以阐述如下:"惩罚就是剥夺自由(仅仅是自由),其时间的长短要根据罪行的轻重而定,这种惩罚逐渐变成了正常的压制类型。"② 在这两个刑罚演化规律中,所谓量变规律是指刑罚轻重与社会类型具有相关性,所谓质变规律是指刑罚具体种类演变的规律。因此,从整体上认识刑罚演变规律,更应关注的是涂尔干所谓的量变规律。根据涂尔干的量变规律,刑罚轻重的决定性因素是社会类型的性质,但同时又与政府机构的性质相关,这里的政府机构的性质,主要是指专制的特征。由此可见,刑罚轻重并非是一个单纯的法律问题,而是一个社会政治问题。刑罚的效益之高低既取决于刑罚运行机制,也取决于社会控制能力。在一个发展程度较高的社会,政府权力受到限制,并且又能有效地对社会进行治理,因而就会降低对刑罚的依赖,尤其是降低对重刑的依赖,其刑罚轻缓也就是必然趋势。

刑罚轻缓是刑罚谦抑的题中之义。一般认为,非犯罪化与非刑罚化是实现刑罚谦抑的两个基本途径。非犯罪化(decriminalization)是指将

---

① 参见储槐植:《刑事一体化与关系刑法论》,北京大学出版社1997年版,第219页以下。
② 参见[法]涂尔干:《乱伦禁忌及其起源》,汲喆等译,上海人民出版社2003年版,第425、437页。

迄今为止作为犯罪加以处罚的行为不作为犯罪,停止对其处罚,因此,它包括变更从来都是作为犯罪科处刑罚的现状,而代之以罚款等行政措施加以处罚的情况。① 非犯罪化是相对于犯罪化而言的,是对过度犯罪化的反动。笔者曾经认为,中国不宜提倡非犯罪化,因为中国不存在过度犯罪化。恰恰相反,中国的主要问题是犯罪化。② 这个观点,从立法论上说是正确的,笔者现在仍然坚持。但从司法论上说则仍然存在一个非犯罪化的问题,因此需要加以补充说明。

实际上,非犯罪化可以分为立法上的非犯罪化与司法上的非犯罪化。立法上的非犯罪化,是指通过变更或废止法律而使过去被作为犯罪的情况不再是犯罪。而司法上的非犯罪化,就狭义而言,是指审判上的非犯罪化,即指通过刑事审判而进行的非犯罪化,它以通过变更判例,变更刑罚法规的解释和适用,将从来均被处罚的行为今后不再处罚为内容。至于广义的司法上的非犯罪化,还应当包括侦查上的非犯罪化与起诉上的非犯罪化,日本学者将其称为取缔上的非犯罪化,即指刑罚法规虽然存在,但因调查以及取缔机关不适用该刑罚法规,事实上几乎不作为犯罪处理的情况,又称为事实上的非犯罪化。③ 就立法上的非犯罪化而言,由于我国刑法中的犯罪化程度不足,根本不存在过度犯罪化问题,因此不应提倡非犯罪化。但就司法上的非犯罪化而言,现在看来确有提倡的必要。对于那些虽然符合刑法规定,但情节轻微、没有较为严重社会危害性的行为,能不作犯罪处理的,就不应作为犯罪处罚。在侦查期间,能作为治安处罚的就不作为犯罪追究。在起诉阶段,能不起诉的就不起诉。在审判阶段,能不定罪的就不定罪。只有这样,才能在司法活动中切实地贯彻刑法谦抑原则,体现对轻微犯罪人的宽大处理。

---

① 参见[日]大谷实:《刑事政策学》,黎宏译,法律出版社2000年版,第88页。
② 参见陈兴良:《刑法的价值构造》,中国人民大学出版社1998年版,第405页。
③ 参见[日]大谷实:《刑事政策学》,黎宏译,法律出版社2000年版,第93页。

至于非刑罚化，其内涵在学理上是存在争议的。日本学者认为，所谓非刑罚化（depenalization），是指用刑罚以外的比较轻的制裁替代刑罚，或减轻、缓和刑罚，以处罚犯罪。① 按照这一定义，非刑罚化的含义过于宽泛，包括了刑罚轻缓化，甚至包括了非犯罪化。非犯罪化的后果当然是非刑罚化，但非刑罚化却是以犯罪化为前提的。就此而言，笔者赞同德国学者耶赛克的界定，非刑罚化是指采取将被宣判有罪的人置于附有监视的自由状态之中进行考验的方法。② 由此可见，非刑罚化的本质是非监禁化，即对于已经构成犯罪的人，尽量地采用非监禁刑或者适用缓刑。在论及非刑罚化时，笔者曾经提出中国当前不宜实行以非监禁化为主要特征的非刑罚化的观点，认为中国当前尚不具备实行非刑罚化的条件，包括社会条件、法律条件和思想条件。③ 现在看来，这一观点过于现实与保守，有必要加以修正。也就是说，非监禁化应当是我国刑罚改革的一个方向。在我国目前死刑过多、刑罚过重的情况下，减少死刑，刑罚逐渐轻缓是十分重要的。按照宽严相济的刑事政策，非监禁化也是应当实行的。因为对于那些犯罪较轻的人而言，判处短期自由刑，改造效果并不理想，甚至还会促使其形成犯罪人格。短期自由刑久为人所诟病，因此减少短期自由刑的适用就势所必然。减少短期自由刑适用的方式之一就是扩大缓刑和非监禁刑的适用，有些国家甚至实行自由刑易科罚金的换刑处分，将短期自由刑视为不得已而用之的最后手段。因此，所谓非监禁化，主要是针对犯罪较轻的人而言的。通过非监禁化，可以节省监禁成本，又体现对犯罪人的宽宥。当然，非监禁化并不等于放任不管，而是采取非监禁性的矫正措施。用耶赛克的话来说，就是使犯罪人置于附有监视的自由状态。

---

① 参见［日］大谷实：《刑事政策学》，黎宏译，法律出版社2000年版，第107页。
② 参见［德］耶赛克：《世界性刑法改革运动》，载《法学译丛》1981年第1期。
③ 参见陈兴良：《刑法的价值构造》，中国人民大学出版社1998年版，第422页以下。

在我国较为浓厚的重刑社会氛围下引入刑罚谦抑理念，并将其作为宽严相济刑事政策的理论基础，并不是那么容易获得社会认同的。事实证明，某种社会氛围一旦形成，改变起来将是十分困难的。当然，随着社会文明程度的提高，刑法谦抑的理念必然会被社会所接受。作为官方的刑事政策，应当理性地引导民众。

在对宽严相济刑事政策进行理论论证的基础上，我们面临在刑事立法与刑事司法中如何贯彻宽严相济刑事政策这样一个十分现实并且也是十分重大的问题。笔者认为，宽严相济刑事政策不仅是一个刑法问题，而且也是一个刑事诉讼法问题。它涉及整个刑事法，是刑事法治建设的重要指导思想，对于刑事立法与刑事司法都具有重大意义。笔者认为，宽严相济刑事政策的立法与司法的贯彻，涉及以下问题，现按照刑事诉讼程序逐一加以论述：

（一）刑事和解

刑事和解是指采用调解方式对刑事案件进行结案。相对于采用判刑的方式结案，刑事和解是一种处理轻微犯罪案件的较好的结案方式。在2005年诉讼法学年会上，我国学者提出应当倡导刑事和解，认为这一制度的核心内容是促进犯罪人与被害人之间进行和解，犯罪人的和解努力和对损害的赔偿可以作为法院减轻其刑的情节，若为轻罪，甚至可以免予刑罚。[①] 应该说，刑事和解是司法上的非犯罪化的一种有效措施，它所体现的是恢复性司法的理念。恢复性司法是西方新兴的一种刑事处理方式，它不是将犯罪人简单地视为异类，而是在司法工作者的主持下，在犯罪人与被害人之间进行沟通和交流，求得被害人的谅解，从而确定犯罪发生后的解决方案。根据我国学者的介绍，恢复性司法具有以下三种

---

① 参见晏向华：《刑事和解：体现和谐社会理念》，载《检察日报》2005年10月21日，第3版。

形式：一是调解程序（mediation）；二是和解会商（conference）；三是愈合小组（Peacemaking Circle）。其中，和解程序是世界上最早出现的恢复性司法程序，它的原型是：将被害人和犯罪人聚在一起，利用一名调解人主持和推动双方会谈的进行，在会谈中被害人讲述他们的受害体验和犯罪对自己的生活造成的影响，犯罪人解释他们究竟做了什么、为什么这样做，回答被害人提出的问题，当双方讲述完毕后，调解人会帮助他们共同确定使事情有好转的措施。① 由此可见，调解是恢复性司法中的一种重要方式。恢复性司法将调解引入刑事司法活动之中，在一定程度上改变了刑事司法模式。过去的刑事司法，表现为国家惩治犯罪的模式，反映的是国家与犯罪人之间惩罚与被惩罚的关系。在这一刑事司法关系中，被害人被忽略了。被害人的缺位，表明这种惩罚模式本身的异化。而恢复性司法则将犯罪人与被害人视为中心，国家只是一种调解人的角色，在犯罪人获得被害人谅解，被害人获得犯罪人的精神上的补偿与经济上的赔偿的条件下，双方达成和解，从而化解矛盾。当然，恢复性司法本身也是存在局限性的，并且只能对那些较为轻微的犯罪才能适用。对此，应当有所认识。在这个意义上说，恢复性司法只能作为正式司法模式的补充。

我国在民事诉讼中历来强调调解，调解被认为是解决社会纠纷的一种重要方式。但在刑事诉讼中，如何更好地发挥调解的作用却是一个值得研究的问题。根据我国刑事诉讼法的规定，在刑事自诉案件中，法院可以对被告人与被害人进行调解。这种对刑事自诉案件的调解，是我国目前刑事调解的重要形式。除此以外，在公安机关对轻微刑事案件的处理中，也应当引入调解方式，凡是通过调解而双方能够和解的，都尽量不要进入司法程序。这样的做法，既可化解矛盾又能节省司法资源。应当指出，我国

---

① 参见张庆方：《恢复性司法》，载陈兴良主编：《刑事法评论》（第12卷），中国政法大学出版社2003年版，第442页。

目前在公安机关的日常管理中还通行简单化的数字化管理,即以抓人多少(拘留数、逮捕数)作为考核指标。为此,必须改变执法观念。在社会治安基本稳定的情况下,对于公安机关的工作评价来说,应当是抓人越少越好,而不是抓人越多越好。在这种情况下,对较轻的刑事案件处理才能积极采用刑事和解方式,而不是将犯罪人一抓了之。由此可见,宽严相济刑事政策的贯彻必然会带来执法思路的重大转换。

(二) 起诉便宜

起诉是提起审判的一个重要程序,进入审判以后,法院就会依法对被告人的行为是否构成犯罪作出判决。关于起诉,存在起诉法定主义与起诉便宜主义之分。起诉法定主义强调的是有罪必诉,因而与有罪必罚的报应主义观念具有密切联系。而起诉便宜主义则授予检察官一定的起诉裁量权。在检察官认为虽然存在犯罪事实,具备起诉条件,但斟酌各种情形,认为不需要起诉时,可以裁量决定不起诉。目前世界各国,既没有采取绝对的起诉法定主义也没有采取绝对的起诉便宜主义,而是同时受到起诉法定主义和起诉便宜主义的共同调整。只不过英美法系国家,基于当事人主义的诉讼理念,检察官对案件享有广泛的不起诉裁量权,并殊少受到限制;而在大陆法系国家,检察官对案件享有的不起诉裁量权受到较多限制。[①]

根据我国刑事诉讼法规定,检察机关在行使起诉权的同时,也享有不起诉权。根据《刑事诉讼法》第176条的规定:"人民检察院认为犯罪嫌疑人的犯罪事实已经查清,证据确实、充分,依法应当追究刑事责任的,应当作出起诉决定,按照审判管辖的规定,向人民法院提起公诉。"这一规定体现了起诉法定主义精神,强调检察机关追诉犯罪的职责。同

---

① 参见宋英辉、吴宏耀:《刑事审判前程序研究》,中国政法大学出版社2002年版,第50页。

时我国《刑事诉讼法》第177条第2款又规定："对于犯罪情节轻微，依照刑法规定不需要判处刑罚或者免除刑罚的，人民检察院可以作出不起诉决定。"这就是裁量不起诉，体现了起诉便宜主义精神。在西方国家，无论是大陆法系还是英美法系，其犯罪概念没有数量因素的限制，因而犯罪范围较为宽泛，如果都进入审判程序，势必增加司法负担。为此，广泛地实行起诉便宜主义，只是在不同国家存在不同做法而已。例如，日本实行起诉犹豫制度，指检察机关及其检察官，对于触犯刑法的犯罪嫌疑人，根据其犯罪性质、年龄、处境、犯罪危害程度及犯罪情节、犯罪后的表现等情况，依法没有立即追究其刑事责任而作出的暂时不予提起公诉的制度。美国则广泛采用辩诉交易（Plea Bargaining），指检察官与被告人或其辩护律师经过谈判和讨价还价来达成由被告人认罪换取较轻的定罪或量刑的协议。辩诉交易也被认为是美国检察官在刑事审判中行使公诉职能的一种方式，或者说是处理刑事案件的一种特殊途径。[1]正是通过各种起诉便宜措施，限制了犯罪范围。我国刑法中的犯罪概念是有数量界限的，凡是犯罪情节显著轻微、危害不大的，不认为是犯罪。因此，在实体法上就对犯罪范围作出了某种限制。在程序法上，同样也可以加以限制，并且这种限制更有充足的刑法根据。但在实际运行中，检察机关的裁量不起诉权是受到严格制约的，裁量不起诉制度未能发挥其应有的作用。在宽严相济刑事政策下，裁量不起诉正是体现对轻微犯罪宽大处理的有效途径，应当实行"可诉可不诉的，不诉"的原则。因此，检察机关不应片面地追求起诉率，而是应当对裁量不起诉的质量加以监控，避免其滥用。至于我国有些学者提出引入辩诉交易制度、起诉犹豫制度等，关键要看这些制度在中国是否存在生存基础。尤其是在中国现有的裁量不起诉制度尚且虚置的情况下，引入外国制度是缺乏现

---

[1] 参见杨诚、单民主编：《中外刑事公诉制度》，法律出版社2000年版，第116、222页。

实根据的。因此，充分发挥我国现行的裁量不起诉制度的功能才是当务之急。

（三）裁量减轻

1979年《刑法》第59条第2款规定："犯罪分子虽然不具有本法规定的减轻处罚情节，如果根据案件的具体情况，判处法定刑的最低刑还是过重的，经人民法院审判委员会决定，也可以在法定刑以下判处刑罚。"这一规定使得人民法院审判委员会对于那些判处法定最低刑仍然过重的案件可以决定在法定刑以下判刑，这就是我国刑法中裁量减轻，它是相对于法定减轻而言的。裁量减轻对于缓解法与情的紧张关系、协调一般公正与个别公正具有一定意义。但在1997年《刑法》修订中，将上述规定作了重大修改。1997年《刑法》第63条第2款规定："犯罪分子虽然不具有本法规定的减轻处罚情节，但是根据案件的特殊情况，经最高人民法院核准，也可以在法定刑以下判处刑罚。"这一规定将裁量减轻的权力从基层法院行使上收至最高人民法院行使。至于将裁量减轻的权力收至最高人民法院行使，其理由主要有二：一是一些法院滥用裁量减轻权，二是裁量减轻与罪刑法定原则相冲突。[①]裁量减轻权是否滥用，这是一个实践的问题，应当通过严格执法来解决。裁量减轻是否与罪刑法定相冲突，则是一个理论问题，应当从学理上加以探讨。罪刑法定包括罪之法定与刑之法定，但罪刑法定原则的基本含义是法无明文规定不为罪，法无明文规定不处罚。申言之，罪刑法定原则所具有的限制机能，是对法外入罪与法外加刑的限制，但罪刑法定原则从来不对出罪和减刑加以限制。论者认为1979年《刑法》与罪刑法定原则相违背的内容有二：一是《刑法》第79条规定的类推制度；二是《刑

[①] 参见敬大力主编：《刑法修订要论》，法律出版社1997年版，第113–114页。

法》第59条第2款关于裁量减轻的规定。相比之下，后者与罪刑法定原则冲突的程度更甚，从实践中适用案件的数量看，后者对罪刑法定原则的破坏也更大。因此，如果废除了类推制度，却保留了在司法中裁量减轻刑罚的规定，这不但在理论上站不住脚，而且在立法选择上也是没有充足理由的。①

笔者认为，类推与罪刑法定之间存在逻辑上的矛盾，罪刑法定原则在我国刑法中确立以后必然导致类推制度的取消，这是不言而喻的。因为我国1979年《刑法》中规定的入罪的类推，是一种不利于被告的类推，但罪刑法定原则是容许有利于被告的类推的。而就裁量减轻判刑而言，虽然突破了法定刑的限制，一方面在立法上授权，另一方面又是一种有利于被告的规定，这完全符合罪刑法定原则。上述那种观念之存在，表明我们对罪刑法定原则在认识上还存在误区。裁量减轻权上收到最高人民法院以后，在司法实践中出现一些问题难以解决，较为突出的是《刑法》第263条关于抢劫罪的八种加重处罚事由的规定，以单一的情节决定在10年以上处刑，带来量刑过重问题。例如，冒充军警人员抢劫的应处10年以上有期徒刑、无期徒刑或者死刑，并处罚金或者没收财产。因此，在现实生活中有人冒充派出所民警，以威胁方法劫得200元人民币的案件，因为符合上述规定至少要判处10年有期徒刑，其过重是显而易见。像这样的案件都要层报最高人民法院决定在法定刑以下判处也不现实。因此，笔者认为除对刑法分则中量刑幅度的规定进行合理调整以外，还应当对刑法总则的减轻权重新设置，至于滥用裁量减轻权的问题，可以通过抗诉等诉讼手段加以解决。只有这样，才能真正为实现宽严相济刑事政策提供法律根据。

---

① 参见敬大力主编：《刑法修订要论》，法律出版社1997年版，第114页。

（四）社区矫正

宽严相济的刑事政策要求对于那些犯罪较轻的犯罪人尽可能地采用非监禁化措施。这里的非监禁化措施主要有三：一是非监禁刑。非监禁刑，顾名思义就是不在监狱中执行的刑罚。这意味着，执行这类刑罚方法，不采取监禁的方式。尽管在执行非监禁刑的过程中，可能对犯罪人的人身进行一定的限制，但是，这种限制的时间是很短的，人身限制的严重性远远低于传统的监禁刑；同时，限制犯罪人人身的场所也不是在通常所说的监狱之中。这是非监禁刑与传统的、以剥夺犯罪人自由为主的监禁刑或自由刑的主要区别之一。[1] 这一对非监禁刑的理解大体上是正确的，我国刑法中的非监禁刑包括：管制、罚金、剥夺政治权利、没收财产和驱逐出境。管制是一种限制自由刑，不放在监狱里执行而是放在社会中进行改造，因而具有非监禁性。至于罚金等附加刑，也都属于非监禁性。由于我国刑法中的附加刑，是可以独立适用的，因而其作为非监禁刑的特征更为明显。二是缓刑与假释。缓刑与假释都是自由刑的执行变更措施，缓刑是附条件地不执行原判刑罚，而假释是附条件地提前释放，因而都具有非监禁性。正是通过缓刑与假释，使剥夺自由刑的监禁性在一定程度上得以消解。三是非刑处置。我国刑法中有定罪免刑的特殊判决方式，但虽然免刑，仍然应予一定的非刑处置。我国《刑法》第37条规定："对于犯罪情节轻微不需要判处刑罚的，可以免予刑事处罚，但是可以根据案件的不同情况，予以训诫或者责令具结悔过、赔礼道歉、赔偿损失，或者由主管部门予以行政处罚或者行政处分。"这些非刑处置措施成为我国刑法中刑事责任的承担方式，同样是对于犯罪的非监禁化措施。

在上述三种非监禁化措施中，有些是即时性的处置，例如，罚金只

---

[1] 参见吴宗宪等：《非监禁刑研究》，中国人民公安大学出版社2003年版，第24页。

要收缴即无其他法律后果。但有五种措施存在非监禁刑的执行问题或者非监禁化处遇的考察问题，这就是管制、剥夺政治权利、缓刑、假释，此外还有保外就医。以往，非监禁刑的执行和非监禁处遇的考察都流于形式，因而极大制约了刑罚的非监禁化。以管制为例，它是我国刑法中唯一的限制自由刑。但在1997年《刑法》修订中对于管制刑却出现了存废之争，主废的理由是管制刑难以执行。因为管制的执行离不开广大群众的支持、配合。在改革开放的新形势下，公民的生产、生活和人员流动等都发生了很大的变化。特别是在范围广大的农村地区，基层组织在群众生产、生活中所起的作用，与过去相比较，被极大地削弱了。在这种情况下，如果不谋求管制行刑方式的变革，最终不可避免地会导致"不管不制"的现象。① 在这种情况下，如何解决非监禁刑的执行和非监禁化措施的考察问题，就成为实现非监禁化的一个重要前提。

我国从2003年开始试行的社区矫正试点，就是解决上述问题的有益探索。2003年7月10日最高人民法院、最高人民检察院、公安部、司法部发出《关于开展社区矫正试点工作的通知》（以下简称《通知》），该《通知》明确规定："社区矫正是与监禁矫正相对的行刑方式，是指将符合社区矫正条件的罪犯置于社区内，由专门的国家机关在相关社会团体和民间组织以及社会志愿者的协助下，在判决、裁定或决定确定的期限内，矫正其犯罪心理和行为恶习，并促进其顺利回归社会的非监禁刑罚执行活动。"根据这一规定，社区矫正具有以下特征：（1）社区矫正的对象是以下五种罪犯：①被判处管制的；②被宣告缓刑的；③被暂予监外执行的；④被裁定假释的；⑤被剥夺政治权利，并在社会上服刑的。这五种人都因犯罪而受到刑罚处罚，但或者被适用非监禁刑，或者受非监禁化处遇，将其纳入社区矫正的对象范围，有利于对这些犯罪人进行矫

---

① 参见周道鸾等主编：《刑法的修改与适用》，人民法院出版社1997年版，第136页。

正。(2)社区矫正的主体是国家专门的社区矫正机构以及相关社会团体和民间组织以及社会志愿者。根据 2004 年 5 月 9 日颁发的《司法行政机关社区矫正工作暂行办法》(以下简称《暂行办法》)第 9 条的规定,乡镇、街道司法所具体负责实施社区矫正,并履行相应的职责。除此以外,社区矫正还充分利用社会力量,包括社会团体、民间组织和社区矫正工作志愿者,对社区服刑人员开展各种形式的教育,帮助其解决遇到的困难和问题。(3)社区矫正的性质是非监禁刑的执行以及非监禁处遇的考察。就目前我国的社区矫正而言,主要是在社区实施的非监禁刑的执行活动。但缓刑和假释则是非监禁处遇的考察,它与刑罚执行还是有所不同的。

通过社区矫正,可以矫正服刑人员的犯罪心理和行为恶习,促进其顺利回归社会。社区矫正是我国在借鉴外国经验基础上形成的具有中国特色的非监禁化措施。刑罚执行模式是刑罚变革的必然结果,因为刑罚本体与行刑活动具有密切相关性。一般认为,刑罚史上的刑罚执行模式经历了从野蛮到文明的三个发展阶段:第一阶段是以死刑、肉刑等身体刑为主,几乎没有监禁刑。第二阶段是以监禁刑为主。第三阶段是以非监禁刑为主。个别学者甚至认为,目前世界的刑罚执行模式已经进入第四个阶段,即恢复性司法阶段。[①] 社区矫正对于我国来说,还是新生事物,同时也是一种刑罚观念的更新。在宽严相济刑事政策中,社区矫正主要体现的是刑罚轻缓的一面,它有利于对罪行较轻的犯罪人的教育矫正。当然,社区矫正作为一种非监禁化制度在我国的确立,涉及对刑法与刑事诉讼法的修改,甚至涉及对行刑权的重新配置。

---

① 参见刘强:《社区矫正:借鉴与创新》,载陈兴良主编:《刑事法评论》(第 14 卷),中国政法大学出版社 2004 年版,第 328—329 页。

# 第十一章 刑事法治视野中的刑事政策

刑事政策是刑事立法与刑事司法的指导，刑法理论的发展也在很大程度上取决于科学的刑事政策观的确立。在此，笔者以刑事法治为视角，对我国的刑事政策进行检讨，并进而探讨刑事政策的基本问题。

一、刑事政策的历史演变

我国的刑事政策起源于革命战争时期的对敌斗争策略。曾经被奉为我国基本刑事政策的惩办与宽大相结合政策，就是从抗日战争的对敌斗争经验中总结出来的，具有明显的斗争策略的色彩。中共中央在1942年11月6日专门发布了《关于宽大政策的解释》，指出："对敌人、汉奸及其他一切破坏分子等，在被俘被捕后，除绝对坚决不愿改悔者外，一律实行宽大政策，予以自新之路。这里是提示了镇压与宽大两大政策，并非片面地只有一个宽大政策，对于绝对坚决不愿改悔者，是除外于宽大政策的，这就是镇压政策。这里同时提示的两个政策，是完全正确的，必须坚决实行的。"在此，镇压与宽大还是两个政策，分别对不同的人实行：镇压政策主要适用于那些首要分子，宽大政策主要适用于那些服从分子。

新中国成立初期，在人民民主专政的国家政体下，镇压反革命成为首要的政治任务，也是刑法的任务。在镇压反革命运动中承续并发展了镇压与宽大的政策，并且明确提出了镇压与宽大相结合的政策。1950年6月6日毛泽东在党的七届三中全会的报告中提出："必须坚决地肃清一切危害人民的土匪、特务、恶霸及其他反革命分子。在这个问题上，必须实行镇压与宽大相结合的政策，即首恶者必办，胁从者不问，立功者受奖的政策，不可偏废。"① 在此，毛泽东提出的是镇压与宽大相结合的刑事政策，具有明显的政治斗争的色彩，这一政策在镇压反革命运动中得以贯彻。政务院、最高人民法院经呈请中央人民政府主席批准，于1950年7月23日联合发布的《关于镇压反革命活动的指示》，明确指出镇压反革命的基本方针是："各级人民政府必须遵照共同纲领的规定，对一切反革命活动采取严厉的及时的镇压，而在实行镇压和处理一切反革命案件中，又必须贯彻实行镇压与宽大相结合的政策，即首恶者必办，胁从者不问，立功者受奖的政策，不可偏废，以明团结人民，孤立反革命分子，而达到逐步肃清反革命分子的目的。"

总结镇反运动中在贯彻镇压与宽大相结合的政策方面的经验，主要采取以下具体对策：（1）对于那些历史上罪恶严重，民愤很大，拒不坦白交代，或者在解放后特别是经过宽大处理后仍继续进行破坏的反革命分子，必须依法惩办。（2）在必须依法惩办的反革命分子中，除了对于极少数罪大恶极非杀不可的分子，依法判处死刑外，对于其余绝大多数的反革命分子，都判处徒刑，实行劳动改造的政策。（3）在罪该处死的反革命分子中，对于那些没有血债、民愤不大，或者虽然严重侵害了国家利益，但是尚未达到最严重程度的反革命分子，实行"判处死刑，缓期执行，强迫劳动，以观后效"的政策，给他们以最后的悔改机会。（4）对于那些仅有一般罪行，不是坚决与人民为敌的反革命分子，就一律不予逮捕，分别具体情节，给予管制或不予管制。（5）对于一切坦白

---

① 参见《毛泽东选集》（第5卷），人民出版社1977年版，第20页。

交代、投案自首的反革命分子，抑或是反革命分子中的骨干分子，一律给予宽大处置，罪该处死的可以不判死刑，立有功劳的，可以折罪，立了大功的，给以奖励。正如我国学者指出：实行镇压与宽大相结合的政策，主要目的就是要把一切可以改造的反革命分子，都改造成为自食其力的劳动者，从根本上肃清反革命活动。因此，对于判处徒刑的反革命罪犯，依照政治教育与劳动改造相结合的原则，实行改造。对于罪行轻微不需要关押的分子，以及刑满释放的分子，也对他们进行教育，并尽可能地帮助他们就业。[①] 由此可见，镇压与宽大相结合作为一项对敌斗争的策略，在镇反的政治活动中曾经发挥过重要作用，是毛泽东的政治智慧的集中体现。

从镇压与宽大相结合到惩办与宽大相结合，经历了一个从政治斗争策略向刑事政策的转变过程。这既表明我国的刑法具有明显的对敌斗争的政治性，又说明惩办与宽大相结合的刑事政策脱胎于政治斗争策略，两者之间具有某种相关性。从历史资料来看，直到1956年，镇压与宽大相结合的政治策略才正式定型为惩办与宽大相结合的刑事政策，并适于各种类型的犯罪。1956年9月公安部部长罗瑞卿在党的八大第一次会议上介绍肃反经验时说："党在肃反斗争中的严肃与谨慎相结合的方针，体现在对待反革命分子的政策上，就是惩办与宽大相结合的政策，它的具体内容就是：首恶必办，胁从不问，坦白从宽，抗拒从严，立功折罪，立大功受奖。惩办与宽大，两者是密切结合不可偏废的。"这里概括的惩办与宽大相结合的刑事政策的具体内容，在1979年我国第一部《刑法》颁布以前相当长的一个时期内，在没有刑法的情况下，在与各种犯罪作斗争中发挥了重要作用。像"坦白从宽，抗拒从严"这样一些口号式的流行话语，几乎家喻户晓。

---

① 参见张希坡：《中华人民共和国刑法史》，中国人民公安大学出版社1998年版，第145页。

尽管惩办与宽大相结合的刑事政策，强调的是惩办与宽大两个方面，体现的是中国传统儒家文化中所具有的宽严相济的精神，但不可否认的是，当我们论及惩办与宽大相结合的时候，更为强调的是宽大的一面。从惩办与宽大相结合刑事政策中引申出来的少杀政策和给出路政策均反映了这一点，因此在对敌斗争中"体现政策"往往意味着予以宽大处理。例如少杀政策，是指对犯罪分子适用刑罚时，处以死刑的要少。少杀是相对于多杀、滥杀而言的，是惩办与宽大相结合刑事政策在死刑适用上的具体化。少杀政策包括以下五项内容：（1）严格控制杀人数字；（2）严格捕杀人的批准权；（3）规定"两可"政策，即可捕可不捕者不捕，可杀可不杀者不杀，如果捕了、杀了，就是犯错误，这也就是后来长期贯彻的"两可"政策；（4）提出"十六字政策"，即"判处死刑，缓期执行，劳动改造，以观后效"的死缓政策；（5）对内层清查出的反革命，应该杀的，只杀其中极少数，其余均判死缓。①由此可见，惩办与宽大相结合的刑事政策在严酷的对敌斗争中不乏宽容精神。

惩办与宽大相结合的刑事政策在新中国成立以后的法律中得到了体现。尤其是1979年《刑法》，明文将惩办与宽大相结合的政策载入《刑法》第1条。高铭暄教授在论及1979年《刑法》中的惩办与宽大相结合政策时指出：惩办与宽大相结合是我们党和国家同犯罪作斗争的基本政策。这项政策是从无产阶级改造世界、改造人类的历史使命出发，根据反革命分子和其他刑事犯罪分子中存在的不同情况而制定的。它对于争取改造多数，孤立打击少数，分化瓦解敌人，有着重大的作用。根据这项政策精神和实践经验，我国刑法针对犯罪的不同情况作了一系列区别对待的规定。例如，对主犯从重处罚，对从犯比照主犯从轻、减轻处罚或者免除处罚，对胁从犯比照从犯减轻处罚或者免除处罚；罪犯和惯犯

---

① 参见杨春洗主编：《刑事政策论》，北京大学出版社1994年版，第240页。

从严，偶犯从宽；抗拒从严，自首的、立功的从宽；历史从宽，现行从严；未成年人犯罪从宽，教唆未成年人犯罪从严等。这些规定，使惩办与宽大相结合的政策具体化、条文化，有利于继续发挥这项政策的巨大威力。①1979年《刑法》不仅记载了惩办与宽大相结合的政策，而且确实也体现了这一政策。尤其是1979年《刑法》在死刑问题上坚持了"不可不杀、坚持少杀、防止错杀"的政策。在坚持少杀上，1979年《刑法》除在刑法总则中对死刑的适用对象、适用情节以及核准程序上加以限制以外，在刑法分则中规定了28个死刑罪名。从总体上看，1979年《刑法》是一部较为轻缓的刑法。

在1979年《刑法》实施以后，随着20世纪80年代初期我国经济体制改革的启动，社会面貌发生了重大变化，犯罪高潮随之而来。在这种情况下，我国进入了一个"严打"时期。"严打"始自1983年，以1983年8月全国政法工作会议召开和同年9月2日全国人大常委会发布的《关于严惩严重危害社会治安的犯罪分子的决定》和《关于迅速审判严重危害社会治安的犯罪分子的程序的决定》为标志，"严打"正式启动。"严打"是"依法从重从快严厉打击严重刑事犯罪活动"的简称。"严打"可以从以下三个层面来理解：

（一）刑事政策层面

我国刑法学界一般都是在惩办与宽大相结合的框架下理解"严打"政策的，认为两者之间是基本刑事政策与具体刑事政策的关系。例如我国学者曾指出：依法从重从快是在我国基本刑事政策指导下的具体政策。我国的基本刑事政策是惩办与宽大相结合，依法从重从快与基本刑事政策是一致的。在社会治安形势严峻的情况下，就要对那些严重刑事犯罪

---

① 参见高铭暄：《中华人民共和国刑法的孕育和诞生》，法律出版社1981年版，第21页。

分子严加惩办，打击其嚣张气焰，扭转社会治安局面。与此同时，在任何时候，都要贯彻我国的基本刑事政策，要根据犯罪分子的不同情况，区别对待，该宽则宽，该严则严，宽严相济。我们在提出依法从重从快打击的同时，又提出了分化瓦解和教育改造，并非只有从重的一面。从重从快打击的对象是有范围限制的，而且对于他们中投案自首、坦白交代的，同其他种类的犯罪分子一样，要依法从轻，以利于分化瓦解。至于对一般的轻微犯罪，特别是其中的未成年人犯罪，则坚持教育、感化和挽救的方针。这种在基本刑事政策指导下的从重从快方针，与所谓的"重刑主义"不可同日而语。[①]

　　上述观点力图证明惩办与宽大相结合的刑事政策与"严打"刑事政策之间的一致性，并且强调在"严打"运动中同样应当贯彻惩办与宽大相结合的刑事政策，其用心当然是好的。但是，如果不是从应然的意义上说，而是从实然的层面上分析，笔者认为在一定程度上，"严打"刑事政策其实已经一度取代了惩办与宽大相结合的刑事政策。最为明显的标志是1997年《刑法》修订中，在《刑法》第1条中删除了惩办与宽大相结合的内容。在解释删除理由时，立法者指出：惩办与宽大相结合是我们党和国家同犯罪作斗争的基本刑事政策。这项政策对于争取改造多数，孤立打击少数，有着重要的作用。由于刑法已经根据犯罪的不同情况作了一系列的区别对待的规定，如对累犯、教唆未成年人犯罪规定了从重处罚，对从犯、胁从犯、未遂犯、中止犯和自首立功的犯罪分子规定可以从轻、减轻或者免除处罚，根据罪犯在执行刑罚中的表现还规定了减刑和假释，等等。这都是惩办与宽大相结合的政策的具体体现。因为这一政策已体现在具体规定中，因此，刑法中不再单独专门规定惩办与宽

[①] 参见张穹主编：《"严打"政策的理论与实务》，中国检察出版社2002年版，第84页。

大相结合的政策。① 这一说明并不能彻底消除人们对在1997年《刑法》修订中删除惩办与宽大相结合政策的疑虑。因为在刑法中已有体现并不能成为删除的充分理由。正如罪刑法定原则也并不以它已经在刑法中得以体现而没有必要加以规定一样，这种规定本身所具有的宣示意义是不可替代的。尽管惩办与宽大相结合政策在我国刑法中确实有所体现，但其在刑法中确认的意义仍然是不可否认的。因此，笔者认为1997年《刑法》修订中删除惩办与宽大相结合政策的规定是意味深长的。这一刑事政策也许没有被直接否定，但至少在"严打"的氛围下它是有些显得不合时宜的，不明不白地删除倒不失为处置之道。

（二）刑事立法层面

"严打"的号令一出，随之而来的是大规模的修改刑法，其基本方向是改轻为重。1983年9月，全国人大常委会发布了《关于严惩严重危害社会治安的犯罪分子的决定》（以下简称《从重决定》）和《关于迅速审判严重危害社会治安的犯罪分子的程序的决定》（以下简称《从快决定》）。《从重决定》规定对流氓罪，伤害罪，拐卖人口罪，非法制造、买卖、运输或者盗窃、抢夺枪支、弹药、爆炸物罪，组织反动会道门、利用封建迷信、进行反革命活动、严重危害社会治安的，引诱、容留、强迫妇女卖淫罪的犯罪分子，可以在刑法规定的最重刑以上处刑，直至判处死刑。此外，还新增传授犯罪方法罪，最高可判处死刑。《从重决定》新增7种死刑罪名，且这些死刑是常见罪的死刑。《从快决定》规定对杀人、强奸、抢劫、爆炸和其他严重危害公共安全的犯罪分子，主要犯罪事实清楚，证据确凿，民愤极大的，可以不受《刑事诉讼法》第110条规定的关于起诉书副本送达被告人期限以及各项传票、通知书送达期限

---

① 参见胡康生、李福成主编：《中华人民共和国刑法释义》，法律出版社1997年版，第1–2页。

的限制；被告人的上诉期限和人民检察院的抗诉期限，由《刑事诉讼法》第131条规定的10日改为3日。在1983年"严打"以后，一直到1997年《刑法》修订之时，全国人大常委会通过了24个决定和补充规定，增设罪名数十种，死刑罪名也大为增加：从1979年《刑法》的28个死刑罪名增至74个死刑罪名。

（三）刑事司法层面

从1983年9月开始，我国前后开展过三次大规模的"严打"运动：第一次从1983年9月至1987年1月。这次"严打"将杀人、强奸、抢劫、爆炸、流氓、致人重伤或者死亡、拐卖人口、非法制造、买卖、运输或者盗窃、抢夺枪支、弹药、爆炸物、组织反动会道门、引诱、容留、强迫妇女卖淫、传授犯罪方法等危害社会治安的犯罪确定为打击重点。第二次从1996年4月至1997年2月，打击重点为杀人、抢劫、强奸等严重暴力犯罪、流氓犯罪、涉枪犯罪、毒品犯罪、流氓恶势力犯罪以及黑社会性质的犯罪等严重刑事犯罪。第三次从2001年4月开始，为期2年。将带黑社会性质的团伙犯罪和流氓恶势力犯罪、爆炸、杀人、抢劫、绑架等严重暴力犯罪、盗窃等严重影响群众安全的多发性犯罪确定为重点打击对象。每次"严打"运动，又分为若干"战役"或者"行动"。例如1983年"严打"部署了三次"战役"，1996年"严打"则有1996年4月至6月为期三个月的"专项斗争"和1996年12月至次年2月的"冬季整治行动"，因而使"严打"带有明显的军事色彩。

二、刑事政策的主要特征

回顾我国刑事政策从惩办与宽大相结合到"严打"的历史性转变，可以对我国的刑事政策进行一种反思性检讨，而这恰恰是我国目前刑事政策研究中所缺乏的。刑事政策研究不应成为对现存刑事政策的合理性的简单论证，而应当是对刑事政策的科学探索。通过对我国刑事政策演变过程的考察，笔者认为我国的刑事政策具有以下三个特征：

（一）刑事政策的意识形态化

惩办与宽大相结合的刑事政策，是从战争时期对敌斗争策略演变而来，在新中国成立初期的镇压反革命的政治运动中确立的。因此，惩办与宽大相结合的政策具有明显的政治话语特征。镇压反革命运动发生在1950年，当时正值新中国成立初期，敌对势力尚十分强大，反革命活动十分猖狂。为了保卫革命胜利成果，巩固人民民主专政，维护社会程序，全国范围内掀起了一场轰轰烈烈的镇压反革命运动，这场运动一直延续到1953年。应该说，镇压反革命运动是一场政治运动，反革命首先是一种政治上的敌对势力与敌对行为，它并不是一个单纯的法律问题。惩办与宽大相结合是作为对反革命分子处理的政策提出来的，在1951年的《惩治反革命条例》中得以体现。《惩治反革命条例》虽然是在没有刑法情况下的刑事特别法，但它无疑是政治运动的产物。因此，惩办与宽大相结合与其说是刑事政策，不如说是政治政策。在这种情况下，惩办与宽大相结合政策的意识形态化是在所难免的。

从政治意义上对惩办与宽大相结合的刑事政策进行的解读，在以下这段论述中充分得以表露："我国刑法是对敌斗争的工具，它必须从阶级斗争的实际情况出发，为阶级斗争服务。犯罪是阶级斗争的反映，任何一个犯罪分子都不是脱离阶级斗争、脱离社会而孤立存在的，阶级斗争的发展和变化对犯罪的变化有着直接的影响。犯罪情况变了，我们同犯罪作斗争的策略、方法就要有所变化。实践经验表明，国内外的阶级斗争都是长期的、复杂的、曲折的，时而紧张，时而缓和。随着国内外阶级斗争形势的变化，犯罪活动也有起有伏，因而我们在运用惩办与宽大相结合的政策的时候，就应当有紧有松，宽严相济。当敌人疯狂进行破坏活动的时候，就应当着重从严的一面，否则就不能打垮敌人的凶焰，当敌人已经收敛、低头的时候，就要着重从宽的一面，以促使敌人更加分化瓦解。在强调从严的时候，对于其中动摇的敌人，仍然要实行宽大政策；在强调从宽的时候，对于坚决的敌人仍然要严厉惩办。无论从严或从宽，都是为了更有利于消灭敌人；不是对敌人有利，而是对人民有利。如果不能随着阶级斗争形势的变化而灵活的运用惩办与宽大相结合的政策，只紧不松，或只松不紧，都不能有效地打击敌人。"① 在这样一种政治话语的支配下，刑事政策之意识形态化是势所必然。

即使是20世纪80年代初的"严打"政策，也充满政治意味。1983年的"严打"是在20世纪70年代末至80年代初，我国刚刚结束十年动乱，开始将工作重点转移到经济建设上来的大背景下，针对当时社会治安混乱的形势而开展的一项斗争。十年动乱所滋生的一大批打砸抢分子、流氓团伙犯罪分子和其他破坏社会治安的犯罪分子的犯罪活动，破坏了社会治安，危害了人民的生命和财产安全，对全党和全国人民集中精力开始经济建设是一个严重的危害。正是在搞好社会治安，巩固和发展安定团结的政治局面，保障改革开放和经济建设顺利进行的政治需要下，开展了"严打"斗争。我国刑事政策的制定与运作的这种政治性，是和我国的政治体制与政治生活紧密联系的。也正是这种刑事政策的意识形态化给予刑事政策以一种强大的生命力。它不仅仅局限在法律领域，还对整个社会生活发生巨大的影响。因此，我国刑事政策的推行不是完全以司法权为驱动的，而是直接以国家政治权力为其后盾的，这对于实现刑事政策的目的具有保证作用。当然，刑事政策的意识形态化也使它的实施游离于法律之外成为一种赤裸裸的政治而不是通过法律推行的政治。

---

① 参见中国人民大学法律系刑法教研室：《中华人民共和国刑法是无产阶级专政的工具》，中国人民大学出版社1958年版，第7-8页。

如果说，在非常状态下，通过政治运动的方式实现某种刑事政策尚有其合理性，那么，在强调刑事法治的今天，刑事政策的法治化已经是一种必然的选择。

（二）刑事政策的实用化

尽管刑事政策是一种决策，一种选择，是以权力为后盾的，比如，曲新久教授认为刑事政策是一种作为权力知识的公共政策，并对刑事政策进行了权力分析，[①] 但是，权力的行使永远不能脱离社会结构的制约。刑事政策的制定与运作也是如此，它并不完全取决于权力主体的主观愿望，在相当程度上取决于社会形势。从这个意义上说，在20世纪50年代初确立惩办与宽大相结合的刑事政策不是偶然的，而在20世纪80年代初惩办与宽大相结合的刑事政策被"严打"刑事政策所取代同样也不是偶然的，它恰恰是中国社会变迁在刑事政策上的生动反映，同时也折射出我国刑事政策的实用化特征。

20世纪50年代初期，敌对势力还存在，因此政治斗争是第一位的。法律，尤其是刑法只不过是政治斗争的手段而已。当时开展的镇压反革命运动就是一场在中国共产党领导下巩固新生政权的政治斗争，它以急风暴雨式的鲜明形象出现。在这场斗争中，讲的是政治策略而非刑事政策。这场政治斗争在后期进入处理阶段的时候，开始引入法律，遂有《镇压反革命条例》等刑事法律的出台，并在这一法律中将政策斗争的策略转化为刑事政策。惩办与宽大相结合的刑事政策就是在这种历史条件下由政治斗争政策转化而来的。也正因为如此，我国刑事政策一开始服从于政治斗争的需要。经过20世纪50年代镇反到社会主义改造等一系列政治运动，我国形成以计划经济为基础的一元的社会结构，国家

[①] 参见曲新久：《刑事政策的权力分析》，中国政法大学出版社2002年版，第68页以下。

对社会实行高度集中的统治。在这种情况下,政治—政策成为控制社会的根本方法。从1949年到1979年,我国不存在严格意义上的刑法,因而主要是刑事政策在起作用,这就是某些学者所说的政策法。在这种历史条件下,惩办与宽大相结合的刑事政策在相当长的一个历史时期内发挥着重要作用。在"文化大革命"阶级斗争、无产阶级专政的政治话语下,惩办与宽大相结合的政策当然被极大地意识形态化,但仍然是疯狂中所仅剩的一点理性。例如,"文化大革命"末期的一本论述刑事政策的著作中,对惩办与宽大相结合的政策作了如下论述:"在对敌斗争中,毛主席为我们制定了'惩办与宽大相结合'的政策。这一政策,符合无产阶级和广大劳动人民的利益和要求,符合对敌斗争的客观规律,具有战胜敌人的无比强大的威力。正确执行这一政策,我们就能团结广大群众,最有力地打击敌人,分化瓦解敌人,逐步消灭敌人。我们在多年对敌斗争中所取得的伟大胜利,就是正确执行这个政策的结果。'惩办与宽大相结合'的政策,是毛主席为我们制定的一项重要的对敌斗争政策,是在长期对敌斗争过程中,在党内两条路线的激烈斗争中,丰富和完备起来的,是毛主席一贯坚持的坚定的无产阶级政策。"[①] 根据这一论述,惩办与宽大相结合被认为是对敌斗争的政策,这是一种明显的泛政治化话语,但只要考虑到当时的犯罪被认为是阶级斗争的表现,刑法是阶级专政的工具,这种刑事政策的泛政治化倾向也就不难理解了。20世纪70年代末期,我国开始进入一个经济发展的历史新时期。民主与法治开始被提上议事日程,在这种情况下,惩办与宽大相结合的刑事政策作为刑法制定的根据而载入刑法。但是,伴随着社会转型的是一个犯罪高峰,因此"严打"的刑事政策随之出台,并在相当长的一个历史时期内主导着我国的刑事立法与刑事司法。这一刑事政策的转变是与犯罪变动密切相关的,

---

① 参见北京大学法律系刑法教研室:《刑事政策讲义(讨论稿)》,1976年12月印行,第57页。

也是我国社会转型的必然结果。由此可见，刑事政策并不是一成不变的。并且，刑事政策的变动性应当到犯罪变动与社会变迁中去寻找其原因。

从惩办与宽大相结合到"严打"，我国刑事政策的这种替代虽然是与社会发展相关的，但也在一定程度上反映了我国刑事政策的实用化特征。中国古代就有"刑罚世轻世重"的思想，尤其是治乱世用重典的观点深入人心。此观点当然有其可取之处，正如我国学者指出："刑罚世轻世重"的刑事政策，是从社会发展不平衡出发，看到不同时代政治、经济、文化各异，应根据当时的形势执行轻重不同的刑事政策，才能适应同犯罪作斗争的客观需要，使社会得到有效的治理。它是说，犯罪形势严峻时，就应重刑惩办，否则，社会秩序、国家安宁都会受到威胁影响，社会蒙受犯罪行为的危害。但在社会治安秩序相对安定，犯罪现象得到某种控制时，那就应改变策略，不能一味地重刑惩办，否则就可能刑及无辜，同样不利于社会的治理。在这样的社会形势下，就应轻刑简政，给人们以休养生息的条件，当会使社会更好地发展，使人们安居乐业。①这种"刑罚世轻世重"的刑事政策当然是与犯罪作斗争经验的总结，是一种治理社会的策略。但它也反映出自古以来我国刑事政策上的实用化程度，表明这种刑事政策思想更多是站在国家主义的立场上，以治理者的身份去观察与分析刑事政策，使刑事政策为我所用，具有明显的功利性。在这种情况下，我们看不出这种刑事政策思想的人文关怀，也看不到人道性与公正性等理念对刑事政策的影响。因此，刑事政策十分容易沦为达到某种目的的工具。

（三）刑事政策的策略化

刑事政策的首倡者费尔巴哈将刑事政策界定为"国家据以与犯罪作

---

① 参见杨春洗主编：《刑事政策论》，北京大学出版社1994年版，第81页。

斗争的惩罚措施的总和"。①在这一概念中，刑事政策的目的在于与犯罪作斗争，而其内容是各种惩罚措施的总和。尽管在费尔巴哈的这一定义中，过于强调刑事政策内容的惩罚性，此后学者将刑事政策的内容扩展到对犯罪现象的各种反应方法的总和，从而大大拓宽了刑事政策的视野。②但我国对刑事政策的理解，则完全局限在对犯罪斗争的策略上，刑事政策的策略化是我国在理解刑事政策上的一个重要特色。

刑事政策的策略化观念直接来源于革命战争时期对敌斗争策略的总结。在刑事政策的策略化方面，有两点是值得我们注意的：一是将犯罪与敌人相类比，因而刑法就成为对敌斗争的工具，从军事斗争与阶级斗争的立场出发确定刑事政策的任务，这就是刑法的军事化。二是将刑事政策的重点放在分化瓦解敌人（犯罪分子）的策略上。基于军事斗争的经验，犯罪就不再是马克思所说的"孤立个人"的行为，而是在两军对峙的意念中，假设着存在一个敌对的犯罪阵营。为取得对敌斗争的胜利，就需要采取一定的斗争策略。这在惩办与宽大相结合的刑事政策上体现得较为明显。这与毛泽东关于政策与策略的思想是有关的，毛泽东虽然在一定程度上将政策与策略相分离，但在更多的场合将政策与策略相等同。例如在《论政策》一文中，毛泽东强调区别对待的政策，在区别上建立我们的政策。在论及区别对待的政策时又说："我们的策略原则，仍然是利用矛盾，争取多数，反对少数，各个击破。"因此，策略成为政策的主要内容。

笔者认为，政策与策略还是有所不同的。政策并不等同于政治策略。政策，又称公共政策，可以从狭义和广义两个方面加以理解。狭义地理

---

① 参见［法］米海依尔·戴尔玛斯—马蒂：《刑事政策的主要体系》，卢建平译，法律出版社2000年版，第1页。
② 参见［法］米海依尔·戴尔玛斯—马蒂：《刑事政策的主要体系》，卢建平译，法律出版社2000年版，第1页。

解，政策可被想成为权威性的宣布或者规定——一条法规、预算，一组法条，一些行政命令，或者司法判决。按照此种意义，政策是政治过程用来采取某种行动或者迫使社会产生某种行动所达到的决定。广义地讲，我们可以把政策设想为执政的权威者决定与行动的一种基本形式，这些决定与行动是由其所趋向的共同目标结合成一体的。后一种定义也许更符合习惯用法。广义的政策似乎包括以下某种含义：其一，欲达到的目的或者目标。其二，表达达到目标拟采用的行动途径或者计划的文字声明或者一系列声明。其三，政策声明引发的权威者之真正的行动或者行为。[1] 由此可见，政策总是一定的政治主体（通常是国家、政党、政府或者社会组织）为达致一定的政治目的而制定的行动准则。在政策的概念中，主体、目的、行动准则是不可或缺的内容。政策不是行动本身，但它是指导、支配或者制约着将来的行动的准则。显然，策略这一概念远远没有政策这样丰富的内容，策略是一种对策，是一种带有谋略性的对策。在某种意义上说，策略是可以包含在政策之中的，但政策又绝不能简单地等同于或者混淆于策略。在刑事政策上也同样应当区别于策略。刑事政策是国家为达到控制犯罪的目的而制定的犯罪治理措施的总和。在这些治理措施当中，包括防范性措施、惩罚性措施和矫正性措施，都是刑事政策不可或缺的内容。但是，在刑事政策策略化倾向的掩盖下，刑事政策的内容局限于分化瓦解和打击犯罪分子的对策，使刑事政策的视野大为遮蔽。

三、刑事政策的基本内容

我国目前的刑事政策偏重于惩罚性措施，对于刑事政策在理解上存

---

[1] 参见[美]F.I.格林斯坦、N.W.波尔斯彼主编：《政策与政策规定》，台湾幼狮文化事业公司1983年版，第584页。

在片面之处。为此,需要对刑事政策的整个过程加以分析。笔者认为,刑事政策是一个体系,这个体系包含防范性措施、惩罚性措施和矫正性措施这三个有机联系的内容,从而在实施中形成一个动态的过程。

(一)防范性措施

刑事政策的根本目的在于预防犯罪,这种预防首先表现在犯罪发生前的防范。关于犯罪的防范性措施,我国提出了社会治安综合治理的方针,即打击违法犯罪,搞好社会治安,需要在党和政府统一领导下,充分发挥司法机关的职能作用,同时,动员全社会的力量,依靠广大人民群众,各部门齐抓共管,各条战线通力合作,综合适用政治、经济、行政、法律、文化教育等各种手段,整治社会治安,保障社会稳定。其实质含义在于,对付违法犯罪,要打击与防范并举,治本治标兼顾,重在治本。[①]在综合治理方针中,违法犯罪的防范被放到了一个重要位置上,并且强调标本兼治。

为贯彻综合治理方针,1991年3月22日中央政法委员会专门成立了"中央社会治安综合治理委员会"。中央社会治安综合治理委员会的任务是:贯彻执行党的基本路线、方针、政策和国家法律,根据国民经济和社会发展的总体规划和社会治安形势,指导和协调全国社会治安综合治理工作。中央社会治安综合治理委员会的职责是:(1)根据全国社会治安状况,研究提出社会治安综合治理的方针、政策和重大措施,供党中央、国务院决策;(2)制定一个时期内全国社会治安综合治理的各项重大措施;(3)总结和推广实践经验,表彰先进,组织有关部门加强社会治安综合治理的理论研究,探索和逐步完善具有中国特色的维护社会治安的新路子;(4)办理党中央、国务院交办的有关事项。中央社会治

[①] 参见杨春洗主编:《刑事政策论》,北京大学出版社1994年版,第198页。

安综合治理委员会以及各省、自治区、直辖市和各市、县、区社会治安综合治理领导机构的建立，为落实社会治安综合治理方针提供了组织保证，因而具有重大意义。

社会治安综合治理机构成立以后，在综合治理工作的组织、协调和检查、宣传方面发挥了重要作用，尤其是实行社会治安综合治理的一票否决制，对于促使党政领导狠抓社会治安具有某种警示的功能。当然，社会治安综合治理只是一个党内协调机构，其工作重点在社会治安综合治理的宣传上，因而其作用又是有限的。社会治安的综合治理涉及各个部门，这些部门各有其本职工作。除专门机关以外，其他机关不可能专注于社会治安的治理上。在这种情况下，通过社会治安综合治理机构加以协调，以落实社会治安综合治理的各项措施，这一出发点无疑是正确的。但社会治安综合治理机构毕竟不是工作机构而只是协调机构，而社会治安的综合治理还是有赖于专门机构。因此，在犯罪防范方面，也就是在社会治安的综合治理上，社会治安综合治理机构应当向咨询性机构发展，例如，像美国犯罪问题委员会那样，每年收集并公布犯罪统计数据，分析社会治安的走向，进行犯罪预测，提出立法建议，并对刑事司法活动进行考察，指出改进措施等。而公安机关作为专门机关，在社会治安的治理上应当通过调整组织机构以便发挥更好的作用。

目前，在公安机关内部治安部门与刑侦部门虽然是两个分立的部门，治安部门负责处理治安案件，而刑侦部门负责处理犯罪案件，但在实际工作中重刑侦轻治安的现象是客观存在的，并且往往通过刑事措施以减轻治安压力。当然，治安案件与犯罪案件是紧密联系的，在我国公安机关治安部门对违反治安管理行为行使治安处罚权。这种违反治安管理行为在西方国家属于违警罪范畴，其处罚权一般由治安法官行使。因此，治安案件是一些轻微的犯罪案件，从这个意义上说，公安机关治安部门实际上是一个处罚机构，它通过行使违反治安管理行为的处罚权维护社会治安。这种治安处罚职能的行使虽然在一定程度上有利于社会稳定，因而有利于犯罪防范，但它与专门的犯罪防范机构在性质上是完全不同的。至于公安机关派出所，除负责一些社区警务和民政事务，例如户籍管理、身份证申请以外，也承担一定的刑侦任务。只有社区警察以及巡警等才真正承担犯罪防范职责。但由于警力不足以及工作重点向治安部门和刑侦部门倾斜，犯罪防范在公安机关工作中未能得到应有的重视与强调。在这种情况下，有必要限制与缩小公安机关的治安处罚权以及程序性裁判权，并将刑事侦查机构相对独立，使公安机关的工作重心从打击犯罪向防范犯罪转移。只有这样，刑事政策的防范措施才能通过专门机构得以落实。

（二）惩罚性措施

对犯罪的惩罚本身就具有预防犯罪的功能，这是不言而喻的。但何种惩罚措施才能够收到最佳的预防效果，这是一个值得研究的问题。笔者认为，在刑事惩罚环节，刑事政策的确定表现在以下两个方面：

1. 刑事惩罚范围的选择

刑事惩罚范围的选择实际上是定罪的刑事政策的确定。当然，这里的定罪，并非仅仅是指司法机关的犯罪认定，还是指在刑事政策上如何确定犯罪范围。犯罪范围，也可以形象地称为犯罪圈，或者称为刑事法网。因而，刑事惩罚范围的选择，也就是刑事法网的扩张与收缩的问题。法国学者曾经研究了"扩张与收缩的战略：刑事政策范围的改变"这一论题，指出这里的变化意味着某种基本关系的出现或消失，也意味着某种偏离规范的行为进入或退出刑事政策的领域，简言之，是从某种模式向零模式（失范）的过渡；或相反，是从零模式（失范）向某种模式的过渡。在此，研究主要围绕刑事网络，探讨犯罪化（启用刑事网）和非犯罪化（抛弃刑事网）。①因此，犯罪化与非犯罪化是刑事政策的重要内容。

犯罪化，是指将不是犯罪的行为在法律上作为犯罪，使其成为刑事制裁的对象。日本学者指出：实质的犯罪经过犯罪化之后，方始成为刑事司法的对象，因此，犯罪化是犯罪对策的出发点。实质的犯罪，不论该行为如何对社会有害，都不能成为刑事司法的取缔对象。为取缔某种行为防止其发生，一定得将该行为犯罪化。②犯罪化意味着刑事法网的扩张，它是随着社会发展与犯罪变动而在刑事政策上作出的某种积极回应。法国学者曾经对犯罪化问题作过精辟的论述，认为犯罪化可以源于两个不同的思路。一个思路是保持社会免受新型犯罪的侵害，这些犯罪通常是与新技术联系在一起的，这种政策可以称之为现代化的政策；另一个思路是指确认新的权利并加以保护，这种犯罪化的刑事政策可以称之为保护的政策。③虽然，这两种犯罪化的思路是有所不同的。前者是随着社会现代化，社会经济技术进一步发展，出现了一些新型犯罪，需要予以犯罪化。后者是随着社会生活演进，人权的内容扩张，出现了各种新型的权利，为此在法律上确认这种新型权利的同时，需要将侵犯这种权利的行为犯罪化。因此，无论是现代化的政策，还是保护的政策，都是刑事政策随着社会发展而作出的必要调整。

非犯罪化，是指刑法上的犯罪通过立法方法加以排除，或者在司法上不再作为犯罪来进行惩罚。日本学者指出：非犯罪化的刑事政策上的意义在于，纠正基于国家的强烈处罚要求的过剩犯罪化倾向，立足于谦抑主义的立场，设置适当的犯罪。④非犯罪化是刑法谦抑的必然结果，它可以分

---

① 参见［法］米海依尔·戴尔玛斯—马蒂：《刑事政策的主要体系》，卢建平译，法律出版社2000年版，第243页。

② 参见［日］大谷实：《刑事政策学》，黎宏译，法律出版社2000年版，第85页。

③ 参见［法］米海依尔·戴尔玛斯—马蒂：《刑事政策的主要体系》，卢建平译，法律出版社2000年版，第243页。

④ 参见［日］大谷实：《刑事政策学》，黎宏译，法律出版社2000年版，第89页。

为法律上的非犯罪化与事实上的非犯罪化。法律上的非犯罪化是通过立法实现的，因而是一种立法上的非犯罪化，它必然导致司法上的非犯罪化，这是不言而喻的。事实上的非犯罪化，也称为审判上的非犯罪化，是以通过变更判例，变更刑罚法规的解释和适用，将从来均被处罚的行为今后不再处罚为内容。在这种场合，法院认可刑罚法规在习惯上已被废止，并对由于该刑罚法规而被起诉的事实判处免诉。① 当然，这种事实上的非犯罪化在我国刑法中有违法之嫌。因为我国刑法中的罪刑法定原则包含"刑法规定为犯罪的应当依法定罪量刑"的内容。但在刑法规定数额较大、情节严重才构成犯罪的情况下，司法上的非犯罪化仍然可以通过司法解释而实现。法国学者指出：不论非犯罪化的起因是官方的选择或是不干预主义的一般实践，非犯罪化总是基于两种不同的战略。如果非犯罪化是社会真正企盼的，就是容忍的政策；如果非犯罪化是一种需要加以承受的失败，表明干预的无能为力，那么就是放弃的政策。② 在此，法国学者阐述了非犯罪化的两种动因：一种是因容忍而非犯罪化；另一种是因放弃而非犯罪化。在法国学者看来，这两种非犯罪化都是刑事政策选择的结果。

从西方的情况来看，就犯罪化与非犯罪化这两者而言，非犯罪化是主要趋势。在非犯罪化当中，除通奸等因伦理观念变化而非犯罪化以外，主要是将某些违警罪予以非犯罪化，从而收缩犯罪的范围。我国的情况有所不同，笔者认为，我国目前面临的不是非犯罪化，而恰恰相反，是犯罪化。这里的犯罪化，除法国学者所说的新型犯罪的犯罪化以外，更为重要的是应当对我国刑法中的犯罪概念加以重构，进一步扩大犯罪范围。我国刑法中的犯罪存在数量因素，同一性质的行为，情节严重或者数额较大的是犯罪，其余的不是犯罪，不是犯罪又并非不受任何处罚，

---

① 参见［日］大谷实：《刑事政策学》，黎宏译，法律出版社2000年版，第93页。
② 参见［法］米海依尔·戴尔玛斯—马蒂：《刑事政策的主要体系》，卢建平译，法律出版社2000年版，第255页。

而是应受治安处罚。此外,还有大量的行政违法行为,虽然不构成犯罪,但受到行政处罚。因此,我国刑法中的犯罪范围十分狭窄,只相当于西方国家刑法中的重罪和一部分轻罪。行政违法行为范围十分宽泛,因而行政处罚权庞大。这种情形,正好与我国的司法权小而行政权大的现状是相吻合的。行政处罚虽然效率高,但处罚涉及对公民重大权益的处分,但却未经司法程序,显然不符合法治的要求。在这种情况下,为限制行政权,尤其是限制警察权,应当将部分行政处罚的行为纳入犯罪范畴,引入司法审查。为此,笔者认为为保持与现行刑法的协调,应当制定一部《违警罪法》,取消公安机关的治安处罚权,将应受治安处罚的行为犯罪化,经过诉讼程序进行定罪处罚。这一意义上的犯罪化,实际上是对警察权与司法权的重新配置,它有利于保障被处罚者的人权。

2. 刑事惩罚程度上的选择

刑事惩罚程度的选择实际上是量刑的刑事政策的确定。同样,这里的量刑,也并非仅仅是指司法机关的刑罚裁量,还指在刑事政策上如何考虑刑罚轻重。刑罚轻重,也可以形象地称为刑罚网,它也表现为宽缓与严厉两个方面。美国刑事政策表现出"轻轻重重"的两极化趋势,这里的"轻轻重重",是指轻者更轻,重者更重。因此,"轻轻"就是对轻微犯罪,包括偶犯、初犯、过失犯等主观恶性较轻的犯罪,处罚更轻。"重重"就是对严重的犯罪处罚较以往更重。"轻轻",包括非刑罚化措施的大量采用。这里的非刑罚化,是指用刑罚以外的比较轻的制裁替代刑罚,或减轻、缓和刑罚,以处罚犯罪。关于非刑罚化的意义,有以下两种见解:一是用刑罚之外的制裁代替刑罚,进行科处的见解;二是以缓和刑罚为前提,用其他的非刑罚制裁的手段代替原来的刑罚,或缓和刑罚的见解。这两种见解之间存在相互对立。日本学者大谷实认为,非刑罚化是建立在和非犯罪化的理念相共通的基础之上,为回避自由刑的弊端而提出来的;另外,它又是基于谦抑主义的立场,回避或缓和刑事制裁的政策。因此，上述第二种见解比较妥当。①尽管在非刑罚化的理解上存在一定争议，但在尽量回避刑罚适用这一点上是共同的，由此行为人获得了更轻的处罚。"重重"的刑事政策，是更多地、更长期限地适用监禁刑。在犯罪成倍增长，严重的犯罪日益突出，严重影响社会的安定，没有别的有效措施的情况下，国家只有通过加重刑事处罚对此作出反应。可以说，"重重"倾向反映了一种无奈、一种困惑、一种现实与理想的冲突。②

当然，轻与重是相对的，在过重的情况下适当地向轻调整，或者在过轻的情况下适当地向重调整，都是十分正常的。并且，"轻轻"与"重重"也不是对等的，或"轻轻"为主，"重重"为辅，或者"重重"为主，"轻轻"为辅，均要以犯罪态势为转移，不应拘泥于教条。例如，相对于美国的"轻轻重重"的两极刑事政策，法国等欧洲国家更强调轻刑化。法国从1810年的刑法到1992年的刑法，刑事政策思想在刑罚上的变化就是刑罚重点逐渐从威慑功能转向犯罪人的社会再适应功能，与之相适应，在刑罚的结构和适用上形成了宽缓局面。③当然，轻重是否适当，还是要由其实际效果来检验，此外还有一个公众认同问题。

我国目前的刑罚结构是一种偏重的刑罚结构，在我国刑罚结构中，死刑与长期徒刑还占有重大比例。因此，改造与调整我国的刑罚结构，使之轻重搭配，轻中有重，重中有轻，是一个值得研究的问题。

在惩罚性措施的刑事政策选择上，笔者赞同"严而不厉"的原则。这里的"严"为严肃、严格、严密之意，"厉"为厉害、猛烈、苛厉之意。因此，严指刑事法网严密，刑事责任严格；厉主要指刑罚苛厉，刑罚过重。储槐植教授认为，存在"又严又厉""严而不厉"与"厉而不

---

① 参见[日]大谷实：《刑事政策学》，黎宏译，法律出版社2000年版，第107页。
② 参见杨春洗主编：《刑事政策论》，北京大学出版社1994年版，第398页。
③ 参见何秉松主编：《刑事政策学》，群众出版社2002年版，第484页。

严"三种情形。我国目前的情况是"厉而不严",正确的选择应当是"严而不厉"。①"厉而不严"的主要表现是犯罪圈过小,起刑点过高,刑罚量过重。当然,这里的"厉而不严"是就刑法而言的,考虑到刑法之外大量的治安处罚,那么就可能是"又严又厉"。"严而不厉"要求扩大犯罪范围,将治安违法行为等都纳入犯罪范畴,同时严格限制死刑,减轻刑事惩罚的强度,使刑罚在一定程度上轻缓化。

(三)矫正性措施

矫正性措施主要是通过监禁性的行刑活动或者非监禁性的行刑活动,实现刑事惩罚,并且在惩罚过程中对犯罪人进行矫正。矫正强调的是对罪犯的再教育,重新培训和再社会化。在英语中,矫正一词的词根是"取得资格",它意味着:适应;装备或者配备;训练或教育。②但在中文中,矫正往往称为改造,具有转变,重新塑造之意。尽管在文字上存在某些差别,但在理念上是相同的,通过矫正,达到个别预防的效果。应当说,矫正观念引入行刑活动是具有重要意义的,它使行刑从单纯的刑罚实现中摆脱出来,注入了个别预防的目的,使行刑变成一种能动性的活动。矫正性措施的确定及其矫正效果,是刑事政策不可或缺的内容。

1.监禁性矫正措施

监禁性矫正措施,是指在一定的行刑设施,通常是指监狱内对罪犯进行改造。改造的目的是通过对受刑人实施系统和强制手段,转换其犯罪观念和矫正恶习,最大可能地预防再犯罪;改造的标准是社会共同生活的准则;改造的依据是绝大多数受刑人最终都要重返社会的现实。改造的内容可以分为思想改造、心理和行为矫治等;改造的方式则可以是

---

① 参见储槐植:《刑事一体化与关系刑法论》,北京大学出版社1997年版,第305页以下。
② 参见[美]理查德·霍金斯、杰弗里·P.阿尔珀特:《美国监狱制度——刑罚与正义》,孙晓雳等译,中国人民公安大学出版社1991年版,第217页。

强制性改造和扶助性改造等具体形式。① 监禁具有将罪犯与社会相隔离，避免其危害社会，并在监禁状态下对罪犯进行矫正的机能，因而是惩罚形式的现代化的表现之一，以监禁为内容的自由刑正是在这个意义上被称为近代刑罚之花。当然，监禁本身也存在一个悖论：监禁一方面使罪犯与社会相疏远，在长期监禁的情况下会逐渐丧失社会生活能力；另一方面，只要不是终身监禁，罪犯必将重返社会，因而要求其具有一定的社会生活能力。这个悖论是监禁刑所面临的。只有正确地解决了这个悖论，才能获得良好的监禁效果。因此，监禁性矫正措施应当尽量减少监禁刑的消极作用，对罪犯出狱以后的回归社会有所裨益。

我国在行刑活动中坚持教育与改造相结合的原则，在改造当中又强调劳动改造。教育与改造相结合的原则在历史上曾经发挥了重要作用，取得了重大成果。但在改革开放以后，监狱行刑面临新的挑战，尤其是在经济体制从计划经济向市场经济转变以后，监狱生产难以适应日益市场化的经济竞争局面。在这种情况下，监企分离就是十分必要的。监狱按照行刑活动要求对罪犯依法监管，监狱企业逐步走向市场，并且按照市场规律办企业，监狱与企业之间形成平等主体之间的关系，监狱向企业提供劳务。通过这种形式，使监狱劳动适应市场经济的发展。在这种新形势下，监狱矫正的内容与形式都会发生重大变化，刑事政策也应随之而进行适当的调整。

2. 非监禁性矫正措施

非监禁性矫正措施，是指在监狱之外对罪犯进行矫正的措施。监禁性矫正主要对于犯罪较重、需要予以监禁的罪犯。而对那些犯罪较轻、不需要予以监禁的罪犯，往往判处非监禁刑，实行非监禁性矫正。非监禁刑是在监狱之外对犯罪人使用的刑事制裁方法的总和。② 随着刑罚轻缓

---

① 参见王利荣：《行刑法律机能研究》，法律出版社2001年版，第162页。
② 参见吴宗宪主编：《非监禁刑研究》，中国人民公安大学出版社2003年版，第24页。

化的发展,西方国家的刑罚出现了非监禁化趋势,因而非监禁刑在刑罚体系中占据着越来越重要的位置。非监禁刑对犯罪人不予关押,但并不意味着放任不管,而是在服刑期间对犯罪人实行非监禁性矫正,例如英国广泛采用的社区矫正刑。英国的社区矫正刑,包含社区服务令,就是地方法院以刑事解决的方式,判处罪行较轻的犯罪分子,在一定数量的时间内,必须为社区提供一定的义务劳动。通过此方式,达到服务社会,矫正犯罪心理,改过自新之目的,完成罪犯改造之任务。① 这种社区矫正刑是传统的监禁刑的一种替代措施,因此又称为替刑,实际上是非监禁刑。

2003年7月,最高人民法院、最高人民检察院、公安部、司法部联合下发了《关于开展社区矫正试点工作的通知》,号召在全国范围内开展社区矫正的试点工作。从当时的试点工作来看,这种社区矫正主要对被依法判处管制、宣告缓刑、裁定假释、暂予监外执行的罪犯和刑满释放后继续被剥夺政治权利的人员,通过社区矫正机构对其进行统一管理,规定其参加一定时间的社区劳动,对其进行教育改造。社区矫正的成功全面推广,使得非监禁性矫正可以逐渐取代某些轻罪的监禁性矫正,从而使刑罚向轻缓方向发展,减少监禁率,对我国刑罚改造具有重要意义。

我国曾经基于治安形势和犯罪率,在犯罪率上升的情况下强调"严打",但"严打"导致监狱人口急剧增加,监狱设施难以承受。在这种情况下,监狱难以有效地对罪犯进行教育改造,罪犯出狱以后的再犯率高,由此形成恶性循环。因此,在刑事政策的制定当中,必须坚持刑事一体化的思想。只有这样,才能通过卓有成效的刑事法律活动达到预防犯罪的目的。

---

① 参见王运生、严军兴:《英国刑事司法与替刑制度》,中国法制出版社1999年版,第108页。

四、刑事政策的必要限制

刑事政策是以预防犯罪为根本目的的,这是刑事政策作为一种公共政策的根本特征。我国学者在论及刑事政策的理论基础时,往往涉及刑事政策的价值目标这样一个命题,认为刑事政策的价值目标包括自由、正义和秩序等。① 还有学者进一步对古典主义刑事政策思想、实证主义刑事政策思想、新社会防卫刑事政策思想的价值目标分别作了论述。例如,有学者认为古典主义刑事政策价值目标以保护自由、平等等个人权利为基本出发点,但在正义与程序的价值选择上却存在不同的观点,功利主义强调一般预防,注重对社会秩序的保护,只要以预防犯罪、保护社会秩序为目的功能服务于这一目的便是正当的,不需要考虑其他因素。这样,功利主义必然忽视或轻视法律的重要价值之一的正义。报应论者虽然也主张对社会秩序的保护,但他们始终把正义摆在第一位,对社会秩序的保护自然就放在了次要的价值地位。②

上述对古典主义刑事政策的价值目标的论述,基本上是指其法律或者刑法价值思想的内容。那么,刑事政策与刑法是等同的吗?笔者的回答是否定的。实际上,报应论者强调的是刑法的正当性,因而在报应论者看来,刑罚是对犯罪的机械反应,不能成为追求某种价值目标的工具。正是在这个意义上,报应论者是不具有刑事政策思想的,因而也就不存在刑事政策的价值目标。刑事政策思想在功利主义者贝卡里亚那里出现思想萌芽,正如我国学者指出:"贝卡里亚认为刑罚的本质是痛苦,它只是为遏止可能对社会造成的更大痛苦才被施加于犯罪人的,刑罚应当严格地控制在必要限度以内,超越这一限度,它就转化成对社会的新侵害。贝卡里亚对刑罚本质的这种带有一定辩证性的认识,致使他非常注

---

① 参见何秉松主编:《刑事政策学》,群众出版社2002年版,第211页以下。
② 参见严励:《刑事政策价值目标的追问》,载《政法论坛》2003年第5期。

重运用刑罚的策略,即刑事政策问题。"① 贝卡里亚虽然能够自觉地运用刑事政策方法,但其并没有发明"刑事政策"一词。一般认为,刑事政策(Kriminal politik)一词系在1980年,由刑法学者费尔巴哈(Feuerbach)在其所著刑法教科书中首先使用。继后更由亨克(Henke)及李斯特(Franz V.Liczt)等学者普遍推广,逐渐由其他欧陆法系国家所陆续使用而成为一门学问。② 因此,功利主义刑法学所强调的是刑法的合目的性,只有在合目的性的刑法观念之下,才有刑事政策思想存在的余地。从这个意义上来说,刑事政策与刑法是有所不同的,刑法作为一种法律,它可以成为追求自由、正义和秩序等各种价值目标的工具。但刑事政策必然是以追求预防犯罪为己任的。因此,正如希伯鲁(Hippel)指出:"刑事政策者,乃将刑法之有效性,由合目的与否之立场加以考察者之谓也。"③ 笔者认为,刑事政策追求的是刑罚对于预防犯罪的有效性,它不可能具有自由、正义等价值。问题在于,在刑事政策对于预防犯罪价值目标的追求当中,是否应当受到自由、正义等价值的限制,而这恰恰是刑事法治所关注的。

法国学者提出了刑事政策的模式这一概念,④ 认为刑事政策可以分为国家模式与社会模式两种类型,国家模式又可以分为自由社会国家模式、专制国家模式和极权国家模式。自由社会国家模式受自由思想影响。根据这一模式的结构,自由作为首要的价值有着双重保障:一是对犯罪和越轨进行区分的保障——社会团体对个人的压力有中断;二是对国家干预的范围进行限制的保障,将国家干预仅限在犯罪领域——压力强度的限制。专制国家模式与自由国家模式的区别是,在专制模式的基本结构

---

① 参见黄风:《贝卡里亚及其刑法思想》,中国政法大学出版社1987年版,第111页。
② 参见张甘妹:《刑事政策》,台北三民书局1979年版,第1页。
③ 参见张甘妹:《刑事政策》,台北三民书局1979年版,第4页。
④ 参见[法]米海依尔·戴尔玛斯—马蒂:《刑事政策的主要体系》,卢建平译,法律出版社2002年版,第51页以下。

中存在对越轨行为（只要越轨行为有或似乎有危险）进行国家反应的安全网。而极权国家模式将所有的偏离规范的行为用一个圆圈圈起来，对犯罪行为与越轨行为不加区分地进行围追堵截，将一种思维方式与行为方式强加给所有的人，一切的人都被同化、混合在一个完全一致的统一体中。一旦国家拥有了这样的手段或确立了这样的目标，不论其刑事政策的思想基础是什么，其政策模式就变成了极权的模式。

国家模式的共同之处在于它们都以国家为核心，都以国家性反应来对付全部或部分犯罪现象。与此不同，社会模式排斥了一切国家反应，因而社会模式也更加复杂。刑事政策的社会模式可以分为自主社会模式与自由社会模式。自主社会模式的首要特征是对犯罪行为的社会反应。这里仍然能看到犯罪与越轨的区别。面临着国家的衰微，市民社会对犯罪现象承担起了责任，但在方式上仍然仿效国家。这种模式代表了赞同自主管理的思想，称为自主社会模式，而自由社会模式对犯罪与越轨不加区分，因而是在没有国家的社会中对犯罪的反应。法国学者对刑事政策模式的论述，采用了韦伯类型学的分析方法，是刑事政策的一个理想类型。在论述当中，法国学者首先区分国家与社会，然后根据对犯罪的国家反应与社会反应的特征建构起各种刑事政策模式。我国学者将法国学者的这种分析方法称为"戴氏模式分析"，认为这种模式分析具有创新性，同时也指出了其不足。在此基础上，我国学者提出了刑事政策模式的国家本位型、国家—社会双本位型和社会本位型三种模型。[①]笔者认为，我国学者对上述三种刑事政策模式的论述是较为可取的。刑事政策模式的分析告诉我们：刑事政策在一个社会的实施不是自足的，而是受到这个社会的客观环境制约的。尤其是刑事政策作为一种对犯罪的反应，是与权力紧密联系在一起的。因此，在考察刑事政策的时候，必须将刑事

---

① 参见严励：《刑事政策的模式建构》，载陈兴良主编：《刑事法诉讼》（第13卷），中国政法大学出版社1993年版，第254页以下。

政策与政治制度结合起来。正是在这个意义上说，尽管刑事政策的目的都是预防犯罪，但达到这一目的的方式是有所不同的，因而刑事政策的模式也是有所不同的。

在极权主义制度下，刑事政策是通过重刑来达到的。例如，中国古代的法家就曾经指出"刑期于无刑"的目的刑主义，期望通过惩罚犯罪以达到无刑的境界。可以说，"刑期于无刑"包含了丰富的刑事政策思想。但在当时封建专制制度下，从这种目的刑思想恰恰引申出重刑主义。例如商鞅主张"以杀去杀，虽杀可也；以刑去刑，虽重刑可也"（《商鞅书·画策》）。在解释"以刑去刑"时，商鞅指出"行罚，重其轻者，轻者不至，重者不来，此谓以刑去刑，刑去事成"（《商鞅书·靳令》）。正如我国学者指出：商鞅的重刑思想与封建专制是紧密相连的。① 由此可见，在专制社会，为维护专制制度，统治者在追求刑事政策目的时可以不择手段，不受任何限制，因而陷入重刑主义的泥潭。同样是追求预防犯罪的效果，贝卡里亚作为一个自由主义者与人道主义者，以自由与人道去限制对刑罚功利的追求。因此，从刑事政策发展来看，这是一个人道主义阶段。贝卡里亚是一个功利主义者，但同时更是一个人道主义者。贝卡里亚从人道主义出发，坚定地主张刑罚的宽和。当然，刑罚宽和的理由仍然是功利的。例如，贝卡里亚反对酷刑，并非简单地陈述其反人道性，而是论证残酷的刑罚将会使刑罚的效果发生贬值，因而将功利主义与人道主义巧妙地结合起来。例如，贝卡里亚指出："刑罚的残酷性还造成两个同预防犯罪的宗旨相违背的有害结果。第一，不容易使犯罪与刑罚之间保持实质的对应关系。因为，无论暴政多么殚精竭虑地翻新刑罚的花样，但刑罚终究超越不了人类器官和感觉的限度。一旦达到这个极点，对于更有害和更凶残的犯罪，人们就找不出更重的刑罚以作为相应

---

① 参见周密：《商鞅刑法思想及变法实践》，北京大学出版社2002年版，第41页。

的预防手段。第二,严酷的刑罚会造成犯罪不受处罚的情况。人们无论是享受好处还是忍受恶果,都超越不了一定的限度。一种对于人性来说是过分凶残的场面,只能是一种暂时的狂暴,绝不会成为稳定的法律体系。如果法律真的很残酷,那么它或者必须改变,或者导致犯罪不受处罚。"[①] 从人道主义出发,使贝卡里亚的刑事政策思想充满人性,其对刑罚功利效果的追求受到自由和正义等更高价值的限制。因此,专制社会与法治社会,在刑事政策的追求上是截然有别的。在法治社会,刑事政策受到以下限制:

(一)罪刑法定原则的限制

刑事政策是以追求预防犯罪为目的的,但在法治社会,这一目的的追求受到罪刑法定原则的限制。德国刑法学家李斯特是刑事政策的倡导者之一,但他竭力主张罪刑法定是刑事政策不可逾越的樊篱,认为目的刑思想受到的重要限制包括:(1)不得为了公共利益而无原则地牺牲个人自由。尽管保护个人自由因不同历史时期人们对国家和法的任务的认识不同而有所不同,但是,有一点是一致的,即在法治国家,只有当行为人的敌对思想以明文规定的行为表现出来,始可科处行为人刑罚。犯罪行为的界限应尽可能地从客观方面来划定,该原则也适用于未遂犯罪和共同犯罪。只有这样,才能保证准确无误地区别应受处罚的行为和不受处罚的行为。(2)立法应将存在于人民中间的法律观,作为有影响的和有价值的因素加以考虑,不得突然与这种法律观相决裂。(3)在谈到刑法对犯罪人的效果时,我们不可忽视其对社会的反作用,即对整个社会的影响。过分强调矫正思想对于全民的法律意识及国家的生存,都会造成灾难性的后果,如同对偶犯处罚过于严厉、对不可矫正的罪犯处罚

[①] 参见[意]贝卡里亚:《论犯罪与刑罚》,黄风译,中国大百科全书出版社1993年版,第44页。

过于残酷会带来灾难一样，目的刑思想有其界限。不考虑所要达到的目的，而一味地强调自我保护方法，永远也不会收到满意的效果。（4）无论对个人还是对社会，预防犯罪行为的发生要比处罚已经发生的犯罪行为更有价值，更为重要。①李斯特看到了目的刑主义被绝对化以后可能带来的消极后果，主张刑事政策对预防犯罪的追求应以罪刑法定为限制，这表明李斯特的目的刑主义是一种罪刑法定范围内的目的刑主义，李斯特的刑事政策是法治国的刑事政策。

罪刑法定原则意味着法无明文规定不为罪，对国家刑罚权加以严格限制，因而具有限制机能，它是以保障公民个人的权利与自由为己任的，是法治社会刑法的内在精神。在法治社会，刑事政策之所以不得逾越罪刑法定的界限，是因为刑事政策是以国家权力作用——强制手段为中心的政策，如果不加以限制，就有侵犯人权之虞。正如日本学者指出：对惯犯实施预防性的监禁措施，对防止其犯罪来说是明显有效的，但是，在不能确认其具有反复犯罪的现实危险性的情况下所采取的预防性监禁措施，则是不能允许的侵犯人权的行为。因为，采取侵犯人权的犯罪防止手段，会导致国民对刑事司法的不信任，招致同刑事政策所具有的维持社会秩序的目的相反的结果。②因此，在当今世界各国，尽管刑事政策一再受到强调，但罪刑法定作为刑法的铁则，仍然发挥着重要的作用。

在论及罪刑法定原则对刑事政策限制的时候，涉及一个重大的问题，这就是刑法的刑事政策化或者刑事政策的刑法化问题。随着刑事政策思想的传播，出现了刑法的刑事政策化或者刑事政策的刑法化的趋势。在这里，我们讨论的并不仅仅是刑事政策的法律化问题。关于刑事政策的法律化，我国学者认为是指国家将刑事政策转化为法律，或者说刑事政

---

① 参见［德］李斯特：《德国刑法教科书》，徐久生译，法律出版社2000年版，第20-21页。
② 参见［日］大谷实：《刑事政策学》，黎宏译，法律出版社2000年版，第6页。

策通过法律的形式表达和实现。① 刑事政策的法律化虽然也涉及刑法如何体现刑事政策的问题，但它更多地是从政策与法律的关系这一点上泛泛而言的。刑事政策对于刑事立法具有直接指导意义，刑事政策的变化必然导致刑法的修改，并且在刑法中反映或者体现刑事政策的精神，这都是毫无疑问的。但我们这里所说的刑法的刑事政策化或者刑事政策的刑法化是具有特定内涵的。它是指在刑法中更多地引入刑事政策思想，使刑法更多地追求对犯罪惩治的有效性。因此，刑法的刑事政策化使刑事政策的旨趣在刑法中得到更为彻底的贯彻。将保安处分制度在刑法中加以确立，可以说是刑法的刑事政策化的最直接的体现。笔者认为，相对于将刑法视为是对犯罪的机械反应的报应论来说，刑法的刑事政策化试图在刑法中增加能动性，使刑法发挥预防犯罪、防卫社会的功效，这无疑是正确的。因此，适度的刑法的刑事政策化是值得肯定的。但过于强调刑法的刑事政策化，使刑法沦为实现刑事政策工具的倾向是危险的，也是应当警惕的。即使是保安处分引入刑法，仍然应受法定主义的限制。日本学者曾经对保安处分的法定义作过论述，指出：为保护对象者的人权，在法律中规定保安处分，以调和其同实现防卫社会的目的的关系，确有必要。这便是所谓保安处分法定主义。在规定保安处分时，有必要规定同被处分者有关的社会危害性、保安处分的种类、内容、期间等。特别是为使社会危险性的要件尽可能地客观化，应以现实地实施了一定的犯罪行为为要件，因此，对保安处分的宣告，不应该由行政机关，而应由法院进行。这样，保安处分是由刑事法院所宣告的，以隔离、治疗、改造为目的的处分的定义便成为通说。另外，在有关被处分者人权的事项上，禁止类推解释及不溯及既往等罪刑法定主义的派生原则也应适用。② 由此可见，保安处分的法定主义对人权保障具有重要意义。否则，

---

① 参见何秉松主编：《刑事政策学》，群众出版社2002年版，第344页。
② 参见[日]大谷实：《刑事政策学》，黎宏译，法律出版社2000年版，第152页。

刑法在追求惩治犯罪的有效性的同时有可能丧失其手段的正当性，这与法治社会的刑法精神是背道而驰的。

（二）罪刑均衡原则的限制

罪刑均衡追求的是犯罪与刑罚之间的对称性与比例性，因而体现刑法的公正性。罪刑均衡是报应主义的应有之义，当然个别功利主义者，例如贝卡里亚主张的罪刑阶梯，尽管在内在逻辑上不同于报应主义的罪刑均衡，但在外观上是十分类似于罪刑均衡的。罪刑均衡与刑事政策是否具有相容性，是一个值得研究的问题。在报应论者看来，罪刑均衡与刑事政策是不具有相容性的，并且以罪刑均衡排斥任何刑事政策的追求。例如，康德主张等量报应的观点，把这种等量报应称为支配公共法庭的唯一原则，根据这一原则可以明确地决定在质和量两方面都公正的刑罚。美国学者在评论康德的等量报应论时指出："根据康德式古典报应论观点，这完全是个正义问题，而不是什么威慑效果问题。公正的量刑就是由于侵害行为的性质而应当的、值得的量，在康德看来公正的刑罚手段是相等：刑罚的严重性应当相等于侵害行为的道德严重性［表面上它是非法行为和侵害人当罚性程度两者的作用，这符合于'以牙还牙'（Lex tationis）的'精神'］。重要的是要注意到，尽管刑罚的正确性问题和刑罚的公正量刑问题是不同的，但是许多学者并没有分别给予论述。康德看来就是其中之一。大致看来，如果有一种对所有罪犯都施以与其行为等量的刑罚的责任，那么也就有一种惩罚所有罪犯的责任了。这种等量化观点的一个权威性论据，是诉诸关于普遍正义和世界的道德统治的古老观念。"[①] 由此可见，康德的等量报应的观点虽然有过于绝对化与机械化之嫌，但他引入道德观念，使刑法道义化，体现了刑法对古老的公正观

---

① 参见［美］戈尔丁：《法律哲学》，齐海滨译，生活·读书·新知三联书店1987年版，第189页。

念的追求。当然,康德绝对排斥刑法对于任何功利效果的追求,认为刑法不能成为追求另一种善的手段,从而将罪刑均衡与刑事政策对立起来。

而贝卡里亚从使用多重的刑罚足以遏制犯罪这一功利主义的角度出发提出了罪刑均衡问题,指出:"公众所关心的不仅是不要发生犯罪,而且还关心犯罪对社会造成的危害尽量少些。因而,犯罪对公共利益的危害越大,促使人们犯罪的力量越强,制止人们犯罪的手段就应该越强有力。这就需要刑罚与犯罪相对称。"[1]显然,贝卡里亚认为只有罪刑均衡的刑法才能达致预防犯罪的效果,过轻的刑罚不足以制止犯罪,而过重的刑罚不仅是浪费的而且是专制的。在这样一种过程当中,罪刑均衡与刑事政策就不再是排斥的,而是可以相容的。笔者认为,罪刑均衡与刑事政策的相容性是应当承认的,在罪刑均衡的范围内我们可以追求刑事政策预防犯罪的目的。但是,罪刑均衡又并非是刑事政策的题中之义,对于刑事政策的过分追求必然导致对罪刑均衡原则的违反。正如同我国古代的法家,从追求刑法的功利效果出发,得出重刑主义的结论。为此,应当以罪刑均衡限制刑事政策。质言之,刑事政策不应违反公正观念。

我国《刑法》第5条规定了罪刑均衡原则:"刑罚的轻重,应当与犯罪分子所犯罪行和承担的刑事责任相适应。"作为刑法基本原则,罪刑均衡应当在刑事立法与刑事司法两个方面得到切实的贯彻,"严打"刑事政策也同样应当受到罪刑均衡原则的限制。为使"严打"与罪刑均衡原则相吻合,必须强调依法从重,从而避免走向重刑主义。

(三)刑罚谦抑原则的限制

刑罚谦抑,是指对刑罚加以严格限制,使之存在于必要的限度之内。因此,刑罚谦抑原则也可以表达为刑罚必要性原则。贝卡里亚曾经将刑

---

[1] 参见[意]贝卡里亚:《论犯罪与刑罚》,黄风译,中国大百科全书出版社1993年版,第65页。

罚的必要性与刑罚的正当性相等同，在贝卡里亚看来，只有必要的刑罚才是公正的，超过必要限度的刑罚，即使有利于预防犯罪，也是不正当的。这种刑罚谦抑的思想，是法治社会刑法的应有理念。我国台湾地区学者在论及刑事政策的刑罚谦抑主义原则时指出：刑罚谦抑主义之原则，即排除刑罚万能的思想。刑罚虽在今日仍不失为对付犯罪之主要手段，并非唯一之手段。刑事学研究之发达，更证实仅盲目的科以严刑峻罚，并不足以达到预防犯罪之效果。因此，论者指出：刑事政策本身即根据此刑罚谦抑思想而发达。① 这里同样也涉及刑事政策与刑罚谦抑的关系问题。应当说，刑事政策观念本身也存在一个历史演变过程。在专制社会，为达到预防犯罪的目的不惜严刑苛罚。只是在启蒙运动以后，随着理性主义的勃兴，刑事政策的科学化与人道化，刑罚谦抑思想才开始主导刑事政策。对于这一刑事政策的演变，日本学者曾经指出：犯罪防止对于社会共同生活来说是必不可少的，因此，可以说，刑事政策在人类社会生活的起始之初便已存在。但是，探讨防止犯罪的合适、有效的手段，并将其作为国家的系统性的政策——刑事政策而加以推进的自发性认识，则是在欧洲启蒙运动时期才出现的。在此之前，仅是强调以死刑为中心的量刑手段进行威慑来达到防止犯罪的目的的。特别是近代社会的初期，由于正处于从封建专制向近代国家过渡时期，社会局势动荡不安，滥用暴刑的倾向极为明显。例如，1532年，查理五世制定的加洛林纳刑法典因给这种残暴的刑事政策赋予了正当性而在刑事政策史上恶名远扬。② 因此，刑事政策并非必然具有刑罚谦抑性，在专制社会里，刑事政策的追求，可能导致刑罚过度与刑罚泛滥。只有在现代法治社会，刑事政策才在刑罚谦抑主义的基础上得以展开。

刑罚谦抑原则对刑事政策的限制，首先表现在刑罚在犯罪防范体系

---

① 参见张甘妹：《刑事政策》，台北三民书局1979年版，第18页。
② 参见［日］大谷实：《刑事政策学》，黎宏译，法律出版社2000年版，第7页。

中的作用的降低，刑罚万能观念的破除，各种刑罚替代措施的出台。刑罚对于预防犯罪，无论是一般预防还是个别预防，都是具有一定作用的，但这种作用以往常常被夸大，因而陷入刑罚迷信当中难以自拔。实际上，刑罚的作用是有限的，尤其刑罚对于犯罪是一种治标不治本的方法。正是基于这样一种认识，在西方社会出现了非犯罪化与非刑罚化的趋势。例如，日本学者对非刑罚化作了分析，认为存在两种形态的非刑罚化：第一种形态的非刑罚化是指虽然把某种行为类型作为犯罪（例如盗窃）科处刑罚，但是对照犯罪人处遇的理念而考察刑罚介入的妥当性和待遇效果的结果，以非刑罚的处分（例如，对少年的保护处分）来代替刑罚。第二种形态的非刑罚化是指不把相当于违警罪这种轻微违反行为作为犯罪，而规定对其科处行政制裁的立法动向。无论上述何种形态的非刑罚化，非刑罚化在其理论基础上与表现为自由刑宣告的回避、自由刑执行的回避、犯罪人的社会处遇化、刑罚与保安处分的一元化等一系列制度的刑事思潮即刑法的谦抑主义、刑事制裁的合理性和人道化的思想具有联系。[①] 由此可见，在刑罚谦抑原则的指导下，刑罚得以进一步收缩，尤其是英美国家兴起的恢复性司法，对于传统的刑法制度无疑是一场革命。

恢复性司法是一种通过恢复性程序实现恢复性后果的非正式犯罪处理方法。所谓恢复性程序，是指通过犯罪人与被害人之间面对面的协商，并经过以专业人员或社区志愿者充当的中立的第三方的调解，促进当事方的沟通与交流，并确定犯罪发生后的解决方案。所谓恢复性结果，是指通过道歉、赔偿、社区服务、生活帮助等使被害人因犯罪所造成的物质精神损失得到补偿，使被害人的受犯罪影响的生活恢复常态；同时，也使犯罪人通过积极的负责任的行为重新取得被害人及其家庭和社区成

[①] 参见［日］森下忠：《犯罪者处遇》，白绿铉等译，中国纺织出版社1994年版，第175页以下。

员的谅解,并使犯罪人重新融入社区。[①]恢复性司法改变了传统刑罚模式,对于刑事政策也具有重要影响。我国学者认为,恢复性司法是从国家本位的刑事政策向国家—社会双本位的刑事政策转变的标志。恢复性司法运动主张在唤起犯罪人的责任感,包括其赔偿犯罪的损害、恢复社会安宁的义务感的基础上,用预防性的、恢复性的刑事政策取代惩罚性的、报应性的刑事政策,认为有效的刑事政策是恢复犯罪被害人被侵犯的权利、恢复公众的社会和道德意识,加强法律秩序。这种恢复性刑事政策不仅主张最低限制的压制,而且主张通过对大量犯罪的非犯罪化和创设替代刑事司法的社会性机构,限制刑事司法的活动范围。[②]尽管恢复性司法的成效还有待于检验,并且它也还存在适用范围上的局限性,但恢复性司法所带来的刑事政策的变化值得我们充分注意。

  刑罚谦抑原则对刑事政策的限制,还表现在刑罚的轻缓化,即刑罚量的降低。在传统的刑事政策模式下,重刑是被推崇的,尤其是死刑大量被适用。随着刑罚谦抑思想的流传,重刑观念逐渐被抛弃,死刑也由限制到废除的方向发展。死刑,又称极刑,是刑罚之最重者。死刑在刑罚体系中地位的变化,尤其是死刑从存到废的历史演变,是刑罚谦抑的最重要标志。在论及死刑的刑事政策方面的意义时,日本学者指出:即使从犯罪对策的观点来看,也很难看出存置死刑的积极意义,但是,因此便可以说死刑是不具有刑事政策意义的不合理的刑罚吗?刑罚正当化的理由虽然是实现抑止犯罪的目的,但其终极目的却存在于维持社会秩序。因此,为维护社会秩序,满足社会的报复感情,维持国民对法律的信赖便显得极为重要。国民的一般法律信念中,只要对于一定的穷凶极

---

  ① 参见张庆方:《恢复性司法——一种全新的刑事法治模式》,载陈兴良主编:《刑事法评论》(第12卷),中国政法大学出版社2003年版,第433页。
  ② 参见梁根林:《解读刑事政策》,载陈兴良主编:《刑事法评论》(第11卷),中国政法大学出版社2002年版,第26页。

恶的犯人应当处死刑的观念还存在，在刑事政策上便必须对其予以重视。现代死刑的刑事政策上的意义，恰好就在于此，因为，有关死刑存废的问题，应根据该社会中的国民的一般感觉或法律信念来论。[①] 笔者认为，不仅死刑，而且所有刑罚的轻重都存在一个社会认同的问题。刑罚的轻缓化是逐渐被社会所接受的。尽管如此，我们仍应对刑罚轻缓的发展趋势抱有期望。

---

① 参见［日］大谷实：《刑事政策学》，黎宏译，法律出版社2000年版，第112-113页。

第1版后记

国家检察官学院孙谦院长约请我为高级检察官资格培训编写一本刑法教材。考虑到目前各种刑法教科书已经所在多有，专门为检察官培训再编一本刑法教科书似无必要，为此，孙谦院长嘱我专门编一本关于刑法理念方面的读本。对孙谦院长的这一建言，我深以为然。于是，我在已往研究成果的基础上，按照一定的逻辑关系编成本书，名之曰：《刑法理念导读》。

在当前刑事法治的建设中，刑法理念是一个至关重要的问题。刑法理念是关于刑法的价值、机能和原则的一些基本观念，这些观念对于刑事立法与刑事司法具有指导意义。随着市场经济的发展，我国正在经历从政治国家到市民社会与政治国家二元分立社会的结构性转型。这一社会转型必然导致刑法理念的重大转变，这就是从专政型的刑法理念向法治型的刑法理念的转变。这一刑法理念的转变同样必然影响我国的刑事司法，检察官也存在一个如何适应这一刑法理念转变的问题。因此，刑法理念的启蒙是十分必要的。为检察官提供一个刑法理念的读本，也正是本书编写的宗旨之一。

刑法理念具有不同于刑法条文及其司法解释的特点。刑法条文及其司法解释是刑法的规范存在，它对于检察官的业务学习来说当然是十分重要的。但作为一名检察官，仅有关于刑法的规范知识是远远不够的。刑法理念是刑法的价值存在，它蕴含在刑法条文及其司法解释之中，并

第 1 版后记

对司法活动具有重要的引导作用。只有在奠基于法治之上的刑法理念的正确指导之下,检察官才能更好地胜任自己的本职工作。从内容上来说,刑法条文及其司法解释是具象的,而刑法理念则是抽象的。正是这种抽象性,使刑法理念具有形而上的特征,它超越法条、超越司法解释、超越个案。如果缺乏广泛的哲学人文社会科学知识背景,就难以从根本上理解刑法理念。例如罪刑法定原则被 1997 年《刑法》确认为刑法基本原则,它是现代法治社会刑法的内在精神,罪刑法定原则如何在司法活动中得以切实的贯彻,就是一个关乎刑事法治命运的重大问题。只有正确地掌握了刑法理念,才能实现罪刑法定原则的司法化。当然,刑法理念问题由于其自身的抽象性,不似规范刑法论著那样通俗易懂,初读可能会略嫌晦涩,个别篇章甚至难以理解。但我想,刑法理念恰恰隐藏在高深的理论之中,需要我们去破译与解读。只要认真钻研,必将进入理论的神秘殿堂,领略刑法理念的姿容。

我国的刑事法治建设正在启动,这对从事司法工作的人员,尤其是检察官,无疑是一场观念与知识的双重挑战。我认为,刑事法治是一个逐渐的发展过程,而一支高素质的检察官队伍是实现刑事法治的重要前提之一。如果本书能为提高检察官的理论素质略有贡献,则善莫大焉。最后应当指出,国家检察官学院孙谦院长、中国青年政治学院周振想副院长作为本书的审稿人,通读本书并提出了宝贵的修改意见,使我获益匪浅。此外,国家检察官学院徐鹤喃教授也为本书的出版付出了辛勤的劳动。对此,我表示由衷的感谢。

谨识于北京海淀蓝旗营寓所
2003 年元旦